DOCUMENTARY STORYTELLING

Creative Nonfiction on Screen

Sheila Curran Bernard

ドキュメンタリー・ストーリーテリング

増補改訂版

「クリエイティブ・ノンフィクション」の作り方

シーラ・カーラン・バーナード＝著　島内哲朗＝訳　今村研一＝監修

フィルムアート社

Documentary Storytelling: Creative Nonfiction on Screen, Fourth edition.
by Sheila Curran Bernard.

Authorized translation from English language edition published by
Routledge, Taylor & Francis Group LLC
through Japan UNI Agency, Inc., Tokyo

『ドキュメンタリー・ストーリーテリング』に寄せられた賞賛

Praise for Documentary Storytelling

ストーリーとして語るという概念が、企画開発から撮影準備に始まって、撮影、編集にいたるまでのノンフィクション映像制作のあらゆる局面で力を発揮する。バーナードはそのことを丁寧に解説してくれる。そしてそれぞれの重要なポイントを最近の作品を例にとって巧みに紐解いてくれる。

――ドキュメンタリー誌（国際ドキュメンタリー・アソシエーション発行）

著者のシーラ・カーラン・バーナードは、ドキュメンタリーの歴史と理論を深く理解している。そして最先端のドキュメンタリー作家たちが自作を構築する方法論に対する洞察力も備えている。そのような理解と洞察に裏打ちされた本書は、学生だけでなくスタートラインに立ったばかりの新人にとっても、きわめて常識的で実戦的な必携の書となっている。

――ジェラルド・ピアリー、映画評論家、ボストンフェニックス紙

物語の語り方から、あるトピックに注目して物語の筋道を見つけ出す方法にいたるまで、ドキュメンタリーの技法を教えてくれる洞察力に満ちた本書は、台本から上映にいたるまでの制作各工程、ポスト・プロダクション、そして作品の売り込みに必要な具体的な詳細が盛りだくさんだ。Part 3の作家たちとのインタビューは思慮深く示唆に富む発言が満載で、ドキュメンタリー制作の現場でのあれこれを明かしてくれる。

――スティーヴン・ネイサンズ・ケリー　イベントDV誌

ドキュメンタリーというものがノンフィクションであるからといって客観的というわけではない。台本の書き方一つで、または撮影手法、そしてナレーションや楽曲の選び方一つで、作品の視点はがらりと変わる。それに伴って受け手の視点も左右される。バーナードは力強い映像の持つ説得力を十分に理解している。そして本書で何度も指摘されるように、複雑さと一貫性は何にもまして重要なテーマなのだ。

――アリッサ・ウォーシャム　英インディペンデント紙

あなたが一端のドキュメンタリー作家になりたいなら、または観察によって物語を語る手腕を磨きたいと思っているなら、今すぐ買って読むべきだ。そして書いてあることを試してみるのだ。

――クエンティン・バドワース　英フォーカス誌

『ドキュメンタリー・ストーリーテリング』というタイトルがこの本のすべてを表している。物語を語るということ。そして力強く、効果的に、しかも倫理的に語るということ。様々な賞に輝くドキュメンタリー作家たちが、貴重で有益な知識を、情報を、そしてアドバイスを、惜しみなく分け与えてくれる。

――クリスタ・ギャリエン　AAUGレビュー

目次

PART 3　ドキュメンタリー作家たちとの対話

［凡例］

・本文中、作品及び書籍タイトルは二重カギ、訳注は角カッコで示した。
・日本未公開または未放映の作品は、初出のみ『日本語仮題（原題）』とし、以降『日本語仮題（未）』とした。

増補改訂版へのまえがき

本書が最初に刊行された二〇〇三年当時は、ドキュメンタリーがドラマティックに物語を語るという考え方はまだ馴染みの薄いものだったかもしれませんが、それも今やすっかり変わりました。ここでいう物語とはつまり、メディアの語り手が視覚的な仕掛けと文学的な技巧が創り出す相乗効果によって力強くストーリーを語り、創作された作り話ではなく、あくまでノンフィクションである内容を受け手に伝え、虜にしていく、そのような物語を指します。残念なことに、「物語を語る」という言葉が、お涙ちょうだいであったり、リサーチがいい加減だったり、さらには完成度の低い、あるいは不誠実なノンフィクション作品がその欠陥を誤魔化すための隠れ蓑に過ぎないことも少なくありません。しかし本書が扱う「物語を語る」という行為は、そのような意味を伴うものではありません。本書に登場する映像作家たちも、そのようなまやかしの表現には興味がありません。

この本が扱うのは物語を語る方法論です。映像作家たちが押しつける物語ではなく、ある主題の中から見つけ出された物語のことです。見つけ出された物語を、構成や、キャラクター、視点、疑問点、トーン、キャラクターが克服すべき障害といった多様な物語の技巧を駆使して嘘をつかずに芸術的に語り、受け手を積極的に巻き込んでいくまでの、長く有機的なプロセス。その過程そのものが、私の言う「物語」なのです。ドキュメンタリー作家たちも、物語を語るという意味においては、内容がフィクションであろうがノンフィクションであろうが、他のあらゆる物語の名手たちと同じく語り手なのです。最先端を走るドキュメンタリー作家たち、そしてプロデューサー、脚本家、編集者、撮影者、録音技師を含む、制作に関わったすべての人たちは、驚嘆すべき作品を発表しながらノンフィクション映像作品に対する期待値を上げ続け、彼らの活躍と共にこの業界で職を得ようという人たちが飛び越えなければならないハードルも上がっています。この本は、ドキュメンタリーの名手たちが使う物語の手法や技巧を、これからノンフィクションによる物語を語ってみたいと思っているすべての人の手に届けようと書かれたものです。テレビ放映、オンライン配信、劇場公開、教育、地域の共同体など、作品を届ける対象は広く存在しますが、使う技巧は変わりません。

「ドキュメンタリー」という用語はしばしば、ノンフィクション、または「筋書きのない」メディア作品を指して使われますが、その本質により近い定義があっても良いと思います。ちょっと書店や図書館を例にとって考えてみましょう。［アメリカの書店で］「ノンフィクション」の棚にいってみると、料理の本も、園芸の本も、ペットの飼い方の本もあります。図解ものもあれば、ハウツー本もあるでしょう。マニアックなまでに詳細な歴史書も、イラスト満載で情緒的な歴史書もあるでしょう。硬派な科学理論書もあれば、トンデモ科学本も含まれます。本好きならば、品質、出版の目的、想定された読者、形式、内容、本としての体裁といった、読みたい本を選ぶ尺度を経験から身につけていますよね。本書が扱う内容と同一線上にあるものといったら、現実に根差した重要な問題を扱った、長文で創作的に書かれたノンフィクション書籍になるでしょう。

この第四版では、三割を超える内容を刷新しました。より最近の作品を分析し、数々の賞を受けたドキュメンタリー作家たち（スタンリー・ネルソン、想田和弘、オーランド・ヴォン・アインシーデル、そしてスーザン・キム）とのインタビュー、そして最高の作品から学ぶ方法論としての分析手段を、新たに追加しました。

本書で紹介される作品は、［アメリカでは］少数の例外を除いて合法的にソフト販売、レンタル、配信されているので、容易に視聴が可能です。登場する作品のリストを、巻末に掲載してあります。

謝辞

この本を初版から第四版まで育ててくれただけでなく、中国語版、日本語版、韓国語版、ポーランド語版、そしてポルトガル語版の出版にまで尽力してくれたフォーカルプレス出版に感謝します。第四版出版に際して、エミリー・マックロスキー、エリアナ・アロンズ、メアリー・ラマッキーナ、クリスティナ・タラント、そしてダイアナ・テイラーにお世話になりました。ジョアンナ・コヴィッツとカレン・ウィーツェルは書き起こしを助けてくれました。

次に挙げる皆さんの協力なしでは、今までのすべての版および外国語版の出版はあり得ませんでした。エリノア・アクティピス、マイケル・アンブローシノ、ポーラ・アプセル、スティーブン・アッシャー、マーリ・ベネット、ロナルド・ブルーマー、リアン・ブランドン、ビクトリア・ブルース、マイケル・ブコイェムスキー、リック・バーンズ、ブレット・カルプ、ゲイル・ドルジン、ジョン・エルズ、ボイド・エスタス、ニック・フレイザー、スーザン・フロムキー、ピーター・フラムキン、アレックス・ギブニー、ジム・ギルモア、カレン・ヘイズ、ソン・ホンギュン、今村研一、ソール・ジャンソン、ジョーン・ジョーダン、スーザン・キム、ジョアンナ・ボールドウィン・マロリー、ジェイムズ・マーシュ、トム・マスカロ、カーラ・メルテス、マフィー・メイヤー、フランク・モウンズ、スタンリー・ネルソン、ハンス・オットー・ニコレイセン、リチャード・パネック、サム・ポラード、ケン・ラビン、パー・サーリ、デボラ・スクラントン、島内哲朗、スザンヌ・シンプソン、ベネット・シンガー、想田和弘、ホリー・スタッドラー、トレイシー・ヘザー・ストレイン、リョウヤ・テラオ、オーランド・ヴォン・アインシーデル、メラニー・ヴァレス、オニーカチ・ワンブー、レナータ・ワーチャル、そして、イーワ・ズクロウスカ、皆さんありがとうございました。オルバニー大学とニューヨーク州立大学の同僚たち、そして学生たちにも感謝を。

そして友人たちと家族のみんなに、いつもと変わらぬ愛と感謝を。

シーラ・カーラン・バーナード

二〇一五年六月

Chapter 1
Introduction

イントロダクション

ドキュメンタリーとは何でしょう。ノンフィクション映像作品が好きな人たちの中には、自分たちが好きなノンフィクション作品はドキュメンタリーではないと主張する人が、少なからずいます。ドキュメンタリー作家の中にも、自分が制作するノンフィクション作品をドキュメンタリーと呼ばないでくれと言い張る人が大勢います。この人たちの定義にしたがうとドキュメンタリーというのは、小五の社会や中一の理科で見させられた退屈きわまりない映画を指すようです［日本なら記録映画という言葉がこの認識に当てはまるかもしれません］。アメリカでは「板書映画」と揶揄されるそのような作品は、無感情なドライさと、のべつ幕無しにしゃべり続けるナレーション、そして科学的事実の羅列のせいで、見るのも苦痛というのが一般的な認識です。このようなドキュメンタリーの類型があまりに強烈に私たちの意識に浸透しているので、経験の浅い映像作家や、主義主張の激しい作家の中には未だにこの型を真似てしまう人がいます。結果として出来上がるのは、ひたすらデータを読み上げて何かを証明しようと躍起になる、図解入りの講釈の域を出ない作品です。そういう退屈な作品がドキュメンタリー。だから私たちが好きな、革新的かつ豊かな想像力を駆使して観客の心をつかむノンフィクション作品はドキュメンタリーではない何か別のものに違いない。観客も制作者たちもそのように考えるにいたったというわけです。実はそれも、とても良くできた上質なドキュメンタリーなのですが。

そう、これらの上質なドキュメンタリー作品群は、まるで「フィクション映画」のようにキャラクターを重視し、キャラクター間の相克や、乗り越えがたい困難や挑戦、劇的な展開と結末が見る者の心を揺さぶります。観客を物語の世界にのめりこませて、普遍的な主題を探求する旅に誘い、観客がその映画を見るまでは気にも留めなかったトピックについて、考えずにはいられなくしてしまうのです。それでも、これらの劇的なドキュメンタリー作品は、ある力強い一点においてフィクション作品と異なっています。それが本当のことであるという一点において。その物語が、現実の世界に根差した事実に基づいているという重要な点です。

巧く語られたドキュメンタリーを観ると、とても楽々と作られているという錯覚を覚えます。他にやりようがないという必然性すら感じます。しかし、制作者に聞けばそれは気のせいだと教えてくれるでしょう。企画の萌芽から編集の終わりまで、すべての工程が、綿密で忍耐を要する大変な作業です。そして本書は、そうした制作に含まれるすべての工程を解説していきます。

ドキュメンタリーの定義

ドキュメンタリーとは何か。もう一度定義し直してみましょう。一般的に言って、実在の人物、場所、そして出来事といった現実を正確に切り取ったイメージによって、見る者を新しい世界、そして新しい体験へと導くもの、それがドキュメンタリーです。そうして描かれるのは、『黒い魚 (Blackfish)』のように、捕獲され囚われの身ですごすうちに獰猛になってしまったシャチや、『未来を写した子どもたち』に登場する、閉塞的な環境の外に広がる世界を、カメラを手にすることで実感するコルカタの子どもたち、そして『戦争中継テープ (The War Tapes)』に登場する、イラクの戦場で戦闘の日々を送る自らにカメラを向けた兵士たちです。しかし、事実に基づいていればドキュメンタリーなのかというと、そうではありません。切り取られた事実の断片を、ドキュメンタリー作家が巧みに、何倍もの意味を持つように整理して並べながら物語を紡いでいく。それこそがドキュメンタリーの本質なのです。「ドキュメンタリー作家というのは、映像と音声の中に何か特別なものを見つけ出す情熱に駆り立てられて映画を作るのです。しかも見つけ出された何かは、自分の想像力で作り出すものよりはるかに優れているという自覚があるのです」。一九七四年に刊行された『Documentary』の中で著者のエリック・バーノウが言っているとおりです。「フィクションを創作する作家と違ってドキュメンタリー作家は、創作しないことに命をかけているのです。発見したものを選択して並べ替える行為によって、表現するのです」。

『未来を写した子どもたち』より、走るプージャ。Photo by Gour, courtesy of Kids with Cameras.

この「並べ替える」行為を可能にしてくれるのが、物語なのです。出発点は、ほんの小さなアイデアや仮説、または一連の疑問かもしれません。制作の流れの中で焦点が定まり、引き込まれるような序章、予想を裏切る中盤、そして腑に落ちるような納得のいく結末が見えたら、作品は完成です。その過程で、より深く自分が語っている物語を理解することができれば、自分が語ろうとする物語を、より効果的に、そして創造的に語る方法を見つけられるようになります。物語を理解していれば、登場人物への共感も深まり、より効果的なロケーションを選ぶこともできます。結果としてカメラが切り取る映像の力も増すのです。そうは言いながらも、先が読めないのがドキュメンタリー制作ですから、予想外の展開を追っていく心の準備も大切です。ドキュメンタリー制作の現場では予測不能な展開が避けられない以上、それすらも積極的に受け入れ、上手に利用しましょう。それこそが、あなたの作品を一層力強いものにする要素なのだと知っておくのは、強味になります。

ノンフィクション映画、またはビデオの題材としてのドキュメンタリー

序章で書いたように、ドキュメンタリーという名前で括られる映像作品は、内容的にも作風的にも多岐にわたります。最高のドキュメンタリー作品は、受け手を積極的にその世界に巻き込み、没入させる力を持っています。『ヴィルンガ』ではアフリカの国立公園を命がけで守る戦い。『ザ・スクエア（The Square）』ではカイロのタハリール広場で繰り広げられる映画制作者たちの潜入取材。そして『バックステージの歌姫たち』では音楽史に重要な貢献をしながら無名に留まったバック・シンガーたちの舞台裏。このような題材を扱った場合、ドキュメンタリーほど強い力で観る者を巻きこんでしまえるものは、他にありません。

ドキュメンタリーは作った本人をも驚かせるようなインパクトを持つことがあります。アカデミー賞候補『苦難の谷・ある中西部劇（Troublesome Creek: A Midwestern）』で自分が生まれ育った農場を競売にかけることになってしまった両親にカメラを向けたジーニー・ジョーダンとスティーブ・アッシャーは、この作品がオーストラリアの農業政策に影響を与えたと公開後に知らされました。アメリカ西部の水源と自然環境に起こっている変化を描いたジョン・エルズの『砂漠のキャデラック（Cadillac Desert）』は、政策方針の参考としてアメリカの議会で上映されました。アメリカ軍によるイランおよびイラクの捕虜収容施設内の暴力を暴いたアレックス・ギブニーの『「闇」へ』は、二〇〇八年の大統領選の最中に候補者たちによって繰り返し上映され、アメリカ陸軍法務総監部の研修にも使われました。作品が観客に対してこのような効果を持つためには、心の機微に触れる巧みな物語だ

けではなくて、公平で誠実な、信頼に足る内容によって観客の信用を勝ち取らなければなりません。

この本で詳しく見ていく物語を作るための仕掛けや技巧は、様々なメディアに向けて制作されたノンフィクション作品に適用できるものですが、ここでは主にテレビ番組、テレビシリーズ、または劇場長編の尺に当てはまる作品を例に説明していきます。文筆の世界では、事実に基づいた文章を文芸的な技巧を用いて書いていく人たちを指してクリエイティブ・ノンフィクション作家、その作品をノンフィクション文学と呼びますが、その例に倣って本書に登場するドキュメンタリー作家たちも「クリエイティブ・ノンフィクション映像作家」であるという認識で捉えたいと思います。

映像作品としてのクリエイティブ・ノンフィクション

フィリップ・ジェラルドは自著『Creative Nonfiction: Researching and Crafting Stories of Real Life』［クリエイティブ・ノンフィクション：リサーチで作る現実という物語］の中で、創作的なノンフィクションの文章を書くために必要な「五つの特徴」を挙げています。

- わかりやすい主題とより深い主題の両方を兼ね備えている。
- 主題にそのような二重性を持たせる以上、ジャーナリズムと同じ意味においてタイムリーでなければならない。
- クリエイティブ・ノンフィクションは興味深い物語を語らなければならない。そのためには、キャラクターや、プロットや台詞など、フィクションが使う物語の技法を利用する。

・ 作者の思考が反映されていることが感じとれなければならず、しかもそれは完結した思考でなければならない。
・ クリエイティブ・ノンフィクションは、執筆の技巧を常に意識していなければならない。

以上のような考え方を、どのようにドキュメンタリー制作に適用することができるのか、一つずつ考えていきましょう。

表面的な主題とより深い主題の両方があるか

作品をまとめ上げるために使われる主題は、目を疑うほどシンプルなこともあります。しかしそのシンプルな主題の下には、物語の展開によって明らかになっていく深い主題が隠されているのです。『音のない世界で』では、聴覚障害者である女の子が聴力を得るために人工蝸牛移植を希望するという表面的な内容の奥に、聴覚障害者たちの独特な文化や、聴覚障害者の家族やコミュニティ、言語の獲得といった主題が、展開する物語とともに掘り下げられていきます。『ドナー隊の旅（The Donner Party）』も、表面的には、近道と信じて雪に閉ざされたシエラネバダ山脈に迷い込み、最後には食人を犯す羽目になった西部開拓者の悲劇を描いたドキュメンタリーです。しかし監督のリック・バーンズはそのような衝撃的な歴史的事実を描こうとしたのではなく、この開拓者を襲った悲劇に何か真にアメリカ的なものを感じとったからだということが、物語の中から見えてくるのです。

時事的にタイムリーである必要はない

たとえニュースとして報道された事件が元になった作品でも、ドキュメンタリー作品はニュースと同じ鮮度を持つ必要はありません。代わりにドキュメンタリー作家たちは、時間をかけて詳細を探り、多層的な文脈の中に物語を当てはめることができるのです。エンロンの破綻も、グアンタナモ湾収容キャンプや、バグラム空軍基地、アブグライブ刑務所での捕虜虐待も、ハンター・S・トンプソンの自殺も、いずれもニュースとして報道されましたが、ニュースとしての消費期限を過ぎてからもアレックス・ギブニーにとっては、観客を深い思索に誘うドキュメンタリー作品群を作るための肥やしになったわけです。

興味深い物語を語っているか

小説や文学の技巧を使えば、映像作家は物語を面白くしているものの正体を見つけ出し、事実を正確に反映したままその事実にクリエイティブな形を与えることができます。作品を面白く盛り上げようとして、登場人物の描写を歪めたり、筋立てを無理やり面白くしたり、緊張感をでっち上げる必要はないのです。

作者の思考を反映しているか

ドキュメンタリーは報道ではないので、ある主題を作家が長い時間をかけて深く探求し、リサーチし、注意深く構成を配分して物語としての形を与えることができます。そして独自の声とスタイルを与えて世界に向かって発信するのです。では、ドキュメンタリーの作者とは誰を指すのでしょう。

『GONZO』より、ハンター・S・トンプソン。Photo courtesy of Magnolia Pictures.

企画から編集を経て物語を構築していくのは監督であるというのが一般的な見方ですが、実質的にはドキュメンタリー作品は複数の作家によって作られるものです。プロデューサー、監督、脚本家、編集者といった面々が築く緊密な関係の中から作品は生まれます。最終的に完成した作品に反映されたビジョンを持っている人ないしは集団が、その作品の作者であるといってもよいでしょう。

映像としての物語の技法を常に意識しているか

映像作家は、小説家や戯曲家といった人種とは違ったパレットを使って絵を描くものです。絵具は違っても、根っこの部分では同じことを同じように熟考しなければなりません。物語の技法を意識するというのは、そのメディアにとって独自な技巧を、あくまでもやり過ぎにならないように、最も効果的に駆使するということなのです。映像作品として語られる物語は、目で観て耳で聴く没入体験として観る者の感情と知性を積極的に巻きこむ力を持っているのです。

客観、主観、そして偏った見方

ドキュメンタリーの強さは、その土台が作り話ではなくて事実に根差しているということにあります。だからといってドキュメンタリーは「客観的」だとは限りません。ドキュメンタリー制作には、制作者の下す選択が存在します。ドキュメンタリー以外のコミュニケーションの形態、例えばそれが何らかの発言であっても、活字や、絵画、または写真であっても、そこには何らかの選択が存在します。つまり、どんなにバランスのとれた選択をしても、努めて中立的で公平な立場をとっても、正確を期しても、それは避けられずして主観的であるということになります。誰がどのような理由で語るべき物語を選び、それ以外のものはどういう理由で語られなかったのでしょう。どの情報が選ばれ、どれが捨てられるのでしょうか。スタイルは、トーンは、視点、そして形式はどういう理由で適切であると判断され、選ばれたのでしょう。エリック・バーノウはこう言っています。「念のため『自分は客観的だ』と言っておくドキュメンタリー作家はいます。でも客観的という言葉を使ってしまうと、物語を解釈する役割を放棄しているように聞こえますね。戦略的な発言かもしれませんが、基本的には無意味な単語だと思います」。

　客観的であるということは、主観的であることの反対ではありません。コミュニケーションというものは、それがどのような形態をとっても、主観的なのです。その映像作品を撮ったということは、その絵を描いた、あるいはその写真を撮ったのと同じように、主観的なのです。防犯カメラをあちらではなくこちらに向けることさえ、主観的なのです。例えばライターや映像作家が中立性を維持することに心を砕き、いつ、誰が、どこで、というジャーナリズムの基本を忠実に守り、複数の視点に公平に耳を傾けようと努力したら、主観が見えにくくなることもあります（ちなみに、扱う問題の正確性を曲げてまで両サイドの意見を聞けというものではありません）。ジャーナリズムの基本に忠実であることと、作者の視点を反映することは両立できます。その視点が不透明でなく、公正に集められた証拠が誠実に提示されてさえいれば。

　作品の主観性は、作者が匿名であっても変わりません。作者が明かされた方が作品の完成度を高めるのは確かです。筆者名が明記されていない詳細なウェブページ。記者名が書いてない新聞記事。名前が明示されていないからといって、その記事は不公正で、不正確で、偏向的でバランスに欠くとは限りません。しかし、そのような記事や作品の信憑性を確認するために受け手がわざわざ手を煩わせることになりますし、実際にそれが無記名ならば、わざわざ確認するべきなのです。

偏った見方

「バイアス」つまり「偏り」という言葉は、報道の情報の出元が持つ視点に対して適用されることがあります。あのテレビ・ネットワークは保守偏向があるとか、あの新聞はリベラル寄りだと言いますよね。メリアム゠ウェブスター辞書の定義によると「ある人々や考え方等がそれ以外の人々や考え方より優れていると考える傾向のこと。通常そのような傾向は不公平な扱いを受ける人を生む」とあります。バイアスには正負があります。高齢者に対して正、つまり好意的に偏った見方をする教授がいたとします。その教授は、知ってか知らずか年齢の高い学生に対してより甘い点をつけるかもしれません。小さい子どもを持つ労働者に負、つまり好意的でない見方をする雇用者は、その人を雇わないと判断するかもしれません。

誰でも偏った見方をします。優秀なジャーナリストは、そして優秀なドキュメンタリー作家は、持って抱えた偏りを乗り越える努力を怠りませんし、十分な証拠を提示することによって受け手が自分の結論を導き出してくれると信じています。作り手が意図的に記録や情報を選別したり、選択的なインタビューをすることで、受け手を誤った結論に誘導したり誤解させることがあったら、偏った見方はさらに歪んだものになり、嘘や虚偽を招くことになります。

偏った見方と視点は、同じものではありません。数々の賞に輝くノンフィクション作家で教育者でもあるリチャード・パネクが私に教えてくれた例を紹介します。一二人の学生が、ある客員教授の歴史の授業を受けていたとします。教授は三〇代前半のアメリカ人で近代フランス史の専門家です。講義の後、学生たちは四班に分かれて講義に関するレポートを書くことになりました。ちょっと変わっていたのは、各班はそれぞれ違った相手に提出するレポート書くという条件でした。その条件とは、①大学の終身在職権審査委員［テニュアトラック制度として日本でも導入している大学がある、アメリカの大学の雇用形態」。②客員教授の地元新聞。③男性ファッション雑誌。④フランス史に関するテレビ特番の制作のために役に立ちそうな人を探しにきたドキュメンタリー制作会社。

レポートを書き終えた学生たちに、偏った見方と解釈されかねない文章があったら削除するように指導します。もちろん学生たちは、言われたとおりにします。さて、四つのレポートは同じ内容になったでしょうか。それぞれ違った読み手のために書かれた以上、もちろん同じにはなりません。例えば大学の終身在職権審査委員であれば、充実した講義が手際よく行われたかどうか知りたがるはずで、教授が着ていた季節外れのアルマーニのブレザーのことはどうでもいいと思うはずです。地元新聞なら、講義内容よりも同郷の教授がこれまでどのような業績を上げてきたかということに関心を持つでしょう。このように、それぞれのレポートは、それぞれの受け手に特化した詳細を強調して書かれるはずですが、それぞれが正確で公正で誠実であり得るわけです。

この例のような条件で、例えば終身在職権審査委員向きにレポートを書く学生たちが別の教授を推していたなら、それは偏ったレポートになったかもしれません。教授の講義が全体的にどう受け取られたかは考慮せず、他の学生たちには好評だったことも無視して、失敗をあげつらった可能性はあります。私の経験則ですが、もし自分の考え方が偏っていないか心配になったら、自分にこう聞いてみます。一群の知的な人たちに自分が書いたレポートや映像作品とそれを支える証拠一式を渡したら、その人たちはあなたの作品は事実を正確で公正に扱っていると判断してくれるでしょうか。

ドキュメンタリー作品にとって、バランスと中立性は必ずしも必須ではありませんが、公平性、正確性、そして透明性は絶対に必要です。観客があなたの作品および作品の結論に同意する必要はありませんが、観客があなたの作品を信頼できることは必須です。この作品は嘘をつかずに大事な何かについて見せてくれるという信頼感。そして、説得力を持たせたり物語をドラマチックにするために、誤誘導も承知で証拠となる議論を歪めたり、都合の良いものだけを見せていないという信頼です。一つでも虚偽がばれたら、作品は価値を失います。自分の視点を承認してくれる作品を求めている観客相手なら話は違いますが、そのような観客の視点は、当然偏っているわけです。

公正でバランスがとれた作品

ジャーナリズムが要請するバランスを確保することに意義を見出すドキュメンタリー作家の場合、扱う題材を深く理解できるように、幅広い視点に支えられた声を集めることがあります。それに際して、賛成／反対、または、ある意見／別の意見というように、無理に二分法を適用して両サイドの意見を集めようとすると、誤解を招く可能性があります。例えばこういうことです。圧倒的大多数の科学者は気候変動が現実のものだと同意していますが、その帰結や解決に関する考え方はまちまちです。そのような状況で、非主流派、つまり気候変動否定論者に、気候変動を認める人たちと同じ比重を与えて話をさせてしまっては不誠実です。

無理にそのようなバランスを取らなくても、誠実で正確なドキュメンタリーは作れます。例えば、化粧品開発のための動物実験に反対する女性を題材として取り上げ、彼女の目を通して作品を作るとします。作品の焦点は動物実験に関する中立的な視点ではなく、その女性の反対運動になるはずです。この場合注意しなければならないのは、その女性(および彼女の支持者)が間違った発言をしたら、その発言に異論を挟まずに出してはいけません。彼女または支持者たちがそう考えていたとしても、事実と反するということを観客に伝える方法を講じなければいけないのです。

視野の狭い意見を扱うときにもう一つ注意したいことがあります。必要を感じたら、複数の視点を集めておくに越したことはありません。例えば、あなたがインタビューした人が、自分とは対立した意見を持つ人の考え方をあれこれ語り出してしまったら、作品は信憑性を失います。あなたの取材対象が例えば「あの人たちはこちらのことを怖がっていました。私たちが心配させてしまったんです」のように「あの人たち」のことについて語り始めたら、「あの人たち」に自分で話す機会を与えるべきかもしれません。人は自分で証拠を検討して自分の結論を導き出すのが好きですから、対立する視点を持ちこめば、作品が強くなります。私自身の例で説明します。私はPBS局の『アメリカ公民権運動』というアメリカの公民権運動の歴史を扱ったドキュメンタリー・シリーズに関わりました。番組は、一九五〇年代半ばから一九八〇年代半ばまでに起きた公民権運動に関係する事件を網羅しています。その時に私たちがとったアプローチは、公民権運動が必然的に正しい運動だったという風に見せないことでした。おそらく正しい運動だったことを疑う人はいないという認識を持った上での判断です。特に若い世代を中心に、公民権運動の盛り上がりとその帰結を体験していない人がいます。その人たちが公民権運動に参加した人の目を通して追体験できるように、あたかも彼らの目の前で運動が展開しているかのような番組にするというのが私たちの目的だったからです。まず制作者である私たちが歴史的事実そのものに語らせるという忍耐と能力を持たなければ、そのような番組は作れないというのが局の重役たちの意見でした。だから、少なくとも当時は公民権運動に反対した人たちにも、公平に話を聞きました。この作品の場合、公平性というのは、反対意見を持つ人を裁いたり、攻撃することではありません。自分の経験を話す機会を、他の人と同じように与えること、そして話を聞いてもらえるという信用を勝ち取るということです。お陰でこのシリーズはより力強くなり、番組が伝える歴史はより豊かになりました。

もう一つの見本として『スーパーサイズ・ミー』を見てみましょう。三〇日間マクドナルドの食べ物しか食べないことにした監督のモーガン・スパーロックは、マクドナルドに対しても、マクドナルドを相手に自分たちの肥満の原因を作った責任を取るべきだと訴訟を起こした少女たちに対しても、煮え切らない態度をとっています。

自らを実験台に行う実験の概要を説明した後、スパーロックは実験の結果を評価することになる三人の医師を紹介します。この実験はあまりに人為的でマクドナルドに不利であると書いた評論家もいましたが、観客が自分で判断できるように実験の内容は公開されているので、私はそうは思いません。もちろん、実験内容そのものは度が過ぎていると思いますが。作品を通して、スパーロックに同情的と思われる人々のインタビューが挟まれます。医師、弁護士、学校関係者、通りすがりの人たち。それぞれが、無知、誤解、そしてお抱え学者的な意見を披露していきます。二リットルの炭酸飲料にどれだけ大量に砂糖が含まれているか、見ればわかりそうなものです。一〇代の若者が高校の学食で高脂肪・高タンパクの食品しか食べていないのは、一目瞭然なはずです。スパーロックは、ファストフードがいかに不健康であるかということを、たっぷりと学習し、その成果を観客にも見せてくれます。しかし、それを目の当たりにして変われるかどうかという判断は、観客に委ねられるのです。

取捨選択

映像作品を作るときには素材を選ばなければなりませんが、取捨選択は偏りとは違います（前のページに書きましたが、ドキュメンタリーの定義は素材の選択、整理、並べ替えです）。それが三〇分の作品でも九時間のシリーズでも、撮影したものをすべて詰めこむことはできません。時間が足りないというだけでなく、受け手が物語についてこられなくなって混乱してしまいます。だから、代わりに物語に焦点を絞れるように、選択をするのです。その時には、選択された物語をきちんと理解するために必要な登場人物や情報を落としてしまわないように気をつけましょう。

例えば『バラカの少年たち（The Boys of Baraka）』は、極めて「落ちこぼれる」可能性が高いアメリカ人の少年たちを描きます。少年たちが将来落ちこぼれてしまわないように、ケニアにある実験的寄宿制学校に送りこまれます。この作品は、ケニアにあるバラカの学校に行く以外にボルチモアの貧しい少年たちに開かれている教育の可能性については触れません。教育評論家がバラカの学校制度についての懸念も表明されませんが、そのような代替案はこの物語に不要で、その情報がなくてもこの物語は誠実に語ることができるのです。『未来を写した子どもたち』のザナ・ブリスキーも、自分がどこで写真の勉強をしたのかや、コルカタの子どもたちのために選んだカメラがなぜ選ばれたかということには上映時間を割きません。外国人であるブリスキーが異国の文化に介入すべきではないといった意見が含まれているわけでもありません。そのような意見があったとしても、ドキュメンタリー制作というものは選択を迫られながら進むものです。そして様々な意見のすべてが、制作者が語ることを選んだ物語を強くするとは限らないのです。

ドキュメンタリーの虚偽・誇張

映像作品は、見る者の五感に訴え、さらに語られる物語によって感情的、そして知的なレベルで見る者を巻き込みます。結果として私たちは作品を「体験」するのです。映像作品は強い説得力と求心力を持っています。だから意図的に（または作者の無知から）誤った情報を伝えたり事実を歪めている作品に気をつけなければいけません。理由は娯楽のためかもしれないし、何かの主義主張のためかもしれませんが、知らないうちに人魚や宇宙船の存在、そして陰謀論を信じさせられているかもしれないので、要注意です。注意のポイントは以下のとおり。

- 誇張された質問や動機のはっきりしない質問を投げかけて、観客に誤解を与える。
- 文脈から切り離された事実、または誤解を与えるように仕組まれた事実を提示する。例えば、ジョーが人を雇って奥さんを殺させたという事実があるとします。その証拠にジョーは奥さんを殺した男に二五〇〇ドル支払ったと、私が言ったとします。後で誰かが、男はジョーの工場で働く労働者で、もらったお金は給料だったと指摘したら、話は食い違います。

・証拠を文脈から切り離して提示する。または、他の証拠とつなぎ合わせて、誤った印象を与える。

・証拠を偽装する。ニュース映像でもないのにそれらしく見せる演出をしたり、本物らしく見える書類を捏造するのが、これに当たります。

不誠実な映像作品を見抜くには、それなりのメディア・リテラシーが必要です。考え得るアプローチは以下のとおり。

・次のことを調べましょう。手段は問いません。誰が作ったのか、そして、誰が金を出したのか。出資団体の名前だけでなく、その団体がどのような活動をしていて、どのようなことを後押ししているのか追求しましょう。

・その作品は、どこで、どのような方法で宣伝されたか。

・その作品の制作者たちのインタビューを見つけます。あるいはウェブサイトにアクセスし、どのような作品を作っている人達なのか調べます。どんな作家もいろいろなジャンルの作品を作っているはずですが、エイリアンによる誘拐事件を描いた作品で知られる作家が気候的変動の映画を撮ったとしたら、おそらく科学的な正確さは望めないでしょう。

・作品をじっくり見てください。特に、何を証拠として挙げているかに気をつけてください。作品中に見えた新聞がどこかおかしいと思ったら、本当に発行されたものか調べます。書類が使われていた場合、ちゃんと本物に見えていますか。

・統計データが提示されていたら、それがいつの数字かちゃんと書いてありますか、そして詳細はありますか。
・ニュースや報道の見出しが出たら、それがいつのもので、どのような文脈の報道か記してありますか。
・作品中に投げかけられる質問が、誤解を招くようなものだったり意図が不明確だったりしませんか。証明できない仮説の是非を問うて誘導するような質問がこれに当たります。例えば「つまり、この足跡は人間や動物によってつけられたのではなく、スミス博士が見たと主張している宇宙人のものだということかもしれないですよね」。もう一つの例は、作品の中で提示された証拠から導き出された質問ではなくて、制作者が主張したい結論を強調するためだけに使われるものです。例えば「アナリストたちは、なぜその時、別の案を実行することをためらったんですか」。このように尋ねられると、アナリストが実際にためらっていなかったとしても、ためらったように聞こえてしまいます。

どんなに執拗な調査裏付けを受け、詳細に事実関係を調べ上げられたドキュメンタリーであっても、不正確な情報が紛れ込む可能性はゼロではありません。だからといって、意図的に紛れ込ませてはいけません。

ドキュメンタリーの物語を語るのは誰なのか

ドキュメンタリーは世界中で作られていますが、その制作方式の多彩さに驚かされます。中にはテレビ局や制作会社を母体に働くドキュメンタリー作家もいます。独立して個人で働く作家はさらに大勢います。独立作家のほとんどが、国や地方自治体、テレビ局からの制作委託や何らかのファンド、または企業から資金的後ろ盾を得て活動しています。地域限定で、例えば一地方の観客や視聴者だけを相手に活動する作家もいる一方で、全国規模の劇場公開やテレビの全国放送で活躍し、国際映画祭で賞賛を浴びる作家もいます。観客をネットに求めてオンラインで作品を発表する作家も年々増えています。

ドキュメンタリーにとって物語を語るというプロセスは、「お話を書く」というプロセスとは本質的に違ったものを意味します。いわゆる物書きなら誰でもできるというものではありません。この本が解説する物語の仕掛けは、プロデューサーから監督、編集者、撮影者、録音にいたるまで、ドキュメンタリー制作に関わる人なら誰でも活用できるものです。ドキュメンタリー作品が語る物語というのは、あるアイデアが閃いた瞬間から始まり作品が撮影され編集され完成するまでに、何度も形を変えて適用され、再考を重ね、再構築を重ねて進化を続ける発想の過程全体を指しています。その過程の中で、ドキュメンタリー作家の自問は続きます。「誰が中心的な登場人物なのか。何を賭けて、何を求めて行動するのか。失敗したら何を失うのか。緊張関係は誰と誰の間に見られるのか。物語はどこに向かって進んでいくのか。本当に語る価値があるのか」。随筆的なものとして構成されたドキュメンタリーであっても、最終的に明らかになる答えとさらに大きな問いに向かって次第に高まる何らかの緊迫感や発見への期待感は重要なのです。そして、作品がそうなるように判断をしている誰かが、脚本家としてクレジットされているとは限らないのです。

「脚本家」の役割

現実を「書く」とはどういうことでしょう。現実に起きていることの脚本を書くということは、果たして可能なのでしょうか。そのような問いに対する答えは簡単です。ドキュメンタリー制作には、現実に起きたことを作品やシリーズという器に収まるように取捨選択し配置し直すという工程が含まれます。その工程では、物語、構成、キャラクター、様式、視点に関して「作家的な」選択をしなければなりません。これがドキュメンタリーを「書く」ということです。シネマ・ヴェリテ［軽量化された撮影機材が可能にした、対象に直接的な関係性を持てるほど接近して記録されるフランス起源のドキュメンタリー手法。アメリカでは傍観的な無干渉映画を指し、本書も同じ］のように極力無干渉で撮影するスタイルの作品であっても、撮影前、撮影中、そして特に編集中に誰かが構成を決めるから、作品が出来あがるのです。スタッフの中に「脚本」としてクレジットされる人がいなくても、多くの場合監督を含めた複数の誰か（シネマ・ヴェリテ作品なら編集者）が、物語を構成するための判断をしているのです。

ドキュメンタリーを「書く」という作業は、長い制作期間を通して続きます。歴史ドキュメンタリー作家のリック・バーンズが、こう説明しています。

> 今から作ろうという作品が初めて言葉で描写されて形になるのは、同僚への手紙かもしれないし、資金援助を申請するための二ページの企画書かもしれません。それがどんな形であっても、間違いなくその作品のバージョンの一つです。だから、どのバージョンであっても、作品に可能な限りの力と声を与えようとします。作品が次の形になる段階に進んだら、より長く詳細で、綿密に構成された、そして願わくばさらに力強く心を打つようなものに。前のバージョンを捨てるのではなく、それを踏み台に重ね上げていくのです。

アイデアは作品の概要になり、概要からより詳細な撮影用のトリートメント［日本の業界用語で言うところの「プロット」］が書かれるかもしれません。それは新たな発見を取り込む柔軟性を維持しつつ、制作費を現実的に見込むに十分な詳細を持った作品の概要です。たとえ誰も紙の上に何も書いていなかったとしても、目の前で記録して作品という形にまとめるべき状況が展開していれば、ドキュメンタリー作家は「書いて」いるのです。この作品を「書く」という作業は、紙を使うかどうかにかかわらず編集段階でも続きます。拡大解釈された「書く」という作業は、ポスト・プロダクション中も続きます。完成台本が作成された場合は、そこにいたる作品の進化の道筋が記録されることになります。

脚本家のクレジット

ハリウッド劇映画制作の世界には、制作に先立って書かれる「売り込み用脚本」というものが存在します。しかしドキュメンタリーの場合、まず脚本が書かれるということは滅多にありません。例外があるとすれば、劇場公開を前提に作られることが決まっている作品か、再現映像が含まれる場合です。詳細な撮影用の作品概要を書くドキュメンタリー作家もいます。先ほど書いたように、概要や台本は制作の進行とともに内容をどんどん変えるものです。「脚本」というクレジットがあったら、それはアイデアの萌芽から編集にいたる過程の中で、作品の内容、物語、そして構成に携わった人に与えられたということです。その人は「書く」以外の作業は何もしなかったのかもしれませんし、プロデューサーまたは監督が兼任したのかもしれません(もしナレーションがある作品なら、ナレーションを書いた人が「脚本」のクレジットをもらうかもしれませんが、ナレーションの執筆だけがドキュメンタリー制作における「書く」という作業ではありません)。

ドキュメンタリーにおける執筆作業の重要性を考慮したアメリカ脚本家協会の西海岸と東海岸の両支部は、二〇〇五年以来毎年、優秀な脚本家に「最優秀ドキュメンタリー脚本賞」を与えるようになりました。対象となる作品は四〇分以上の映画で、その作品の脚本、物語、またはナレーションを書いたというクレジットが画面上に提示されることが条件になっています。『物語る私たち』のサラ・ポーリー、『シュガーマン　奇跡に愛された男』

のマリク・ベンジェルール、『スーパーサイズ・ミー』のモーガン・スパーロック、『エンロン　巨大企業はいかにして崩壊したのか?』のアレックス・ギブニー、『フロム・イーブル』のエイミー・バーグ、『「闇」へ』で再びアレックス・ギブニー、『戦場でワルツを』のアリ・フォルマン、『ザ・コーヴ』のマーク・モンローらがこの賞に輝いています。この中で監督業を兼ねなかった脚本家は『ザ・コーヴ』のマーク・モンローだけでした。ちなみに、これらの映画でナレーションを使ったものはほとんどありません。

この本を活用するために

ドキュメンタリーとして語られる物語についての本をまとめようというアイデアは、私個人が大小様々なドキュメンタリー作品に監督、脚本家、そして監修者として参加した経験、そしてドキュメンタリーだけでなく、劇映画、舞台、文芸作品といったジャンルを超えた物語とその語られ方の研究から生まれました。一緒に仕事をした仲間には経験豊富な作家も、新進気鋭の作家もいました。テレビ放映や劇場公開だけではなく、博物館や学校で使用される作品にも関わりました。そうした経験から、物語と構成という基本的な考え方は、その規模やスタイルとは無関係にどんな作品にも当てはめられるという事実がわかってきたのです。同時に、新しく制作されるドキュメンタリー作品が増えているのに、その様式に関わる議論は相変わらず誤解によって曇らされているということにも気づきました。その中でも特に根強い誤解は次の二つです。一つは「撮影済みの素材の中に物語を見つけ出した方が、リアルなドキュメンタリーが作れるから良い」という誤解。もう一つは「物語という形でまとめないと成立させられないドキュメンタリーは、作家が持ち込む表面的な枠に作品を押し込んでしまう」という誤解です。私は、この本でそのような誤解を崩したいのです。

想定される読者

この本は、物語の正体とその構造を理解したいと思っている人のために書きました。同じノンフィクションでも、心を突き動かすものとそうでないものがあるのはなぜか。その心を動かす「力」はどこからくるのか。このような疑問を解明したいという人のために、この本を書きました。ドキュメンタリー作家たちは物語を構築するために何を選び、何を捨てるのか。それを理解することで、ノンフィクション映像作品を見る観客の目が肥えて、もっと批評的にドキュメンタリーを見られる消費者が増えるのが私の願いです。なぜ数ある作品の中には真実味に溢れたものと嘘っぽいものがあるのか。この本を読めば、その問いに答えられるようになるでしょう。感情的にも知的にも充実した作品がある一方で、騙されたような気になる作品もあります。退屈な作品もあります。その違いも、この本を読めばわかるようになります。そして視点やトーンを変えれば、作品の性質すら変わってしまうということも理解できるようになります。メディア漬けの現代を生きる私たちには、そのようなリテラシーが不可欠なのです。

この本で定義されるドキュメンタリー作品の制作の工程は、企画開発とリサーチ、撮影準備、撮影、さらに素材を粗編集していく過程から、ピクチャーロックまでを含む編集全般という一般的な流れを指します。多くの場合、各工程を分ける明確な区別があるとは限りません。編集が佳境に入っても資金援助を求める売り込みのプレゼンが続くようなことも、撮影が終わる前に編集が始まることも、普通にあります。物語と構成についても同様で、制作の全工程を通して物語を固めるための議論は続くものです。準備段階で書いたストーリーの概要を、編集チームが書き直すのもよくあることです。リサーチが進み制作も進展するにつれ、制作者たちは資金集めのための売り込み文句ですら書き直し、自分たちが紡いでいる物語をより明快に伝えられるようにします。制作中、ドキュメンタリー制作者たちは、何十時間もの素材や、静止画、写真、インタビュー音声、音楽、さらに記録映像等ありものの素材を相手にします。いざ作品を完成形に導く時には、膨れ上がったプロジェクトから贅肉を削ぎ落として、物語の構成という一番基本的な形で捉えてみるのが、最も効果的であることがしばしばあるのです。

本文中に使われる作品の例は、実在の作品であれば必ずそうとわかるように表記しました。表記がないものについては、私が説明用に考え出した架空の作品です。もしその内容が実在の映画と似通っていたとしても、それは意図的ではなく偶然のなせる業だということをご了承ください。巻末に本書に登場する作品に関する情報をまとめました。その中にはオンラインで購入が可能なものや、借りられるもの、そしてストリーミングで配信されるものも多数あります。

重要なのは分析であって、型ではない

ドキュメンタリーを物語として語るということは、制作中のあらゆる段階で取捨選択しながら作品の構造、視点、バランス、スタイル、配役などに関する判断を下していくという、有機的編集アプローチとして説明できます。本書には何か創造的な活動をしたことのある人にとってお馴染みの言葉がたくさんでてきますが、手法や方法論を示すために使われる言葉で一番近いのはフィクション映画における物語を語るための手法だと言えるでしょう。フィクション映画と違うのは、ドキュメンタリー作家にはプロットを創作する自由も、登場人物の心理の流れを考案する自由もないということです。そういったものは、現実を切り取った素材の中から見つけ出すのです。ドキュメンタリー作家にとって、よい物語というものは創作的な考案ではなくて、創作的な構成にかかっています。しかもジャーナリストが持つべき誠実さを犠牲にしてもいけません。それは至難の業ですが、だからこ

そ、物語と構成をドキュメンタリー制作に応用することの詳細を解説した本書が書かれたというわけです。これは決まった法則を解説する本ではなく、巧みに作られたドキュメンタリー作品が根本的に共有している性質を分析する本です。物語の本質を理解し、物語が持つ力を自分のものにすることが、ドキュメンタリー作家としてのクリエイティブで、しかも倫理的な声を、自分の中に見つけ出す近道になるのですから。

始める前に

この本の執筆にあたって、多くの作品を見直し、大勢のドキュメンタリー作家たちとも対話しましたが、彼らが基本として挙げたことを、紹介します。

- 重要なのは技術ではありません。一番大事なのは物語を作るための機材や道具だと勘違いしてしまうドキュメンタリー作家（そして映画制作クラスの講師や学生）はたくさんいますが、世界最高の機材を使っても、映画史に残るショットが撮れても、要点のはっきりしない映画を救うことはできません。
- 映像作家にとって、時間はいつにもまして貴重な資源になりつつあります。撮影準備期間と編集期間は特にそうです。しかし同時に、十分なリサーチを行い、主題を掘り下げて物語に幅を持たせるために必要なのも時間です。ドキュメンタリー制作者には、素材を大量生産品として捌いてしまう誘惑を払いのけて、あくまで作品として完成させる強靭な精神も必要です。
- 物語を語るといっても、起承転結やら三幕構成がなければいけないというわけではありません。ありもしない緊張感をでっち上げるなんて論外です。物語は素材の中から自然に生まれ出てくるものであり、その素材を構成して物語を紡ぐのが、まさにドキュメンタリー作家の腕なのです。

- 主流メディアによって取り上げられたドキュメンタリー作品が発信する情報が、大きな影響力を持つようになっています。同時に、主流メディアと相反する情報をドキュメンタリーが提示することも頻繁にあります。そのような現状の中でドキュメンタリー作家は、クリエイティブで革新的でありながらも、毅然として倫理的態度と誠実さを崩さない態度を求められているのです。
- ユーモアを持つこと。気の滅入るような内容や題材が、最初から最後まで辛いだけだったら観客は耐えられないものです。しかし、ここ数年のうちに作られた最高のドキュメンタリーを見れば、何度も目に涙を浮かべながら一方で大笑いもしている自分に気づくでしょう。
- 難しく考えすぎないこと。最高のドキュメンタリーの多くは、とても単純な物語に牽引されて展開します。基本が単純だからこそ、全体的な複雑さを持たせられるのです。

PART 1

物語を理解すること

Understanding Story

Chapter 2

Story Basics

物語の基本

「物語」というのは、何か一つの、または一連の出来事を、相手の興味を引きつけるような工夫によって語るということです。相手とは受け手のことで、つまり読者でもあり、聴衆かもしれず、視聴者でも観客でも構いません。最も基本的な物語は、始め・中・終わりで構成されます。物語には受け手の興味を煽るキャラクターや解かれるべき問いかけや謎があり、高まる緊張や対立があり、最終的には何らかの決着がついて終わります。物語は受け手を感情的、そして知的に巻き込み、常に次に何が起こるか知りたいと思わせるのです。

ナラティブという言葉があります。映画祭の部門や映画学校の授業でこの言葉が使われる時、ドラマ仕立てのフィクション映画を指すことがありますが、それは誤解です。ほとんどのドキュメンタリーも実はナラティブなのです。ナラティブという言葉が意味するのは、単に「話を語る」ということにすぎないのですから。さらに「ナレーション」という言葉と似ていますが、何の関係もありません。物語をどう語るか、そしてどの物語を選んで語るかという選択によって、映画は特定ジャンルのサブカテゴリーに分かれていきます。それは例えばシネマ・ヴェリテかもしれず、暗黒映画《フィルム・ノアール》なのかもしれません。

話を上手に語る方法を説明しようという試みは、目新しいものではありません。ギリシャの哲学者アリストテレスは、紀元前三五〇年にすでに「巧みに構築されたプロット」を分析した考察を書き残しています。以来、アリストテレスの指針は書物に、舞台に、そして映画やテレビに利用され、応用され続けています。観客としての私たちは、物語の機能をすでに本能的に理解しています。観客が抱く期待にある時は応え、ある時は裏切り、または対立して挑戦するのはフィクションのドラマを作る上で重要ですが、ドキュメンタリーにおいても同様です。

物語に関するいくつかの用語

情報の露出（Exposition）

作り手は、受け手に対して情報を露出することで、受け手が物語世界に立つための足場を提供してあげます。それは誰が、何を、どこで、どうしてという情報で、受け手はこの情報を手に、展開する物語を追いかけていくのです。露出された情報が、受け手を物語の内部に招き入れる手助けをするのです。しかし、情報の露出は「さっさと出して片づけておけば良いもの」ではありません。受け手がその時点でまだ知らなくても良い情報や、背景になる物語が冒頭に詰め込まれた作品が多ぎます。そうしてしまうと、その情報を本当に知っているべきときに、受け手はすでに覚えていないという問題が発生します。結果として、何て退屈で説教臭い作品だと思われてしまうのです。

映像作品の作り手は、ナレーションやインタビュー、またはテロップを使って、開始早々受け手に対して基本的な情報の足固めをしてあげることができます（『コントロール・ルーム（Control Room）』や『ジョーンズタウン：人民寺院の生と死（Jonestown: The Life and Death of Peoples Temple）』のオープニングが良い見本です）。このとき露出する情報は、物語が滑り出すために必要な最低限の情報に留めます。それ以降は、物語が必要する、ここぞというタイミングで情報を出しましょう。失敗の代償が大きくなるとき、登場人物の人となりが理解される瞬間、何かが理解しずらくて混乱を招きそうなとき、などです。

巧みに露出された情報は、緊迫感を高め、観客の心を引きつけます。あのアルフレッド・ヒッチコックが、緊迫感というものを次のように説明しています。レストランで人々が座ってお喋りしている場面。側には時計がります。突然、テーブルの下にあった爆弾が爆発します。観客はもちろん驚きます。では、誰かが時限爆弾をある時刻に爆発するようにセットしてブリーフケースに入れ、それをテーブルの下に置いたとしたら、どうでしょう。座って喋っている人たちは爆弾に気づいていません。しかし爆弾のことを知っている観客は、固唾をのんで時計を見つめます。ヒッチコックは、観客が爆弾のことを知らない場合は数秒のショック、知っていたら数分の緊迫感を与えられると言いました。

自分が好きな映画をもう一度見てみましょう。ただ漫然と楽しく見るのではなく、あなたが知るにいたった情報がいつ与えられたのかということに特に注意を払いながら。それが物語の現在の情報であっても、過去に起きた背景となる物語でも同様です。もし背景となる物語が必要ならば、観客が「知りたい」と思ったときに出しましょう。それ以外にも、情報を伝えるために映像作家が使う手段に注目して盗んでください。例えば、撮影対象である登場人物が交わす口論を使ってうまく情報を露出することもできます。「あんたが給料袋を持ったままラスベガスに行こうなんて考えなければ、こんな大変なことにはならなかったのに!」。巧妙なナレーションによって、まさにその時必要な情報を巧く視聴者の頭に滑り込ませることも可能です。被写体の発言をオフのナレーションとして使う場合にも同様の効果が期待できます。他には例えば、ある場所全体を写したショットや標識、または看板といったものによっても、視覚的な情報の露出が可能です。『ロジャー&ミー』では民家の玄関先に立ち退き命令の看板を釘で留める保安官によって、『苦難の谷・ある中西部劇(未)』ではオープニングの農場競売の風景によって、これから始まる物語に必要な情報が露出されます。郊外の一軒家の芝生に雑然と転がる玩具の画は「ここには子どもが住んでいる」という情報を、消防署の外に飾られた黒い旗と手製の花束なら「悲劇があった」と伝えているのです。現代的なオフィスビルの高層階にある広い部屋で、エレガントな装いでたたずむ女性を望遠レンズで切り取れば「有能な女性」であることが伝えられ、地下鉄でボストン・グローブ紙を読んでいるサラリーマンを見れば、ここがどこなのか一目でわかります。高速道路の標識も、エッフェル塔のような有名な地理的目印も同様です。コマ落としの映像やテロップ、そしてアニメーションなども効果的な情報露出の手段です。巧く利用すれば、『スーパーサイズ・ミー』で使われたアニメーションのように、観客にちょっとした驚きを与えながら、しかもユーモラスに必要な情報を提供することもできます。

ドンピシャのタイミングで情報を出せば、観客は登場人物をより深く理解でき、立ち向かうべき困難もより逼迫したものとして受け取られます。『ダナンから来た娘(Daughter from Danang)』では、ベトナム生まれでアメリカに里子に出されたハイディ・バブという女性が、実の父はアメリカ人兵士だったこと、実の母の現在の夫は元ベトコン兵士で米軍と戦ったこと、そしてハイディの養母がハイディと連絡を取らなくなったことが、絶妙なタイミングで明かされます。このような情報によって観客は、登場人物たちの人間性を理解し、どのような動機で行動しているのかを理解していくことができます。物語の隅々に巧妙に配置された情報の種によって、作品をより効果的に語ることができるわけです。

主題(Theme)

主題というものを文学的に説明すれば、それは物語を底から支えている思考であり、何度も現れてはしばしば根本的な人間の在り方に光を当てるものです。『アメリカ公民権運動』は、一四時間かけてアメリカの公民権運動の苦難の歴史を描き出す意欲的な番組でした。物語を支える主題となったのは、人種問題、貧困問題、そして底力を発揮して変革を勝ち取る普通の市民でした。J・ロバート・オッペンハイマーによる核開発の物語である『トリニティの翌日（The Day After Trinity）』は、オッペンハイマーの持った科学への野心、権力への志向、平和と非武装への遅すぎた願いといった複数の主題の上に語られていきます。

映像作家のリック・バーンズは「主題こそが、作品を支える最も基本的な生命線なのです」と言いました。「主題を見れば物語がどこに向いて進んでいくかわかる。『こういう話だ』とわかる。それが主題です」。バーンズは、一八四六年にカリフォルニアへの近道と信じて雪に閉ざされた山に迷い込んだ開拓者の一団を『ドナー隊の旅（未）』で描きました。もちろんバーンズが食人を犯す羽目になった開拓者たちを取り上げたのは、悪趣味な好奇心からではありません。不運な開拓者たちがとった行動がアメリカ的なものの本質と弱さを象徴しているというのが、彼がこの事件に見出した主題なのです。この映画の冒頭に引用されたアレクシ・ド・トクヴィルの言葉が、映画の主題に暗く影を落とします。フランス人作家のトクヴィルは一八三一年にアメリカを旅しその記録を残して、「熱にうかされたような情熱で富を求めるアメリカ人」は、「常に最短距離を選ばなかったのではないかという疑心暗鬼に苛まされながら」富を求め続けると書き残しています。そして、たとえ旅路の果てに待っているのが死であっても「この世の物質に固執する」とも。開幕と同時に示されるこの賢者の言葉が、新しい生活を求めて旅立った野心的な開拓者たちの悲劇を暗示するのです。

映画を作る動機となった何らかの疑問から主題が現れることもあります。『マイ・アーキテクト ルイス・カーンを探して』は、三〇年前、一一歳の時に父を亡くしたドキュメンタリー作家による亡き父を探し求める旅を描く一方で、人生の儚さや残された遺産といった主題も持っています。「死んだ後には、何が残るんだろう」と監督のナサニエル・カーンが、ＤＶＤの特典映像で言っています。

本当に父が残したといえるものを、どれほど見つけられるのだろうか。彼の設計した建築物は確かに残っている。しかし、彼の心は本当に残っているのだろうか。そう思いながらもいろいろな人と会い、今も父との関係を維持し続けている人の多さを知って心を震わされた。多くの人が、まるで父が生きているかのように話すんだ。父のことを毎日思ってくれている。心が温まる体験だった。

主題を理解するということは、何をどのように撮影するべきかを理解するということでもあります。『ヨセミテ：天国の運命（Yosemite: The Fate of Heaven）』を撮影した名手ジョン・エルズは、ヨセミテ国立公園を横切る道路を建設する労働者たちを撮影するにあたって考えたことを、次のように語っています。

作品を通してひも解かれていく物語の中で、このショットなりシーンはどのような意味を持つのでしょうか。このショットなりシーンは、私たちの世界についてどんなことを教えてくれるのか。私たちは危険な発破作業を記録するために労働者たちについていくのか。それともどんなに大量のダイナマイトを使っても、この壮大な大自然に何の変化ももたらすことができないちっぽけな人の姿をカメラに収めたくてそこにいるのか。それとも労働者たちが低賃金でこき使われ、組合を作って労働運動を目論んでいるからなのか。

エルズは、自問の末に得た答えに応じていろいろな可能性を考慮します。

労働者たちは組合を作ろうとしてはいませんでしたが、もし、何ヵ月も山にこもって寝食を共にしている労働者たちの同志的関係を描きたいのなら、彼らが触れ合う姿を撮影するでしょう。（…）しかし、もし彼らが労働争議を考えており、そのようなシーンを映像に収めたいのであれば、働く彼らに一日中張り付いて、長時間労働の合間に食事をとり、暗い夜道を疲労困憊で歩いて帰宅する様子を撮るでしょう。どのようなイメージで何を伝えるか理解した上で撮影すれば、そのイメージはますます豊かに物語を語るものです。

『オーガスト・ウィルソン：私が立っている場所（August Wilson: The Ground on Which I Stand）』を撮ったドキュメンタリー作家のサム・ポラードは、教鞭をとっているニューヨーク大学でこのように教えています。

これから作ろうとしている作品を、ちゃんと理解しているかどうか。それが一番最初に気をつけなければならない、しかも一番大きな落とし穴です。腰を据えてナレーションなり台本を書こうとするときに、あなたは何が主題かわかっていますか？　そしてその主題をちゃんと伝えるには、どのような物語が最適なのか理解していますか？

キャラクターがたどる道のり（Arc）

弧、あるいは弧を描く運動を意味する「アーク」という言葉が指すのは、物語の展開に沿って起きる一連の出来事を通り抜けていくことで登場人物が経験する変貌の軌跡です。仕事一直線の重役が家族を優先しようと悟って自分を変える。気の弱い秘書が意を決して張り切り、会社の経営を任される。一見勝ち目のなさそうな寄せ集めの子どもたちが、全国大会で優勝を果たす。つかむべき目標に向かって行動しながら、登場人物は自分を知り、世界の中の自分の場所を知り、結果として変わっていくのです。もしかしたら、目標そのものも変わってしまうかもしれません。

ドキュメンタリーの物語とキャラクターの変容の足取りをたどるのは、決して簡単とは限りません。だからといって作り手は、面白くしようとするあまり登場人物の感情や考え方を勝手に創作してはいけません。起こってもいないキャラクターの変容を捏造してはいけないのです。もし本当に登場人物の行動や考え方に変化があれば、精密なリサーチと複数の検証可能な証拠によっておのずと見つけられるものです。

例えば物理学者J・ロバート・オッペンハイマーを描いた『トリニティの翌日（未）』には、次のような変容の足取りが見られます。思想的に左寄りの知識人であるオッペンハイマーは、世界初の核兵器の開発に成功してしまい、その威力がもたらす破壊を自ら招いてしまったことに恐怖します。オッペンハイマーは残りの人生を核兵器拡散防止に費やします。そして一度はアメリカの英雄と称えられた彼はソ連のスパイであると糾弾され、自らが火蓋を切った冷戦の犠牲者となってしまうのです。

『細く青い線（The Thin Blue Line）』では、日曜の夜に車の故障で困っていたランダル・アダムズという男を、デヴィッド・ハリスという一〇代の少年が自分の車に乗せてやったという事実が、複数の異なった視点から語られます。同日の夜、一人の警官がハリスの車を運転していた何者かに射殺され、アダムズは殺人の嫌疑をかけられます。この事件の闇に深く潜って真相を理解するにつれ、投獄され有罪判決を受けるというアダムズに降りかかった災難は、法ではなく政治的なしがらみによるものだということがわかってきます。自由な市民から重罪犯へと変容したアダムズ。彼がたどった変容の軌跡は、観客が持っている法と正義への先入観と、推定無罪の原則への信頼を揺さぶるのです。

『マーダーボール』は、車椅子ラグビーの国際試合で競い合う頸髄損傷を患うアスリートたちの物語です。そのうちの数名が劇的な変容を体験し、映画全体をさらに劇的に高める役割を果たしています。その中には熱血漢の元アメリカ代表選手で、現在はカナダ・チームの監督を務めるジョー・ソアーズもいます。ソアーズが心臓発作を患ってから息子との関係が目に見えて変化します。アメリカ・チームのマーク・ズーパン選手は、自分を事故に巻き込んだ友人との和解を迫られます。負傷して間もないキース・キャビルは、新しい生活に適応しながら、車椅子ラグビーの可能性に挑む決心をします。それぞれが経験したこのような変化は、取材中に実際に起きたものです。制作チームはその変化を、自然に、押しつけがましくなく、しかも視覚的に表現する素材を確実にものにするために腐心したのです。

プロットとキャラクター（Plot and Character）

映画を区別する方法として、筋立てに引っ張られるのか、それともキャラクターに引っ張られるのかという見方があります。キャラクターが牽引する映画というのは、登場人物が欲するものから発生する力が映画を動かします。筋立て、つまりプロットが牽引する映画においては、キャラクターは筋立てを構成する一連の事件に従属します。プロットに引っ張られることが多いのは、スリラーやアクション映画です。ドキュメンタリーの場合も、どちらかに分類される映画はありますが、どちらとも言えない白黒はっきりしない作品も多数存在します。『細く青い線（未）』のエロール・モリス監督は、何気ない出会いから期せずして死刑宣告に直面するというランダル・アダムズを襲った恐怖を、プロット牽引型のフィルム・ノワール的犯罪映画調に仕立てて表現しています。アダムズを取り囲む状況がアダムズの運命を変えていきますが、アダムズ本人は物語の筋立てを動かすことはできません。運命に翻弄される彼が能動的にしたことといえば、車が故障したので通りすがりのデヴィッド・ハリスという男に乗せてもらったというそれだけです。そのハリスが警官殺しの真犯人であるということが明らかになってからも、アダムズはまったく無力で状況を動かせません。そのことがこの作品を一層力強いものにしています。明らかにキャラクターが牽引する映画の例に『ダナンから来た娘(未)』があります。ベトナムで生まれてアメリカに里子に出されたハイディ・バブという女性が求めるものが、この映画を牽引する力です。里子に出されたテネシーでアジア系の出自を否定するように育てられたハイディは、仲違いした養母と疎遠になっています。その彼女が実の母と会いにベトナムに行く決心をした時、映画は動き出します。『戦場でワルツを』も同様で、監督のアリ・フォルマンが思い出せない過去を振り返ろうと決めた時、映画が動き出すのです。

作品を引っ張るのは筋立てか、それともキャラクターか。先ほども書いたように、場合によってこの違いはきわめて微細なものになります。強いキャラクターが立ったプロット牽引型映画もありますし、際立ったプロットを持つキャラクター牽引型映画もあります。『細く青い線(未)』の登場人物は際立った個性を持っていますし、『ダナンから来た娘(未)』と『戦場でワルツを』はどちらも力強く、観客の期待を裏切る筋立てを持っています。さらに、心に残るドキュメンタリー作品は、ハリウッド的な意味で筋立てがキャラクターに引っ張られている映画ばかりではありません。

二〇〇五年に上陸したハリケーン・カトリーナの被災中およびその後のニューオリンズを描いた四時間のドキュメンタリー『堤防が破れた時(When the Levees Broke)』は、街を壊滅状態に追いやった自然の猛威とその経過を、ほぼ時間軸に沿って追っていきます。編集監修と共同プロデューサーを務めたサム・ポラードによると、この映画にはそれぞれ一時間ごとに完結する物語があります。しかし四時間におよぶ時間の中で織りなされる一〇を越えるエピソードは複雑に絡みあい、伝統的な物語とはかなり違った雰囲気を持つ作品になっています。

上映尺の短い作品の中にはいわゆる「日常の一コマ」という形でサラリと人や場所を描くものもあります。しかし長い作品の場合は、全体をまとめ上げる構成が必要です。フレデリック・ワイズマンのドキュメンタリーは、そつなく構成されていますが、プロットがプロットを呼びながら物語が進んでいくような「筋立て」はありません。代わりに「ある病院の一年」というような一定の規則性によってまとめられています。

　中には筋立てでもキャラクターでもなく、ある疑問に導かれて随筆のような構造で展開するドキュメンタリーも数多くあります。マイケル・ムーアの『華氏911』や、Chapter 17で詳しく紹介されるダニエル・アンカーの『想像された目撃者たち：ハリウッドとホロコースト（Imaginary Witness: Hollywood and Holocaust）』がその良い例です。複合的なスタイルで作られる作品もあります。例えば『スーパーサイズ・ミー』は、監督が挑んだ三〇日間マクドナルドの食事しか食べないという荒行を中心に展開しますが、同時に様々な問いかけに突き動かされ答えを探していくという意味において、とても随筆的です。ナサニエル・カーンの『マイ・アーキテクト』も、同じように登場人物がたどる道のりと随筆を混在させたスタイルで作られています。そしてオーランド・ヴォン・アインシーデルの『ヴィルンガ』も、Chapter 23で本人に語られるように、複数の様式を複合的に使っています。

「戦場でワルツを」の一場面。Photo courtesy of Bridget Folman Film Gang.

視点（Point of View）

視点という言葉は、どの視座からどのように対象を見つめて物語を語るのかを示すものです。この言葉にも解釈の幅があります。例えば、語り手がある登場人物を通して物語を語る時、その登場人物が持つ視点という意味としても捉えられます。イギリスの童話『三匹の熊』を思い出してみてください。女の子の視点で語られた物語と、お父さん熊の視点という二通りが考えられます。女の子の視点で語れば、森の中を散歩するうちにおなかが空いて、誰もいないと勘違いしておうちに入った純粋で穢れを知らない少女が熊に襲われる話になるでしょう。しかしお父さん熊の視点で見れば、不法侵入者の話になるわけです。

ドキュメンタリー作家は予期せぬ視点を提供することによって、お馴染みの題材をまったく新しい目で見るように観客を仕向けることができます。例えばジョン・エルズの『もっと速く歌え：裏方たちのニーベルングの指環（Sing Faster: The Stagehands' Ring Cycle）』は、サンフランシスコ歌劇団が演じるリヒャルト・ワーグナー作曲の楽劇『ニーベルングの指環』を裏方の視点から捉えました。

視点といった場合、カメラの見る目という意味としても捉えられます。誰がどの立場からカメラを操作しているのか、ということです。例えばデボラ・スクラントンの『戦争中継テープ（未）』では、カメラを持っているのは兵士たちで、撮影隊が兵士にカメラを向けているのではありません。いつ、どのレンズを通して切り取られた画であるかという角度から、視点という言葉を考えることも可能です。これも『戦争中継テープ（未）』の一場面ですが、アルタジ郊外で自動車に仕掛けられた爆弾が爆発してからの動きを様々な角度から捉えています。スティーブ・ピンク軍曹が自分のカメラで捉えた映像、爆発から二四時間以内にマイク・モリアーティ特技兵がピンク軍曹相手に行ったインタビュー、そして事件から数ヵ月後に帰国したピンク軍曹が事件当日にイラクでつけた日誌を読んでいるオフのナレーションによって、爆破事件の全容が明らかになっていきます。「そうしたことによって、とても多層的な角度から多様な視点をもって事件を掘り下げることができました」とスクラントン本人もChapter 21のインタビューで語っています。

そして最後に、映像作家本人の「視点」があるということも、忘れてはいけません。

詳細（Detail）

ディテール、つまり細部によって語られる詳細というものは、具体性に関連しています。例えば、いわゆる「語り出すような」細部描写というものがあります。寝たきりの男と吸殻が積み上げられた灰皿が映っていれば、その男か看護人のどちらかがヘビースモーカーだということを語っています。どの銘柄のタバコを吸うのか。何を、そしていつ飲むのか（朝からウィスキーとか）。何を着るのか。自宅の内装は？　自家用車の中の装飾は？　職場は？　こういった詳細が、その人を理解するための手がかりとなるのです。もちろん誤解を招く場合もあります。アパートの間借り人の趣味だと思ったアフリカの民族工芸品が、実は別れた恋人が置いていったものだったのかもしれないし、登場人物が着ている高級スーツは、インタビュー用に借りたものかもしれません。それでもドキュメンタリー作家は、常に目と耳を全開にして細部に注意を払わなければ、のっぺりと、底の浅い素材しか撮ることができません。ナレーション原稿を書く時にも細部への配慮は重要です。「その団体は野火のような勢いで拡大しました」というのはありきたりな上に、ほとんど意味を持ちませんが、「一〇年前に二〇人の会員とともに始まったその団体は、今では一二ヵ国、二五〇〇人にまで膨れ上がりました」という具体性は意味を持つのです。

（いわゆるハリウッド的な意味で）良い話を上手に語る

デヴィッド・ハワードとエドワード・マブリーは共著『The Tools of Screenwriting』［脚本書きの道具箱］の中で、物語というものは単に誰かが困難な目的に立ち向かうということではなく、「観客に、どのように物語を体験してもらうかということだ」と強調しています。二人が考える「うまく語られた、良い物語」に必要な要素は以下の通り。

一、良い物語とは、受け手が共感できる人についての話である。
二、その人は、何かを何としてでも手に入れようとしている。
三、その何かは簡単に手に入らないが、不可能ではない。
四、良い物語とは、可能な限り受け手を巻き込み、感情に最大限訴えかけるものをいう。
五、良い物語とは、受け手を納得させ満足させて終わるものをいう（ただしハッピーエンドである必要はない）。

ハワードとマブリーの本はフィクション映画の脚本を想定して書かれています。ドキュメンタリー作家はフィクション映画の脚本家のように、自由にキャラクターを創造し、好きなものを好きなように考案することはできませんが、ドキュメンタリーの物語を語る場合でもこの五つの点は有効です。だからといって、あなたが制作するドキュメンタリーが扱う題材がこの五点にすっきり収まるとは限りません。それを念頭に置いて五つの要素を細かく見ていきましょう。

これは誰の物語なのか

ハワードとマブリーの挙げる五つの要素に書いてある「受け手が共感できる人」とは、もちろんあなたが語る物語の主人公のことです。あなたの主人公は、全然主人公らしくなくても構いません。実際、観客が共感しやすい人である必要すらないのです。それでも主人公は観客の興味を誘う人物でなければいけません。主人公が追及する目的についても同じことがいえます。そうでなければ観客は物語の結末を楽しみにすることができません。例えばリズ・ガーバスは『ワンダ・ジーンの処刑（The Execution of Wanda Jean）』で死刑囚の女性を取り上げますが、同情的でありつつも容赦ない描写で観客の気持ちを揺さぶります。『チャレンジ・キッズ 未来に架ける子どもたち』のように、主人公が大勢いる作品もあります。

主人公は人間である必要もありません。リック・バーンズの『ニューヨーク（New York）』の主人公は街そのものです。シリーズを通して栄枯盛衰を繰り返すニューヨークの姿が描かれます（もちろん、シリーズの中には様々な登場人物とエピソードがあります）。適切な中心人物を見つけてその主人公を通して物語を語れば、複雑な物語も、取りつきやすいものにできます。『世界をこの手に（I'll Make Me a World）』は、アフリカ系アメリカ人の美術や芸術の歴史に光を当てた六時間のミニシリーズです。シリーズのプロデューサーのデニス・グリーンは、ピューリッツァー賞受賞詩人のグウェンドリン・ブルックスの目を通して一九六〇年代の黒人芸術運動を探求しました。当時、すでに名声を得ていた中年のブルックスは、ブラック・パワーの運動の高まりに呼応する若い世代のアーティストとの交流を通じて、考え方を大きく変えていったのです。

主人公が追求するもの

ハワードとマブリーの挙げる五つの要素に入っている「何としてでも手に入れたい何か」は、言い換えれば目標、つまりゴールです。『青いビニール（Blue Vinyl）』を監督したジュディス・ヘルファンドは両親の家に使われている外壁材を剝がすように説得することが自分のゴールだと自らカメラに向かって語ります。しかし、ドキュメンタリー作家が画面に映っているからといって、主人公であるとは限りません。『苦難の谷・ある中西部劇（未）』を撮ったスティーブ・アッシャーとジーニー・ジョーダンの二人のドキュメンタリー制作チームは、ジーニーの両親が農場を手放さないで済むように手を尽くす様子を撮影しにアイオワに行きました。ジーニーがナレーションを担当していますが、主役はジーニーの両親、ラッセルとメリー・ジェーンのジョーダン夫妻です。資産を競売に出して借金を返済し農場を救うのが夫妻のゴールです。このゴールに向かって物語は進んでいきます。

■積極性と受動性

物語を語る時に考慮しなければならないのは、その物語の目的は待っていれば達成できるのか、それともこちらから取りにいかないと手に入らないのか、そして積極的な主人公か、それとも受け身の主人公かということです。一般的には、自分の運命を自分で切り拓く人を主人公にします。ゴールが向こうからやってくるのを待っている受け身の主人公といったら、例えばヨーロッパ旅行のために昇給を望む秘書がいて、誰かが彼女の仕事を評価して、給料を上げてくれるのを待っている、というような話です。彼女がこちらから攻めていく能動的なキャラクターであれば、昇給のために自分の業績をアピールする工夫をするでしょう。あるいは、副職を得るなどの手段で、旅行という野望へ歩みを進めるはずです。

受け身の主人公でも構わない場合もあります。それは、主人公が受動的であることこそが、物語の要になる時です。『細く青い線(未)』の主人公であり、死刑囚として拘置されているランダル・アダムズは、受動的でしかありえない主人公です。自分の無実を訴えても誰も聞き入れてくれない以上、彼は自由の身になることはできないのですから。それでも、一般論として、やはり物語には能動的な主人公と、達成できるかどうか気を揉ませる目標が必要です。例の旅行に行きたい秘書の場合、観客は彼女が旅行に行けることにそれほどの関心を寄せるでしょうか。もし彼女が生き別れた家族に会いたいのであれば、観客の同情は引けるかもしれませんが、それでも力強いゴールとは言えません。ちなみに力強いとは言いましたが、高尚なゴールとは言っていません。世界から飢餓をなくしたり、世界平和をもたらすことだけが価値のあるゴールではないのです。しかし、あなたが作品制作のために膨大な時間と資源を費やすに足るものでなければなりません。もしドキュメンタリー作家自身が取材対象やそのゴールに大した興味が持てなかったとしたら、制作費を支援してくれる人や観客にも無視されると思って間違いないでしょう。

克服すべき困難、そして確かな実感

ハワードとマブリーの挙げる五つの要素の三番目、主人公が求める「何か」、つまり目的は、簡単に手に入れられるものでも、造作もなくできることでもいけません。楽に手に入ってしまうのでは、緊張感の生まれる余地がありません。緊張感がなくては、観客は最後までつきあってくれません。緊張感とは、問題が解決できない中途半端な状態から生じます。見ているこちらが、その問題が解決されることを望む気持ちが緊張感を加速させます。この精神状態が観客に「次はどうなるんだ？　そしてその次は？」と答えをせがませるのです。知りたい答えを知ることができないというのは、居心地の悪いものです。スリラー映画を見ているとしましょう。地下室には危険が待ち構えている。観客であるあなたは知っているのに、ヒロインは知らない。ヒロインが地下室に足を向けた途端、あなたが感じていた緊張は一気に増幅します。もしあなたが地下室に潜む悪漢のことを知らなかったら、あなたにとってヒロインは、ただ階段を下りていく一人の女性にすぎません。緊張させる要素がない映画は平坦なものです。観客にどうでもいいと思われてしまうのです。

では、緊張感はどんなところを探せばあるのでしょう。デボラ・スクラントンの『戦争中継テープ（未）』では州兵たちが一年の間イラクに出兵します。このような環境では、緊張感はあらゆるところに潜んでいます。緊張感は、主人公と対立する敵役や、主人公の行く手を阻む自然現象や邪魔になる組織、あるいは内面的葛藤という形で自分自身の内側からも発生します。バーバラ・コップルが撮った『アメリカ・ハーラン郡（Harlan County, USA）』では、炭鉱労働者たちが炭鉱の経営陣と衝突します。ハイディ・ユーイングとレイチェル・グレイディが監督した『バラカの少年たち（未）』の場合は、ボルチモア中心部の貧困層が集まる地域に住むアフリカ系アメリカ人の少年たちが、教育の道も閉ざされ、最悪の場合、将来自分たちを待ち構えているのは刑務所か死であると知っていることから緊張感が生じます。そんな少年たちの一部が、地元の良い高校へ行けるかもしれないという条件で、ケニアの学校に留学する機会に恵まれます。観客は少年たちを心から応援したくなりますが、先行きが暗くなり始めるとやりきれない気持ちになります。『未来を写した子どもたち』でも同様に、ほんの一握りの子どもたちを苦境から救い出そうという試みが社会的重圧に妨害されます。子どもたちを良い環境に連れ出そうというドキュメンタリー作家の願いを、貧困だけでなく肉親たちまでもが邪魔するのです。結果としてどちらの映画の場合も、最終的に自分の未来を決めるのは子どもたち本人に他ならないというところも同じです。観客は八方塞がりの子どもたちを見て挫折感を覚えます。後の人生に大きな意味を持つことになる決断を下した子どもたちを見て、何か自分と近いものを覚えて感動する人もいるかもしれません。

登場人物間の葛藤というのは、言葉を変えると双方正しさを主張し合う人々ということでもあり得ます。つまりこちらの言い分、あちらの言い分という形でも表せます。しかし、お互いが聞く耳を持たなかったり、どういう理由で言い争いに参加しているのかが観客に対して不明瞭だったりする場合は、緊張感を弱めてしまうこともあります。誰がなぜ争っていて、争いに負けたら何を失うのかということをはっきり理解させなければ、観客の関心は引けません。翻って、争いに巻き込まれた人たちの行く末が気になるように観客を仕向けられれば、あるいは争っている人々のどちらの側にも共感できる人がいるようにすれば、その物語はきわめて感情的に大きなインパクトを持ちます。『ダナンから来た娘（未）』では、里子に出されてアメリカ人になった娘とベトナム人の母が再会を果たして喜び合いますが、ベトナムの家族がお金を無心したことで娘は裏切られたという怒りの感情に乗っ取られて、母娘の仲は幕切れを迎えます。観客にとって明瞭な緊張感は、争いの一方側の立場に立つことではなく、当事者全員に対する共感の気持ちから生まれるのです。

気象条件、疾病、戦争、疑心暗鬼、経験不足、慢心というような、あらゆることが主人公の前に立ちはだかり、目標に伸ばした手を邪魔します。目標に向かって困難に立ち向かう登場人物を通して複雑な物語を語るのは重要ですが、対立する人々に人間味を与えるのも効果的なのです。一九六〇年代のアメリカのニュース番組は、アラバマのような南部で人種差別に非暴力で反対するデモに参加しているアフリカ系アメリカ人の若者たちに警官隊が犬を放ち消防ホースで放水するような場面を報道したので、当時の視聴者は社会の不公正な部分を今より実感できたかもしれません。

■好敵手

主人公には価値ある目標が必要なように、対立し甲斐のあるライバルも重要です。映画の作り手が陥りやすい罠は、主役が善なら、敵役は当然悪とでも言わんばかりに敵役を薄っぺらくしてしまうことです。実際、最も記憶に残る敵役というのは、主役の正反対の人格ではなくて、主役と補完しあって引き立てあう相手役として機能しているのです。『音のない世界で』の場合、幼いヘザーの両親はヘザーが人工蝸牛移植を受けることに反対しますが、それは悪意からではなく、娘に対する深い愛情と娘を育んできた聴覚障害者たちの文化に対して感じる義理からきているのです。『アメリカ公民権運動』ではキング牧師がシカゴのリチャード・デイリー市長と対峙します。やり手の政治家デイリーは、例のデモ参加者に警察犬をけしかけ消防ホースで放水させたブル・コナーのようなタカ派ではなく、民主党と緊密な関係を持ち南部の公民権運動の支持者でもあるがゆえに、かえってキング牧師の好敵手となったのでした。キング牧師が一九六六年に勝ち取ろうと運動したシカゴ地域における不動産取引における人種差別禁止の法制化を、デイリー市長は妨害しました。このことによって合法的とも言える南部の人種差別と、違法だが事実上存在していた北部の差別という両者に対して非暴力的デモ戦術が持ち得る意味の重要な違いを浮き彫りにしたのでした。

何度も言いますが、実在の人間をフィクションであるかのように扱うことは、何があっても許されないということを覚えておいてください（リアリティ番組の場合は、娯楽という目的のために、契約に基づいて登場人物の扱いが操作されている場合があるので、ドキュメンタリーとは違ったルールに従って作られています）。ドキュメンタリー作品の語り手としてのあなたの仕事は、状況を物語の観点から評価することであり、リサーチや撮影で確保した手がかりだけを使ってそれをしなければなりません。もし敵役がいなかったら、捏造してはいけません。デイリー市長は、歴史的な観点から見ても素晴らしいライバルでした。もし市長がキング牧師を歓迎して、大した妨害もしなかったというのが史実だったとしたら、彼を勝手に重大な障壁として描くのは不誠実です。

■具体的なゴール

主人公が求める目標は、達成が困難でなければいけませんが、不可能であってもいけません。つまり、目標は抽象的ではなく現実的なのがよいのです。「人種差別に挑む」あるいは「ガンを治癒する」または「熱帯雨林を保護する」という目標はどれも崇高ですが、物語のゴールとしては抽象的すぎます。作品の構想を練る時、自分の興味を追求すると同時に、物語に具体的な光を当てる方法も考えましょう。『バラカの少年たち（未）』は、明らかに人種差別と社会的不公平を告発する映画ですが、具体的には少数の少年たちが二年間ケニアにある小さな学校に通うという物語です。『未来を写した子どもたち』は、インドのコルカタの貧民窟で性産業に従事させられる子どもたちの立ち向かう困難に光を当てていますが、物語そのものが持つゴールはもっと具体的なものです。映画が始まると、観客は監督のザラ・ブリスキーが性産業従事者の写真を撮るためにコルカタに来ていることを知ります。ブリスキーは子どもたちのことを好きになっています。「子どもたちは、カメラの使い方を習いたがっています」とブリスキーのナレーションが語ります。「その時、子どもたちにカメラを教えて、彼らの目を通して世界を見られたら素晴らしいに違いないと気づいたのです」。その数分後には、もっと大きな、そしてもっと具体的なゴールが現れます。「教育を受けなければこの子たちの未来は閉ざされてしまいます。しかし問題なのは、この私に売春婦の子どもたちを受け入れてくれる良い学校を見つけてやることができるかということでした」。そして、子どもたちに良い学校を見つけてやるというのがこの映画の本当のゴールになります。子どもたちが撮った写真と、開かれていく人生の地平線が物語を豊かに彩っていくのです。

設定すべき目標は、最も劇的なものである必要はありません。最もわかりやすいものである必要もないのです。ケイト・デイビスの『ロバート・イーズ』は、末期の卵巣腫瘍を患うトランスジェンダーの男性の物語です。ロバート・イーズのゴールは、病気を治す方法を見つけることではありません。ロバートの願いは、トランスジェンダーのガールフレンドであるローラと二人で、アトランタで開催される次のサザンコンフォート・トランスジェンダー全国大会に出席するまで生き延びることでした。

観客を巻き込み感情的なインパクトを与える

観客を引きずりこんで、感情的なインパクトを最大限に高めるように物語を語る。口で言うのは簡単ですが、何よりも実行に移すのが難しい概念かもしれません。具体的には「見せろ、語るな」、つまり観客に適切な情報や証拠を与えて、後は自分で物語を体験できるようにしろということです。観客はその情報を手に、物語をたどりながらその中に隠された捻りやオチに期待を膨らませつつ、漫然と物語の展開を待つのではなく、自ら参加して楽しんでいく。そのように仕向けたいわけです。しかし現実には、多くの映画は重々しいナレーションやグラフィック、または矢継ぎ早に繰り出されるインタビューによって、観客が何を考えるべきか押しつけようとしがちです。

上質な推理ドラマに完全に呑み込まれてしまうような体験というのが、どのようなものか考えてみてください。そのような状態では、あなたはスクリーン上のキャラクターを見ているのではありません。あなたは、キャラクターと同化しています。映画を見ながら集めた手がかりを駆使して、展開していく物語を体験していくのです。次に何が起きるか考えながら、あなたは時間が経つのも忘れています。目の前で起こっていることの辻褄を合わせようとするのが人間というものです。焦らされたり驚かされたりするのを楽しいと感じるのも、また人間というものです。『エンロン』を見ていると、当然、エンロンの犯した価格操作がついに白日の下に晒され、エンロンは借金に埋もれて自滅するように見えます。そう思ったところに、カリフォルニア州の電気供給網を金に換える錬金術を発見する者が現れて、観客を驚かせるのです。

感情に訴える話を語るということは、映像作家が、衝突の瞬間、クライマックスの瞬間、物事の解決の瞬間といったものを、さらには何かを手にした瞬間、失った瞬間、どんでん返しの瞬間を、物語のリズムに合わせて構成してあげるということです。観客は当然、物語が結末に向かうにつれ、物語が抱える緊張度がどんどん高まることを期待します。同時にシーンのペースは速くなり、登場人物の行動も緊密に、そして失敗すると失うものはより大きく、越えなければならない壁も高くなることが期待されます。登場人物の人となりを知り、何を求めて行動しているか深く理解するにいたり、観客は物語の一部になったように感じています。そして登場人物の行動の結果、何がどうなってしまうかとても気がかりです。居ても立ってもいられなくなるわけです。

『ダナンから来た娘（未）』より、メイ・ティ・キムと娘のハイディ・バブ。Photo courtesy of the filmmakers.

　このような構成は、ほとんどの場合編集段階で作られますが、撮影も構成を考慮しながら行わなければならず、そのための準備はとても重要になります。たとえて言えば、『ダナンから来た娘（未）』の主人公ハイディ・バブが二〇年ぶりに再会する実の母の出迎えるダナン空港に降り立つ時、ドキュメンタリー制作者たちは、決定的な瞬間を記録するためにどんな準備をして臨まなければならないかということです。この再会の時に向かって物語が盛り上がっていくためには、決定的瞬間の前後にどのような素材を撮っておくべきなのでしょう（この映画の場合は、ベトナムに行く前のハイディのインタビュー映像と、ベトナム到着後、ダナン入りする前に不慣れな環境に戸惑うハイディの姿が準備されました）。そして完全にアメリカ人の行動様式を身につけたハイディの目に、いかにベトナムの肉親たちが異質に映るかということを、ハイディ本人より先に観客が知らされるように編集されたのです。さらにハイディも実の母親もこの再会をとても楽しみにしているということが、観客には前もって知らされます。

　不必要なドラマは避けられるべきです。すでにそこに素晴らしい物語があるのなら、わざわざそれをメロドラマに仕立て上げる必要はありません。どんなに悲しみを盛り上げるものであっても、恐怖を煽るものでも、無関係な詳細を見せる必要はありません。あなたが扱う題材が、ある精神疾患の謎を解く遺伝子の解析に没頭する科学者だったとします。その科学者が私生活では子どもの親権争いをしていることが本筋と関係があるとは限りません。ドラマが派手になるかもしれないし、それで登場人物に共感を抱かせやすくなったとしてもです。でも、もしこの親権争いにいたった離婚の原因が別れた夫の患う精神疾患で、子どもに遺伝している可能性があるのなら、それは映画の物語にとって重要なエピソードになります。しかし本筋と関係が薄いエピソードを入れてしまうということは、鑑賞の助けどころかかえって気を散らしてしまう危険を冒すということでもあります。

無用に盛り上がる音楽や音響効果、そして暇さえあれば観客の注意を喚起するナレーション。偽りの感情を演出してしまうのは、特にテレビの世界ではよくある問題です。「狼が来た！」と叫んでやがて相手にされなくなる少年の例と同じで、そのような演出はやがて観客を慣れさせ、雑音と同じになってしまいます。もし本当に危険が迫っているのなら、その危険が物語の内部から自然に湧き起こってくるのが、最も効果的なのです。

■ハードルを上げる

感情を揺さぶる物語を語る道具として、主人公に対して乗り越えるべき壁と、失敗したら失うものを与え、その壁を話が終わるまで高くし続けるという方法があります。『コントロール・ルーム（Control Room）』の冒頭を見てみましょう。日常的な風景と、黒味に白抜きのテロップが交互に現れます。「二〇〇三年三月／アメリカ合衆国とイラクは戦争に突入する直前だった／衛星放送局アルジャジーラは両国の戦争を中継することになる／四〇〇〇万のアラブ人が見ている／成り行きを静かに見守っている／コントロール・ルーム」。テロップによって初めからハードルはどんどん高くなっていくのです。

熟練の語り手にかかれば、どんなに私的な、そしてどんなに些細にしか見えない壁でも、それが物語の登場人物にとってどんな意味を持つかをうまく導入し、大問題として提示することができます。ワシントン特別区では毎年綴り方選手権が開かれますが、アメリカの中で、さらには世界中でいったい何人の人がその勝敗の行方を気にしているでしょう。しかし『チャレンジ・キッズ』に登場する子どもたちとその家族、さらには地域の住民にとって、これは一大イベントなのです。巧みな語り口によって観客は綴り方選手権に参加する子どもたちが勝つか負けるか大いに心配になります。そして大会が進むにつれ、目が離せなくなっていきます。

ハードルは（嘘ではなく現実の）危険が増すことや、時間がなくなることによっても上がります。『音のない世界で』

では、時間が経つにつれて乗り越えるハードルも上がります。人工蝸牛は、生まれつき聴覚障害者である子どもの言語発達期に移植された方が効果的だからです。そのことを、ドキュメンタリー作家はどうやって伝えたら良いのでしょう。観客は聴覚障害者のヘザーよりさらに幼い従妹が人工蝸牛移植を受け、言葉を発し始めるのを目の当たりにします。ヘザーの母親も生まれついての聴覚障害者ですが、彼女が人工蝸牛移植を受けても効果は望めないかもしれないということも知らされます。そしてヘザーが聴覚障害者向けの学校に入学した時、観客は彼らが下した決断がヘザーの人生に対して持った重さを思い知ることになります。

物語の語り手としてのドキュメンタリー作家は、構成の仕方によってもハードルを上げることができます。観客に何をどのタイミングで知らせてやるのか。目標に到達できなかったら失ってしまうものは、登場人物にとって何を意味するのか。そしてそれをいかに巧妙に観客に伝えるか。観客にもっと知りたいと思わせ、場合によっては知らずにはいられないとまで思わせるためには、そのような駆け引きが重要な役割を果たします。

納得のいく結末

物語に決着がつく、つまり納得がいき満足感を覚える結末を迎えるということは、意外性に満ちた、しかし決して不自然ではない終わり方をするということでもあります。語り手は、語り始めた物語をきちんと終わらせなければなりません。例えば、外科的に治癒の方法がない心臓疾患を患う少女という問題から物語を始めたとします。続いて映画は、実験的な外科医術の世界を探求し、独特の魅力に溢れる心臓外科医を紹介します。彼が成功させたある術式を応用すれば、少女の疾患は直せるかもしれないということがわかります。しかし、この外科的大発見で映画が終わってしまっては、不満が残ります。少女の物語に観客を巻き込んだ以上、最終的に心臓外科医の登場が少女の物語とつながらないというわけにはいかないのです。外科医の腕で、少女は救われるのでしょうか。このように、作品というものは語り始めた物語を、きちんと終わらせないわけにはいかないのです。そのことを理解した上で、同時に決まった終わり方などないということも知っておかなければなりません。

例えば、この心臓疾患の少女のドキュメンタリーの放送日が決まっていて、その日に間に合うように外科医が発案した術式を行う許可が得られなかったとします。もしそういうことなら、それがこのドキュメンタリーのエンディングです。手術が許可されるまでみんなが少女の回復のために手を尽くしているということを観客が知って、映画は終わるわけです。あるいは、手術は許可されたのに、少女の両親が危険であると判断してやめるかもしれません。または、その危険を冒して手術に賭け、結果は吉とでるかもしれませんし、凶かもしれません。もしかしたら、外科医の考案した術式はこの少女の命を救うには遅すぎたが、これから何百という命を救うだろうというエンディングになるのかもしれません。それが事実に基づいている限り、どの終わり方も納得でき、満足のいくものです。しかし、よりパワフルで感情を揺さぶる結末を求めてその事実を曲げてはいけません。考案された術式によって何例もの患者が救われていても、もし少女の両親が、絶対に自分たちの娘には手術を受けさせないと心を決めているのなら、最後に「この術式がキャンディちゃんの命を救うかどうかは、いまだ闇の中なのです」などという結び方で物語が続くかのように印象を操作してはいけないのです。

満足できて納得のいくように映画を終わらせるためには、すべての伏線が回収されている必要もなければ、気分が高揚しなければいけないというものでもありません。『ダナンから来た娘（未）』は、答えを出さずに終わってしまうからこそ、パワフルなのです。ハイディ・バブは自分を里子に出した実の母に会うという目標を達成します。しかし再会から二年を経て実母との関係を続けたいかと問われると、ハイディは相反する感情に苛まされます。『細い青い線（未）』のエロール・モリス監督は、アダムズの無実は間違いないと観客に確信を持たせることに成功しますが、映画はランダル・アダムズが死刑囚のまま終わってしまうのです。

Chapter 3

Finding the Story

物語を見つける

物語を理解する道具を手にした今、今度はその道具を使ってドキュメンタリーの題材として選んだ主題の中から物語を見つけ出す方法を考えましょう。もしかしたらあなたはエルビス・プレスリーについての映画を作りたいと思ったのかもしれないし、あなたの町のパン屋さんが題材かもしれないし、ハイテク産業の労働環境に関する何かなのかもしれません。選んだ題材が何であれ、その題材にはあなたの気を引く何かがあり、あなたは自分が覚えた興味を次の段階に推し進めていきたいわけです。

まず、その題材の何があなたの心をつかむのか自問してみてください。あなたの作品の最初の観客はあなた自身ですから、自分の本能的な反応は重要です。もしかしたら、あなたはエルビスという人物の総合的な印象に反応したのではなく、彼が兵役についていたことに興味を持ったのかもしれません。あなたの気を引いたのは、単にあなたの町にパン屋さんがあったからではなく、増税と縮小する顧客ベースにより、地元住民の大規模な反対にもかかわらず、パン屋の経営者は大規模商店施設の建設を目論む再開発業者の話に耳を傾けざるを得なくなってしまったという事件なのかもしれません。世界的な労働問題や、搾取、あるいは産業が環境に与える影響に関する記事をいろいろと読んだことで、あなたはハイテク産業の労働問題に興味を覚えたのかもしれません。

私たちは、ドキュメンタリーとして語られ得る物語に囲まれて暮らしています。現在進行中の時事問題からアイデアが閃くかもしれません。ある日の午後に地元の図書館や書店の棚を何の気なしに見回すだけでも、何かが閃くかもしれません。自分の家族の中から物語を見つけるドキュメンタリー作家もいます。アラン・バーリナーは自分の父であるオスカー・バーリナーを題材にして、『大きなお世話（Nobody's Business）』を作りました。デボラ・ホフマンは、アルツハイマー症と戦う母にカメラを向けて『責任感の強い娘の告白（Confessions of a Dutiful Daughter）』を撮りました。あなたとあなたの選んだ取材対象がとても親しかったとしても、観客が見たいと思うような作品になるかどうかという判断をする時、あなたは偏りのない視点を維持しなければなりません。同様の視点が、印刷物に題材を求めた時にも求められます。マイク・リーズナー著『Cadillac Desert』［砂漠のキャデラック］を翻案するにあたり、プロデューサーのジョン・エルズは四〇の物語で構成される本文から三本を選び出し、クルーを集めて独自に調査をしながら、この三本の物語を映像化する最適な方法を探りました。

物語の著作権

一般的に、書籍や定期刊行物をリサーチだけに使うなら、特にその著作物の権利を心配する必要はありません。しかし例えば、ベサニー・マクリーンとピーター・エルキンの著作を原作としてアレックス・ギブニーが監督した『エンロン』や、『ホーキング、宇宙を語る』を元にしたエロール・モリスのドキュメンタリー『簡単な時間の歴史（A Brief History of Time）』や、ダグラス・A・ブラックモンの著作を原作としたサム・ポラード監督の『奴隷制と呼ばれない奴隷制（Slavery by Another Name）』、ローレル・オルリッチ著の同名書籍を元にロリ・カーンが作ったドキュメンタリー『ある助産婦の物語（A Midwife's Tale）』といった作品のように、紛れもなくある書籍を元にしている場合は、著者および著作権保持者と法的な交渉をしなければなりません（ドキュメンタリー作品を元にして制作期間中に書かれた関連書籍は、この場合当てはまりません『アメリカ公民権運動』を制作した時は、ブラックサイド出版の編集者とジャーナリストのファン・ウィリアムズが、番組のために行われたリサーチやインタビューをまとめて、いわゆるコンパニオン・ブック［番組の新書版やガイドブック的なもの］という形で出版しましたが、もちろんその書籍の著作権使用の許諾は必要ありません。この場合はドキュメンタリー番組を基に本が出版されたからです）。

誰かの著書に基づいた作品を作ろうと権利の交渉をする時、ドキュメンタリー作家は自分が作ることになる作品に関する創作的自由を手放すべきではありません。本の著者はその題材の権威かもしれませんが、それを映像に翻訳して観客に届けるエキスパートはあなたなのです。素晴らしい科学ドキュメンタリーを作るのに科学の博士号はいりません。家出した若者を追跡して心を震わせるようなドキュメンタリーを作るのに、社会福祉の学位はいりません。代わりに必要なのは、知性、探求心、そして素早く学ぶ姿勢と、いざという時は専門家に相談する心構えです。その道の専門家と映像作家による建設的な共同作業が成立して作品の完成度を高めることができたら、理想的です。

制作しながら物語を発見する

ドキュメンタリー制作に関する一番の誤解といえばこれでしょう。物語の方から勝手に降りてくるという誤解です。実際、ドキュメンタリー制作者たちがしばしば、制作中または編集中に物語が姿を現したと言うのは確かです。しかし熟練のドキュメンタリー作家がそう言った場合、決して物語のことなど考えもせずにカメラを回して素材を撮ったら、編集中に物語が姿を現したと言っているのではありません。その人は撮影中または編集中に、それまで想定していた物語に当たっていた焦点、または構成を調整することになったという話をしているのです。自然に振る舞う対象を傍観者的に撮影し、物語は編集で作りあげていくシネマ・ヴェリテのようなスタイルの作品であっても、何らかの物語が展開しているという確信が持てるまでドキュメンタリー作家はカメラを回さないものです。現実の世界で何が起こるかは予想できませんが、何が起こり得るかは予測できます。対象がとっている行動が追いかけ甲斐のあるものかどうかは、判断できるのです。

どんなに周到に準備しても、それを台無しにしてくれるような思いがけない好機が訪れるものです。ゲイル・ドルギンとビンセンティ・フランコは、ハイディ・バブという女性が生き別れになった実母と再会しにベトナムに行くと聞いて、同行して撮影するかどうか即決を迫られました。ハイディは、一九七五年に実行された「オペレーション・ベイビーリフト」[赤ちゃん救難作戦]の一環として、何十年も前にアメリカに里子に出されたのです。ドルギンはこう回想します。

あの時は、楽しい親子の再会になるだろうと、それしか考えていませんでした。それ以上のことが起きるなんて、考えてもいませんでした。ともかく行ってみれば、生の感情と、ぶつかり合う情熱が撮れるだろうと。これはドキュメンタリーにとって大切な要素ですからね。即決したもう一つの理由は、何が起こるかわからない題材を扱うのが好きだからです。ともかくコンセプトを片手に、現場に飛び込むのです。

少なくとも里子に出された女性が里帰りを果たすという物語は、すでにそこにあります。そこからドキュメンタリーが作れるかどうかは、行ってみればわかるというわけです。ドルギンは続けます。

生まれ故郷のアイデンティティを失ってしまった人はどうなるのか探求するという作品になる可能性も考えられました。ハイディはテネシーの南部で育ちました。そんな彼女が生まれ故郷に帰り、自分の起源を再発見するというのがどういうことか、いろいろ考えてはみましたよ。でも、本当にどうなるかは見当もつかなかったのです。ともかくベトナムに飛びました。そして到着するなり、すべてのことが私たちの予想とは正反対の方向に向かっていくことが明らかになりました。

『選挙』より「山さん」こと山内和彦。Photo courtesy of the filmmaker.

ベトナムに飛んだこの二人のドキュメンタリー作家は、後に『ダナンから来た娘（未）』となる物語の世界にどっぷり浸ることになります。ニューヨークを拠点に活躍するドキュメンタリー作家の想田和弘も同様です。彼の場合は、大学時代の友人が補欠選挙に出馬することを伝え聞いて、慌てて日本に飛んで撮影を始めました。Chapter 22に詳しく語られていますが、その結果が『選挙』になりました。

フレデリック・ワイズマンは、例えば病院、新兵訓練、戦争、公共住宅、家庭内暴力といった題材からアメリカの公共的空間を探求し続けている高名なドキュメンタリー作家です。彼は以前インタビューに答えて、ひとたび取材を申し込んだ施設から撮影許可が下りたらすぐに数週間におよぶ撮影を開始して、その後数ヵ月にわたる編集期間中に作品の主題と視点を見つけていくと語りました。しかしワイズマンの作る映画は最初からすでに確立した構造を念頭に作られるということを忘れてはいけません。規則正しい日常生活のリズム。撮影期間中に彼が選んだいくつかの独立した物語。そしてワイズマン映画独特のスタイル。ボストン・フェニックス紙に掲載されたインタビューでは、映画作家でライターのジェラルド・ピーリーが『パブリック・ハウジング』についてワイズマンにこう質問しています。「ドラマがあるかどうか探しながら撮影しますか」と聞かれて、ワイズマンは答えています。「まず考えるのは、私は映画を作っているということです。映画には劇的なシークエンスや構造がなくてはいけません。だから、そうですね、ドラマを探しています。しかし、殴り合う人や、撃ち合う人を探しているというわけでもないのです。日常的な体験の中にもたくさんドラマがありますからね」。ワイズマンのような撮影方法をすると、ほぼ間違いなく大量のフィルムを使うことになり、編集にも膨大な時間がかかるということも、付け加えておきましょう。

思いがけない偶発性

ある方向性で作品の制作を開始してから主役以外の登場人物やシチュエーションの中にまったく新しい作品の可能性を見つけることは、ドキュメンタリー作家にとって珍しいことではありません。『音のない世界で』のプレス資料を読むと、ジョシュ・アロンソン監督の当初の計画は、五人の聴覚障害者を撮影して、様々な聾《ろう》者の立場を網羅的に描こうというものだったことがわかります。しかし調査を進めるうちにアロンソンはアーティニアン兄弟に出会います。兄弟の一人は耳が聞こえて、もう一人は聞こえません。加えて兄も弟にもそれぞれ聴覚障害を持つ子どもがいます。アロンソンはここに、聴覚障害を持つ子どもに対する養育方針を巡る親族間の対立という題材を探るチャンスを見出します。最近の例では、イギリスのドキュメンタリー作家のオーランド・ヴォン・アインシーデルがコンゴにあるヴィルンガ国立公園を訪れました。本人の言葉によると「生まれ変わろうとする地域を描いたポジティブな物語を」伝えるための取材でしたが、現地に行ってみると期待を遙かに超えた複雑な事情に直面し、それを仲間たちと一緒に物語として編み上げたものが『ヴィルンガ』です。

制作中にはほぼ間違いなくこのような偶発性に左右されて物語が変わるものです。だからといって初めから最高の物語を一般的なアイデアの中に探しておいても無駄だというわけではありません。土台となる最低限の物語を理解していれば、少なくともその作品を撮るためにどんな登場人物を用意して、どんなロケーションを探せば良いかわかります。カリフォルニア大学バークレー校で教鞭をとるジョン・エルズは、気鋭の新人映像作家たちに「何が起きても絶対に崩壊しない予備のプランを用意しておくように」と教えます。そうすれば、現場ですべてがうまくいかなくても、手ぶらで帰ることにはならないからです。

物語のアイデアを評価する

あなたが作品にする物語に対して絶対的な自信を持っていたとしても、次に挙げるいくつかの現実的な点を考慮して損になることはありません。

現実的で、手の届く題材か

あなたが作ろうとしているドキュメンタリーは、何か新しい世界への窓口になるような作品ですか。ドキュメンタリー作家たちはその作品によって、例えばアメリカに亡命する前と後のキューバ移民の世界の裏側を見せてくれたり（『ボート難民たち（Balseros）』）、様々な困難に阻まれながらプロのバスケットボール選手という夢を追いかける高校バスケのスター選手たちの人生を垣間見せてくれたり（『フープ・ドリームス』）、世界的大不況によって挫かれる、アメリカで一番大きな個人所有の家を建てるという億万長者夫婦の夢の内幕を見せてくれたり（『クィーン・オブ・ベルサイユ 大富豪の華麗なる転落』）、ウクライナやインドネシア、中国、パキスタン、そしてノルウェーで、炭坑や硫黄運搬、溶接といった危険な労働に従事する人たちの日常を見せてくれます（『働く男の死（Workingman's Death）』）。

独占的、あるいはきわめて特別なアクセスが与えられた撮影は別にして、ほとんどの作品は何らかの撮影許可が得られてはじめて成立します。たとえそれがあなたの祖父母の家だとしても、お祖父さんとお祖母さんという個人の許可を得なければなりません。さらに家の中に機材を運び込むにはロケーションの使用許可も必要です。古い家族のアルバムや私的な書簡が必要なら、記録映像等のようなアーカイブを使用する時と同じように許可が必要です。場合によっては、許可が得られないことが作品の肝になることもあります。『ロジャー&ミー』は、マイケル・ムーアがゼネラルモーターズのロジャー・スミス会長との面会許可を取りつけること自体が映画の題材でした。

映画の企画を開発する時、その作品に必要な要素を確実に確保できるかどうか確かめておかなければなりません。本当に量子加速器の中に入れてもらえるのでしょうか。あのピューリッツァー賞作家は本当にインタビューに応じてくれるのでしょうか。綴り方選手権の間、小学校三年生のクラスにちゃんと入れてもらえるのでしょうか。何年か前、私が科学ドキュメンタリーに関わった時、ツール・ド・フランスの自転車選手を使って質量およびエネルギー保存の法則を図解しようと思い立ちました。ツール・ド・フランスの主催者が撮影を許してくれ、CBSスポーツの中継素材を独占的に使わせてもらったお陰であの作品はうまくいきました。もしこれらの要素の段取りがうまくできなかったら、他の方法で図解することを余儀なくされたでしょう。

ここで忘れてならないのは、許可を取るということは、許可をくれる人たちと関係を築いて信用を勝ち取るということです。ドキュメンタリー作家が被写体と親しくなることはよくありますが、それでも両者の関係はプロフェッショナルな関係として保たれるべきです。勝ち取った信用に敬意を払い、制作開始から嘘のないように進めましょう。仮にあなたが取材対象の意見に賛成していないことが明らかでも、相手の話をちゃんと聞いてその意見を尊重することを明確にしさえすれば、大抵の人はあなたの取材を拒みはしないはずです。もちろん、ここにも例外はあります。『カートとコートニー（Kurt & Courtney）』のニック・ブルームフィールドやマイケル・ムーアのような作家にとっては、許可を無視して突撃取材するのがスタイルになっています。彼らは、カメラを回したまま現れて、敢えて被写体を緊張状態に置くのです。

予算的に可能か

現実的に見て、あなたは自分が語りたい物語を自分が語りたいように語るだけの予算と日程が確保できますか？　デジタル技術のお陰で、比較的安く撮影機材を手にすることができるようになったとはいえ、放送品質あるいは劇場公開品質で編集して完パケするのは、今でもお金のかかる作業です。すでに名を成した映像作家でさえ資金確保に苦労するのが現状なのです。ゴールを高く設定しすぎていませんか？　こじんまりまとまる必要はありませんが、現実的であるのは重要です。内容によっては高くつくドキュメンタリーもあり、逆もまたしかりです。気をつけないと個人所有の記録映像のほんの断片的な使用権や、大好きなアルバムから曲の一部を使う権利など、「ゴミ」だと思っていたものに何十万円も取られることもあるのです。

情熱と探求心

あなたは選んだ題材に本気で関心を持っていますか？　挫折しそうになっても、退屈しても、失望しても、混乱しても、情熱はあなたを守ってくれる武器になります。情熱とは、自分こそが絶対で、世界は自分に従うべきだというような頑迷な自信のことではありません。自分の作る映画には意義があり、観客を間違いなく興奮させる内容で、何よりあなた自身が何ヵ月または何年先でも映画の完成を楽しみに待てるという確信を持って信じる気持ち、それが情熱なのです。

あなたが資金援助を求めて番組制作委託の担当者やドキュメンタリーに投資するファンドに接触した時、あなたの適正を測る基準の一つは、やはり情熱です。ノルウェーのドキュメンタリー作家ハンス・オットー・ニコレイセンは、かつて自ら設立に協力したＦｋＮ（フィルムコンタクト・ノード）でドキュメンタリー短編の企画を承認する仕事をしていました。助成金を出すかどうかを決めるにあたってニコレイセンが最初に見るものは何でしょう。そう、「情熱」です。ニコレイセンは言います。「私はいつも、『君がどうしてこの物語を今語りたいのか教えて欲しい』という質問から入ります」。良い企画書というのは、ドキュメンタリー作家がその作品を完成させる腕を持っていることを示しているだけでなく、その人が、選んだ題材に対して深い絆を感じているかどうかが見える企画書のことだと、ニコレイセンは言います。

情熱の源に好奇心がないと、一方的な非難になってしまう危険があります。説教を喜んで聞く人も、考え方を押しつけられて嬉しい人もあまりいません。しかし、もし「動物実験は悪いということを世間に知らしめたい」という結論ありきでプロジェクトを始めると、まさにゴリ押しの説教になってしまう可能性があります。結論が決まっているのなら、何ヵ月も、もしかしたら何年もかけて作品を作る意味はありません。自分が強く引きつけられる問題について考える時に、その件についてさらに深く理解するための問いを思いつくか考えてみてください。あなたは、いかなる状況でも動物実験が正当化されるはずがないと固く信じているとしましょう。あなたには、他の人々に意見を求めてその信念を試すような度胸がありますか？　科学者、患者、動物の権利を求める運動家といった人々の中にはあなたに同意する人も、強く反対する人も、その中間に落ち着く人もいるでしょうが、その人たちの話に真剣に耳を傾けることができますか？　その中で興味深い対話があれば、そして何かより深く探っていくに値する物語が見つかれば、そのプロジェクトは追求する意味があるかもしれません。調べたことがすべて作品の中に含まれる必要はありません。しかし、予習は大事です。最終的にあなたが語ることになった複雑な物語を複雑なまま語れるように、そして、それを見た観客が作品の中で誠実に提示された証拠を基に自分で結論を導き出せるように、予習はしっかりしておきましょう。

想定される観客

あなたは、どんな人たちに自分の作品を見せたいですか？　個人作家の作品であっても、テレビ局内の企画制作であっても、ほとんどのドキュメンタリー作品は対象とされる視聴者や観客を念頭に置いて制作されます。最初は小規模な数都市での公開を想定していたのに全国公開になってしまったということもあり得ますが、まずはどのような年齢の、どの地域に住む、どのような教育を受けた層の誰に届けたいのかはっきり決めておくのが良いでしょう。あなたが作りたいのは、小学生に向けた科学テレビ番組ですか。その政治ドキュメンタリーでＨＢＯの、あるいはＰＢＳ局のドキュメンタリー・シリーズ『フロントライン（Frontline）』の番組担当重役の気を引きたいと考えていますか？　それともミニシアター狙いですか？　放送用ではなくて地域住民用または教育用ですか？　劇場公開を狙っていますか？　誰に見せるかということは、どういうリサーチをしてどのような作品に仕上げるか、そしてどこからどのような資金援助を得るかを左右しますから、なるべく早い段階で考慮しておく価値があります。

一方で、想定される観客のことは気にせずに企画を進めるドキュメンタリー作家が大勢いるのも確かです。一刻を争う題材だったり、機会が一瞬しかないようなときもありますから。ビクトリア・ブルースとキャリン・ヘイズが作った『イングリッド・ベタンクールの誘拐（The Kidnapping of Ingrid Betancourt）』の制作もそのように始められました。二〇〇二年一月に二人は、コロンビア大統領選挙に立候補し選挙活動中だったイングリッド・ベタンクールを撮影するプランを考えていました。その時二人は、コロンビア革命軍（ＦＡＲＣ）がベタンクール候補者を誘拐したという報道をＣＮＮで観ました。ブルースは「彼女が誘拐されたので、私たちは即座にＢプランを実行しました」と回想します。ブルースは慌ててコロンビア行きの飛行機に飛び乗りました。撮影期間は二度に分かれ一度目は二ヵ月、二度目は一〇日に渡りました。

『イングリッド・ベタンクールの誘拐（未）』より、妻の写真切り抜きを抱くフアン・カルロス・レコンプテ。Photo by Ana Maria Garcia Rojas, courtesy of the filmmakers.

「二度の撮影の合間、つまり三月と四月に、予告編を繋いで出資を募る予定でした。助成金を申請するつもりだったので」とヘイズが回想します。しかし助成金は受けられませんでした。ブルースの彼氏に一万五〇〇〇ドル借り、残りの費用は二人の貯金とクレジットカードで賄いました。助成金もなく公開の見込みもありませんでしたが、二人は編集のやり方を勉強しました。それでも「この作品をどのように公開して、どのようなスタイルで作るかということですが、最初からＨＢＯが頭にありました」とヘイズは言います。同年の秋に、二人の希望は叶います。ある業界の集まりに、ＨＢＯを含む番組編成の発言権を持った編集者が来ていました。ブルースはＨＢＯの担当者に売り込みました。興味を持った担当者はスラムダンス映画祭で『Missing Peace』［失踪した平和。失なわれた欠片という表現にかけてある」というタイトルで上映された二人の作品を観て、配給権を買いました。但し、HBOで放映するには再編集が必要という条件つきでした。

「再編集を要求されたので、二ヵ月ほどかけてHBOの編集者であるジオフ・バーツと一緒に作業しました」とブルースが説明します。「HBOが要求した一番大きな変更は、ベタンクール候補者が誘拐されたことを明らかにしてから物語を始めることでした。私たちの編集では、ベタンクールという女性のことを次第に理解できるように、情報を緩やかに積み上げていきました。しかし、HBOドキュメンタリーのシーラ・ネヴィル社長には妙案がありました。候補者が誘拐されたことを観客が知っていた方が、候補者が自分の子どもと過ごす時間を写したホームビデオ映像が感情を揺さぶるというのです。その通りでしたね」。

アイデアの萌芽から観客にいたるまでの道は無数にあります。時には事の進行があまりに速くて、ほぼ何も知らずに撮影を余儀なくされることもあります。選んだ題材が、どうも資金援助を仰ぐには個人的または抽象的すぎるように感じられることもあります。場合によっては、作品をほとんど完成させてしまってからテレビ局の公募や映画祭に応募して、徐々に観客や資金調達の途を開拓していくドキュメンタリー作家もいます。それでも、今まで挙げた例からわかるように、制作のどこかの段階で、どのような観客に見せるか決断しその観客に合わせて物語を調整する時は必ず来ます。

観客の関心

せっかく選んだ題材なのに、自分とは無関係とあしらわれてしまうかもしれない。この題材では観客の関心を呼べないかもしれない。これはなかなか難しい問題です。あなたが一四世紀の中国の芸術文化に高い関心を抱いていたとします。キノコ料理でも構いません。問題は、そのような題材から見るに値する、そして資金を援助するに値する物語が作れるかということです。題材が何であっても人々の関心を集めることはできます。しかし、適切なアプローチなしでは、うまくいくものもいかなくなります。Chapter 6で、さらに詳しく解説します。

タイミング

作品が人々と接点を持てるかどうかという問題は、タイミングの問題でもあり得ます。これは時間の経過の話をしているのではなく、例えばあるテレビ局の重役が、何かの記念日とか、話題の映画公開に合わせてドキュメンタリー番組を放映したいと考えているようなタイミングのことです。しかし、題材が話題になるかもしれないという可能性が、必ずしもその題材を追求する良い理由になるとは限りません。作品ができた頃には、忘れられているかもしれないからです。事実、長い寿命が期待できる作品は、数ヵ月で忘れ去られてしまいそうなものよりも、制作資金もつきやすく配給交渉もしやすいものです。象の生態や、アメリカの大統領選挙の構造を扱えば長い寿命が期待できますが、ある特定の環境運動や、ある年の大統領選挙だけを扱えば、人々の興味も長くは続かないかもしれません。

視覚に訴える

あなたが語ろうとしている物語は視覚に訴えるものですか。どうすれば視覚的にできるか理解していますか。たとえそれが現代的なテクノロジーの物語であっても、官僚の物語であっても、映画どころか写真技術発明以前の歴史的な出来事を扱った物語であっても、視覚的に語れるかどうかは重要な問題です。明らかに視覚的ではない題材を選んだ時は、あなたの映像作家としての腕の見せどころです。具体的にどのように映像的に物語を語り得るか前もって考えなければなりません。もちろん逆もしかりです。壮麗なロケーションの映像や、技術の粋を集めた美しい顕微鏡画像があったとしても、そのスタイルを活かしたいなら、それらの要素を繋ぎ合わせる物語がなければ何の役にも立ちません。

つかみ

あなたの映画の「つかみ」は何ですか。これも自分が作ろうとする映画を自分で評価する上で大事な質問です。簡単に言えば、あなたの興味を引いて制作を決意させたものがあなたの作品の「つかみ」です。その物語の、そしてキャラクターの本質を垣間見せて、花開くドラマの全貌を予感させてくれる、情報の欠片です。例えば『音のない世界で』は、人工蝸牛移植を希望する幼い女の子の物語です。でも、彼女が手術を希望することがつかみなのではありません。人工蝸牛移植の手術そのものが、特に先進的な医療技術というわけでもありません。ところが、この少女の両親は、私たち観客の大方の予想を裏切って、娘に手術をさせるかどうか迷っています。これがこの映画のつかみです。物語のこの部分が、観客の「どうして?」という気持ちを掻き立てるのです。

『ジョーンズタウン(未)』のオープニングは、一九七八年に起きた恐ろしい集団自殺と殺人について記した文字情報ですが、この事件の恐怖をつかみに使うことはしませんでした。代わりに、逃れようもなく恐ろしいものに変容していく集団に参加するということについて、当事者たちの洞察が得られることを約束するのが、この作品のつかみでした。Chapter 7で詳しく解説しますが、つかみというものは、最終的にそれによって作品が完成するパズルの最後のピースとも言えます。主題、登場人物、そして物語すべてに焦点が合って明確になり、約束された何かがその一片の中に集約されるのです。それがその作品の肝であり、観客の時間が無駄にならなかった証であり、なぜその物語が語られなければならなかったか、なぜ観る価値があったのかという解答なのです。

既存の作品

過去にあなたが選んだのと同じ題材を使って作られた作品またはシリーズがありますか。あるとしたら、いつ作られましたか。調べておけば、どのように物語を語るかの参考になります。先行作品があるとすれば、そこから学べることもあります。何がうまくいって、何が失敗しているかも見ることができます。あなたの作品は先行作品とどう違うものにできるか、そして先行作品にない何を掘り下げることができるか。一度扱われた題材は扱えないというものではありません。アメリカの公民権運動を描いた作品はたくさんあります。核兵器の脅威や恐竜を扱ったドキュメンタリーも数多くあります。選んだ題材について可能な限り勉強しておけば、その題材がどのような形で映像にされたかを知る助けになります。さらに助成団体や配給会社に対して自分のアイデアをより良く提案する力にもなります。

自分で見たいと望む映画

学生に課題を出すとします。題材を選んで、調査、執筆、それを基に短編を一本作るように指示すると、多くの学生は「意義深い」トピックを選んで、彼らが考えるドキュメンタリーというものの紋切型を真似ようとする傾向が見られます。学生たちに自分のアイデアを話してもらうと、どれも社会に満ちる不正を批判しようとやる気満々で、本当に自分たちが観たいと思うような映画とは似ても似つかないアイデアになりがちなのです。

そこで提案です。逆から考えてみたらどうでしょう。まずは日程と予算を決めて、その範囲内で何ができるか考えてみます（時間管理も忘れずに）。題材が複雑でも、日程と予算から考えていくと、通常は簡易的なアプローチを余儀なくされます。逆算するというのは、映像制作者だけでなく観客の立場で観て興味深いのは何かを選ぶということでもあります。あなた自身が作っていて楽しいと思えるのは、そして観て楽しいと思えるのはどのような作品ですか。あなたが観たいと思うのは、どの映像作家のどのような作品ですか。

見つけた物語を錬る

以上の項目を自問しながら自分のアイデアを評価し、閃いたアイデアを追及する価値があると判断できたら、今度はそのアイデアを物語として磨き、どのように語るか策を練っていきます。その方法は一様ではなく、しかもその過程は、アイデアが閃いた瞬間からポスプロの最後の日まで続くものでもあります。予算や日程といった制作条件に左右されはしますが、それでもほとんどの場合、ドキュメンタリー作家は、資金と時間を注ぎこむ前に何らかの企画書や作品の概要をまとめる必要に迫られます。これは、あなたが作ろうと思う作品が物語としてどのように機能して、どのような準備が必要で、なぜその作品に価値があるかを検証する手段なのです。

物語が偏見に基づいていないか、または説教臭くなっていないか

たとえそれがまだ物語の小さな芽にすぎないとしても、ともかくあなたは物語を見つけたとします。でも、ただ見つけただけではまだその物語が本当に語っていることを理解したことにはなりませんし、その物語をどう語ったら良いか理解したことにもなりません。とりあえず、物語の骨格があって、その骨格に肉づけされる題材があって、それに関連する主題の方向性が見えている程度のことだと思います。ここからリサーチが始まり、作品が開発されていきます。そしてあなたは常に何物も拒否せず、何についても疑問を投げかけることを忘れない心

を持って撮影を始めます。前に出した「地元のパン屋さんを救え」という例を使ってもう一度考えてみましょう。当初あなたは、閉鎖を余儀なくされたパン屋さんに同情的だったのに、撮影が進行するにつれて開発業者に同情的な視点を見つけるかもしれません。もしかしたら、パン屋さんを失うことが町にとって最善であるという第三の可能性が発見されるかもしれないのです。

取り得るアプローチは、作品ごとに違います。歴史を扱ったドキュメンタリーを作る場合、何が起きるかは既にわかっています。つまり、ある史実から物語を見つけ出すというのは、その史実のどの部分を掘り下げるかを見極め、そしてその範囲を決めるということになります。範囲を決めるというのは史実のどの点で物語を始め、どこで終わるか見極めるということですが、それはあなたがどのような物語を語ろうとしているかで決まります。Chapter 20でドキュメンタリー作家のスタンリー・ネルソンがこう言っています。「最初に考えるべきことは、その物語の始まりと終わりをきちっと決めることでしょうね。それは撮影前に紙の上で決まることもありますし、編集しながら決まることもあります。最後までなかなか決められないこともあります」。

チャールズ皇太子とレディー・ダイアナを題材にした作品を依頼されたとします。でも何について？　二人の生活（または別れた後）のどの部分の話にすれば良いのでしょう。求愛、結婚、離婚へ至る道のりか、それとも二〇世紀の王室の金遣いの荒さに対する批判か。あるいは、ＨＩＶに関する様々な活動と、それがどう家庭生活に影響したか、またはしなかったか。何度か書きましたが、作品を制作するにつれて物語は変わります。それでも、もし二人の結婚を主軸に据えたら、ダイアナの活動を主軸にした場合とはかなり違った制作状況になるということにも留意してください。

たとえ題材が環境中に放出されてはならない化学物質であろうと、警察権力の濫用であろうと、または違法行為の話であろうと、ある特定の考え方や立場を擁護することになってしまったとしても、作り手が新たな発見に対してオープンな態度を持ち続ける限り、作品は強くなります。それが相反する情報であっても拒否しなければ作品の力は増します。誠実に、そして効果的に題材を扱って作れば、そして観客の知性を信じれば、完成した作品は細かいあら探しにも耐え得るものですから。

能動的な物語を語る

昨今テレビで放映されるドキュメンタリーが扱う題材の多くは、すでに誰か他の人によって何度も語られたお話です。それでも、ドキュメンタリーを作る以上は最初から最後まで何が起きるかわからないように展開していくお話が必要です。一つの方法としては、常に今起こっていることに物語を集中させて、先が見えないように物語やインタビューを構成することです。例えば、ある目撃者の証言を使うとしたら「後で無事だったことが確認されてホッとしましたがね、ともかくその時電話があって、あれはアンディからでしたね。アンディは後に市長になる男なんですが、彼から電話があって、息子のジミーが井戸に落ちたと言うんです」と言わせるようなことは避けましょう。代わりに、あなたの物語の語り手である登場人物たちに、そこまでの展開の中で明らかになったこと以外は話さないようにしてもらってください。その時その時の情報、つまり「息子のジミーが井戸に落ちたという電話があったんです。私は大声で助けを求めながら家から飛び出しました」だけというように。

物語が能動的であれば、受け手は物語を体験しながらついてきてくれます。そうすることで緊張感が保たれ、結末の驚きが維持されます（受け手が結末を知っていても同じことです。本当に巧みな語りというのは、たとえ受け手が結末を知っていても「もしかしたら違う方向にいってしまうかも」と思わせ得るのです）。インタビュー等で開幕早々結末が明かされては、緊張感は台無しです。驚くことに、インタビューだけでなく、ナレーションでも似たような失敗をする人がいます。

「大事にはいたらなかったが、ジミーは深い井戸に落ちた」等と言ってしまうのです。

その瞬間に起こっていることだけを使って物語を語るといっても、過去を振り返っていけないわけではありません。例えばインタビューを求められた専門家がこう言ったとします。「法令で規制されるものが多すぎると文句を言う人はたくさんいます。しかし、使われていない井戸を放置してはいけないという条例はもっと早く存在するべきだったのです。条例がなかったから井戸は口を開けたまま放置され、子どもが落ちたのです」。この専門家はジミーがいつ落ちて、助けられたのかどうかという情報をばらさずに話をしながら、より大きな文脈を教えてくれているのです。

中には、どうしても物語を前に進める力を持ちえない題材もあります。例えば、地元の郷土研究協会が、一七二七年に始まった町の歴史をドキュメンタリーにして、現存する歴史的建築物の起源にも触れて欲しいとあなたに依頼したとします。住人の多くは当時この町に住んでいた人たちの子孫なので、歴史的な肖像画や書簡にも容易にアクセスできると協会の人たちは喜んでいます。この材料でどんな作品になるのでしょう。おそらく取材された人の家族以外に、この作品に興味を持つ人はいないと思われます。それだけでは、映像として何の物語も語られないからです。しかし、ケン・バーンズとジオフリ・ウォードが『南北戦争（The Civil War）』でやったように、一九世紀の絵や写真、そして工芸品などを活用して南軍と北軍の抗争という力強い物語を語れば、それは見るものの興味を惹きつけます。つまり、あなたはこの町の物語を見つけなければならないのです。

過去の物語を語る際、人によっては「案内人」を用意します。例えば、町長が「私たちのこの素晴らしい町が、どのように始まったか探ってみましょう」と言って、過去への探索が始まるわけです。もちろんこれよりも想像力溢れる方法はいくらでもあります。現在の物語から自然に過去を振り返るきっかけが見つけられると、とても有効です。地元の中学生が自分たちで調べた町の歴史に基づいた戯曲を書き、映画の中で演じるというのも、なかなか可能性のある物語の構成です。地元の大工が町で一番古い建造物を修繕していると、長年の間に何度も改装された痕跡を見つけるというのはどうでしょう。大工が内装を剥がしながら発見を重ねていくことで、町の建築史を探っていく理由ができます。さらに、家の改装の過程を視聴者が一緒に楽しむこともできます。どれも特に世界を震撼させるようなアイデアではありませんが、一見大したことはなさそうなアイデアでも料理次第ということを表すには十分でしょう。

ドキュメンタリー作家のジョン・エルズは言います。「最低でも二つの物語が同時に展開するようにしますね。一つは必ずといって良いほどとてもシンプルで、作品の展開に沿ってひたすら前に向かって進んでいく物語。私が撮った『もっと速く歌え（未）』でいえば、劇中劇であるワーグナーの『ニーベルングの指環』の物語がシンプルな物語にあたります。神々の争いを描いた、大袈裟なメロドラマです。登場人物が大勢出てきて葛藤がたくさんあって、劇的に決着がつくという、アリストテレス的な芝居です。この芝居と並行して、『ニーベルングの指環』の初日講演に向けて準備を進める裏方たちの紆余曲折のドラマが進行していくのです」。

逆算で作業する、そして限界を知る

これは、この章全体に当てはまることですが、ここではもう一歩踏み込んで考えてみましょう。まず知っておくべきなのは、何でもあり

『もっと速く歌え：裏方たちのニーベルングの指環（未）』より、ケン“スパイク”カークランド。Photo courtesy of Jon Else.

という条件より制約があった方が創造性を刺激される可能性が高いということです。次に知っておくと良いのは、自分の限界をちゃんと把握しておくことです。それが経験値でも、機材や人員調達のことでも、予算や時間を含む資源であっても、ありもしないのにあるふりをしてはいけません。機材や予算の後ろ盾なしに詳細な第二次世界大戦史を映像化することは不可能です。それより、自分にしかない資源を活かしましょう。近所で二次大戦に従軍した退役軍人を探しましょう。あるいは、毎週集まってダーツに興じる退役軍人の集いを探し出した方が、よほど可能性が高まります。もしそのうちの一人があなたのお祖父様、または曾祖父であればなお結構です。相手の信用を勝ち取る手間が省けますから。

　最初に完成形をきちんと思い描き、何をすればそこにたどりつけるか熟考してください。すべての出費項目を考慮しましょう。マスター素材を作ったり何らかの使用権料が発生する場合はなおさらです。何にもまして、どのような時間的制約の中で制作するのかを念頭に置きましょう。もし編集のための時間が確保できないようなら、撮影も好き勝手にはできません。回すフィルム（またはテープ）を抑えるだけでなく、賢く撮影することが求められます。完成尺が限られているのなら、つまり上映時間が決まっているのなら、その限界から逆算して作業することが有益です。例を一つあげましょう。ＰＢＳ局の委託で監督したドキュメンタリー・シリーズ『アメリカの偉大なアーティストたち（American Masters）』や『人種：偽りの権力（Race: The Power of an Illusion）』で知られるボストン在住のトレイシー・ヘザー・ストレインによると、完成した作品を想定して段取りを逆から考えてみるということは、完成作品の長さを考慮するということも意味します。まだ若かったストレインは、あるドキュメンタリー・シリーズのプロデューサー相手に、自分が一時間番組の中でやりたいことや、物語の方向性について語りました。プロデューサーは、その番組はクレジットも含めてたった五五分しかないと釘を刺しました。ストレインは回想して言います。

その時はっきり悟ったんです。私が語りたいと思ったことがすべて五五分に収まるはずがないと。その教訓を生かし、今はまず持ち時間が何分かを確認して、三幕構成の詳細な筋書きをまとめるようにしています。

伝統的な三幕構成（Chapter 4参照）であれば、第一幕と第三幕は全体の約四分の一ずつ、第二幕が約半分を占めます。もし二〇分の作品であれば、最初の五分から六分で物語が転がり始め、その後一〇分から一二分の間、第二幕と第三幕を通して緊張感が高まり続け、最後に短い結末を迎えることになります。うまく物語を収めるには、物語に無駄も弛みもあってはなりません。

まとめ

語るべき物語を念頭に撮影に入るのは、もしその物語が途中で変わる可能性を考慮しても、漠然とした題材を何となく撮りにいくよりも、よほど効果的だといえます。「予算オーバーになった時は、録音マンに給料を払いすぎたとか、一日余計に撮影隊の宿を確保したことが原因ではありません」と、カリフォルニア大学バークレー校の大学院で教えるジョン・エルズは言います。

物語を探しながら編集に二ヵ月も無駄にしたから予算がなくなるんです。もし潤沢な予算がないのなら、最後までどうなるか決まっているような物語を見つけること。これが予算を節約する唯一最大の作戦ですよ。先に物語を考えておいた方が、はるかに節約になるんです。

ただし、そのようなやり方も万能ではないと、エルズは言います。「シネマ・ヴェリテ作品の場合は、物語を膨大な素材から発見しなければならないので、少ない予算で撮るのは、とても厳しいですね」。例えば『セールスマン』や『コントロール・ルーム（未）』のように、際立ったキャラクターと、潜在的な力強い物語を中心に慎重に題材を選んだとしても、傍観的なアプローチで撮影される作品の場合、編集中に物語に形を与えていくために膨大な時間を要するからです。

Chapter 4

Story Structure

物語の構成

制作中の作品がどこまで出来上がっているかを測る良い方法の一つは、それがどんな作品か、一、二〇〇字くらいで説明してくださいと監督に聞いてみることです。いきなりオープニングの素晴らしい撮影のことやら、何か素晴らしい場面の話を延々とするようなら、その作品は前途多難かもしれません。視覚的な要素は物語に仕えるものであって、物語そのものではないのですから。同様に、もし監督が例えばそれはあるサッカー・チームの話とか、第二次世界大戦の話、または有名な小説家の話というように大雑把な説明を始めたら、これも問題の種を抱えている可能性があります。物語の中心にあるものを本気で探り出したいなら、もっと焦点を鋭く合わせなければ。第二次世界大戦の何について？　小説家の、あるいはチームの何について？　手にした題材を使って、どんな物語をどのように語りたいのでしょうか。

ここで構成の登場です。誰でも上手く伝えられなかった冗談の一つや二つはあると思います。面白い冗談には構成が必要です。まずお膳立て。続いて事態の悪化または深刻化。そしておち。おちは、まったく予期せぬ形で現れ、しかし後で考えれば納得するしかない説得力を持っていなければなりません。もし冗談を言っている人が途中でおちをばらしてしまったり、脇道にそれたり不要な詳細に時間を割きすぎたら、冗談は力を失ってしまいます。

物語の構成も、似たように機能します。もし、二〇〇字でこれから作る作品のことを話してくれと聞かれて返ってきた答えが、アイデアと説明の寄せ集めでしかなかったら、要するにそこには構成がないということです。たとえまだ企画書段階でも編集が終わりに近づいていても、同じことです。「それからこうなりました。そしてああなりました。それから……」というのが続くようなら、明らかに構成がない証拠です。乱雑に詰め込まれたアイデア。ばらばらに繋がれただけで、どれも同じように見える場面。リズム感の欠如。積み上がっていかないアイデアや議論。どれも構成が無い証拠です。

構成は、物語を語るための土台です。物語に始まり、中、終わりを与えるのが構成です。構成のお陰で、作り手は「作者席」に座って物語を操縦し、次にどうなっていくのかを発見する旅に受け手を連れ出せるのです。直感に逆らうような考え方ですが、おそらく構成の持つシンプルさが、作品が全体として持つ複雑さを可能にするのかもしれません。一本芯の通った力強い物語さえあれば、不可能とも思える量の内容を詰めこんでも、受け手はついてきてくれます。これが、最高のノンフィクション映像作品とそれ以外の作品を分ける重要な鍵です。

物語の背骨、または物語を貫く一本の芯

映像作品は、時間軸に沿って展開しながら観客を連れて前に進んでいきます。語り手であるあなたは物語を前に進めながら、観客が好奇心を失くさないように導きながら情報を与えていきます。見出しにある「物語を貫く芯」はアメリカの業界用語では「自発的に連続性を持って続いていくものという意味で」「トレイン」と呼びますが、何らかの筋の展開、または問いかけや議論という形で、物語を前進させ終わりまで引っ張っていく一本の糸のようなものです。「物語の芯」または「背骨」とは、凝縮された物語の最も基本的な姿です。誰かに作品を売り込もうという

ときは、相手がどういう話か想像しやすいように、作品の主題よりも作品を端的にまとめた「物語の芯」を伝えた方が効果的です。「芯」は物語を支える骨組みそのものです。相手には、作品の結末を予感させるように伝えます。

- 『スーパーサイズ・ミー』の物語の芯を書き出してみれば、こんな感じです。「ファストフードばかり食べるのは、そんなに体に悪いのか？　三〇日間マクドナルドで売っているものだけを食べたらどう健康に影響するか、一人の映像作家が医師団の助けを借りて挑戦する」。結果として彼の健康状態はどうなるのか。
- 『ダナンから来た娘（未）』の場合。「若いアジア系アメリカ人女性が、二二年前、サイゴン陥落の時に自分を手放した実母と再会しにベトナムに飛ぶ」。結果として母との再会はうまくいくのでしょうか。

しっかりした芯が通っていれば、好きなだけ横道に逸れて新しい情報を盛りこみ、複雑な理論を導入し、登場人物を紹介することができます。「芯」は物語の土台の構築に使われる道具なので、常に見えている必要はありません。実際にドキュメンタリー作品を観ると、多くの場合「芯」が見えている時間はごくわずかであることに気づきます。しかし、物語の途中で何度か「芯」に戻るのは不可欠です。そして物語を始動させた「芯」は、結末で解決されなければなりません。途中で寄り道をした場合は、寄り道したことが「芯」の進路をどう変えるのか、あるいは妨害するのかというように、その寄り道が「芯」にとってどのような意味を持つか考えるのを忘れないようにしましょう。寄り道したことで、気が散ってしまっては元も子もありません。する以上は、前に向かって進んでいく物語に深みと緊張感を与えるようにしてください。

物語の芯を見つける

物語の芯を見つけてわかりやすく伝えるのは、制作が始まる前のアイデア段階であっても、完パケした後であっても、難しいものです。見つけるこつは、シンプルに考えることです。私が教えるドキュメンタリーの授業でしばしば見られるのは、プロットの詳細にとらわれて「芯」が見つけられなくなってしまう学生の姿です。本当に見つけたいのは、プロットを支える骨組みの方なのです。試しに、余計なものを剝ぎとって、作品の構造の一番中心にある、問いかけまたは行動を探してみましょう。マイケル・ムーアの『ロジャー&ミー』は複雑な問題と大勢の登場人物を扱っていますが、中心にある仕掛けはとてもシンプルです。ムーア本人が主人公になり、ジェネラル・モーターズの最高経営責任者ロジャー・スミスに会おうとする。この簡単な仕掛けによって、ムーアは様々な題材を結びつけることができました。『音のない世界で』も複雑な物語ですが、物語の芯を支えているのはヘザー・アーティニアンは人工蝸牛移植を受けられるだろうかという、たった一つの問いかけです。

　メイスルズ兄弟が一九七〇年に発表した『ローリング・ストーンズ・イン・ギミー・シェルター』は、ザ・ローリング・ストーンズが一九六九年に行ったツアーを追いかけた作品です。作品の焦点は、手に負えないほど暴力的な悲劇を招いてしまったカリフォルニア北部にあるオルタモント・スピードウェイでストーンズが開いた無料公演でした。この作品の物語を動かす仕掛けは、コンサートでも刺殺事件でもありません。舞台上からは刺殺の瞬間が見えなかったことを確認する目的もあって、スティーンベック・フィルム編集卓で自分たちの公演の様子を観ているストーンズの面々です。デイヴィッド・メイスルズは編集卓の周りに座っているストーンズのメンバーたちに「あなたたちが素材を観ているというのは、私たちが自由にできる余地を与えてくれるのです」と説明します（デイヴィッド・メイスルズはこの作品の監督で、録音している姿が作品に映っています。兄のアルバート・メイスルズは撮影しているので姿は見えません。彼は編集もしました。編集卓を操作するシャーロット・ツワーリンも映っています）。デイヴィッドは続けて言います。「たとえあなたたちの画が必要なのは一分だけでも、その画からどんな画にも繫げますから」。

この仕掛けを使ってマイスルズ兄弟は、作品が答えていくべき謎を問いかけます。あの日、何が起きたのか。ヘルズ・エンジェルス［警備に雇われていた暴走族］はどのように関与し、ストーンズのメンバーはそれを把握していたのか。これらの謎を問いかけて作品は始まります。観客が観ている映像を編集卓で観ていたミック・ジャガーとチャーリー・ワッツの反応に繫ぐことで、メイスルズ兄弟は、元々繫がりが弱かった場面やシークエンスを巧く繫ぐ自由を得たのです。オルタモントより前に記録されたコンサートの様子を見せる場面。無料コンサートを企画し、会場を見つけることの難しさと予想されるリスクを見せる場面。コンサートが始まる前、そして公演中の混沌とした状況を見せる場面。グレース・スリックやティナ・ターナーの出番を見せる場面、等々です。作品の終盤近くになると、編集卓で素材を観ているストーンズに戻ります。メンバーの要求で、ある場面が再生されます。撮影者の一人が捉えた映像に映っていた、刺された男の手に持たれた拳銃。この画が静止画になり、作品は実質的に終わります。

一つの物語の芯に一つの物語

作品にとって「芯」というのは、物語の土台あるいは核になるものです。「芯」を探す場合、それはかなりの確率でオープニングのシークエンスの中にあります（それがたった二分だけでも一〇分続いても）。それが本当に物語の芯であれば、物語の展開に沿って作品は度々その「芯」に戻ります。そして最後に「芯」を使って結論を出すはずです。それは楽な道のりである必要も、結末が簡単に予想できる必要もありません。大事なのは、作品の冒頭で約束された内容に直結しているかどうかです。もし撮影中にあなたが本筋と考えていた内容から脇道にそれたとします。そしてその脇道に力強い結末が待っていたとしたら、あなたとスタッフは作品の始まり方だけでなく、本当の背骨が何なのか考え直す必要があります。

物語の芯は作品ごとに違う

あなたが作る作品を他の作品と区別してくれるのが、物語の芯です。ファイアライト・メディアのウェブサイトには、スタンリー・ネルソンの『ジョーンズタウン（未）』を解説する短い文章があります。「一九七八年一一月一八日、ガイアナにあるジョーンズタウンで、九〇九人に上る人民寺院の信者たちが死んだ。これは後に、現代史上最悪の集団自殺として知られることになる。未公開素材と生き残った当事者のインタビューをふんだんに使った『ジョーンズタウン（未）』は、理想郷の夢を追ってジム・ジョーンズに従い、インディアナ州からカリフォルニア州、そして遂には南米ガイアナのジャングルへたどり着いた人々の果たせぬ夢の物語」。この文章の中に、物語がたどる旅が示唆されています。

同じ題材を使っても他のドキュメンタリー作家なら、ガイアナでの運命の日を物語の芯にした「ジョーンズタウンの大虐殺」という作品を作るかもしれません。あるいは「ジョーンズタウンの生き残り」という題で、生き残った人々が運命の日から今日までの人生を振り返る作品も作れます。ネルソンの作品は、最初と最後に集団自殺を使いそれでブックエンドのようにはさみながら、自由意志で参加したように見えた信者たちが、やがて逃られなくなり、暴力的な死を迎えるまでの旅路をたどりました。

うまく物語の芯が見つけられたかどうか、自分の勘が正しかったかどうか簡単に試す一つの方法は、DVDの箱にあるコピーを読んでみることです。［北米市場向けの］『戦場でワルツを』のコピーは「一人の男による不確かな記憶を探る旅」です。これを使って「一人のイスラエル人の男によるレバノンの戦場に関する不確かな記憶を探る旅」と少し情報を足せば物語の芯として成立します。『マン・オン・ワイヤー』のコピーは、フィリップ・プティが「想像を絶する困難を克服して世紀の犯罪を達成する」となっています。アレックス・ギブニーの『「闇」へ』の場合は「無実であるにもかかわらず拷問の末に死亡したアフガニスタン人タクシー運転手を通して、見境なく濫用される政府権力を問う」です。殺された若い運転手の物語が、伝え方を模索していた主題の骨組みになってくれたと、ギブニー本人がChapter 16で語っています。「『闇』へ』の場合は、拷問を主題にしたドキュメンタリーを撮ってみないかと打診を受けたんですよ。難しい題材だし、うまく作品としてまとまる主題であるという確信がなかったので気乗りしませんでした。それでもいろいろとネタを探すうちに……」。

DVDの箱に、必ず物語の芯がうまく言い表されているとは限らないということも、覚えておいてください。そして簡潔に言い表せる「芯」があるとは限らない、ということも。ユージン・ジェレッキの『戦う理由(Why We Fight)』は、複雑な物語を見事な構成で語っていますが、DVDの箱に書いてあるコピー「正視できるか？　アメリカ軍事産業を解剖する」は、この映画の物語の芯ではなく、一般的な解説にすぎません。この映画は、ウィルトン・セクツァーという退役警察官を物語を進める仕掛けとして使っています。9・11同時多発テロの時に貿易センタービルで息子を失ったセクツァーは、合衆国政府の「敵はイラクだ」という主張を信じて復讐に生きます。そして映画の結末で、彼は考えを変えます。セクツァーは能動的な主人公でも、物語の芯でもありません。彼は作品がたどりつくべきゴールを持っていないからです。それでも、セクツァーの存在と彼の行動は、作品全体にまとまりと、観客に満足をもたらす物語の形を与えています。

物語の芯は普遍的で、しかも具体的

一般的に映像作品というものは、観客の頭に届く前に、まず心に訴えるものです。そして、観客の感情を揺さぶる物語を語る最大の理由は、まさに観客の頭に何かを届けたいからなのです。今まで見たドキュメンタリーや、フィクション映画のことを考えてみましょう。すべてを剝ぎとって一番物語の中心になるものだけを残すと、とても単純な疑問だけが残ります。彼女と結ばれるのか？　伝染病の大発生は止められるのか？　街は救われるのか？　人質は？　子犬は？　チームの行方は？　一年生は勝てるのか？　失業中の父は優勝できるのか？

自分を例に説明してみます。私は宇宙開発には何の関心もありません。開発される精密な技術はすごいと思いますし、重要だということも理解できますが、誰かが月面着陸船や、軌道や、耐熱装甲の話を延々と始めたら、間違いなく居眠りします。もちろん世間には、宇宙開発計画に関するものなら本でもビデオでも集めて、スプートニクやチャールズ・ゴダードや静かの海のことなら何でも知っているという人もいます。ここで問題になるのは、私に代表されるような無関心な人々と宇宙ファンの両方を相手にするには、どうすれば良いかということです。あまりに表面的では通に飽きられますし、あまりに無味乾燥では私のような客を失います（ここで「あまりに技術的すぎては」と書かなかったのは、物語の芯がしっかりしていれば、驚くほど技術的な話も理解したいと思ってもらえるからです）。私が教えているクラスの生徒が考案した次のような方法はうまくいくと思うので、紹介します。

アメリカに関係のあることなら何でもよいので歴史ドキュメンタリーの企画を立てなさいという課題を出しました。この生徒は、一九六七年、月面一番乗りの偉業を一ヵ月後に控えた宇宙飛行士たちが定期テスト中の事故で命を落としたという、アポロ一一号の悲劇を選びました。その物語の芯として、政府による事故調査が提案されましたが、調査委員会だの、報告書だの、証言だのといったお役所的な手続きの山に物語が埋もれてしまい、興味の持てない客はついてこないだろうということが早々に明らかになりました。そこでこの生徒は、事故の日そのものを物語の芯に据えました。運命の日に近づくにつれ明らかになるいろいろな事実が、宇宙探査の歴史と政治性、そして宇宙飛行士たちの人生を振り返るきっかけになります。失敗が許されない立場にいる人たちの視点から物語を語ることにより、「当初は関心が持てないと思った」観客の気を引きつけ、もっと知りたいと思わせるのが、この生徒の考えた仕掛けでした。

「当初は関心が持てないと思った人」を考慮するのは、一般的には良い戦略です。あなたが題材に対して持っている知識や情熱が、物語を巧く語る邪魔になることはよくあります。あなたが隅から隅まで知っていることでも、あなたがそれを伝えようとする相手のほとんどは知らない（または知りたいとも思わない）と考えておきましょう。伝えたい題材に関する物語を考案するときに、最もあなたの興味を引くポイントが何か考えてみてください。自作のアイデアを家族に売りこんでみるとしたら、あるいはエレベーターの中でドキュメンタリー番組の制作委託担当主任にばったり出会ったら、どう表現しますか。相手の関心を引くだけでなく詳細が知りたくなるようなポイントを売り込み文句に三から五つ盛り込むとしたら、どんなことを言うか、考えてみましょう。

物語を構成する要素

物語の芯、あるいは背骨は、作品を形作る構成を最も基本的な姿に凝縮してまとめたものです。これからあなたは、二〇分、二時間、またはそれ以上の間観客の関心を繋ぎとめられる作品を組み立てなければなりません。要点がよくわからない作品や、あちこちに飛んで筋が追えないドキュメンタリーにつきあわされる羽目になった経験は、あなたにもあるでしょう。もしかしたら、出だしは素晴らしかったかもしれません。なのに、しばらくするとまた別の話が始まり、また別の話が始まる。ある題材についての話だと思ったら、まったく違った話で終わる。現在の物語として始まったようにみえて、いきなり過去の横道の物語に逸れて、現在の部分は置いてきぼり。登場人物の掘り下げがあまりに浅いため、まったく共感できず、従って結末がどうなろうが関心が持てない。このような印象を与える作品の多くは、構成そのものに問題があります。

物語の構成というものは、観客があらかじめ持っている期待感に働きかけることで機能します。目の前に並べられたもののパターンや規則性の辻褄をあわせようとするのが、人間というものです。隙間があれば補完し、その後何が起きるか予測しようとするものです。映像作家は、人間が持つそのような期待感を上げたり下げたり裏切ったり煙に巻くことで、観客を巻き込み、観客を物語の一部にしてしまうことができるのです。ちなみに、構成がない映像作品などというものは、あり得ません。どんな実験映画でも、イメージをつなぎ合わせている何かがあります。それが何かは別にして、その「何か」こそが作品を形作る構成なのです。

映像作品というものは、ショット、場面、シークエンス、そして場合によっては幕という四つの要素で構成されています。これらの用語は、時として矛盾して使われることがあるので、これからこの四要素が何を指すのか、明確な定義を与えていきましょう。

ショット

一つのショットとは、何かを撮影した映像の一続きのテイクのことです。そのショットが撮影されている間、カメラは動いても静止したままでも構いません。クロースアップかもしれませんし、引いた画かもしれません。ともかく一つのショットは撮影者がカメラを回した時には始まり、止めた時に終わります。撮影後に、編集者がそれぞれのショットをより緊密に編集し、ショットのＩＮ点とＯＵＴ点を整えていきます。それぞれのショットには様々な要素が詰まっており、それぞれの要素が視点、時間、雰囲気、感情、登場人物、リズム、主題といった物語を語っています。たった一つのショットにどんでん返しが含まれていることもあります。それ一つで、それまでのプロットが持っていた価値観が逆転してしまうようなショットです。そのような例が『ヨセミテ（未）』に見られます。カメラがパンしていきます。手つかずの美しい自然の風景に滝が流れています。カメラがさらにパンを続けます。突如画面の中に騒々しい旅行者がすし詰めになった観光バスが入ってきます。無人から喧噪、自然から人工、そして手つかずの森から公害への逆転が、このたった一つのショットの中で起きたのです。

場面

一つの場面、またはシーンというのは、ある一定の場所で撮影された一連のショットによって構成されます。つまり「裁判所の場面」とか「船上の場面」という具合です。しかし一つの場面が、ある場所のスナップショットであることはまずありません。大抵の場合、一つの場面といったら作品全体を成立させている大きな塊の一つということになります。さらに、一つの場面は一連の「ビート」つまり「やり取り」からできています。『未来を写した子どもたち』の、「子どもたちがバスで海に行く場面」を分解してみましょう。

- バスが到着して外で待っているので、嬉しさではしゃぐ子どもたちが数ショット（屋内と屋外両方）。
- バスの中からのショット。女の子が、途中で写真を撮りたいので窓際に座りたいと言っています。バスに乗り込む子どもたち。監督のザナ・ブリスキーがみんなにカメラを持っているかどうか、念を押します。
- バスのクラクションを合図に、発車するバスの運転手の主観映像。進むバスの中からも外からも、子どもたちの様子が描かれます。外を見ている子ども。写真を撮っている子ども。そして子どもの主観。
- バスの中。何か食べたり歌ったりする子ども。
- 車酔いになる子ども。
- 子どもたちの様々な主観で、街からだんだん離れていく車窓の風景が見えます。それにあわせて音楽が変わります。

・バスの中。眠ってしまった子どももいます。その様子と交互に、走るバスのショットがあり、周囲はすっかり田舎の風景になります。

・バスが止まり、子どもたちは荷物をまとめて窓の外に広がる海を見ます。

この場面は「早く！　バスが来たよ！」で始まり「見て、海だよ！」で終わります。ショットや、シークエンスや、幕でも同様ですが、このように一つの場面にも、始め、中、終わりがあります。物語がそこで逆転してしまう「転機」で終わることもあります。この場面の転機は、映画全体の主題に関わる重要なものです。薄汚い都会の雑踏の中でバスに乗り、明るく開放的な海で降ります。この転機を軸に逆転した物語は、子どもたちが海辺で楽しそうに写真を撮ったり遊んだりする次の場面へつながっていきます。

きちんと完結しない場面は、物足りない気持ちを残します。だから、完結する場面を撮るために、撮影者は目の前で起こっている事が編集で凝縮されることを念頭に置いて撮影しなければなりません。『苦難の谷・ある中西部劇（未）』のスティーブ・アッシャーは言います。「誰かの人生をカメラで捉えるというのは、なんとかして意味のある現実の一部を切り取るということです。写しているものから意味が伝わるような瞬間。そのような身振りや手振り。残りを見なくてもすべてが伝わるような、会話の瞬間を切り取るのです」。

シークエンス

シークエンスは、一連の場面とショットの塊からできていて、場面より大きな物語の一部を連続的に語ります。架空の作品を例に考えてみます。本の章立てと同じように、ひとつのシークエンスには起承転結に当たる「始め、中、終わり」があります。そして本の章立てと同じように、全体の中で二つとして同じ内容のシークエンスがあってはいけません。それぞれのシークエンスが物語全体の中で与えられた独自の役割を果たし、物語の芯にそって隠れた筋立てやお話を前に進めていくのです。後で使うかどうかは別にして（おそらく使わないと思います）、シークエンスには名前をつけておくと便利です。シネマ・ヴェリテ風に撮影された架空の作品を例に説明します。「フランキー、高校卒業パーティーに行く」と名づけたシークエンスは、「フランキー大学入試を再受験する」と違うのが一目でわかります。

フランキーがパーティーに行くシークエンスは、ショッピング・センターでバイトをしているフランキーが、仕事を上がって家に帰ってくるところから始まるとします。続いて自分の部屋から白い素敵なドレスを着て出てくるフランキー。パーティーで彼氏と踊るフランキー。彼氏にふられて化粧室で泣いているフランキー。帰宅して母親の胸で泣くフランキーというところで終わります。「再受験」のシークエンスなら、まず家庭教師を雇って勉強を始めるフランキーから始まって、毎晩遅くまで、そして週末も勉強する姿があって、試験会場に入る姿を見せ、郵便箱から震える手で結果が入った封筒を取り出し開けるところで終わるかもしれません。

シークエンスについては、まだ考えることがあります。それは全体的にどのような物語なのか、そしてそれぞれのシークエンスは全体の物語にどのような仕事をしているのかということです。もし大学の奨学金を得ようと頑張っている高校生というのが作品の背骨なら、それぞれのシークエンスはその背骨に繋がっていなければなりません。これはつまり、撮影の準備中または編集中に背骨が何か考えておく必要があるということです。入試で最低何点とれば奨学金の資格が得られるのでしょう。卒業パーティーに出席することは、物語に影響を及ぼすのでしょうか。物語の背骨に関連が見つけられなかったら、そのシークエンスは落とすことになるかもしれません。こじつけは禁物です。

もしある高校生と大学の間に横たわる障害物に光りを当てるのがその作品の肝なら、奨学金は焦点を当てるべき要素の一つかもしれませんが、もっと大きな骨組みを考えれば、それは「学費の工面」ということになります。その場合、その高校生がどのような段階を踏んで学費を工面しようとしているか調査して、この物語を誠実に語るには何が必要か判断する必要があります。もしその高校生が一年生の時からずっとアルバイトしていたなら、その要素はおそらく必要になるでしょう。卒業パーティーのシークエンスは「学費の工面」とは関係ないかもしれませんが、パーティー出席にかかるお金は、「学費の工面」という物語の一部かもしれません。

小説の章がそうであるように、映像作品のシークエンスも一つとして似たようなものがあってはいけません。ドキュメンタリー作家のリック・バーンズは、『ニューヨーク：あるドキュメンタリー（New York: A Documentary Film）』というシリーズの一編で、世界貿易センタービルの歴史を二時間かけて描いた『世界の中心（The Center of the World）』を制作した時のことを、こう語ってくれました。「制作中はあらゆる段階で『この物語を語るのに絶対必要なものは何だ？』と自問しました」。何が必要か判断するためにバーンズは次のような基準を使いました。

私が使う物語を語るための基本的な尺度は、絶対に同じ話を二度しないこと（著者注：この場合、シークエンスの事を言及しています）です。暴動の話は一度だけ。火災の話も一度だけ。高層建築林立の話も戦争の話も一度だけ。言い換えれば、君が語る物語が一番高く飛んだところを捕まえるわけです。

ここでもう一度『未来を写した子どもたち』の海に行く場面を見てみましょう。この場面は「海辺での一日」とでも名づけられる大きなシークエンスの一部として見事に機能していることがわかります。このシークエンスは、外景でバスの到着を告げる二人の少女から始まります。そしてバスで海に行く場面が続き、さらに初めての海を楽しむ子どもたちの長い場面が続きます。海に入ってみる子どもたち。波と戯れる子どもたち。浜辺で手押し車をして遊ぶ子どもたち。そして写真を撮る子どもたち。次の場面は夜で、コルカタに戻るバスの車内で子どもたちは踊っています。街に到着し、バスを降りて、子どもたちは売春婦が並ぶ路地を通り抜けて家に帰っていきます。このシークエンスは三六分四八秒で始まり、四三分五三秒で終わります。

　このシークエンスは、映画全体に影響するたくさんの役割を果たしています。集団としての子どもたちの様子だけでなく、個々の子どもたちの明るく生き生きとした姿を見せてくれます。ここで子どもの一人アヴィジットが撮った写真の「バケツ」という作品は、映画の後半で再登場します。この楽しいシークエンスは、帰宅して母親に殴られ、そこに祖母も加わって近所中に響く声で罵られる少年の場面と対比されてお互いを際立たせます。続く場面では、自動車の中にいる何人かの子どもが映っています。ブリスキー監督の独白がオフで入ります。「私は社会福祉の資格も持っていません。教師ですらない。もしかしたら、私は完全に無力なのかもしれないと考えると恐ろしいのです。教育が受けられるように手を差し出しても、無意味かもしれない。でも、誰かの助けなしでは、あの子たちに未来はないのです」。楽しい海辺での一日を見た観客は、前にもましてブリスキー監督に何とかして子どもたちを助けて欲しいと願うようになるのです（仮に同じような仕事しかしないシークエンスがもう一つあったら、どちらか強い方だけ選び、一つは捨てましょう）。

　場面とシークエンスには、作品全体のリズムを作る重要な役目があります。もし場面やシークエンスごとに、トーンや雰囲気、ペース、そして内容が同じだとしたら、観客が集中力を持続しにくい作品になってしまいます。一つの場面は、一つの場所に限定されます。一つのシークエンスは、一つの重要なアイデアや主題、または事柄を伝えます。一つの場面の終わりの方には転換点が訪れることがよくあります。一つのシークエンスの終わりの方には、さらに大きな転換点があります（執筆作法のインストラクターであるロバート・マッキーの言葉を借りると、それぞれの場面には何らかの小さな変化や逆転があり、シークエンスには緩やかな変化や逆転が、そしてそれぞれの幕には大きな変化あるのが理想なのです）。

あなたが作っている作品には一幕も二幕もないかもしれませんが、それぞれのシークエンスは物語、または議論を前に進めなければいけません。必要な情報が何で、それがいつ必要かよく考えておきましょう。

シークエンスというものを理解する方法は、誰かの作品を細かく分析してシークエンスを見つけてみることです。そして自作をシークエンスに分けてみること。Chapter 7でさらにシークエンスについて解説します。

幕

どんな映画でも三幕構成を使うわけではないということを、最初にお断りしておきます。現に使わない作品もたくさんあります。「幕」というのは、劇（演劇の戯曲や映画の脚本）の物語の方法論から借用した言葉です。英語でアクト、つまり幕といったら、大きな転機に向かってひたすら一直線に進んでいく一連のシークエンスの塊を指します。一幕の転機は、物語から派生するクライマックスの一つであり、その大きな逆転がきっかけとなって、次の幕の一連のシークエンスが始まるのです。それぞれの幕は全体の物語の中で何らかの役割を担っており、一幕ごとに緊張感が高まり、話の勢いが増していかなければなりません。伝統的な三幕構成は劇的構成とも呼ばれます。第一幕は、物語に必要な情報や登場人物の紹介に費やされます。今は亡きエンターテイナー兼戯曲家のジョージ・M・コーハンの言葉を紹介しましょう。第一幕では主人公を木に登らせます。第二幕で木の上の主人公に石を投げつけ、さらに高く登らせます。第三幕では今にも折れそうな梢に主人公を追い詰めます。そこであなたは一気に物語を結末に導き、主人公を木から降ろしてやります。

三幕構成について知っておくと便利なことが三つあります。一つ目は、どうやら人間というものは、物語を楽しむためにこの三幕構成を生まれつき備えているらしいということです。二つ目は、三幕構成のようなものを用いて作られていても、いわゆる三幕構成という型にきれいに収まらないドキュメンタリーはたくさんあるということ。三つ目は、ドキュメンタリーを作るにあたって、三幕構成にかすりもしない構造でも、十分観客を引きずりこむ語り口が作れるということです。マディスン・スマート・ベルはこの語り口の構造に名前を付けて「ナラティブ・デザイン」と呼んでいます。映像作品には観客が引き寄せられるようなキャラクターと、高まっていく緊張感が必要です。それぞれの場面は物語を前に進める役目があります。そして語り始めた物語は、必ず納得がいくように完結させなければいけません。それが物語でも、何かのミッションでも、随筆や旅であっても同じです。だからといって、それを必ず三幕構成でやらなければいけないというわけではないのです。

三幕構成の詳細を見る前に、役に立つ用語をさらにいくつか覚えておきましょう。

きっかけとなる出来事

この「きっかけとなる出来事」が起きることで、物語を進めるために必要な行動が始まります。それは物語の芯に関係する行動ですが、主題そのものではありません。ドキュメンタリーの場合、「きっかけになる出来事」はあなたが撮影を始める以前にすでに起きていた可能性もあります。例えば『苦難の谷・ある中西部劇（未）』における「きっかけとなる出来事」は、アイオワ州に四五〇エイカーの農場を持つジョーダン一家が、農業をやめる前の一年間、何とか農場を維持しようと奮闘する話です。ドキュメンタリー作家のジーニー・ジョーダンとスティーブ・アッシャーは、ジーニーの父親であるラッセルが農場を処分すると打ち明けた時に撮影することを決めました。

ラッセルが電話で、今年をかぎりに農場を手放すと言ったのです。そのような物語を語る機会というのはなかなか来ません。この物語が目の前にあるというのは、チャンスだと思ったのです。ジーニーがいつも夕食の席でしてくれる、素晴らしいアイオワの農場暮らしの話を、作品にするチャンスでもあると思いました。

ラッセルは、最後の作付けをし、収穫が終わったら機材や家畜、私財を競りにかけるという考えでした。そのお金で借金を返済し、四五〇エイカーの農場そのものは手放さずに済むように。それを聞いたアッシャーは、次のように考えました。

ラッセルの計画が、物語の背骨になると思いました。ただ漫然と農場の日々を撮影しても、私たちが描きたかった問題に光を当てるのは不可能とは言わないまでも、とても難しかったと思います。農場最後の一年の間に四回撮影しました。

撮影の結果は『苦難の谷・ある中西部劇（未）』というドキュメンタリー映画になり、アカデミー賞候補をはじめ、様々な賞に輝きました。

『チャレンジ・キッズ』の場合、子どもたちが全米綴り方選手権に参加するための予選審査を受けている、またはすでに出場が決まったことがきっかけになって、物語が始まります。『スーパーサイズ・ミー』では、モーガン・スパーロック監督が、マクドナルドを相手取った訴訟をきっかけにして、三〇日間のマック・ダイエットを撮影することを思いつくわけです。『戦場でワルツを』では、旧友との会話によって不意に記憶を呼び覚まされたドキュメンタリー作家が、イスラエル国防軍の歩兵としてレバノン内戦に参加した時の記憶を回復する道のりを歩き始めます。

「きっかけとなる出来事」は、物語の背景にある歴史ではなくて、作品が持っている物語の芯に繋がっていなければいけません。物語の芯が動き出す「きっかけ」ですから。

入口

「入口」は、「きっかけとなる出来事」と同じではありません。物語の入口というのは、物語の語り手であるあなた、つまりドキュメンタリー作家自身が見つけた、作品としての物語を始める点です。一続きの物語のどの点から作品を始めるべきか見極めるのは、制作過程の中で一番難しい判断だというのが大勢の意見です。適切な入口を見つけるためには幾度も試行錯誤するのが普通ですが、一度見つかればどうして他のところを試したのかわからなくなるほど、ぴたりとはまるものです。

この「入口」から、あなたは観客をあなたの映画の世界に招き入れ、キャラクターや主題を紹介していくわけです。ドキュメンタリー・シリーズ『ニューヨーク(未)』でニューヨークを描いた第七話『この街と世界(The City and the World)』のオープニングに見られた視覚的情報について監督のリック・バー

『苦難の谷・ある中西部劇(未)』より、ジーニー・ジョーダンとその家族(1960年撮影)。Photo courtesy of the filmmakers.

ンズは、こう言っています。

編集のかなり後の方になって、ようやくこのエピソードを語り始める最高の入口が見えてきました。一九四四年に写真家のヘレン・レヴィットが一六ミリカメラを借りてきて、ジェイムズ・エイジーを含む友人たちとイーストハーレムの街角に行きました。これが後に『街角で（In the Street）』になる映画を撮り始める瞬間です。個人的には、これ以上効果的なエピソードの始め方はないと思います。腑に落ちるし、他の方法など考えられません。でも、最初からそうしようと思う程ではなかったということなのでしょうね。

物語のどこから作品を始めるかというのは、非常に難しい問題です。必ずしもそうとは限りませんが、開幕早々物語の芯が転がり始める作品もたくさんあります（どんなに遅くとも、少なくともオープニング・シークエンスが終わるまでには）。作品が始まるというタイミングは、観客にあなたが伝えたい題材や主題に関心をもってもらう最初のチャンスでもあります。前にも書きましたが、作品への入口は、映像作家が題材について理解を深め、どの主題が物語に対して最も有効かを見極めるにつれて変わってくる可能性があります。なので、ともかく考え得る最高の入口から始めてみて、そこから適宜改良していけば良いと思います。

背景となる物語

背景となる物語は、露出される情報の一部です。しかし必ずしも同じものとは限りません。背景となる物語は、メインの物語につながっていく下地になるエピソードのことかもしれません。背景となる物語が明らかにする情報によって、観客がメインの物語をより深く理解できるようになるとドキュメンタリー作家が判断した時に使われます。

背景となる物語は、テロップや、インタビュー、ナレーション、そして会話など様々な方法で伝えることができます。背景となる物語は、作品を通して提供された情報に更なる詳細を加え、語られる物語やキャラクターに捻りを加えることもできます。ヴェルナー・ヘルツォークの『グリズリーマン』で、主人公のティモシー・トレッドウェルがテレビ・コメディ『チアーズ（Cheers）』でウッディ・ハレルソンが演じた役を惜しくも逃したことが知らされるのは、作品が始まってかなり経ってからです。それは、アラスカの原野で野生の熊と危険なほど至近距離で生活するようになったトレッドウェルがたどった足取りの背景となる物語でした。映画の中の適切な場所に配置されたことで、この物語の持つ複雑な背景が理解され、観客も監督のヘルツォーク本人も、何がトレッドウェルを悲惨な最期［自分が守ってやっているつもりだった野生の熊に襲われて死亡］に導いたのかを理解する手掛かりになったのです。

背景となる物語は、編集室でカットされてしまうこともよくあります。本筋の物語があまりに強く主題がすでに明確である場合は、背景となる物語は邪魔になると判断され、涙を飲んで切られる運命にあるのです。ドキュメンタリー作家のスタンリー・ネルソンは、『フリーダム・ライダーズ（Freedom Riders）』の編集中にガンジーがインドで行った運動という歴史的背景を捨てざるを得なかったという経緯をChapter 20で話してくれます。展開する物語をより豊かにするなら、登場人物の持つ動機に洞察を与えるなら、主題をより明快に照らすなら、皮肉な状況を理解する助けに、または歴史的文脈を理解する助けになるのなら、背景となる物語は必要であると判断されます。しかし少しだけと思っても、油断は禁物です。あくまで背景であるはずの物語が作品全体を乗っ取り始めたら、語り手であるあなたが本当に語りたい物語はどちらなのか、自問しなければなりません。

背景となる物語を配置する場所にも考慮が必要です。スパイク・リーの『堤防が破れた時（未）』の背景となる物語は、舞台となるニューオリンズの街の歴史でしたが、それがようやく語られたのは作品の開始から三時間が過ぎてからでした。開幕から三時間が過ぎてからのこの作品の主題は、故郷に戻るべきかそれとも別の土地に引っ越すべきかで迷っている街の住人たちです。「避難先で本当に良い暮らしができるのか迷っているのです」とプロデューサーの一人であるサム・ポラードが教えてくれました。言い換えれば、ニューオリンズの歴史を振り返る理由を感じさせる情報や問いかけが提示されて初めて、歴史を振り返るというわけです。

三幕構成

三幕構成と言えばハリウッド映画製作の十八番ですが、もちろん大元をたどればアリストテレスにたどり着きます。アリストテレスが、彼の目に見えたものを説明する方法として導入した概念でした（「説明するため」であって「型にはめるため」ではありませんよ）。劇的構成というのは多くの人がお話を語る時、そしてお話を聞く時に適用され得る物語の基本形です。それを三幕構成として説明したわけです。まず話のお膳立て（セットアップ）をして、捻りを加え（コンプリケーション）、最後に決着がつく（レゾリューション）。「人間の神経回路というものは、初めから物語が三幕構成で語られることを自然に期待するように、繋がっているんだと思います。だから文化的にも自然にそうなるのではないかと」。脚本家のスーザン・キムが私とのインタビューに答えてそう言っています。寝ている時に見る夢さえも、物語の構成を持ってしまうことを例に挙げてキムは続けます。「構成されることで物語というものは固有の力強さを持つんだと思います。だからドキュメンタリー作家も戯曲家も、物語の語り手はみんなこの物語を語る構造を利用しないと損だということに気づいているのではないでしょうか」。

三幕構成について解説した本は多数ありますが、理解する最良の方法は具体的に作品を分解して、分析してみることです。物語を幕から幕へ進めていく原動力となる物語の芯は何か。幕切れはどこで、物語の芯は幕切れに対してどう作用しているか。シークエンスは幕ごとにどのように収まっているか。そして各シークエンスは、どのように全体の物語を進める役割を果たしているのか。映像作品は幕を下ろす必要がないので、作品を見終わるまで幕の存在に気づかないかもしれませんが、それぞれの幕の構成は概ね次のようになります。

第一幕

最初の幕は、概ね物語全体の四分の一を占めます。語り手は第一幕を使って登場人物を紹介し、登場人物の行く手を阻む問題や何らかの衝突を導入します。言い換えれば、第一幕はいくつかの重要な情報を露出するためにあるのです。「きっかけとなる出来事」は第一幕で起きることが多く、そこから物語が転がり始めます。ただしきっかけとなる出来事がいきなり最初から起きてしまう展開もあり得ます。第一幕の終わりには大きな逆転が待っていますが、その前に小さな転機が配置されていることもあります。第一幕の終わりまでに観客は、登場人物が誰で、これがどのような話なのか理解しています。そして、少なくともこの先にどんな困難が登場人物を待ち構えていて、何を求めて何を失うかもしれないかということの見当もついています。第一幕は最初の感情的な山に向かって登りつめ、第二幕へ続く必然性を残して終わります。

第二幕

映像作品では、全体の約半分を占める第二幕が最も長い幕になります。第一幕で、すべてのお膳立ては整い登場人物が立ち向かわなければならない困難も提示されています。物語は第二幕に入ってそのペースを速めていきます。筋立てに捻りが加えられ、観客の期待を裏切り、どんでん返しがあり、その間も立ちふさがる壁は高くなり続けます。手を抜くとすぐ物語の展開がノロノロしてしまったり、「こんなことがありました。次はこれがありました。それからこんなこともありました」という単なる事件の羅列になってしまうことが多いので、難しいのが第二幕です。だから間髪入れずにうまく物語を使って新しい情報を与え続け、登場人物を追い詰めていかなければなりません。第二幕は、第一幕の最後以上の感情的な山に登りつめて終わってしまいます。そこで、第三幕が必要になるわけです。

第三幕

一般的に、第三幕は全体のおよそ四分の一を占めます。第三幕が展開するにつれ、主人公は敗北の辛酸を舐めることになります。第三幕の幕引き直前に、主人公は物語全体の中で一番暗い瞬間を迎えます。第三幕で物語が解決されなければいけないと信じている人が多くいますが、それは誤解です。第三幕は、ひたすら物語の持つ確執や問題を増幅していきます。第三幕は、第二幕以上の感情的高まりと緊張感を迎えて終わります。この緊張感を持続したまま、物語は決着の時を迎えます。最後の短い決着の場面で、未解決だったものは必要ならばすべて答えが出され、主人公は木から降ろしてもらえるのです。

複数の物語を構成する

本筋となる物語は一つでしかあり得ませんが、その物語の中で二本どころかうまくやれば三本の物語を織り込むこともできます。ハリウッドの業界用語では、本線の物語を「Aストーリー」、複線の物語をそれぞれ「Bストーリー」、「Cストーリー」と呼んでいます。Aストーリーが全体に占める割合の大きい物語で、作品はこの周りに肉づけされていきます。比重が軽いからといって、BやCの物語にちゃんとした感情的な起伏がなくても良いというわけではありません。

複数の物語を追っていく時に重要なのは、それぞれの物語が他の物語に何らかの情報を与え合いながら、最終的にはつながり合って全体の大きな物語を進める力にならなければいけないということです。例えば『ヨセミテ（未）』では、まったく手つかずのまま残っていた一九世紀以前のヨセミテの自然と、年間何百万もの観光客が訪れるようになった国立公園指定後の姿を対比します。この作品では二本の物語を同時に紡いでいきます。片方は明快な物語の構造を持っており、もう一方は少し抽象的です。明快な方の物語は、一八五四年にヨセミテに入ったインディアン追討部隊に所属したラファイエット・ブネルの日誌を元に展開します。物語構造の薄い抽象的な方は、国立公園をバランスよく使用することで現在の姿を維持し未来に残そうという、公園を愛好する人たちと管理する人たちによる日々の苦闘の様子を、感覚的な物語として表現しています。

一本線をたどる物語よりも複雑な物語を語りやすくなるというのが、複数の筋立てを持つ物語の利点です。語り手は複数の物語を使うことで本筋の物語により明快に焦点を合わせることができ、そうすることで過去を振りかえり、未来ですら覗きにいくことができるようになります。もちろん、物事が起きる順番で物語を語る時にこの手は使えませんが。『ダナンから来た娘（未）』や『マーダーボール』でもこの手法は使われます。新しいところでは『私たちは、こうして耐える（The Way We Get By）』も複数の物語を紡いでいきます。

三幕構成に関する誤解

映像作品を適当に三分割して、それぞれを一幕、二幕、三幕と呼ぶのが三幕構成ではありません。一つの幕が次の幕に向かって物語を引っ張っていくから、三幕構成と呼べるのです。アメリカ建国史を例に説明します。「第一幕・バージニア州ジェームズタウン、第二幕・ニューヨーク州ニューヨーク、第三幕・マサチューセッツ州プリマス」とただ割っただけでは、三幕構成にはなりません。まずそこには、三つの要素に共通する物語がありません。作品を整理する構造としてなら役に立つかもしれませんが、これでは「幕」として機能していません。幕として機能はしませんが、これは三つの場所を舞台にした、独立した物語を収めた一つの構造と見ることもできます。その場合、三つの物語を一つの映像作品にまとめ上げるということは可能です。

五幕でも二幕でも三幕構成

実質的に一幕芝居でも幕切れが五回あっても、必ずしも三幕構成（＝劇的構成）の規則に従っていないということにはなりません。例えば観客の小休止のための幕間やテレビのＣＭのように、幕切れというものは物理的な要請でつけられることも多いのです。それでも、一幕芝居もＣＭが五回入るテレビドラマも三幕構成に分けることができます。デヴィッド・オウバーンは、『証（Proof）』という二幕しかない舞台芝居の戯曲を書きましたが、これも簡単に三幕構成に分けることができます。この芝居の第一幕は、三幕構成でいうところの「第一幕」全部と「第二幕」の半分で構成されています。第二幕は三幕構成の「第二幕」の残りと「第三幕」です。幕間やＣＭのために物語を分割するというのも物語を構成する上で考慮しなければいけませんが、例えば三つ以上に分けたからといって三幕構成が壊れるというものではありません。

同様に、物語をＣＭで分割したからといって、ＣＭの度に一幕が終わるというものでもありません。テレビ放映向けに制作されたドキュメンタリーは、一般的に四幕または五幕あると言われますが、これはＣＭが入ることを考慮された呼び名なのかもしれません。劇的に盛り上がってからＣＭに入るようにするわけですが、それと物語全体の構成はまた別の話です。例えば、テレビ番組で紹介される伝記の多くは、題材となる人物の生涯が時間軸に沿って淡々と並べられた上で要点に切り込むというような、三幕構成的に展開しない形でまとめられています。

もし、作っている作品がＣＭに邪魔される必要もないのに編集者が四幕も五幕も必要だと言い張った時は、幕ごとに無駄な要素を一切排除した概要を書いてみることを勧めます。始まりがどこで、どこに向かって進んでいて、物語を貫く芯にどのように反応しながら話が語られているのかを洗い出してみてください。四つや五つに分かれていて興味深い作品というのもあり得ます。だからといってそれは五幕で構成されているわけではないのです。仮に五つの幕で構成されていたとしても、大抵の場合は余計な幕が他の幕と同じ内容を繰り返しているにすぎないのです。

三幕構成を適用する

ドキュメンタリー作家の中には、構成を考えながら撮影しながらも、編集が始まってからようやく実際に考えた構成を当てはめてみる人もいます。一方、最初から構成を中心に考え、必要に応じて撮影中もポスプロ期間中も何度も物語の概要を書き直し、直した構成を当てはめてみる人もいます。

例えば、シリーズ用にドキュメンタリー番組を委託発注する権限を持ったプロデューサーに青信号を出してもらう場合や、どこかのファンドから資金援助を得て制作する場合のように、撮影が始まる前に概要の提出を求められることがあります。その場合は、予想される三幕構成を考えて概要を書きます。歴史ドキュメンタリーの場合は間違いなく構成を要求されますし、結果が見えないような題材でも、物語の芯から構成を想定することはできます。スポーツや綴り方選手権のような競争、お祭りや卒業パーティーのような時間が限定されたイベント、政治運動、さらには誰かのある一日の様子など、もともと何らかの筋立てが存在する題材で作品を作ろうと企画し資金援助を求める場合がそれにあたります。そのような作品の企画を立てたドキュメンタリー作家は、自分が語ろうとする物語の登場人物が誰で、その物語の何に自分が惹かれたのかは漠然と理解しているはずです。ならば、仮に後で変わることになるにしても、構成を予測するのは可能なわけです。

編集しながら構成を見つける

中には、基本的な物語の筋道が見えていても、撮影が終わって編集に入るまで構成を決めこんでいかないドキュメンタリー作家もいます。このような手法を取った場合、制作にとても長い時間を要します。アカデミー最優秀長編ドキュメンタリー賞に輝いたＨＢＯ制作『ラリーの血族：綿花の遺産 (LaLee's Kin: The Legacy of Cotton)』の共同監督の一人であるスーザン・フロムキーは、編集者のデボラ・ディクソンとの共同作業の様子をこう語っています。まずＨＢＯがメイスルズ・フィルムに、二〇世紀の貧困というテーマで作品の制作委託を発注します。制作チームは何ヵ月もの間リサーチを続け、主題を一番よく表す物語を捜しました。フロムキーとディクソンは、二つの関連性のある物語を見つけました。ミシッシッピ・デルタにある学区を管理する教育長のレジー・ジャクソンが、貧困が原因で生徒たちの成績が低下したために州に学校管理を乗っ取られてしまうのを阻止しようと奮闘する物語が一つ。もう一つは、大勢の孫と曾孫たちに何とか教育を受けさせようとするラリー・ウォレスという女性の物語。

フロムキーとディクソンはニューヨークを拠点としており、五から六ヵ月ほどの間何度もミシシッピを訪ね、合計四二日にわたって撮影しました。回したフィルムと完成品に使われた素材の比率は七〇対一と、この手の作品としては控えめでした。この作品は九〇分なので、六三〇〇分の撮影素材があったということになります。二人は撮影を開始してから一年半ほど経ってから編集に入りました。フロムキーは、編集に入る前に撮影は終わっているのが望ましいと言います。そうすれば、クライマックスに向かって物語を積み上げていけるからです。しかし二人は、『ラリーの血族（未）』の時は、場面ごとに編集するという方法をとりました。フロムキーは回想します。

一〇とか二〇の、これを使えばすごく良い映画になるという部分があったので、それを中心に場面をまとめていったんです。それをラフにつなぎ合わせてみると、四時間ほどの長さになりました。つないで見ると、場面同士がぶつかり合って、強い場面と弱い場面が一目瞭然になります。そこからさらに彫刻のように削ぎ落としていったんです。

削ぎ落とす過程で考慮するのは、どの場面、そしてどのシークエンスが物語を進めていくかということです。登場人物の性格や背景となる物語を見せてくれる場面は、それが捏造になってしまわない限りは、いろいろな使い方ができます。物語の肝になるポイントが三つある場面でも、その時に最適な一つがあるはずです。フロムキーは続けて言います。「私の場合、場面に役割を与えてみるんです。これはラリーの背景となる家族の物語を語る場面。これはレジーのジレンマを説明する場面。そしてこれはお祖母ちゃんが絶望している理由を理解する場面、というふうに」。

編集で削ぎ落としていく過程で、三幕構成は欠かせないとフロムキーは言います。

一幕、二幕、三幕という言葉はよく使いますね。試写しながら場面のお膳立てに使える情報を見つけたら、

「あ、これは一幕の情報ね」とか。第一幕のどこに使えるかは、その時点ではわかりませんが、とりあえずその情報を第一幕に持っていきます。二幕、三幕についても同じようにします。ヴェリテというスタイルでドキュメンタリーを作る場合、難しいのは第二幕です。中弛《なかだる》みしやすいですからね。第二幕には活きの良い場面を入れるようにしますよ。

さらにフロムキーは、筋立てを進める力を持った場面を見つけてうまく使うようにするのも重要だと言います。傍観的なヴェリテ・スタイルの撮影では、そういう場面があまり撮れないことが多いからです。だから、物語の中に配置する場所も慎重に見つけなければなりません。

『ラリーの血族(未)』の編集は二年近くかかりました。『グレイ・ガーデンズ』というマイスルズ・フィルムで制作した別の作品の編集には、二年半もかかっています。そのことについてフロムキーが教えてくれました。

とりあえずどんな素材があるか確認して、使えそうな物語を決めるのに丸一年費やしました。あの映画に出てくる家では、本当に何の事件も起きないわけです。どうやってそこから映画を構築したら良いのでしょう。何度も何度も素材を見ているうちに、私たちはビッグ・イーディとリトル・イーディ(ジャクリーン・ケネディ・オナシスの親戚で世捨て人のように暮らしているイーディ・ビールと母イーディス・ブーヴィエ・ビールのあだ名)の間に存在するとても微細な力関係に気づいたんです。

編集しながら構成を修正する

物語のすべてを編集しながら発見するということは実は稀です。おそらくドキュメンタリー作家が編集段階で物語を見つけたと言う時は、リサーチから始まって企画開発、撮影を通してだんだん見えてきた構造が編集するうちにはっきり見えたということを言い表しているのだと思います。修正をする時に、物語に合わせようとしてせっかく素材が捉えた事実を歪曲してしまわないように気をつけましょう。一つの物語しか念頭に置かずに撮影をしたドキュメンタリー作家がそのような罠に陥りがちです。物語を十分理解しないままにひたすら映像素材だけを撮り集めた人が、編集の果てにようやくうまくいきそうな物語を見つけた時にも、そのような過ちを犯してしまいがちです。

三幕構成を使ってドキュメンタリーを分析する

三幕構成は、あなたが作っているドキュメンタリー作品のリズムと語り口を分析評価したり結果を予想する良い物差しになります。他の人が作ったドキュメンタリーを見て分析するのと同じように、自分の作品をラフカットの時とファインカットの時に三幕構成という物差しに当てて評価してみましょう。この時、あたかも初めて見るような目で自分の作品を見てください。どんな物語が見えてくるでしょう。逆転が起こるのはどこでしょう。幕の終わりはちゃんと物語の芯に反応していますか。物語が途中で別の話にならずにきちんと納得のいく形で完結しましたか。

面白いことに、うまくできているドキュメンタリーは、たとえそれが随筆形式のものであっても、ほとんどがこの三幕構成で分析できるのです。しかしもっと大切なのは、あなたがストップウォッチを片手に三幕構成と突き合わせて自分の作品を分析して、どこからどう見ても、その尺度から外れていたとしても、もしそれでうまく物語が語られているなら、何も変える必要はないということです。物語というのは技巧であり芸術なのです。科学ではありません。勘を大切に。規則を破って素晴らしい作品になるのなら、人に何を言われても気にせずいきましょう。

それ以外の構成

キャラクター牽引型のドラマ構造を持たないドキュメンタリーでも、素晴らしいものはたくさんあります。オーストリアのミハエル・グラウガーが撮った『働く男の死（未）』が良い例です。この二時間の映画を評してニューヨークタイムズ紙は「私的な構成と語り口を持った壮大な叙事詩」と書きました。この作品はノンフィクションですが、文学的です。つまり、まさにクリエイティブ・ノンフィクションです。そしてグラウガーは、この作品にぴったり合う独自の構成で物語を語ります。この映画はブリティッシュ・フィルム・インスティテュート映画祭でグリアソン賞、ヒホン映画祭では審査員賞など、様々な賞に輝いています。グラウガーの狙いは仕事というものを見せること。彼は二〇〇五年のインタビューでこう言っています。「映画館で座って作品を見ているあなたの背中にずっしり重みを感じるような映画が作りたかったのです」。映画は五つのパートに分かれており、それぞれ最近人目に触れることもなくなったような、過酷な肉体労働を素描しています。「ヒーローたち」のパートでは、ウクライナのクラスニラッチに炭鉱夫たちを訪ねます。「幽霊たち」のパートでは、インドネシアのジャワ島東部の山の頂上から信じられない量の硫黄を谷に運び下ろす男たち。「ライオンたち」では、

『働く男の死（未）』より、ジャワ島東部の硫黄掘り労働者たち。Photo © M. Iqbal, courtesy of Michael Glawogger/Lotus Film.

ナイジェリアのポートハーコートで生きた山羊や牛を食肉用に屠殺解体する労働者たちを追いかけます。「兄弟たち」では、パキスタンのガッダニで錆はてた巨大石油タンカー船を命がけで解体する労働者たち。他のパートより短い「未来」では、中国の遼寧省の街の発展の様子と、製鉄所で働く労働者たちを描きます。エピローグでは、かつて実在した製鉄所の跡地にすっぽり収められた、ドイツのデュイスブルグ・ノルト景観公園を訪れます。

ドイツ出身のドキュメンタリー作家エヴァ・ウェバーの『クレーンの街（City of Cranes）』はイギリスの公共テレビ局チャンネル4のために制作され、ロサンゼルス映画祭等で様々な賞に輝きました。彼女の映画も章に分けられて構成されていますが、グラウガーの映画とは違ってこちらは四章とも同じ題材を扱っています。この一四分の作品は、毎日小さな籠のような操縦席に登りこんで、地上から何十メートルもの高さで過ごすクレーン運転士の目に映る世界に観客を誘ってくれます。各章にはテーマがあり、それぞれ「天空の街」、「最後のトップマン」、「クレーンのバレエ」そして「孤独」という題もついています。この短編には、全体を包み込んでまとめるような構成もあります。映画は、一日の始めにクレーンに登っていく一人の男で始まります。そして最後には、上空から黄昏時の街を見下ろす、瞑想的なショットで終わります。

アメリカのドキュメンタリー作家リアン・ブランドンが一九七二年に撮った『ベティが語る自分の物語（Betty Tells Her Story）』は、一〇分ずつの二つのインタビューで構成されています。ブランドンは、マサチューセッツ州教育委員会のコンサルタントとして働いていた時に、同じくコンサルタントだったベティという女性に出会いました。その時にベティから聞いた、せっかく買ったワンピースを着る前に失くしてしまったという話に惹かれたのでした。「リッキー・リーコックからカメラを借りて、MITでリッキーの同僚だったジョン・テリーが録音をやってくれることになりました」とブランドンは回想します。撮影隊はベティの家に行き、持参した一〇分の白黒フィルム三巻のうちの一つを装填してベティに「自分のことを喋って」と簡単な指示を出しました。「作品の最初のインタビューは、実際に最初のテイクでした。ベティには、フィルムが何分もつかは教えませんでした。それでもベティは、フィルムが切れる直前に話を終えたんです」。ベティが最初に語った話は、基本的にはブランドンが聞いたのと同じバージョンでした。完璧なワンピースを見つけたのに、結局着ることができなかったという、ウィットに富んだ小噺でした。二つ目のテイクはトラックの音に邪魔されてしまいました。三回目にブランドンは、思い出した印象で話すのではなく、その時感じたことをありのまま話してくれるようにベティに頼みました。すると「すべてが変わってしまいました。身振りも目つきも全部です」とブランドンが続けます。「ベティは人に頼まれて、初めてありのままの感情を表現したのだと思います」。内面から滲み出るような彼女の物語は、もはや笑いを誘うような小噺ではありませんでした。それは、太り気味でパッとしない女性が、きっと自分を華やかに見せてくれるワンピースを見つけたのに、着ることもなく失くしてしまったという痛々しい記憶の吐露でした。

完成した作品は、最初のテイクと三番目のテイクが続けてつながれています。最初のテイクが終わると黒味が挟まり、「しばらくしてから、ベティに同じ話をしてくれるように頼みました」というテロップが出ます。たった二つのテイクが見せるコントラストが、この作品に力を与えています。

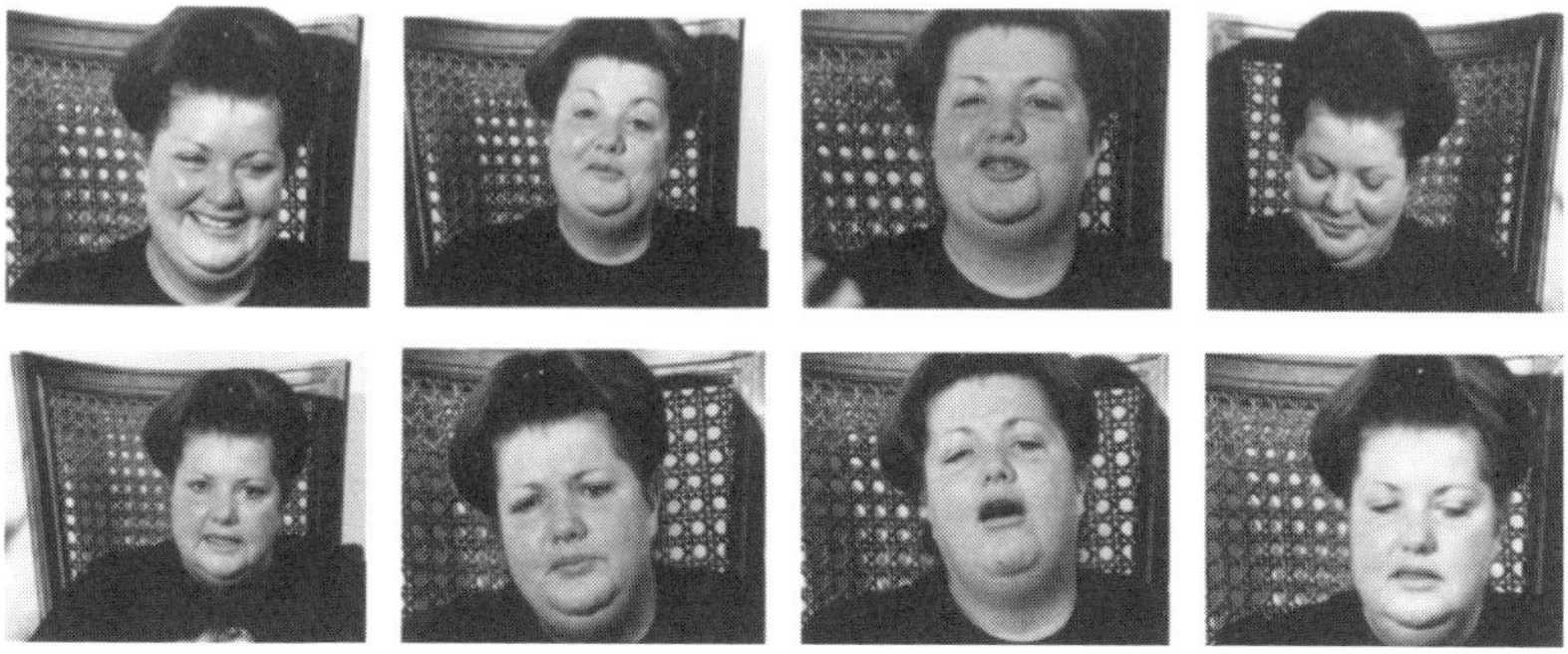

『ベティが語る自分の物語（未）』より、ベティ。Photo courtesy of Liane Brandon.

Chapter 5

Time on Screen

画面上での時間を操る

ここまでの章では、物語を語る技法の基本と構成の重要性を見てきました。そして、物語の構成を作る要は、語り手による時間軸の配列の仕方です。配列といっても、因果関係を変えてはいけません。

ほとんどの人は、何らかの時間的操作を受けた物語を経験済みです。犯罪もののテレビ番組を考えてみましょう。まず通りがかりの人が死体を発見します。時間の経過が割愛されて刑事がやってきます。今度は時間を遡り、殺人にいたるまでの経過を刑事が推理していくといった具合です。もちろん中には完全に時間軸に沿って展開する物語もあります。数は少ないですが、時間の経過を反転させて遡るように語られる物語もあります。フィクション創作の世界では、ハロルド・ピンターが書いた戯曲『裏切り (Betrayal)』は、そのように書かれています。ジョナサン・ノーランの書いた短編を膨らませて脚本を書き『メメント』として映画にしたクリストファー・ノーランも、同様の手法をとりました。

映像という表現は直線的にしか進んでいけないので、時間をどう扱うか考慮しなければなりません。観客はショットの連続を、シークエンスの連続を、最初から最後まで与えられた順番で見ていくしかないのです。ジョン・エルズ監督は時間軸について多様な例を挙げてこう語っています。

時間軸に沿って展開しないドキュメンタリーで、うまくいっているのは見たことがないですね。『夜と霧』はとても伝統的な構成でした。一九三〇年代に始まって第二次世界大戦終結までの時間の流れをまっすぐ進んでいくのです。モーガン・リッグスの『タンズ・アンタイド』は、八〇年代をゲイの黒人として生きることの意味を静かに考える非連続的な物語に見えますが、実際にはリッグスの人生をたどっているわけです。クリス・マルケルの詩的な『サン・ソレイユ』も、非連続的だと言われますが、これですら時間に沿って前に進む物語です。この前にむかって進んでいくプロットという考え方は、おそらく私たちの文化的な遺伝子に刻み込まれているのだと思います。

構成の話をした後なので、もうおわかりでしょうが、エルズが「物語を時間的に前に進めていく」と言っているのは、ただ物事が起きた順番にきっちり並べて読み上げていくような退屈な語り方をしろといっているわけではないのです。それどころか、納得のいく物語というものは、全体としての統一感を保ちつつも、時間軸に沿った展開と逆らった展開をうまく紡ぎあわせて、出来事の順番も巧みに構成し直したものをいうのです。『ダナンから来た娘(未)』は、一九九七年に実母に会いにベトナムに飛ぶ主人公のハイディ・バブを時間軸に沿って追っていきます。その時間の流れの中から厳選した出来事を物語の芯としてハイディが生まれた一九六八年まで遡り、特に実母が彼女を手放す決心をした一九七五年を重点的に取り上げながら、ハイディの半生を彩る事件を掘り下げていきます。『ジョーンズタウン(未)』は一九七八年一一月に起きた事件を解説するテキストで幕を開け、時間的に特定されない場面をいくつか挟んでから一九三〇年代に戻り、その後は一部の例外を除いて時間軸をたどりながら一九七八年に帰ってきます。

ここで大事な警告です。時間軸を歪めたり偽ってはいけません。今ここでしている時間の話は、物語を語る順番をどう配列するかということであって、現実の出来事が持っている辻褄を物語の都合で変えることではないのです。

時間軸に沿った物語を、時間軸に沿わずに語る

ドキュメンタリー作家というものは、物語の起点と終点を決めなければなりません。物語の真ん中で始めて前に戻って、そこから終わりに向かっても構いません。物語の最後で始めてから「どうしてこんなことになったのだろう」と問うために物語の最初に戻ることもできます。でも、シークエンスの連なりで語られるドキュメンタリー作品の場合、物語の土台になる事件に関する事実関係を変えてはいけません。

地元の歴史保存協会が、何か面白い歴史的物語を見つけたとしましょう。その物語を年代順に並べると次のようになります。

- ある青年が婚約する。
- 青年の兄が兵役に志願して第二次世界大戦に参加する。
- 青年も志願する。
- 青年の父親が亡くなる。
- 青年が海外に派兵される。
- 青年は兄の死を知らされる。
- 青年が婚約者から婚約破棄を求める手紙を受け取る。

これらの事件が起きた順番は、特に劇的ではありません。表面的には、それぞれの事件が持つ因果関係も不明です。兄が志願したから弟も志願したのかもしれませんが、別の理由がなかったとは言えません。もしドキュメンタリー作家が、書物による記録や証言によってこの物語の登場人物たちの行動の動機を確証できれば、そのように物語を語っても良いわけです。でも、もし確認する術がないのなら、事実は事実として提示し、結論は観客の判断に委ねます。また、そっちの方が面白いという理由で、物語の土台となっている時間を偽って因果関係を作り出してもいけません。「青年」の例を見て、次のようにしたくなる人は多いと思います。

- 青年と兄は、父の死後に志願することにして、父の遺志を継いで兵役に就いたように見せる。
- 青年が軍服姿で婚約者に求婚する場面を、再現ドラマとして撮影する。
- 婚約破棄の手紙を、婚約者の声として読み上げ、その音声を志願する青年の場面にのせる。そうすれば恋に破れて志願したように見える。

確かにドラマチックにはなりますが、いずれも観客に誤った因果関係を与えてしまいます。正しい因果関係を尊重しながらも、劇的に構成することはできます。例えば、まず婚約破棄のエピソードから入り、それが、青年が連続して経験する一連の辛い別れの一つだったことを示します。あるいは、婚約者と父親のことは物語に入れずに、青年と兄の物語にします。または、戦場に赴く青年の物語として始めて、時間を巻き戻して婚約の話を追います。方法はいろいろあるのです。

時間軸を操作して、事件の発生した順番を変えてしまったことが唯一の汚点となったドキュメンタリー映画の良作が、マイケル・ムーアの『ロジャー&ミー』です。フィルム・コメント誌のハーラン・ジェイコブソンが、この問題について詳細な批評を書いています。『ロジャー&ミー』の物語における「現在」は一九八六年です。ムーアによると、この年にゼネラルモーターズはミシガン州フリントにある一一の工場を閉鎖して、三万人の失業者を出し、フリントの街を転落に導いたということになっています。

ムーアは、工場閉鎖を含む顛末を次のような順番で見せていきます。

- ゼネラルモーターズがメキシコに一一の工場を建てた。工場労働者は時給七〇セントで働くことになった。
- フリントの工場で閉鎖前に作られた自動車の最後の一台。
- ロナルド・レーガン大統領がフリントを訪れる。その時の記録映像を見せながらムーアのナレーションが入る。「フリントの街も終わりだと思われたところに、レーガンがやってきた」。この場面の最後で、ムーアの「誰か、キャッシュレジスターを失敬した者がいたようだ」というナレーションも入る。
- フリント市内を練り歩くパレード。ムーアは、次はミス・アメリカ大会に出るというミス・ミシガンにインタビューする。
- ロバート・シュラー牧師がフリントを元気づけに訪れる。
- 打ち捨てられて寂れていくフリントを見せながらムーアのナレーションが入る。「フリントは、全米一の失業率を誇るところまで堕ちた。もはや策なしと思われたところで、街の父親たちが集まって打開策を出した」。その策には、ハイアットリージェンシー・ホテル、ウォーターストリート・パビリオンという新しいショッピングモール、そしてオートワールドという遊園地を中心部に建設するという案も含まれている。

映画は、一九八六年にフリントにあった一一の工場が閉鎖されるところから始まったというのを、覚えておいてください。次に、ハーラン・ジェイコブソンが実際の時間の経過も沿ってまとめたものを見てみましょう。

- 一九八〇年、ロナルド・レーガン大統領候補が選挙運動の一環としてフリントを訪れ、市民にピザを振舞った。その二日前、ピザ屋のキャッシュレジスターが盗まれた。
- 一九八二年、ロバート・シュラー牧師がフリントを訪れる。ハイアットリージェンシーもこの年開業。
- 一九八四年半ばに、オートワールドが開業し、一九八五年に倒産。
- 一九八六年、七〇年代から開発計画が進められていたウォーターストリート・パビリオンが開業。この年ゼネラルモーターズに解雇された人は三万ではなく、一万人だった。人員整理の大きな転機は、実は一九七四年に起きており、それ以来の解雇者累計は三万二〇〇〇人にのぼる。
- 一九八八年秋、フリントでパレードがあり、間もなくミス・ミシガンがミス・アメリカに選ばれた。

つまりムーアが、一九八六年の大量解雇による痛手から街を救うために立ち上がった市民の苦闘として提示した一連の事件は、大量解雇以前にすでに始まっていたことだというわけです。ジェイコブソンの記事にはムーアとのインタビューも含まれており、この件についての質問も投げかけられています。対して「私の映画は、八〇年代フリントに起きたいろいろな事件を描いているんです」とムーアが答えます。「言わせてもらえば、七年や八年くらいの違いなんてものは……誤差ですよ、その波及効果は十分にありましたね」。ムーアは続けます。

ドキュメンタリーというものを、それまで語られたことのない方法で語りたかった。そうじゃないと退屈でしょう。「今は一九八〇年です。八二年には五〇〇〇人が再就職しました。八四年には一万人が再解雇されました。八六年には三〇〇〇人が再就職。同年、一万人が再び解雇されました」なんてやったら退屈だから、誰もドキュメンタリーを見なくなるんだ。

しかし、嘘をつかずに正確に物語を語るというのは、詳細に囚われてなかなか話が進まなくなるということでも、時間に沿って順番に話をしなければいけないということでもないのです。実際、『ロジャー&ミー』の編集はそのままで、ナレーションだけ書き直せば良いわけです。正しく時間の経過に触れさえすれば、例えばフリントの街頭を揚々と歩くレーガンの映像を使うなという道理はないのです。一九八六年の大量解雇を受けて、ムーアは次のようなナレーションをつけました。「フリントの街も終わりだと思われたところに、レーガンがやってきた。そして十数人もの職にあぶれた労働者たちを連れだしてピザを振る舞った。そこでレーガンはみんなに、良い考えがある、うまくいけば、みんなまた働けると言った」（この映像の続きで、ピザをご馳走になったうちの一人の女性がカメラに向かって、他の州に引っ越して職を探せというレーガンの「考え」を明かします）。

ナレーション修正案。「フリントの失業者を救済する試みは何年も続いている。一九八〇年、選挙運動中だった次期大統領ロナルド・レーガンは、十数人の労働者にピザを振る舞って、自分の考えを披露した」。

ナレーションは、作品が語っている物語の「現在」を見失ってはいけません。『ロジャー&ミー』の「今」は一九八六年と一九八八年の間のどこかになります。その上で観客が見ている映像は作品の「今」から見たら過去の出来事で「今」とどう関係があるのか説明しなければいけません。例のキャッシュレジスター盗難の件はどうすれば良いでしょう。このような「出来すぎなほど良い素材」でも、ちゃんと事実関係を調べずに使ってはいけません。盗難がレーガンのフリント訪問の二日前に起きたことを知った上でなお使いたいというのなら、ちょっと頭を使わなければなりません。

ムーアのナレーション。「レーガンにご馳走になった人たちの中で仕事にありついた人はその後数年の間一人もいなかった。この件で良い目を見たのは一人だけ。ピザ屋から退散する時に、ついでにキャッシュレジスターを失敬した男だった」。

レーガンにピザを奢ってもらった人たちが、レーガンが来る前から無職だったのか、それともレーガンが来た時は仕事があり、八〇年代後半の解雇の時に職を失ったのかは、はっきりしません。どちらの場合でも、そしてもし彼らの雇用状況を調べきれなかったとしても、次のようにざっくりとしたナレーションにまとめることはできます。「お昼を奢ってもらった人たちはレーガンの訪問後何年もの間、次期大統領候補の御託など聞かずに、その二日前にピザ屋のレジスターを盗んで逃げた男を見習えばよかったと後悔したかもしれない」。

私のナレーション原稿がとても素晴らしい例とは言いませんが、少なくとも不正確で粗だらけのものを書いて後で責められることなく、このようにあまり関係のない事件も滑り込ませながら、時間軸を前後させて物語を語ることができるわけです。一九八六年の工場閉鎖の後に、それが原因でレーガンとシュラー牧師が来て、ハイアットリージェンシーとオートワールドが出来たと言うのは不正確です。言い訳はできません。ムーアは、ジェイコブソンに対して『ロジャー&ミー』はドキュメンタリーではなく、人々に少し現実について考えてもらうためのエンタテインメントなんだ」と抗弁しています（ムーアに情状酌量の余地があるとすれば、これは彼の最初の劇場公開作品だったということでしょう。その後彼はヒット作を何本も連発しています）。それでも観客と評論家は『ロジャー&ミー』をとてもよくできたドキュメンタリーと受け取りました。ドキュメンタリーの力は事実に基づいた正確さから生まれます。もし人々が、話を面白くするために誤った情報を信じるよう操作されたと気づいたら、作品は台無しです。

すべてのドキュメンタリー作品や作品中のシークエンスが、時間軸に沿って展開しなければいけないというわけではありません。それがいつ起こったかということがあまり重要でない、例えば頻繁に起きるようなことであれば（日課のスケボーの練習、毎週日曜に決まって行く教会、毎年の恒例行事など）、時間軸に縛られずに配置しても問題ありません。いつ撮影されたものであっても、その素材を映画のどこに使うかはドキュメンタリー作家が決めることです。例えばあなたが、要介護施設にいる大勢の患者を取材しているとします。この場合、どの場面のどのエピソードをどこに使うかという決め手になるのは、おそらくどの順番で何が起きたかということでも、いつそれが起きたかということでもなく、あなたが組み立てている感情的な起伏になると思います（しかしあなたが使うエピソードは、その因果関係に従わなければいけません。もしある女性が心臓発作を起こし、回復してから夫とディナー・パーティーで踊ったとしたら、踊ったから心臓発作になったように見せてはいけないということです）。

主題を表現するイメージとして撮影した素材も、時間軸とは切り離して考えられます。『苦難の谷・ある中西部劇（未）』の中に恰好の例があります。私財を競売にかけて銀行の借金を返済しようとするジョーダン夫妻の苦難の物語が時間軸に沿って展開します。監督はある日競売で失うことになるかもしれない農場に行く途中でジョーダン夫妻に、長年人に貸していた農場を見にいくように頼みます。何かの事件が起きるからではなく、主題を表現する素材を撮るためです。この場面は競売の前に配置されましたが、いつ起きたことなのかは明確にされません。そこに監督でジョーダン夫妻の娘でもあるジーニー・ジョーダンの簡潔なナレーションが被ります。「ある日の早朝、私たちはロルフィにある私が生まれ育った農場を訪ねました」。ジョーダン夫妻は荒れた農園と打ち捨てられた家を見て嘆きますが、そのことをきっかけとして何が起こるわけでもありません。監督の狙いは、この場面を使って物語の背景にある歴史と、変化と喪失という主題を見せることだったのです。

時間の伸縮

映像制作というのは、撮影から編集にいたるまで、時間を伸ばしたり縮めたりするという過程でもあります。撮影は編集を念頭に置いてされなければならず、クリエイティブな編集を可能にするためには切り返しや場面転換用のショットなど様々な素材を撮影しておかなければなりません。

大体の場合、単純にカットでつながれた映像は、時間の経過を表しています。登場人物が家にいて、朝食の席についている。カット。その人たちが学校のバスケのコートにいる。あるいは、登場人物が卒業パーティーに着ていくタキシードを試着する。カット。彼がタキシード姿で卒業パーティーにいる。もし、夏の屋外で遊んでいる子どもたちのショットから雪の中で遊ぶ子どもたちにカットすれば、時間が経ち季節が移ったということです。時間の経過は、オーバーラップ(ディゾルブ)や、コマ落とし、音楽、そしてモンタージュによっても表現できます。時間経過が物語の一部なら、それが視覚的に語られることもあります。エロール・モリスは『細く青い線(未)』で、長時間にわたって自白を強要されるランダル・アダムズを描くにあたって時計を効果的に使いました。

場合によっては、より感情的比重の重い場面に長い上映時間が与えられるということもあり得ます。例えば、ある大統領候補者が出馬することを決意するにいたるまでの一〇年の経緯を、二分の場面に縮めて紹介し、その後、八ヵ月におよぶ選挙活動を四五分かけて見せる、というように。選挙活動を重点的に描けるように、最初の部分の時間を圧縮するわけです。反対に、物語の中で盛り上がってきた感情があるショットで頂点に達した時などは、編集なしでありのままの映像を見せ、時間を端折らず逆に伸ばすことも可能です。私が関わったテレビのドキュメンタリー・シリーズ『アメリカ公民権運動』の第一シーズン最終回の「自由への架け橋」は、まさにそのように表現されました。

長期間撮影する

ドキュメンタリーの物語が持つ複雑さは、その時に語られている物語だけではなく、数ヵ月後あるいは数年後に登場人物がどうなったかを見せることで一層効果的に表現できることがあります。スペイン映画の『ボート難民たち（未）』はまさにそのような作品でした。一九九四年、命がけでキューバから亡命しようとする移民たちをカメラは追います。手製のイカダでアメリカの海岸を目指すのです。ある者は沖に出る前にイカダから落ち、ある者はアメリカの沿岸警備隊に逮捕され、グワンタナモの拘置所に何ヵ月も収容されます。しかし、それぞれが何とかアメリカへ入国を果たし、ある者は小さな町に、ある者は大都市に、アメリカ中に散って生活を始めます。監督は九ヵ月後に彼らを訪ねて回ります。そしてさらに一年後にもう一度彼らの様子を見に訪ねます。描き出されるのは、アメリカにおける移民の実情と、アメリカン・ドリームの物語でした。夢を掴んだ者、あるいは潰されてしまった移民たち。彼らの選択とその明暗。そのインパクトは、見る者の心に深く響くものでした。

もう一つの特出すべき例は、英国のマイケル・アプテッドが撮り続けている『Up』シリーズです。シリーズ最初の作品は六〇年代に、アプテッドが様々な経済的背景から集めた一四人の七歳児に人生の夢と希望を語ってもらった『七年ごとの成長記録』でした。『歌え！ ロレッタ愛のために』や『007 ワールド・イズ・ノット・イナフ』など劇映画の監督としても知られているアプテッドが演出を担当するこのシリーズは、一四歳、二一歳、二八歳、三五歳、四二歳、四九歳、そして最近は五六歳［最新作は二〇一九年の六三歳版］まで七年おきに、子どもたちの夢と希望がどのような変化をたどっていくか観察し続けています。参加者のうち何人かは脱落しましたが、ほとんどの面々はプロジェクトに協力し続け、彼らが手にしたものやフラストレーションを見て、私たちは平凡な人生の中に光る非凡さに唸らされるのです。

インタビュー内容を圧縮する

インタビューを編集する理由は二つあります。一つは、情報の的を絞るため。もう一つは、情報をより短い時間で伝えられるようにするためです。インタビューを受ける人はあなたを相手に一〇分喋るかもしれません。一時間かもしれないし、三時間喋るかもしれません。あなたが作っている作品がロングインタビュー企画でもない限り、その中で使うのはおそらく二、三か所に過ぎないはずです。喋った内容を圧縮する時には、元々の意味を変えることなく、話者の意図に忠実でなければなりません。例を挙げて説明しましょう。あなたが作っている(架空の)作品に登場するサンダースという男に関する証言を、書き起こしました。

チャーリー:サンダースは悪い奴じゃなかったが、いや俺に言わせれば、むしろかなり良い奴だったと思うね。だから誰も今回のことは、俺もだけど、今回の……今回どうして奴が横領なんてしたのか理解できないわけだ。だって、なんていうか、わかんないよね。俺が思うに、奴はパニクッたんだろうね、金のことで。だって、そうだろう? 奴は、三人の……三?……三人も子どもがいて、次のも近々産まれるってことだから、焦ったんじゃないの? だってさ、やっぱりどうしたら大勢の子どもを養っていけるか、考えたんじゃないの、やっぱり。奴は部品を売ってたろ? 中古の自動車の。だいたい、横領ってエリートの犯罪だろ? 奴は肉体労働者だからな。そうでもないか。部品売ってたわけじゃないしな。店の店長みたいなもんだろ? そうだよな。あと、ターセル[カローラ系の車の北米仕様]だ。青いターセルに乗って、高そうなシャツにネクタイつけて職場に来て。奴は上の連中は三万ドルが消えても気づきもしないと高をくくったんじゃないの? 傲慢だよな。そう、傲慢さに負けたんだよ。

さて、この中で使えるのは何でしょう。ちょっと響きが良いからといって、私なら「だいたい、横領ってエリートの犯罪だろ？　奴は肉体労働者だからな」の部分は使いません。理由は二つ。サンダースは肉体労働者ではないから、そして証人本人がそれを訂正するからです。

この証言のエッセンスを凝縮して時間を圧縮する時、あなたがチャールズの発言の要点を何であると判断するか、そして作品のどこにこれを使うかによって、切り方は様々です。このインタビューは何の後にくるのか、そして次には何がくるのでしょう。どこをどう切ってどう使うかという見当を、編集を始める前につけたければ、まず紙の上で編集してみます。それを編集者に渡せばよいわけです。その時に覚えておくべきことは二つ。まず、無理は言わないこと。三つおきに単語を抜いて、細切れの音声で文章を構築させるような真似は避けましょう。難しい上にとても時間がかかるし、細切れにしてしまった音声素材の使い道はオフのナレーションとしてだけです。いずれにしても、もしあなたがインタビューを細切れにしてしまうようなことがあったなら、おそらくインタビューの人選を間違えてしまったか、そのインタビューに実力以上のことをやらせようとしているという証拠です。その時は別の解決法を探すのが良策です。

二つ目は、紙の上で音声を編集しても、実際の素材で同じように切れるとは限らないということです。聞き起こした素材を目で読むのと、実際に本人が喋った声を聞くのでは、ずいぶん感じが違うことがよくあります。なぜか語尾が疑問形になったり、二つの話を同時にしてしまったり、ゲップもすれば溜息もつきます。運悪く飛行機が通過してしまうかもしれないし、一続きの文章の中でノリがまったく変わってしまい、間を抜いて詰めるのは無理ということもあります。聞き起こし原稿を片手にラッシュを見ながら、問題があれば可能な限り書き出して対処しますが、それでもうまくいくと思ったものが駄目になることはよくあるものです。

そのことを認識した上で、紙の上で台詞を編集するちょっとしたコツをいくつかお話ししましょう。［あくまでも英語の場合ですが］一般的には、b、t、vといったのような強い音で始まる言葉の前で切るのがうまくいくようです。sやhのようなソフトな音で始まる言葉の前で切るのは難しい時があります。気をつけたいのは、例えば紙の上で「まあ、始まってるんじゃないですか」の「まあ」を切ったからといって、実際の音声が同じように切れるとは限らないということです。一塊の良い発言がうまく切り取れなかったとしても、通常は何とかしてうまくまとめる方法があるものです。

カットした部分を、切り返しなどを使ってつなぐかどうかは、作品のスタイルにもよります。インタビュー素材を編集する時、同じ話者が似たような画角（クロースアップ、バストアップ等）で映っている二つのショットをつなぐと、それは違和感を伴ったジャンプカットになります。華麗にジャンプカットをつなげる作家もいますし、中にはジャンプカットの方が、誤魔化しがなくて正直だと考える人もいるようですが、いずれにしてもそこにカットがあったことを隠せるものではありません。多くの人はカットがあった部分に切り返しやつなぎのカットを挟むことで、音声と映像に生じた非連続性を隠します。例えばこんな具合です。話者の顔のアップ。話している途中に話者の落ち着きのない手のアップにカット。続いて隣に座って聴いている人の反応にカット。壁の時計にカット。そして話者のアップに再びカット。喋っている人から切り返しやつなぎショットにカットして、いつまたその人に戻るかというのも、好みの問題です。話者の顔を見せる前にその人の声から導入する時も、どのくらい長く話者の顔を見せないでいいかというのも、同様に好みの問題です。場合によっては、重要な話の邪魔をしたくないのでカットはしないということもあります。例えばその場面で喋っている人が一人しかいない場合や、誰が喋っているか勘違いする余地のない場合は、一つのインタビューが丸ごとオフのナレーション扱いになって話者は姿を見せないこともあります。動物園の飼育係や海底探検など、何か特定の作業をしている人を見せる時、この手法は効果的です。

一つのインタビューの塊をカットして編集するのは、いろいろある手段の一つにすぎません。複数の話者による発言をつなげて、音声のモンタージュを作ることも可能ですし、ナレーションを挿入して話者の発言をまとめたり、話者が上手く表現できないで困っている部分を補足してやることも可能です。ここでは、ドキュメンタリー制作の場で倫理的に問題なしと了解されている方法でインタビュー発言の時間を短縮するのが狙いなので、ちょっと実例を挙げてみましょう。サンダースについて語るチャーリーの証言を圧縮する方法をいくつかお見せします。

サンダースは悪い奴じゃなかったが、いや俺に言わせれば、むしろかなり良い奴だったと思うね。だから誰も今回のことは、俺もだけど、今回の――今回どうして奴が横領なんてしたのか理解できないわけだ。傲慢だよな。そう、傲慢さに負けたんだよ。

（オフ）奴はパニクッたんだろうね、金のことで。だって、そうだろう？　奴は、三人の――三――（ここからオンでも可）三人も子どもがいて、次のも近々産まれるってことだから、焦ったんじゃないの？　だってさ、やっぱりどうしたら大勢の子どもを養っていけるか、考えたんじゃないの、やっぱり。

（オフ）奴は部品を売ってたろ？　中古の自動車の。だいたい、横領ってエリートの犯罪だろ？　奴は肉体労働者だからな。そうでもないか。部品売ってたわけじゃないしな。店の店長みたいなもんだろ？　そうだよな。あと、ターセルだ。青いターセルに乗って、高そうなシャツにネクタイつけて職場に来て。奴は上の連中は三万ドルが消えても気づきもしないと高をくくったんじゃないの？

あなたがどんな物語を語ろうとしていて、ここから話がどこにいくか次第では、このような編集でうまくいくと思います。最初の部分で、サンダースの行動の原因、つまり「傲慢さ」が推察されます。あくまでもチャーリーの推察にすぎませんが。二つ目の段落で、サンダースを犯行に導いた同情的な理由が語られます。三段目では、サンダースという男と彼の職業の、より具体的な情報が描かれます。もしこの場面より前に、サンダースの妻がすでに夜中に請求書の山を見て狼狽する夫の話をしているとしたら、チャーリーによる「奴はパニクッたんだろうね、金のことで」という発言は不要になります。もしサンダースが実は傲慢な男でなかったとしたら、一段目は使わない方が良いということになります。もしリサーチの結果、サンダースの車が実はＢＭＷでターセルではなかったら、この発言も不正確なので使えません。インタビューに含まれるすべての発言は、裏を取らなければいけません。あなたが言ったわけではないからそのまま良い、ということにはなりません。もし間違いが残ってしまったら、それは監督であるあなたの責任です。例外もあります。例えば『細く青い線(未)』の面通しの場面がそうだったように、虚偽の発言が物語の一部である場合は、話が違います。

インタビュー素材を扱う時に注意しなければいけないのは、その場の文脈から切り離された発言は、その時に意図されたこととは違った意味を持ってしまう可能性があるということです。これはインタビューに限らず、素材に何かを言っている人が映っている場合はすべて同じです。だから、編集には必ず撮影現場にいた人が何らかの形で立ち会うか、確認作業に同席するべきなのです。通常は監督かプロデューサーが編集に立ち会いますが、最近は予算縮小の煽りを受けて、編集が外注に出されて撮影と分離されることもよくあります。その場合、編集的な判断はすべて素材の撮影にまったく関わらなかった人によって下されることになります。これは危険なことです。同様の理由で、後から編集に参加したコンサルタントや脚本家は、元素材の聞き起こしを確認した上で作業に入るのが望ましいわけです。

編集作業中、特に発言を圧縮しようとする時に、ドキュメンタリー作家は嘘をついてしまわないように注意しなければなりません。あるインタビューの最後の一文を作品の冒頭に移動させることで作品全体が腑に落ちたとしても、もしそうしたことで元のインタビューの意味が変わってしまうとしたら、やってはいけません。ドキュメンタリー作家で編集者でもあるサム・ポラード（『堤防が破れた時（未）』）はこう言っています。「どこまでやっていいかを、常に意識していなければいけないんですよ。操作した結果嘘になってしまうという一線を、超えないようにしないとね」。

Chapter 6
Creative Approach

創造的なアプローチ

何か一つの「主題」があったとします。それを大勢のドキュメンタリー作家に渡して作品に仕上げてもらいます。主題だけでなく、物語も同じだとします。それでも出来上がった作品は、スタイルも、雰囲気も、語られる視点も、当てた焦点も、あらゆる面で十人十色になります。この違いは、アプローチという言葉で説明できます。それは、ある物語をどのように観客に届けるかという方法論です。三〇分番組と一〇時間のシリーズではアプローチは違います。ユーモアが必要なのか。実際にそこにいって撮影するのか、再現ドラマを撮るのか、コマ落としでいくのか、音楽や効果音、それともアニメーションを使うのか。低予算で短い日程で制作するのか、それとももっと慎重に凝りに凝った作品を練り上げるのか。

　ドキュメンタリーと一口に言ってもいろいろな種類がありますが、例えば劇場公開用に作られる高品質のドキュメンタリーという括りの中でも、アプローチの種類は無数にあります。二〇〇一年以来続くアメリカのイラクへの軍事介入を扱ったドキュメンタリーは多数作られました。その多くが賞を獲得していますが、ロバート・グリーンウォルドの『IRAQ for SALE：戦争成金たち』、エロール・モリスの『スタンダード・オペレーティング・プロシージャー』、ジェハーン・ヌジェイムの『コントロール・ルーム（未）』、アレックス・ギブニーの『「闇」へ』、ユージーン・ジェレッキの『戦う理由（未）』、アロン・ガーダの『私たちは、こうして耐える（未）』、そしてデボラ・スクラントンの『戦争中継テープ（未）』など内容は多岐にわたります。

　ギブニーの作品とモリスの作品はどちらも囚人の虐待に焦点を当てています。そのような場合でも、まったく違ったアプローチが考えられます。モリスは、悪名高いアブグレイブ刑務所の写真からその背景になる物語を探っていったのに対して、ギブニーは、バグラムの無実のタクシー運転手を死に追いやった制度や手続きがどんなものであったかをひも解いていきます。『コントロール・ルーム（未）』では、ジェハーン・ヌジェイム本人がアルジャジーラ衛星放送局内部に潜入して、アメリカの主要放送局とは違った視点から報道される戦争を捉えました。『戦争中継テープ（未）』のデボラ・スクラントンは、イラクに派遣された州兵に撮影機材を持たせて、彼らとメールやインスタントメッセージを介してつながることで、「仮想従軍取材」によって戦場の様子を捉えました。グリーンウォルドとジェレッキは、二人とも複合軍需産業の危険性と戦争という商売のからくりに迫りました。グリーンウォルドは、文脈から切り離されたデータ満載の速い展開で、直感的で強いインパクトを持って感情に直接訴えかけるようなアプローチをとり、ジェレッキはもっと慎重でバランスを考慮した印象を与える作りになっています。

「戦争中継テープ（未）」より、高機動多用途装輪車両内で無線通信中のジャック・バズィ軍曹。Photo: SenArt Films/Scranton/Lacy Films.

アプローチを決めるタイミング

これだと思う主題や物語が見つかったら、すぐにアプローチを考えるのが良いでしょう。例えば一八世紀の戦闘に興味を持ったとしたら、写真技術発明以前の戦いをどのように視覚的な物語として表現するか考えないわけにはいきません。ピーター・ワトキンスは『カロデン（Culloden）』で、五〇年代の白黒テレビ番組のスタイルで一七四六年のカロデンの戦いを再現するというアプローチをとりました。もしあなたが、地元の要介護施設を取材したいのなら、何を追いかけるか決めなければなりません。もし入所者の一週間のエルサレム旅行に同行するなら、例えば近隣住民から立ち退きを要求されながら暮らす入所者の様子を一年間追いかけていくのとは随分違ったアプローチになるでしょう。取材対象を知るほどにどんなアプローチが可能かという理解も深まり、アプローチの内容も進化するものですが、それでも最初から何らかの見当をつけておいた方が仕事に入りやすいものです。

適したアプローチを探す方法の一つとして、一緒に作業することになるスタッフを集めてたくさんドキュメンタリー作品を見て、どのアプローチが気に入ったか、どれが気に入らなかったか、そしてどれが自分たちの作品に適当だと思うかを話し合うという手があります。誰か一人の対象にぴったりと寄り添った作品にしたいのか、それとも様式美溢れる推理ものにするのか。アーカイブ映像を使って歴史ドキュメンタリーを作るのか、再現ドラマでいくのか、または両方か。同じ作家の作品を複数見ると、題材の違いによって変わるアプローチの違いも観察できます。中には、主題に適していたという理由で、きわめて平凡なスタイルで描かれる作品もあります。

アプローチというものは、作品の本質に関わるものです。例えば、あなたがペットを題材に作品を作ろうと思ったとします。虐待され、捨てられた野良犬や野良猫の話です。次のようなアプローチが考えられます。

- 専門家やニュース的な映像を使って、違法ブリーダーの実態や、闘犬とそれを取り巻く環境、そして安楽死といった問題をジャーナリズム的視点から描き出す。

- 違法ブリーダーや安楽死といった問題と日常的に向き合う動物保護施設のスタッフの日々の苦闘を観察的視点で描く。シンシア・ウェイドとハイディ・リーンバーグが共同監督した『保護施設の犬（Shelter Dogs）』は、そのような作品でした。
- ある家族が保護施設から犬をもらってきて飼うようになるまでの過程を台本にして、実際に犬をもらってきた家族を使って再現ドラマとして撮影し、ナレーションをかぶせる。その後、専門家が虐待された犬の人間に対する信用を取り戻し、落ち着いた犬になるように手助けをする過程を撮影する。
- 最高の犬を求めて近隣の保護施設を探し回るドキュメンタリー作家本人を物語の芯として使う。その足取りを通して、保護犬が保護施設に来るにいたった様々な理由や、全国の保護犬の数、そして里親が現れなかった犬の運命等について視野を広げていく。最終的には最高の犬が見つかるかもしれないし、見つからずに終わるかもしれない。

もう一つ例を挙げて考えてみましょう。あなたが、歴史ドキュメンタリーに適した題材をいろいろ持っているのにどう使ったら良いかよくわからないとします。過去の物語に使える古い日記や、書簡、新聞の切り抜きを持っていたとして、次のようなアプローチが考えられます。

- 役者を雇って古い新聞や手紙を読んでもらい、書簡や日記などを写した静止画や動画を背景に使って流します。適切であれば、往時を思い起こさせるような現代の様子を紛れ込ませるのも可能です。
- 役者に当時の扮装をさせて、古い新聞や手紙を書いた本人の役を演じさせ、書かれた文章をカメラに向かってインタビュー的なセッティングで読み上げてもらいます。ミドルマーチ・フィルムズはこの手法を使って『自由！ アメリカ独立革命（Liberty! The American Revolution）』他多くの歴史ものを制作しています。

・役者に、古い新聞や日記に書いてある内容を演じてもらう。しかし当時の扮装はしない。この手法は、HBO制作の『鎖から解放された記憶（Unchained Memories）』で使われました。一九三〇年代に公共事業促進局の職員によって記録された、以前奴隷だった労働者たちの証言を役者が演じています。

次は、あなたの作品の物語を語るのは誰か、その話を進めていくのは何なのかということに目を向けながら、他のアプローチの例も見てみましょう。

・『グリズリーマン』の物語は、自然愛好家のティモシー・トレッドウェルの人生を理解しようというヴェルナー・ヘルツォークの探求心に導かれて進んでいきます。ヘルツォークはナレーションを担当しながらカメラの前にも立ち、作り手の存在を隠さないアプローチを取りました。そして時にはトレッドウェルが持った自然観に対立する意見も述べます。

・『エンロン』が持つ視点は、いわゆる全知全能の神の視点です。ピーター・エルカインドとベサニー・マクリーン共著による同名書籍に部分的に基づいてはいるものの、両名も出演してインタビューを受けています。ナレーションは俳優のピーター・コヨーテが読んでおり、誰であるか特定されていない声だけの存在として、膨大な情報を提供してくれます。これはテレビのドキュメンタリー番組では最も「伝統的」なスタイルですが、全知全能の神の視点からナレーションを読むのは、この作品にとって適したスタイルでもあるのです。画面上で繰り広げられる巨大で複雑な物語は、とてもテロップ情報だけで伝えられるものではありません。監督が自分で語り部の役を果たしてもよかったかもしれませんが、そうしなければいけない理由は特になく、代わりにそうするべきでない理由はいくつかあります。そのうちの一つはエンロン社の上級重役が三人、エンロン社の相場師たち、様々な告発者たち、ジャーナリスト二人に作家が二人と、すでに登場人物がとても多いということです。

- ニック・ブルームフィールドの『カートとコートニー（未）』は、ロック歌手のカート・コバーン［コベイン］の死にまつわる映画で、未亡人のコートニー・ラヴの素顔を容赦なく曝け出します。ヘルツォークと同様、ブルームフィールドは、ロック歌手の死の謎を追及する自らの姿を映画の物語に仕立てます。しかしスタイルは見るからにヘルツォークとは違います。『青いビニール（未）』のジュディス・ヘルファンドや『ボウリング・フォー・コロンバイン』のマイケル・ムーアと同様、ブルームフィールドの取材スタイルはテレビのアポなし突撃捜査番組のように対決型です。
- アカデミー賞最優秀長編ドキュメンタリー賞に輝いた『未来を写した子どもたち』では、監督のザナ・ブリスキーはカメラの前に立ちナレーションも語りながら、同時に物語そのものにも能動的に関わっていきます。そして撮影中彼女はこの物語がどのように展開するか見当もつかなかったわけです。二〇一五年に制作されてアカデミー賞を採った『シチズンフォー スノーデンの暴露』も、同様の環境で撮影されました。ローラ・ポイトラスとジャーナリストのグレン・グリーンウォルドは撮影をしながら、エドワード・スノーデンによるアメリカ国家安全保障局の機密暴露事件に巻き込まれていくのです。
- 『マーダーボール』には、他の多くのドキュメンタリーのように、シネマ・ヴェリテ的な撮影手法とその他いろいろな映像スタイルが混在しています。この作品にはいわゆる「語り手」はいませんが、それでもいくつかの手法によって「語られて」います。オンにオフに聞こえるインタビューがその「語り」の手法の一つですし、テロップ的な情報（「ジョーは初めてアメリカ・チームの元チームメイトたちと対峙する」）もそうです。この作品の制作チームは、ウィルチェアーラグビー（頸髄に損傷を持つ障害者による車椅子ラグビー）のアメリカとカナダの代表チームの激しいライバル関係を追っていきます。そしてアメリカ代表選手たちとカナダ・チームのアメリカ人のコーチに密着します。彼らトップ・アスリートたちが活躍する映像とともに、着替え、自動車の運転、デートなど、彼らの日常の一コマも描かれ、選手たちの人となりがわかるようになっています。選手たちは事故や病気が原因で障害を持ってから、すでにリハビリを受けて体も心もすっかり立ち直っています。その彼らと対比するように、最近事故にあったばかりで、まだ身体機能を失ったショックも癒えない若者が描かれます。彼の存在により、観客は選手たちがたどった回復への道のりの長さを実感できるのです。激しい音楽に象徴されるように、この作品は「手加減なし」という気合に溢れています。登場人物が私生活も喜んでカメラに曝け出すのも、そのスタイルの一部です。この作品では、前出の作品とは違って監督の物語への能動的な参加は見られません。

・テレビで人気の有名人一代記のような番組は、物語を語るというよりは、ナレーションつき芸能記事のスクラップブック的アプローチで、有名人の人生を紹介していきます。病気や結婚やスキャンダルといった人生の一大事を年代順にピックアップし、感情的な山と谷を構築していきます。この手の作品を成立させているのは素晴らしい物語ではなく、一部の観客が扱われる題材に持っている好奇心です。他人にとっては何の意味も持たない家族の写真と同じで、観客が求めるのはテレビに映っている有名人であって、力強い物語というわけではないのです。

「どのような物語を語るか」を選ぶのがアプローチですが、「それを物語として語るのかどうか」という選択自体が、実はアプローチの一つでもあります。マイケル・アンブローシノは一九七三年にイギリスＢＢＣの『地平線（Horizon）』に触発されて、アメリカの非営利公共放送局ＰＢＳの長寿科学番組『ノヴァ（Nova）』を作りました。アンブローシノは言います。『『ノヴァ』は、世界がどのような仕組みで動いているかを探求して説明する番組にしようと考えました。説明の道具として科学を使うわけですが、番組制作者の役割はジャーナリストのように科学にまつわる物語を探すことでした』。なぜ科学の「物語」を探すのですか、と問われてアンブローシノは言います。「かに星雲の番組を作って視聴者の興味を引き、理解まで期待するのはとても無理です。しかし、一群の科学者たちがかに星雲の中心にある核の正体を探ろうとする物語なら語ることができます。彼らの発見の物語なら、視聴者に理解してもらえるというわけです」。

観客に何らかのシチュエーションの展開を観察してもらうために、そのシチュエーションを作り出して撮影するアプローチもあります。アラン・バーリナーは、ニューヨークにある自分のアパートに大勢の同姓同名の人を招いてディナーパーティーを開き、その様子を撮影して『心地よい響き（The Sweetest Sound）』という番組で使いました。

何かを説明するためにデモンストレーションを撮影するというアプローチもあります。『真実の輪（The Ring of Truth）』という科学番組に関わった時、黄色いトラックを一台借りて、さそり座のアンタレスの位置を測定しながら南に向かって一八三マイル走行するという実験をしました。目的は、昔の人が地球一周の周長を計測した方法を、現代的なやり方で再現してみることでした。エロール・モリスは『簡単な時間の歴史（未）』の中で「物体が壊れない」という概念を説明するために、壊れるカップを用いました。『フォッグ・オブ・ウォー』では滝のように倒れていくドミノ牌を撮り、いわゆるドミノ倒しを主題的な象徴として使用しました。『エンロン』でもカジノの風景や奇術師の手品などといったイメージが使われます。この手の主題の視覚化という手法は、最近よく見られるようになりました。

作品を作るにあたって、何を考えるにも何らかのアプローチが必要になります。インタビュー一つとっても、単独、複数、屋内、戸外、服装と選ばなければいけないことはいろいろあります。インタビューする方は映るのか。映らないのなら、質問は観客に対して聞こえるようにするべきなのか。事前にあらゆる詳細を決めこんでおく必要はありませんが、考慮はすべきです。例えば陸軍の一部隊に関する物語を語るとしたら、兵士を個別にインタビューするより、一まとめに集めて彼らの自然な振る舞いとやり取りが見えるようにした方が、物語の足しになるのかもしれません。すでに答えを知っている人同士が質疑応答し合うようなインタビュー、例えば「ジム、このような呼吸補助機器が発明されて本当によかったよね」。「そうだね、ピート。お陰で大勢の命が救われることになるよ」のようなものは、誰も見たくないのでやめた方が無難です。

ありもの素材・記録映像・アーカイブ映像で作品を作る

アメリカで記録映像という言葉を聞いたほとんどの人は、ケン・バーンズの『南北戦争(未)』を思い起こすでしょう。確かに『南北戦争(未)』はこの手のドキュメンタリー作品でも最高の例の一つですが、記録映像や写真、あるいは誰かが別の目的で撮った映像等を使って作り上げた作品には、他にもいろいろ興味深いものがあります。アーカイブやライブラリーとして管理されている素材は、一般的に公的な機関や個人的な所蔵から、あるいは商業的な経路から手に入れることが可能です。大まかに言うと、他人が別の目的で制作したすべての映像ないしは写真や画像がこれに含まれます。家庭用ビデオ、素人制作のビデオ作品、監視カメラの映像、PR用の映像、ニュース、教育的な目的の映像なども、より広義な意味でこの範疇に含まれます。

サードパーティ、つまり第三者によって提供される映像素材および音声素材は、いろいろなドキュメンタリー作品に現れます。『グリズリーマン』は、ティモシー・トレッドウェル本人が撮った素材なしでは作ることができなかったでしょう。『エンロン』では、エンロンの相場師たちがカリフォルニアの送電網を操作した時の音声が録音された素材が作品の要となっていますが、この素材はワシントン州にある電力会社の記録の中から見つけ出されました。アラン・バーリナーは、何年も前から他人の家族写真や家族を写した映像を、見知らぬ人たちの視覚的な歴史として蒐集しています。この記録はバーリナーが撮った『大きなお世話（未）』や『心地よい響き（未）』に、効果的に使われています。ジェイ・ローゼンブラットは『人が残したもの（Human Remains）』を作る時に、特定の物語を語るためにありものの素材を選んだのではありませんでした。彼は、毛沢東、ヒットラー、スターリンといった、歴史上恐ろしい所業で知られる人物が、例えば食事をしていたり、犬や子どもと遊んでいるというような、あまりに普通にしている姿を選ぶことで、見る者に複雑な感情を抱かせることに成功したのでした。

ありもの素材をどのように使うかということも重要です。『南北戦争（未）』では、主に写真で構成されるありものの素材を活用して、豊かな主題に彩られた物語を視覚的に、力強く語りました。『南北戦争（未）』の成功は、数えきれない亜流を生みました。柳の下のドジョウ狙いの制作者たちは、ありもの素材を小さじ一杯、感情を揺さぶる音楽を一杯、有名な俳優のナレーションを少々振りかければ、ヒット作の完成だと考えたようです。亜流に足りなかった材料はといえば、もちろん物語でした。

ありもの素材で作ったドキュメンタリー作品は、主にナレーションが物語を進める原動力となり、視覚情報は脇役に回ることが多いようです。滅多にないことですが、素材が豊富に存在する場合は映像が物語を牽引することもあります。そのような稀な例として、『ベトナム戦争』と『アメリカ公民権運動』があります。前者はベトナム戦争、後者はアメリカの公民権運動についてのドキュメンタリー・シリーズでした。どちらの番組も使えるテレビの報道映像がたっぷり存在し、長い期間の出来事を十分に掘り下げて描き出すことが可能でした。『アメリカ公民権運動』のプロデューサーであるヘンリー・ハンプトンと彼の制作チームは、公民権運動の苦闘の歴史を描くにあたって一九五〇年代から八〇年代にかけてどんな歴史的事実があったかという調査の結果を見せる気は毛頭なく、代わりにその三〇年間に起きた事件を厳選し、視聴者の前でドラマとしてその姿を現すようにしようと決めました。番組の編集者たちは、それぞれの場面を組み立てるのに十分な記録映像を与えられました。番組の制作者たちによって収録された現代のインタビュー部分が、つながれた映像をさらに盛り上げました。ナレーションは、素材をスムーズにつなぐ必要がある場所でだけ使われました。

『ベトナム戦争』と『アメリカ公民権運動』の制作者たちは、記録映像の使用について厳格な規則を自らに課しました。記録映像や画像は無関係な事件を描くために使ってはならず、インタビューやナレーションと同じように、記録映像や画像も事実関係の裏を取らなければならないというものでした。この規則に従った場合、例えば一九六七年にデトロイトで起きた暴動の話をしていたとして、もし物語がまだ火曜日の事を語っているとしたら、木曜日に撮影された記録映像はそれがどんなに効果的でも使えないということです。無音の映像に音響効果をデザインするにあたっても、同様の配慮がなされました。「無音映像素材はすべてロンドンの大英帝国戦争博物館に送り、そこで適切な音響効果をつけました」。『ベトナム戦争』のケン・ロビンは、博物館の記録管理担当の学芸員との共同作業についてそう語っています。映像にある型のヘリコプターが映っていたら、またはある特定の銃器が発砲されていたら、同型のヘリコプターのエンジン音、同型の銃の射撃音が音響効果として使われました。「編集的な判断で勝手に音を足さないように、気をつけました。例えば誰かの叫び声とか、赤ん坊の泣き声とかですね」。画面に音を出しているものが映っていない限り、音はつけなかったとロビンは言っています。

もし歴史的な写真や映像の記録を使おうと判断した場合、その画は記録されている事件を描いていなければいけないのでしょうか。ドキュメンタリー作家たちと歴史研究者たちの間では議論が続いています。『南北戦争（未）』

の制作者たちは、使用できる写真または映像的記録が限定されていたので、この問題に正面から向き合わざるを得ませんでした。一九九三年に「物語を語る：メディアと大衆と歴史ドキュメンタリー」というシンポジウムが開かれました。そこでケン・バーンズは聴衆に『南北戦争（未）』のクリップを見せてから、作品の場面を「視覚的に説明している画」でその場面が描いている事件と直接関係があったのは全編で二か所しかなかったことを説明しました。「私たちは一八五〇年代のコネチカットの街路で撮られた写真を見つけました。それを、一八六四年に新聞の編集者であるホレス・グリーリーが南北戦争の流血を嘆いている場面の画として使いました。北軍兵士の画を背景に南軍の引用が語られる場面もあります。番組中に出てきた病院の中で、実際にその病院の写真は一枚もありませんでした。リッジモンドにあった南軍のチンボラゾ病院の記録もありませんでした。詩人ウォルター・ホイットマンの写真は、番組の物語という観点から見ると歳をとりすぎていましたし、政治家のジョン・アダムズ・ディクスの写真も同様です」。バーンズは続けます。「南北戦争の戦闘を記録した写真が一枚も存在しないのに、番組の四割を占める戦闘を描かなければならなかったわけです。どうやって？　このような場合、どこまでの創造的自由が許されると考えれば良いのでしょう？」。

バーンズの問いかけは興味深いものであり、いまだドキュメンタリー作家にも大衆にも探求されつくされていない問題でもあります。熟練した作家が手練れのメディア制作者や研究者たちと組めば、どんなに限られた素材も乗り越えて素晴らしい物語を創造的に語ることは可能です。しかし残念なことに、現実には予算縮小を理由に無関係の写真を拝借して間に合わせるというような代替的手段が取られることが増えています。すべての記録映像や画像が撮影された場所と時間に対して絶対に正確でなければいけないというわけではありませんが、ありものの写真や映画の一部を過去に起こった出来事の証拠として使うのであれば、どのような素材を選ぶかということには慎重な判断が必要です。

商業的なありもの素材の使用も、ドキュメンタリー作家が対処しなければならない問題です。商業的な映像素材や商業的音源、特にポピュラー音楽の使用料はとても高額になる可能性があります。制作者の選択によって商業的な音源をサウンドトラックに使用する例はよくありますが、時として背景などに期せずして聴こえているような場合もあります。記録された環境で自然に音楽が聞こえていたということもあり得ます。例えば登場人物が逮捕される場面で、後ろを通過する自動車から最新のヒット曲が聴こえてしまった場合です。このような場合はまったく違った音楽の使い方になりますし、発生する使用権も違うものになります。アメリカの著作権法では、このような場合は「フェアユース」［公正利用］として著作権者の許諾なしに使うことが出来ると判断されることもあります（国によって似たような法律があるかもしれません）。アメリカにおけるフェアユースについて詳しく知りたい人は、二〇〇五年一一月に、アメリカン大学のソーシャルメディア研究所が共同でまとめた「ドキュメンタリー映像作家による正しいフェアユースに関する宣言」を参考にしてください［日本には限定的ではあるがフェアユース的な独自の著作権の制限規定がある］。

最後に、もう一つ。ドキュメンタリー制作者たちが、ありもの素材に見えるような映像を自分で撮ることがあります。例えば公民権運動のニュース、作品に登場する家族のホームビデオ、企業や大学の広報用映像などに似せて作られたものです。そのような映像を製作する方法はいろいろあります。古い機材と古いフィルムまたはビデオテープを使う。または、映像の画質を落として古く劣化した印象を出す、等です。ここで問題になるのは透明性です。ちゃんと物語にとって必要であると認められ、観客に誤解を与えないのであれば、倫理的に批判されても反論可能です。観客にその映像を本物の歴史的記録映像だと誤解させてしまったら、問題視される可能性はあります。

再現映像とドキュドラマ

史実を表現する際に多くのドキュメンタリー作家が用いる手の一つに、再現という手法があります。少なすぎる視覚的な資料を補う、またはより効果的に物語が語れるというときに、過去に起きたことを映像的に再現します。もちろん予算的に効率が良いからという判断もあり得ます。再現映像といっても通り一遍ではなく、様々なやり方があります。再現を含むドキュメンタリーを数多く見て、どのやり方が自分の作品に一番適しているか、または創造的でまったく新しいやり方に挑戦すべきか考えてみることをお勧めします。例えば、手や、行進する脚や、荷馬車の車輪だけが見えるという部分的な、またはイメージ的な再現が適しているかもしれません。全身が映っていても、遠くから空を背景にシルエットになっているのが良いかもしれません。逆に思い切り顔に寄って、感情を露わにしてもらうのが良いかもしれません。例えば、歴史的な戦闘を再現する愛好家たちを集めて戦闘場面を演じてもらったり、役者を雇って演技させるのが良いのかもしれません。先ほど書いたように、ありもの映像に見えるように、例えば古い機材を使って制作された再現映像というのもあります。その場合、役者に台詞を喋らせるかどうか考慮が必要です。喋らせるなら、実際の記録（日記、書簡、新聞記事、法廷記録等）に忠実にしますか。それとも新たに自分で台詞として書き起こしますか。創作要素が増えるほど、ドキュメンタリーというよりドキュドラマ、さらにはフィクションに近いものになっていきます。

ある事柄が映像として再現されるということは、ドキュメンタリー制作者がそのバージョンを選んだということとして、考慮する必要があります。例えば監督がある殺人事件の再現映像を作ると決めたとしましょう。再現映像にしてしまうということは、監督がその事件に関するある一つの解釈以外は、たとえ他の解釈が可能であっても、選択した解釈に異論があっても、退けたということを意味します。同様に、ローマ帝国の衛兵や古代中国の戦士を演じている俳優も本物の代わりとしてそこにいるわけですが、それは往時の様子を視覚的に伝える魅力的な方法なのです。

再現映像をたんなる視覚的補助としてだけでなく、主題やアイデアを強調するために使うドキュメンタリー作家もいます。例えばエロール・モリスの『細い青い線（未）』では、高度に様式化された再現映像を繰り返し使うことで、独りよがりで信用に値しない証人たちの証言の矛盾を強調しました。アリ・フォルマンはプレス資料で、『戦場でワルツを』は最初からアニメーションにするつもりだったと語っています。それは物語を語るための映像素材が有限だったという以外にもう一つ理由があります。「現実離れした画で描かれたアニメーション以外は考えられませんでした。戦争は現実離れした体験で、記憶というのも扱いずらい代物です。ならば初めから優秀なイラストレーターの力を借りて記憶の旅を描いてもらおうと思ったのです」。アレックス・ギブニーの『「闇」へ』では、モハメド・アル・カフタニの尋問場面を高度に様式化して再現し、六五ページにおよぶ尋問の手続きを描写することに成功しています。この場面は、拷問の歴史と手法の発達を探る場面に組み込まれ、観客はアル・カフタニが受けた奇妙な拷問テクニックを目の当たりにすることになります。この場面は、どこから見ても制作者が図解および観客の想像力を補助する目的で作られた再現であるということがわかるようにできています。つまり、本物の映像ではないかと疑う余地はないように作られているのです。

Chapter 7

Close Viewing

詳細に分析する

ドキュメンタリーを観たとき、内容や作品が指摘している問題に反応する人が多ければ、それはある意味作品がうまく受け入れられた証かもしれません。テレビドラマを一気に鑑賞して、シーズンを通して巧妙に張り巡らされたサブプロットの妙味に気づいたり、素晴らしいミステリー小説を読むときに犯人が誰か知りたいばかりにともかく最後まで読み飛ばしてしまったりする現象に近いものであるという意味で。物語の技巧が良い仕事をしているときは、受け手にそれ以外はありえないと思わせる説得力を持ちます。継ぎ目も見えないほどきれいにはまっているので、技巧が使われていることすら気づかないというわけです。登場人物は無理なくその世界を生きており、そこにあるアイデアやプロットはすべて有機的に物語に溶けこんでおり、作品が提示する論点は抜かりなく、申し分ないものとして構築されているのです。

しかし、あなたが小説を執筆するならば、テレビの連続ドラマの台本を書くならば、あるいはドキュメンタリーを作るならば、見えないほど見事に技巧を使う方法を、考え出さなければなりません。この章では、ドキュメンタリー作品と使われている技巧を分析する方法を、いくつかの作品を例に紹介します。作品に、そしてそれを作った人たちに、巧い方法を教えてもらいましょう。

作品を鑑賞する

作品を詳細に観るための練習をしましょう。最後まで止めずに一度通して観てからじっくり観るのでも、一度目からじっくり観るのでも構いません（一時停止と再生時間の表示ができる機材またはデバイスを使ってください）。一度も通して観ないまま分析しながら観ることの利点は、何か思うところがあって一時停止するときに、先入観なしで次のような自問ができるということです。「この時点では、何の話だと思うか、私が気になるのはどの登場人物だろうか、失敗の代償は何だろうか、この物語は、ここからどこに行くのだろうか」などです。

一度通して観てから分析する場合は、分析に入る前に次のようなことを考えてみてください。「この作品の物語を貫く芯は何か。物語はどのように始まったか。特に力強さを感じた場面はあったか。逆に手際が悪いと感じた場面はあったか。作品の中心的な論点は何だったか」。こうしたことを考えた上で作品を細かく観れば、最初に受けた印象が、作品の物語やその構成とどう関連しているかどうかを確認しながら観ることができます。

オープニング

作品のオープニング、つまり一番最初のコマで始まるシークエンスは、一分程度の短いものから一〇分続くものまで、作品によって様々です。長さにかかわらずオープニングは、これから始まる作品のいわば遺伝子情報が入っているものです。オープニングは、作り手が約束するものを受け手が確認する場です。作品がどのようなことを、どのような方法で掘り下げていくかを明確にするところです。何についての話か。どのように語られる話か。どのような要素が期待できるのか。そして、どうしてそれは重要な話なのか。つまり、時間を費やし関心を傾ける意義と理由を受け手に知らせるシークエンスなのです。

オープニングは作品中最初のシークエンスで、オープニングを観終わったら、以下のことを自問してみてください。

・この時点では、何の話だと思うか。
・ここから、どうなると思うか。
・私の関心を摑み、物語に引きこんで、先が観たいと思わせるために、「箇条書き」のような三つから五つの要点があったか。そしてそれは何か。

いろいろな作品のオープニングを観てみるのは、とても役に立ちます。映像作品をどのように語り始めるかという、ある共通した語り方の戦略が見えてくる上に、その方法が作品ごとにそれぞれ独自性に満ちているということも理解できるのですから。

■『ヴィルンガ』
開幕早々、最初のコマが見せるのは、制服を着た男たちの一群です。次第に誰かの葬式の最中だということがわかっていきます。ヴェリテ方式で自然に撮られたこの場面には、テロップ情報やナレーションといった、観る者の理解を促す細工はありません。男の一人が「私たちを導きたまえ。そして、私たちが人生一日一日に責任が持てるように助けたまえ」と言います。オフ音声で別の男が「嗚呼、コンゴよ。この国の再建に尽くしながら、私たちの友人、カセレカ保護官が命を落としました」と言います。弔問者たちが去った無人の墓地。オフで聞こえている参列者たちの歌声に被さって劇伴が流れ、河の上を低く飛ぶ空撮映像にカットします(約一分二五秒)。映像は白黒になり、ありもの映像、地図、写真等で構成される注意深く選択されたイメージが現れます。引き続きメインテーマが流れる中、移ろうイメージに一三本の短いテロップが被さり、歴史的、そして主題的な文脈を観る者に教えながら、一八八五年（「アフリカはヨーロッパ諸国によって細切れに植民地化された」）から二〇〇六年（「それは四〇年ぶりの民主選挙だった」）まで導いてくれます。

三分四〇秒あたり、投票のために並ぶ人々のショットがフェードアウトし、水面の上を低く飛ぶ空撮ショットに戻ります。カメラが上を向くと山々が見えます。そして、さらにテロップが続きます。

- 二〇一〇年。コンゴ東部、ヴィルンガ国立公園内にあるエドワード湖の地下で石油の存在が確認された。
- そこは、何千もの人と地上最後のマウンテンゴリラたちの故郷だ。
- 二〇一二年。再び政情が不安定になった。

四分四〇秒のあたりで、小型飛行機を後ろから追うような空撮にカット。その下では、国立公園の保護官の部隊がパトロールしています（そしてタイトルが出て、音楽と共にオープニングのシークエンスは終わります）。その後、二つ目のシークエンスが始まります。

まとめてみましょう。『ヴィルンガ』のオープニングは、その場所がどこで、そこに何があって、問題が何で、その土地の前史がどういうものなのか、五分以内に説明してくれます。すべてが説明されるわけではありませんし、されるべきでもありません。良くできた作品は時間をかけて展開していくものですが『ヴィルンガ』も例外ではありません。オープニングを観ながら受け手は、点と点を結び、隠された皮肉を読み取り、重要なことを理解することを期待されているのです。その助けとして、観る者の興味を引くような映像、不穏な映像、そして息をのむような映像が矢継ぎ早に出てきます。

物語の始まりである一八八五年の説明をするテロップに、当時のイメージやデータを使わなかったのには理由があります。観る者の興味を摑む前にそのような演出をしてしまうと、インパクトが無いからです。代わりに監督のオーランド・ヴォン・アインシーデルは、葬式の場面で作品を始めることにしました。その判断の経緯は、本人がChapter 23で語っています。葬式の場面は一分半ほど続き、その中でいくつかの問いかけが設定されます。コンゴで「この国の再建に尽くしながら」一人の男が死んだ。なぜ「再建」しなければならないのか。その最中にどうして殺されなければならなかったのか。制服に身を包み銃を手にした男たちは何者なのか。

水面を滑るような空撮が、観る者の意識を葬式から切り離します。そして、一八八五年から二〇〇六年の選挙にいたる歴史を見せるモンタージュが始まります。もう一度空撮が挟まり、観る者の意識を先程までの一九世紀から一度切り離し、近年の動向、つまりエドワード湖地下にある石油に向けます（この近年の動向が、作品の主題です）。モンタージュは、さらに話題を絞りこみながら続きます。その地域に住む人々が瀕する危機、そして再び不安定になった政情。このお膳立てを発射台にして、作品は飛び立っていきます。

■『スーパーサイズ・ミー』

モーガン・スパーロックの『スーパーサイズ・ミー』と『ヴィルンガ』はまったく性質の異なる作品ですが、作品に関わる基本的な情報がみっちりオープニングに詰めこまれている点は同じです。このドキュメンタリーで最初に映されているのは、様々なファストフード店の名前を連想させる歌を歌う子どもたち。これ以降提案される一連のアイデアを、分析のために並べてみます。

・マクドナルドの創業者レイ・クロックの言葉がテロップとして引用され、続いてプロのナレーター（と思わせておいて実はスパーロック本人であることが後でわかります）が観客に「何でもデカいのがアメリカという国」と宣告します。

・様々な事実やデータを織りこみながら、スパーロックは手早く問題の核心を突きます。「アメリカでは、一億近い人が太り過ぎ、つまり肥満症を患っている。アメリカの成人男性の一〇人に六人が肥満という勘定だ」。

・スパーロックによるとその原因は、彼が子どもの頃は毎晩お母さんが夕食を作ってくれていたのが、最近の家族は外食中心になっていることです。痩せ細る財布の中身と膨張するウェストがその代償、ということです。

・それは「アメリカ人にとって、避けられる死因の第一位は喫煙。続いて肥満」という高い代償です。

・二分が経ったあたりでスパーロックは、この作品を作るきっかけとなったある訴訟を紹介します。「二〇〇二年、何人かのアメリカ人が自分の肥満に腹を据えかねて、アメリカ人の得意技を使った。そう、悪いヤツらを訴えたのだ」。雑誌の表紙とアニメーションによって、二人の少女が起こした訴訟騒ぎの顚末を紹介します。一人は一四七センチで七七キロ、もう一人は一六八センチで一二一キロです。スパーロックは、この「考えられない展開」に驚きを隠せません。「健康に悪い食べ物を売っているという罪」でマクドナルドを訴える人がいるという展開です。でも「みんな体に悪いのは知っているはずだろう?」。

・それでも世界中で何百万もの人たちがファストフードを食べ続けているという証拠を、スパーロックは見せてくれます。

・訴訟の話に戻ったスパーロックは、判事が少女たちの弁護士に述べた言葉を観客のために噛み砕いて読み上げてくれます。「マクドナルドが消費者に対して毎日、毎食マクドナルドの食事を食べるように仕組んでいることが証明できれば、そしてその結果が理屈を超えて危険であると証明できれば、原告の主張は退けられるものではない」。

・スパーロックは、この判事の挑戦を受けて立とうというのです。同時に彼は、作品全体の問いかけとなる一つの疑問を提示します。「どこまでが個人の責任で、どこからが企業の責任なのか？　そして、ファストフードというのはそんなに体に悪いものなのか？」。

開始から四分近くで、初めてスパーロックがカメラの前に姿を見せ、これから行う実験の内容や条件を教えてくれます。「これから三〇日間マクドナルドの食事しか食べなかったら、どうなるんだろう。あっという間にアメリカの肥満人口の仲間入りか？　理屈を超えて危険なんだろうか。試してみよう。覚悟はできている。スーパーサイズ・ミー！［特大サイズで行こう！］」そして、音楽とともにタイトル・シークエンスが始まります。一分後、音楽が小さくなって次のシークエンスが始まります。

まとめましょう。『スーパーサイズ・ミー』は、オープニングを使って「三〇日間マクドナルドの食事以外食べない」という物語の芯を導入します。この実験に伴ういくつかのルールは展開につれて紹介されます。さらに、テンポが速くて、色彩豊かで、アニメーションを織り交ぜながら、監督が主な登場人物兼ナレーターとして登場するという、作品の視覚的トーンを印象づけます。そして、ますますファストフードが溢れていく世の中でまん延する肥満という作品の主題が問いかけられます。同時に、個人の責任対企業の責任という主題も問いかけられます。悪いのは不健康な食品を提供するマクドナルドの方か、それとも買って食べる消費者の方なのか。最後に、ファストフードというのは本当に言われるほど悪いものなのかと、一消費者としての素朴な疑問を問いかけます。監督本人はこれらの問いかけに対する答えを持っていないこと、そして作品がその答えを探す旅になることを観客に約束します。巧みに設計されたオープニングで、監督は自分が知りたいと思うことを、観客にも知りたいと思わせてくれるのです。

■『ジョーンズタウン：人民寺院の生と死』

スタンリー・ネルソンの『ジョーンズタウン（未）』のオープニングは、二分半以下という短さです。最初に現れるのは、黒い背景に浮かび上がる白字の文章。以下の文章が、一行ごとに時間差をつけてフェードインします。「一九七八年一一月一八日（ここまで一続き）ガイアナにあるジョーンズタウンで（一続き）九〇九人に上る人民寺院の信者たちが死んだ。これは後に、現代史上最悪の集団自殺として知られることになる」。文字がフェードアウトし、二〇人ほどの笑顔の集団が映ります。続いて、ありものの映像を挟みながら、インタビュー映像の断片が現れます（語り手の素性は後に明かされますが、ここでは伏せたままです）。

・女性「カルト宗教だと思って参加する人はいません。傷つけられると知っていて参加する人などいません。宗教でも政治団体でも、心から気の合う人と一緒になりたくて参加するものでしょう」
・男性「これからジム・ジョーンズについてお話することは、すべてが逆説的です。世界を変えたいというビジョンを持ちながら、そのビジョンの土台の下には社会的な機能不全が横たわっていたのです」
・ジム・ジョーンズ（ありもの映像）「私の体に神を見る者もいる。私の中にキリストを、神の栄光を見ているのだ」

- 男性2「彼（ジョーンズ）に言われました。『私を友と思うなら友になろう。父と思うなら父になろう』。そして言いました『君が私を神と思うなら、私は君の神になろう』」
- 女性2「ジム・ジョーンズは、皆を連れて約束の地に行くという話をし始めました。そしてほどなく、ジョーンズタウンの映像を私たちに見せるようになりました」
- ジム・ジョーンズ（ありもの映像）「米、黒目豆、クールエイド（粉末ジュース）」
- 女性2（続き）「皆、ジョーンズタウンに行きたいと思いました。もちろん私も」
- 女性3「人民寺院は、本当に大きくて、力強くて、素晴らしいものになる可能性を持っていました。でも、理由はともあれ、ジム・ジョーンズは反対に舵を切ったのです」
- 女性4「一七日の夜、それは熱気に溢れた人々の集団でした。その二四時間後に彼らが全員死ぬなんて、想像すらできませんでした」
- ジム・ジョーンズ（ありもの音声、オフ、字幕つき）「少しは尊厳を持って死ぬんだ。涙を流し苦痛を感じながら横たわるのではなくて！　死ぬのは何でもない。ただ今いるここから別のところに出ていくだけだ。だからそんな顔はやめろ」。ここでタイトルが出て、オープニング・シークエンスは終わります。

まとめてみましょう。他の作品と同様、この作品もオープニングを使って、物語が約束するもの、作品の視点、そしてスタイルを提示します。一番最初の黒背景に出る白字の文章は、観る者の関心を摑む以上の仕事をしています。この作品が公開されたのは二〇〇七年ですが、ジョーンズタウンという言葉を聞いた観客は、曖昧な記憶をたどって事件のことを思いだそうとして、気を散らしてしまいます。そうならないようにこの文章が、いつ起きたかという日付と、いかに大きな出来事だったのかを教えてくれるのです。さらに、史上最悪の集団自殺と言い切ることで、理解されるべき謎を提示もしているのです。

続くインタビューのモンタージュで、最初の女性が「カルト宗教だと思って参加する人はいません」と言います。モンタージュに登場する最後の女性以外は、全員人民寺院の信者でした（最後の女性は、信者たちを救出するためにガイアナを訪れて殺されたレオ・ライアン議員の助手でした）。信者の一人は、ジョーンズ教祖の息子でした。誰一人として集団自殺のことに触れませんが、各々が経験した人民寺院の矛盾と、彼らが信じた明るい未来、そして失われたものへの後悔が語られます。オープニング・シークエンスは、運命のその日に実際に録音されたジョーンズ教祖自身の言葉で締めくくられ、観る者の頭に大きな疑問符を残すのです。一体何が起きたのか。そして、どうして？

約束された内容を確実に届ける

オープニングが済んだら、終わりまでじっくりと観ていきます。観ながら注意したいポイントは、本書で度々言及されるものですが、以下のようなことです。

- 作り手が伝えようとしている、作品の中心的な論点は何ですか。
- その論点を支える根拠として提示されているのは何ですか。提示された証拠には効果的なものとそうでないものがありますか。
- 物語はどのように語られますか。物語の中心を貫く芯は、物語を進め、観る者に見続けたいと思わせるものですが、それが見えますか。見えた場合、物語の終わりにあるゴールは何ですか。観る者を最後まで引っ張っていく問いかけは何ですか、あるいはあなたが知りたいと思ったのは何ですか。

- 物語の芯を見つけられたら、物語がいつどのような文脈で、「芯」に戻ってくるか確認してください。作品の終わりに物語は芯に戻ってきますか。オープニングで約束された内容どおりに、納得のいく終わり方をしましたか。
- 登場人物はどのような人たちですか。それぞれ物語の中でそのような役割を演じますか。信頼できそうな人と、そうでもない人がいますか。
- それ以外に、作品中で目を引いたものはありますか。例えば、照明や、音楽、撮影、特殊効果、モチーフ、再現映像等で、特筆すべきものがありますか。
- それぞれのシークエンス（「章」に似たものと考えてください）を見分けられますか。各シークエンスが独自のものに注目し、それぞれに始め、中、終わりがありますか。
- 複数のシークエンスが、配置の仕方によって全体の物語を前に進めていることがわかりますか。
- 作品のペースが遅いと感じますか。与えられる情報が濃すぎると感じますか、それとも適度だと感じますか。

あなたが映像作品を観たときに気づいたり感じたりする一般的なことを、書き留めておきましょう。何度も終わるタイミングを逃していると感じたら、それも書いておきましょう。一度始まってからもう一度始まったような気がしたら、書いておきます。不要と思われる登場人物がいたら、なぜか考えてみてください。作品に引きこまれたと感じたら、どの段階でそう感じたか、そしてそれはなぜか、考えてみてください。

作品の論点を見つける

これからやってみる練習は、ノンフィクションの記事や本を読んだときに、その作品の中心になる論点を見つけ出すのと似たようなものです。この練習は、漠然とした概念よりも具体的な文章として論点を書き出してみるのがポイントです。作品の論点は主題と近い関係にあります。作品が問いかける「なぜ」が論点にあたります（主題がいくつもあり、複数の論点を提示する作品もありますが、中心的な論点は通常一つです）。

あなたが見つけた中心的な論点が、他の人が見つけたそれと同じとは限りませんが、あなたが作品の中で見つけた理由をきちんと説明できれば、問題ありません。これから私が分析した二本の作品の例を読んでもらいますが、私が見つけた各作品の論点が、作り手の考え方と違うことは十分あり得ます。

■奴隷制と呼ばれない奴隷制

これは、ダグラス・A・ブラックモンが書いたピューリッツァー賞受賞の同名書籍を基に作られた九〇分のドキュメンタリーで、私が脚本を書きました。サム・ポラードがプロデューサーと監督を兼ねた本作は、南北戦争終了後に解放された黒人たちから搾取し続けるために南部で考案された、様々な形態の強制労働（借金返済のための労働、囚人貸出、分益小作等）に光を当てます。それが、この作品の「主題」です。このような粗暴な搾取に対する連邦政府の関与、不関与、関心または無関心といった反応が、物語の芯になっています。

「人種差別」や「人種差別という悪」だけでは、この作品の中心にある論点と呼ぶには弱いと思います。なので、もう少し具体的なものとして見本を書いてみると「奴隷解放宣言後数十年の間に、アメリカ南部で法的に容認された人種的抑圧と黒人に課された強制労働がいかにして黒人たちの進歩を妨害し、南部の白人たちにかつてないほどの富をもたらしたか」という論点になります。

■『「闇」へ』

この映画を制作したジグソー・プロダクションのウェブサイトから、作品の紹介文を引用します。「ドキュメンタリーであり殺人ミステリーでもあるこの映画は、バグラム空軍基地で起きたタクシー運転手の死の謎に切りこみます。そして、結果的に拷問を見過ごし、人権を無効化してしまっている拘留と尋問に関する国際的な方針を暴きます」。これが、この作品が「行うこと」の内容です。

私の見立てでは、この作品が問いかけている論点は、この紹介文からさらに踏みこんだものを扱っています。この映画のプレス資料には、監督のアレックス・ギブニーが父親から聞かされた教訓が引用されています。

拷問というのは、近くにいる者に片っ端から伝染していく、極めて毒性の強い病原菌のようなものだ。拷問をしている兵士の心にも深く影を落としてしまう。見て見ぬふりをする役人たちを堕落させてしまう。拷問で得た情報の信頼性を傷つけてしまう。法の正義が行使されるべき場で証拠としての価値を弱めてしまう。そして、愛国の熱に浮かされて、「純粋」であるがゆえに法に従わなくてもよいと信じている者たちに、横暴な振る舞いを許してしまう。

この引用に基づいてこの作品の論点が何かを考えると、次のようなものになると考えられます。「バグラム空軍基地とアブグレイブ刑務所の例が証明するように、拷問を見過ごし、人権を無効化してしまう拘留と尋問に関する国際的な方針は、個人の権利と受有を守るどころか、逆に欺瞞と脅威をもたらしている」。

これは簡単な練習ではありませんが、自分でその作品が構築している論点を見つけ出してみてください。可能なら、同じ作品を観た他の人の意見と比較し、さらに可能なら、作り手のインタビュー等を探し出して、あなたが考えた論点を制作者の考え方と較べてみてください。

シークエンスを見つける

ドキュメンタリーによって物語を語るときに、一番難しいのはシークエンスというものかもしれません。シークエンスとは何かを知り、どういう働きをするか理解する唯一の方法は、一本の作品を頭から終わりまで観て、その中から一つずつシークエンスを見つけ出してみることです。何本もやればなお結構です。Chapter 2でも触れたように、見つけ出したシークエンスに、その役割に則した「名前」をつけてやると良いかもしれません。名前をつけて個別に章立てしてやるわけです（基本的に、これも解釈の仕方次第なので、誰の解釈も同じになるとは限りません）。一般的に作品の前半の方が、シークエンスの切れ目がはっきりしていて見つけやすいはずです。物語が展開するにつれ、話のテンポを上げるために複数のシークエンスが交互に出されていくのが一般的です。

シークエンスを探すときに、シークエンス間がどのように繋がれているかにも注目してみてください。繋ぎのナレーション、音楽、効果音、暗転等、様々な手法があります。

■シークエンスの例

『ヴィルンガ』の場合、オープニング・シークエンスが終わるとすぐに、私が「ロドリゲ・カテンボとの出会い」と名づけたシークエンスが続きます。テロップにあるように、ロドリゲと仲間たちは「ヴィルンガ国立公園／現在／定期パトロール中」です。保護官たちは銃声を聞き、違法キャンプを発見し、密猟者を逮捕し、密猟者が居住していた小屋を焼きます。ここで、ゴリラ、カバ、美しい夕暮れの国立公園を写した繋ぎの幕間映像が挟まり、続いてライフルを整備するロドリゲのインタビューが始まります。（ロドリゲ本人の映像と少年兵士たちのありもの映像を交互にカットすることで、ロドリゲが少年たちに銃を向けているような印象を生み出していることに注目してください。そして、兄のことが忘れられないという回想に繋がります）。ロドリゲの語りが、オンとオフの両方で続いていきます。子どもの頃に兵士にされたこと、同じく兵士だった兄を亡くしたこと。殺される前に逃げるように母親に言われ続けたこと。「そこで軍から脱走し、国立公園のために命を捧げることにしたのです」。ロドリゲのシークエンスは上映時間八分あたりまで続き、幕間の風景映像を挟んで、「アンドレ・バウマとゴリラの孤児たちとの出会い」のシークエンスが始まります。このような感じで、作品は続いていきます。ロドリゲのシークエンスは、作品の背景にある歴史の一端を見せてくれます。さらにロドリゲという中心的な登場人物がどうして国立公園に命をかけるようになったかという背景も教えてくれるのです。

『ジョーンズタウン（未）』のオープニング・シークエンスもさきほど描写しましたが、続く第二のシークエンスは二分二〇秒から三分一〇秒までと、とても短いものです。ここではジム・ジョーンズ教祖に関する感想が手短に「彼の言うことは何でももっともらしく聞こえたのですが、後から考えると変だったと気づくのです」と語られるだけですが、これは「普通」という概念が実は流動的であるという、作品の主題そのものです。次のシークエンス（三分一〇秒から七分八秒）は、最盛期の人民寺院の様子を見せてくれます。それは、歌に溢れ、すべてがうまくいっている教会の姿です。信者たちは、このようなポジティブさを信じて入信したのです。ここで音楽のトーンが暗くなり、時間をさらに遡って第四のシークエンス（七分八秒から一三秒二八秒）に移ります。このシークエンスは「インディアナ州　一九三一年から一九六五年」というテロップで始まります。ジョーンズ教祖の子ども時代から青年時代を振りかえりながら、後に彼が真似することになる宗教勉強会との出会いや、孤立のパターンに象徴される彼に潜んだ恐ろしい性癖を垣間見せてくれます。人種的平等を謳う人民寺院は、抑圧的なインディアナ州を逃れてカリフォルニア州に移りますが、さらにジョーンズは信者たちを家族から切り離していきます。そして次のシークエンスが「ユカイア　一九六五年から一九七四年」というテロップと共に始まります。

先ほども書きましたが、このようにして見つけたシークエンスに一つずつ名前をつけて、最初から最後まで並べて図にしてみるのは、とても役に立ちます。各シークエンスの尺の長さを記録し、またそのシークエンスが始まり、中、終わりという構成を持って完結していたかどうかも記録しておきましょう。そのシークエンスで初めて知ったことは何でしたか。そのシークエンスはどのような仕事をしていますか。そのシークエンスを観たことで、前後のシークエンスを含む物語への理解が変わりましたか、あるいは深まりましたか。

比較と対比

同じような題材を扱った複数の作品を観て、比較・対比してみるのも、良い練習になります。この練習の要は、それぞれの作品がどのように構築されているか見極めることで、どちらが好きか決めることではありません。この作品は説教臭く感じたけれど、あの作品には引きこまれたと感じたなら、なぜか考えてみてください。謎解きパズルのピースをたくさん受け取ったような気がしたなら、それが満足のいくような体験だったかどうか考えてください。誠実な感じを受けたか、いいように操られている感じがしたか、そしてその理由は何か。このようなことを考えながら、今度は作り手の身になっていろいろ考えてみてください。この作品で何を成し遂げたいと思ったのでしょうか。そしてどのような観客に伝えたいと思ったのでしょう。

作品のある要素だけを細かく分析する

ゴダード大学の修士課程で勉強したときに、いろいろな創作物に注記をつけるという課題をやりました。演劇や小説を一つ選び、特定の要素について手短か（原稿用紙で三から五枚ほど）に論証するのです。このやり方はとても役立つので、ドキュメンタリーの学生たちにも似たような課題を出すことにしました。映像作品を細かく分析するために必要な規律を身につけることができるからです。ドキュメンタリーを分析するときは、どうしても題材や内容の話をしてしまいがちなので、規律は大切です（例えば『黒い魚（未）』［ショーのためにシャチを飼育することの問題を扱っている］を観た後、学生たちはついシーワールドやシャチのトレーナーのことを書きたがるかもしれませんが、映像分析ですから、作り手がどのような手段によって、その題材を表現したかという技巧の話を書いてもらいたいわけです）。

良く書けた映像作品分析というのは、数ある技巧から選んだ一つの要素だけについて細かく考察し、きちんと根拠を提示してその要素についてのみ論じているものです。例えば、作り手が何かとても効果的なことをしたので、何をどのようにしたのか知りたい。紛らわしかったり気に障ると感じたりするときは、なぜそうなったか知りたい。そのようなことですね。何か一つのアイデアや、作品に一貫して存在する何かを抽出して、それがいつ、どこで使われて、全体にどう影響しているか論じるのでも構いません。

避けてほしいのは、あらすじや、作品評、感想文、レポート（読書レポートのような）のような、ただの観察です。エロール・モリスの『細く青い線（未）』のレポートを書いたとしたらこのようになるはずです。「ここで、二人の主要な登場人物の間をカットで行き来した後、士官が撃たれた事件を再現した映像を見せる。それから本作は、二人のうちの誰が士官を撃ったかという謎解きに観客を導いていく。エロール・モリスは法廷書類、写真、そして新聞記事といった証拠を提示する。警察官を含むインタビューによって、事件と容疑者が描写されていく」。これは分析ではありません。

作品評は、「力強い」とか「激しい」、「退屈な」、「胸が避けるような」といった形容表現が多用され、しかも良し悪しを決めようとする傾向があります。良し悪しを断じる代わりに、それを質問にしてしまうのが分析のこつ、です。例えば、「一つだけ作品の価値を損なうような大きな失敗を挙げるとすれば、それはインタビューした対象たちの素性が例えばテロップ等によって明かされなかったことだ」という作品評があったとします。同じことを分析として言いたいなら、こうします。「インタビューされた対象たちの素性を例えばテロップ等によって明かさないという判断によって、モリスが得たのは何だったのか」。あるいは「モリスは、インタビューを受けた対象たちの素性をテロップ等によって明かさないという選択をした。では、彼らの素性と物語の中の立ち位置を観客にしらせるとしたら、他にどのような方法が考え得るだろうか」。

分析する要素は一つに絞りましょう。最初の段落で再現映像の話をして、次の段落ではテロップ、そして次の段落でインタビュー対象の身元を明かさない件といった具合にあれもこれも盛りこむよりも、様々な技巧を駆使して表現された一つのアイデア、または一つの主題に集中して詳しく見ていった方が、価値ある分析になります。

構成を見つける

本書の後半に掲載されているインタビューで、ドキュメンタリー作家たちが言っているように、最高の作家たちでも、必ずしも三幕構成を意識しながら作っているわけではありません。それでも、作品が持つドラマ構造を考察する道具の一つとして、三幕構成は便利です。構成をみつけようと原則を当てはめてみて、何も見つからないこともあります。複雑に絡み合った物語に埋もれて見過ごしてしまいそうな特殊な構成を発見するかもしれません。構成を見つける作業は、作品の形をより明確に理解するための手段なのです。そうすることで、そこに潜むパターンやアイデア、そして洞察を探すのです。

まず、作品の長さを調べてください。幕が変わる場所の見当をつけるために、作品の総尺をざっくり四で割ります。第一幕は最初の四分の一を占めるのが一般的です。物語を貫く芯を追って何が起きているか確認し、物語を次の幕に突入させる一区切りがくるかどうかを探します。第二幕の真ん中にくる中間点でも、同じものを探します。第三幕に変わる物語の四分の三あたりでも、同じものを探します。物語の芯は終盤近くでクライマックスを迎え、最後に短い結末の幕があります。幕が変わるタイミングは、物語の芯の動きに応じていることを忘れないでください。

ここで『スーパーサイズ・ミー』を使った三幕構成分析を見てみましょう。一度物語の芯が動き始めたら、マクドナルドのハンバーガーを食べる場面がとても少なくなることに気づくと思います。物語の芯が作品のリズムを分割することで、子どもの肥満からファストフード産業にいたる様々な題材に焦点を当てることが可能になります。結果としてこの作品は世界中の学校で教材として使われる内容の豊かさを獲得したのです。

『スーパーサイズ・ミー』の分析

この作品の最初のコマからクレジットの終わりまでの長さは、約九六分です。つまり、第一幕は大体二四分頃に終わり、中間点(第二幕の真ん中)は約四八分、第三幕が始まるのは約七二分と予想されます。

■第一幕

第一幕の始まりは、先ほどオープニング・シークエンスのところで解説したとおりです。タイトルの後、監督のモーガン・スパーロックは自分の健康状態の基準値をはっきり提示するために少し時間を割きます。医師、栄養士、そして生理学者が、それぞれスパーロックの健康状態に問題がないことを確認します。三人とも、スパーロックの人体実験に乗り気ではありませんが、たかだか三〇日ではそれほど大変なことにはならないだろうと考えています。一〇分半のあたりでスパーロックは実験の条件に一捻り加えます。一〇人のうち六人のアメリカ人は一切何の運動もしないという統計を受けて、自分もある程度歩く以上は一切運動しないことにします。これがきっかけになって、ちょっと物語の芯から寄り道をし、マンハッタンを歩いていると何軒のマクドナルドに出くわすかという話になります。

一二分三秒のところで、スパーロックの彼女でヴィーガン・ベジタリアン料理のシェフでもあるアレックスが登場し、物語は再び本線に戻ります。彼女が実験開始前に作った最後のベジタリアン料理でスパーロックは「最後の晩餐」をします。これはこの作品を彩るたくさんの章の最初のもので、各章のテロップは映画用に描かれたアートを背景に表示されます。その約一分後、画面に表示される「第一日」というテロップとともに実験が開始されます。スパーロックは早速エッグマックマフィンを頼んで食べます。スパーロックはここでインタビューをとめて音楽で場面を進めていきます。このように作品を通じて何度か音楽を挟むことで、観客に一息ついて与えられた情報を噛み砕く余裕を与えることができ、しかも作品にユーモアを与える役割も果たします。スパーロックが今食べているものについてメモを取る素早いカットがあります。これは実験の段取りの一部なので、観客に最低でも一度はメモを取るところを見せなければなりません。この記録を元に栄養士が摂取された食物を計測するのです。次は、路上を歩くスパーロック。道行く人々にファストフードについて質問をします。作品を通して散りばめられたこのインタビューは、いわゆる「普通の反応」を人々からユーモラスに引き出し、さらに物語のリズムを変える働きをします。

一五分ほど経過したところで、マクドナルドで注文の列に並んでいるスパーロックが、実験のルールを拡張するとカメラに向かって説明します。オフのナレーションも含めて新ルールが説明されます。新しい情報を明らかにしたところで、スパーロックは美味しそうにビッグマックを頬張ります（これも彼の「灰色の部分」です。ファストフードが嫌いなわけではないのです）。一五分四七秒で次の章に入ります。新しいアートに「ヤツらを訴えろ」とテロップが被ります。スパーロックが路上でインタビューをしています。今度はマクドナルド告訴の件です。インタビューされた人たちは、三人とも告訴は馬鹿げていると答えます。この時点では観客もおそらく同じ意見を持っているはずです。続いてはジョン・F・バンズハフ教授のインタビューです。バンズハフは、食品加工産業に対する攻撃の急先鋒であり、マクドナルド訴訟の弁護士たちのアドバイザーでもある法学者です。路上インタビューでの反応とは逆に、バンズハフの政治活動は馬鹿げていないかもしれないと思わせる事実を、ここで提示します。バンズハフがタバコ会社を告発した時も、みんな彼の正気を疑ったと言います。彼の主張が正しいと受け入れられるまでは。バンズハフの主張により、なぜマクドナルドが糾弾されるのかが明らかになります。そう、それはマクドナルドは子どもを標的にするからです。

子どもたちの健康を心配している男は他にもいる、とスパーロックは続けます。その男とはサミュエル・ハーシュ、例の訴訟を起こした二人の少女の弁護士です。しかし彼とのインタビューが見せるのは、まさに「灰色の部分」です。カメラに向かって座るハーシュのショットに、スパーロックの質問がオフで聞こえます。「どういう理由でファストフード企業を告発したのですか」。この場面はそのままカットされずに続きます。ハーシュは微笑んで言います。「理由って、金銭的な儲け……じゃなくて賠償以外に？　何か大義でも言っとけば良いのかな」。ハーシュは何を言おうか考える素振りを見せますが、口を開く前にカットされて、彼の持ち時間は終わりです。ここは笑いを誘う場面でもありますが、このように自分も含めてインタビュー相手をお神輿に担ぎ上げずに多様な意見を紹介していくリアルさが、この作品に観客の心をつかむ力を与えているということにも気づきます。観客が予測できない展開にワクワクしながら物語の複雑さを受け入れ、自分で考えるように構成されているのです。

元アメリカ合衆国公衆衛生局士官部隊の指揮官であるデヴィッド・サッチャーが、「スーパーサイズ」の問題を導入します。これをきっかけにスパーロック（と専門家たち）は、ファストフード店のソフトドリンクのサイズの問題に切り込みます。こうしてスパーロックは議論を組み立てながらいろいろなアイデアをぶつけていくのです。二一分が経過したところで、物語は五分ほど離れていた本線に戻ります。スパーロックは車でマクドナルドに向かい、「第二日」テロップが出ます。

■第二幕

第二幕に入って、実験は加速します。実験二日目にスパーロックは、幸いにもドリンクを特大サイズ（スーパーサイズ）にするかと店員に尋ねられます。お薦めされたら断らないというのが先ほど導入された新ルールなので、スパーロックは特大サイズを注文します。（このような映画を制作していると、四日目に特大サイズの話が撮れたのでそれを二日目と偽って使う誘惑にかられる場合もあるかもしれませんが、それはやってはいけません。すべての日を同じ比重で扱う必要はないのです。この作品でもほとんど触れられない日があります。毎食を律儀に見せる必要もありません。しかし食事の時間軸は偽ってはいけませんし、同様にスパーロックの健康状態も偽ってはいけません）。この場面では時間の圧縮が見られます。まずは「う～ん、天国の一口」とはしゃぎながらダブルクォーターパウンダー・チーズバーガーにキスするスパーロック。暗転し「五分後」というテロップが出て、フェードインするとスパーロックはまだ食べています。この場面の時間配分とテロップによる時間表示によって、彼が食べきれないほどの食べ物と格闘していることが強調されます。再び暗転。「一〇分後」スパーロックはカメラに向かって言います。「マック腹痛きた」。暗転、「一五分後」スパーロックはシートにもたれかかって苦しそうです。暗転「二二分後」まだ食べています。カット。スパーロックが車の窓の外に食べたものを吐いています。四五分かかった食事が見事に二分半に圧縮されました。

二三分一八秒が経過したところで、「有害な環境」というテロップと共に次の章が始まります。スパーロックと専門家たちが、それぞれ問題を提起します。私たちは「安くて脂肪たっぷりの食べ物」と炭酸飲料の自動販売機に囲まれています。さらに自動車に依存した生活が問題をより深刻にします。第三日に少し体調が崩れたスパーロック。すぐに第四日に移り、再び寄り道して肥満と喫煙の類似性という問題を探ります。その後はまた音楽が流れる「間奏」の場面です。マクドナルドで食事しながら子ども用の遊具で遊ぶスパーロックが映し出されます。

二八分二一秒。「余波」というテロップで新章が始まります。子どもの頃から肥満体型の人が、例えば肝臓障害等生涯を通じて受ける肥満の影響について探ります。三〇分八秒。ファストフード店でバイトしている一六歳のケイトリンが登場します。この場面でも、スパーロックは善悪決めかねる態度を維持するので、観客は自分で考えるように促されます。ケイトリンは、自分のような肥満の女性にとって世の中は甘くないと訴えます。雑誌等に登場する「痩せて綺麗な女の子」を見て、常に「なんで私はこうならないの?」と自分を責めることになるからです。カメラに向かって訴えるケイトリンを覆い尽くすように、「痩せて綺麗な女の子」の写真が一枚、また一枚と現れ、ついにケイトリンの顔が隠れてしまう寸前に、彼女は言います。「そんなの現実的じゃないでしょ?そんな生き方できるはずがない」。

スパーロックは、ケイトリンの考え方は甘すぎると思っているのでしょうか。もしかしたらそうかもしれません。続く三二分七秒から始まる場面に登場するのは、サブウェイ・サンドイッチ・ダイエットで一一キロ減量した男、痩せる意志の持ち方指南の講演者ジャレッド・フォーグルだからです。彼はどこかの学校で講演しています。肥満の中学二年生は、減量は非現実的だと言うケイトリンと同様の議論を展開します。「サブウェイは高いから、一日二回毎日行ってサンドイッチを食うなんて、できっこない」。

ここで比較対象を見せるかのように、自分の健康に大きな関心を払う男が紹介されます。ジョン・ロビンス、31

アイスクリームの創業者の跡取り息子です。しかし新聞記事によると、アイスクリームがとても健康に悪いという理由で、ジョンは後を継がない決意をしたようです。

健康的な生活を擁護するジョン・ロビンスは、自分と家族だけでなくベン&ジェリーズ・アイスクリームの創業者をも襲った不健康な生活とそれに起因する障害の連鎖を経験してきました。この作品は全編にわたって、マクドナルド以外のファストフード産業のイメージが使われています。この場面もその一つですが、こうすることでマクドナルド一社を超えて、食と健康という問題を大きく展望するように観客に促しているのです。

三五分九秒。実験五日目の始まりです。スパーロックは食事を注文しますが、彼は食べずに食事を持って栄養士のもとへ向かいます。そこでスパーロックは一日五〇〇〇カロリー相当の食事を摂っていることが明らかになります。これは彼に必要な一日の摂取カロリー量の二倍にあたるだけでなく、彼の体重がすでに四キロ重くなっていることも明らかになります（三七分）。再びスパーロックはいろいろな人に質問します。ファストフードは好きですか（みんな好き）。運動はしますか（ほとんど誰もしない）。

一分ほど経過して、実験六日目はロサンゼルスのマクドナルドでチキンマックナゲットを注文するスパーロックで始まります。マックナゲットをきっかけとして、例の訴訟の話になり、関連してマクドナルドが示した加工食品に関する説明が紹介されます。スパーロックは、判事が「マックフランケンシュタインの怪物」と呼んだマックナゲットの加工工程をアニメーションによって図解します。

実験に戻って、七日目。気分が悪いスパーロックです。三〇秒ほどで、実験八日目。フィレオフィッシュの包み紙を開けながら胸焼けのするスパーロック。今度は三〇秒以内に実験九日目。ダブルクォーターパウンダー・チーズバーガーを食べながら「すごく気分が落ち込む」スパーロック。身体的な変化だけでなく、感情的な変化が起きていることに気づきます。続くシークエンスには、ビッグマック愛好者が登場します。このシークエンスは特にスパーロックの主張を延長するものではありませんが、ちょっと変わった人を紹介していて、楽しいものになっています。

次は(四三分)、前半で触れた「子どもたちを相手に広告展開をする」という件に戻ります。専門家が、いかに子どもたちがファストフード等の広告の波状攻撃にあっており、いかに親たちがそのような広告から子どもを守りきれないかを解説してくれます。別の専門家によると、「マクドナルド」という言葉を知らないものはほとんどいないそうなので、スパーロックは小学校一年生相手に実験してみることにします。ジョージ・ワシントン、イエス・キリスト、(ウェンディーズの)ウェンディ、そしてロナルド・マクドナルドの絵を見せて誰か当ててもらいます。さらにアニメーションを使って、食品産業の巨大企業が年間いくら使ってテレビや雑誌などの媒体に広告を打っているか見せてくれます。

四六分三四秒、再び実験に戻って、一〇日目。そして四七分二秒、手短に次の章「栄養」に進みます。この章は栄養摂取ではなく、外食店で栄養に関する情報を見つけるのがいかに難しいかという話です。先ほど登場したジョン・バンズハフ法学教授が、適切な情報が提供されなかったら、消費者は自分の健康に対する責任を果たし得ないと指摘します。四九分二〇秒、全体の約半分に差しかかった頃、実験に戻ったスパーロックは最初の採血を受けます。現在の体重は実験開始前より約八キロ重い九二キロです。

五〇分三〇秒で新章「子どもたちのために」が始まります。スパーロックはここで主張をさらに広げて、ナレーションでこう言います。「アメリカのファストフード文化の最も強い影響は、全国の学校に見られる」。スパーロックが三州を歩いて三つの学校を訪れるこのシークエンスには、かなりの時間が割かれます。イリノイ州のある学校では、学校の給食スタッフも、全国展開の給食業者であるソデスコ給食センターの職員も、子どもたちが賢く食品を選んでいると信じて疑いません。そうではないという現実を目の前にしても、です。ウェストバージニア州では、連邦学校給食プログラムによって食事が提供されている学校を訪れます。この学校の給食は主に加熱された加工食品で、一食あたり一〇〇〇カロリーを超える日もあります。最後にスパーロックは、ウィスコンシン州にある不登校児童および何らかの問題行動を起こす児童のための学校を訪れます。ここではナチュラル・オーブンという企業が給食を提供しており、揚げ物もなければ缶詰もなく、さらにこの学校には菓子の自動販売機も炭酸飲料もありません。加工食品ばかり見てきたので、ここで子どもたちに供される色鮮やかな野菜を目の当たりにするのは、ショッキングですらあります。この学校の児童たちの問題行動は劇的に減っていると学校運営者は教えてくれます。ここでスパーロックの考察が入ります。「この学校の給食に対するコストは、よその学校とほぼ同じ。ならば、どうしてすべての学校でこういう給食にしないんだろう」（五六分二秒）。

ウィスコンシンの学校で給食の列に並ぶ子どもたちを見ながら、電話インタビューに答えるナチュラル・オーブン・ベイカリーの創業者の声が、オフで聞こえてきます。「ジャンクフード産業の抵抗があるので、なかなか他の学校の給食に参入できないんですよ。何しろ巨大な利益を上げていますからね」。私の意見では、これがなかったらこのシークエンスは完璧なのに、と悔やまれる場面です。これまでに登場した専門家と違って、「ジャンクフード産業」について語るこの男の専門性は、作品内でまったく確立されていません。彼の発言は何度も裏が取られ、一〇〇％間違いないのでしょう。しかし、おそらくより効果的なのは、ジャンクフード産業が毎年アメリカ中の公立学校から具体的にどれだけの利益を上げているかを示すことだったと思います。それでも、次の場面で現れるロサンゼルス統合学区の責任者マーリーン・キャンターがすべての学校から炭酸飲料の自動販売機を追放した話をするところで、「ジャンクフード産業の抵抗」については納得のいく説明がなされています。

五七分八秒、映画全体の約六割まできたところで再び実験です。第一三日目、スパーロックは肥満率の高さでは全米で五本の指に入るテキサスにいます。第一四日目は、肥満率ナンバー1のヒューストンを訪れます。テキサスではあまり時間を割かずにスパーロックはすぐにワシントン特別区に飛び、ロビー集団である全米食料品製造業者協会の副会長に会います。彼によると、問題解決の鍵は教育です。栄養摂取の正しい知識と、体育教育の充実です。これはいささか弱い動機でしたが、ともかくスパーロックは横道に逸れて体育教育の現状を探ります。そして幼稚園から中学終了学齢までの間で体育の履修義務があるのは、たった一州、全米の中でイリノイだけだということを知ります。スパーロックはイリノイに戻り、きちんと練られた体育授業を観察し、その後マサチューセッツに行き、週一回体育館を四五分間グルグル走り回るだけの授業を見学します。六一分。スパーロックは、アメリカの体育教育に起きた異変の原因を、ジョージ・W・ブッシュ元大統領政権が可決した落ちこぼれゼロ法案に見出します。専門家によると、この法律によって体育と食育にかかるコストが抑えられたのです。この発言をきっかけに、スパーロックは中学三年生たちにカロリーとは何か尋ねます。誰もちゃんとした答えは出せません。それは街頭で同じ質問をされた六人の大人も同じです。

六三分二秒。実験開始一六日目、スパーロックはまたテキサスにいます。そして二〇秒ほどして一七日目。彼はニューヨークに戻ります。ここで観客は、スパーロックの体調悪化が弊害をもたらしていることを知ります。アレックス（彼女）によると、スパーロックは疲れやすくなっており、夜の生活にも問題が出始めているということです。翌日、医師団の一人がスパーロックを検査し、血圧もコレステロール値も上がり、「肝臓がよくない」と伝えます。医師は実験中止を進言します。スパーロックは心配する母親と電話で話します。母親はこの実験で悪くなった健康が元に戻らないかもしれないと心配しているのですが、スパーロックは「みんな」は実験が終われば元に戻ると言っているから大丈夫と、母を安心させます。ここで第二幕は終わります。

■第三幕

六九分二六秒。第三幕は食物が持つ「ドラッグのような効果」を探るところで幕を開けます（ここからが第三幕かどうかは、あくまでも私の主観的判断です）。新しい専門家が登場し、食物の依存効果を解説します。マクドナルドは常連の顧客をヘビー（重量級）ユーザー、中でも来店回数が多い人はスーパーヘビー（超重量級）ユーザーと呼んでいますが、そのことがアニメーションによって解説されます。また電話による全米の栄養士への無差別聞き取り調査も行われます。ここでかかりつけの栄養士が所属する会社が閉鎖になることが伝えられます。この機会を利用してスパーロックは、アメリカ人がダイエット商品や減量プログラムに金を注ぎこむ一方で運動の効果を軽視するという問題を指摘します。これをきっかけに、ヒューストン滞在時に撮影された胃バイパス手術という極端な減量手術の様子が紹介されます（七四分三秒）。ヒューストンで撮影はされましたが、極端な例を紹介するというこのシークエンスで使われるこの場面は、いつどこで撮影された素材かどうかは問題にはなりません。

ここにいたって、スパーロックが立ち向かうハードルもどんどん高さを増し続けています。そしてそのことが第三幕をよりパワフルにしています。七七分三三秒が経過し、スパーロックはニューヨークの自宅で午前二時に、動機と息切れを感じて目を覚まします。「最後までやり通したいけど、大変なことになっても困る」。医師たちを訪れると、スパーロックはいつ救急病棟に担ぎ込まれてもおかしくない状態にいること、そして医師たちの誰もがこのような結果を予測していなかったことが、明らかになります。八一分二〇秒。しかしスパーロックは実験を続行します。第二二日目。スパーロックは、先送りにしてあった疑問に切り込みます。「食品加工産業は、立法府に対してどれほどの圧力をかけているのか」。スパーロックはもう一度全米食料品製造業者協会を訪れ、そしてマクドナルドに直接電話で取材を申し込みます（八三分二六秒）。

スパーロックはマクドナルドに電話で取材を申し込み、マクドナルドは居留守を使い続けます。残りの実験の日々の箸休めとして使われます。第二五日、第二六日、第二七日はさっと流され、第二九日、スパーロックは階段を登るのもやっとです。第三〇日、ガールフレンドのアレックスは「デトックス・ダイエット」の献立を立てます。その前にまずマクドナルドで「最後のマック聖餐」パーティーが開かれ映画に登場した人々が参加します。続いて最後の計量があって実験終了です。マクドナルドは、一五回目の電話にも返事をしません。

■結末

八九分三四秒が経過して映画も終わりに近づき、スパーロックの体験談も終了です。ここでスパーロックはもう一度マクドナルドに対して起こされた訴訟に立ち返って言います。「ロバート・スィート判事は六ヵ月におよぶ審議の後、訴訟を取り下げるよう命じた。その理由は、原告の少女たちが、マクドナルドが原因で体調不良をきたしたということを証明できなかったからだ」。スパーロックはこの三〇日間の実験が彼にもたらした様々な体調不良を盾に反論します。ファストフード産業に対して「せめて特大サイズのオプションをやめたらどうだろう」と作品を使って挑んでいるのです。そして観客にも変わることを促します。「いつか、あなたも私と同じくらい体の調子がおかしくなる。行きつく先はここ(救急病室の画)かもしれないし、ここ(墓地)かもしれない。ここでどっちが先に逝くべきなのか、自分に聞いてみて欲しい。自分か、それともアイツらか」。

■エピローグ

最後にまとめとして、スパーロックが元の体重まで減量し元の健康状態を回復するのに何ヵ月かかったかと言う情報が現れます。そしてこの映画がサンダンス映画祭で上映された六ヵ月後に、マクドナルドは特大カップをやめたという断りが入って、クレジットが流れます(九六分二三秒)。

PART 2

物語を使いこなす

Working with Story

Chapter 8

Research

リサーチ

例外はありますが、ドキュメンタリーをどれだけ巧く語るかということは、リサーチ、つまり調べものにかかっています。ドキュメンタリーという分野がカバーする題材は膨大ですが、何を扱うにもほぼ同じことが言えます。アラン・バーリナーは、自分のアパートに一二人の同姓同名の人を招いてディナーパーティーを開き、『心地よい響き（未）』という極めて個人的な作品を撮りましたが、その制作についてこう語っています。「どの作品でもスタート地点は同じ、膨大なリサーチから始めます。目をつけた題材にまつわるすべてのことを理解したいという情熱が、出発点なのです」。

『ラリーの血族（未）』を撮ったスーザン・フロムキーとメイスルズ・フィルムズ（シネマ・ヴェリテで有名なメイスルズ兄弟の制作会社）のお抱え編集チームは、六ヵ月かけて物語を求めてウィスコンシン、メーン、アイオワ、そしてミズーリ州を歩き回り、貧困の状況を調べました。そしてついにミシシッピ河口域の貧困地帯に最適な登場人物たちと彼らの物語を見つけ出したのです。

ドキュメンタリー作家のジェイ・ローゼンブラットはいわゆる「発見されたフィルム」［別の目的で撮影された映像を「発見して」新しい作品に使うという映像制作方式］によって作品を作ります。サンフランシスコ・ユダヤ人映画祭のプレス資料によると、ローゼンブラットは『人が残したもの（未）』のリサーチに八ヵ月かけました。これは悪人が持つ普通の面を描いた三〇分の作品です。ローゼンブラットは、ヒットラー、ムッソリーニ、スターリン、フランコ、そして毛沢東という二〇世紀を代表する悪名高い五人の独裁者が写っている白黒映像を集めて、彼らが残した実際の発言や、史実的に正確な情報を役者にしゃべらせたものをかぶせて、映画にしました。

ドキュメンタリーにリサーチは不可欠なのか、と問われれば答えは「いいえ」です。例えばリアン・ブランドンが撮った『ベティが語る自分の物語（未）』は一見とても単純ですが、心に残る作品でした。この作品は心を揺さぶるような主題を扱っていますが、事の起こりはブランドンが職場で聞いた同僚の面白い体験談を、カメラに向かって話してくれるように本人に頼んだだけでした。どんな場合でも専門家やアドバイザー、ロケーション撮影が絶対に必要というわけではありませんが、何らかのリサーチが必要になることがほとんどです。そのことを踏まえた上で、いくつか知っておくと便利なことがあります。

質問をして、深く掘り下げる

あなたが物語を探しているとします。あるいは、探し出した物語をどのように語るかという方法を探しているとします。良い作品というのは、見る者を驚かせ、見る者の価値観に挑み、そして見る者に情報を伝える作品を指します。つまり、あなたが作品に使うと決

『ラリーの血族（未）』よりメインとレッドマン。Photo courtesy of the filmmakers.

めた情報は、驚きを与えるものでなければならないということです。それなのに現実には、誰もがご存じの（あるいは、誰もが知っているということになっている）情報を繰り返し伝えるだけのドキュメンタリーが多すぎます。その罠にはまらない最良の予防策は、ちょっと立ち止まって、自分自身がその情報に驚きを感じるかどうか試してみることです。「$E = mc^2$」とはどういう意味なのでしょう。「アポロ一三号」のアポロ計画はどうしてアポロと命名されたのでしょう。一九五五年に、モンゴメリーに住むローザ・パークスというアフリカ系の女性がバスで白人に席を譲らなかったことは、（アメリカ人なら）みんな知っていますよね。ついに堪忍袋の緒が切れた女性の物語としてよく出来ています。しかし、実は彼女が全国有色人種地位向上協会モンゴメリー支部のメンバーで、公民権運動の闘士だと知ったらどうでしょう。とたんに彼女は抑圧的な差別の犠牲者ではなくなり、代わりに口火を探していた活動家として映るわけです。このようにして、誰もが知っていると思っていた話に、新しい切り口とより正確な歴史的文脈を与えられるのです。

リサーチは自分でやる

安かろう早かろうで作られる最近のドキュメンタリーが抱える問題は、最新の、しかも猿真似ではないリサーチをする時間も予算も確保できないということです。何かの分野で起きている新しい展開を探るよりも、そして革新的な仕事をしている誰かを見つけ出すよりも、新聞や雑誌の見出しや何冊かの本を元にした作品の方が作る方は楽に決まっています。しかしそれでは、誰もが知っていると思い込んでいる話を使って観客を新しい理解に導くような作品は作れません。いつも同じ専門家が出てきて毎回同じことを言うのも、すでにテレビでお馴染みの顔であり、制作者たちがそんな専門家たちのカメラ映りをよく知っているからです。新しくてより複雑な視点からある題材に切り込める可能性があるのに、同じ話を繰り返して何が楽しいというのでしょう。

つまらない質問も恐れずにする

選んだ題材に関するどんな情報でも、くまなく調べ尽くすべきです。しかし仮に何ヵ月もかけて調べたからといって、専門家になれるわけではありません。お世話になる専門家やアドバイザーの前で良い恰好をして何でもわかっているフリをするのはご法度です。わからないことは聞きましょう。複雑な題材を普通の人たちに伝えることがあなたの専門領域なのであって、その題材ではないのですから。

ちゃんと調べる

知り合いの歴史研究者の体験談です。ある日その人にメールが来ました。それは聞いたことのない会社からで、アメリカの禁酒運動の歴史について「ご意見を伺いたい」というものでした。メールを読み進めると、送り主が本当に欲しいのは具体的な情報であることが明らかになりました。二〇世紀中に、酒や薬物に依存症を持つ夫に暴力を受けた、または殺された女性の判例はないか。そのことが禁酒運動のきっかけになったのではないか。それを証明するような判例はないかどうか、私の知り合いから聞き出したかったわけです。

この依頼には問題が二つあります。もし禁酒運動に火を点けたような判例が本当に存在するのであれば、なぜ彼ら自身のリサーチでそれが見つけられず、アドバイザーがその件について何も知らないのか。二つ目は、この人たちは私の知り合いの歴史研究者の専門分野を一応さらってはみたようですが、著作を読んでもいないということです。ちゃんと予習をしていれば、この歴史研究者がどのようなアプローチを提案するか予測できたはずです。

このような態度で作られてもそれなりの作品にはなったかもしれませんが、もっと良いやり方はあったはずです。もっと深く調べていれば、自分たちが扱う題材をもっと具体的に理解し、結果としてもっと明確な物語を見つけ、具体的にどんな専門家に相談すれば良いかもわかったはずです。もしこの禁酒運動のドキュメンタリーを作りたかった人たちが、まだ禁酒運動について語るべき物語を探している最中だったとしたら、もっと完全なリサーチをした上で大勢の専門家に相談し、題材を最も効果的に語り当てている物語を見つける手助けを頼めたはずです。自分で勝手に物語を決めて、当てずっぽうで専門家に承認を求めるのは、手続きが逆です。

いつリサーチをするか

いつ、そしてどれだけリサーチをするべきなのか。その答えはプロジェクトごとに違います。あなたが選んだ題材、アプローチ、そして制作資金の調達の可能性によっても、答えは変わります。たとえそれが公的な資金援助団体でも商業的な委託制作予算でも、助成金を申請するのであれば、あなたが作ろうとしている作品が最新の、そして信頼に値する学術研究に基づいていることが要求されます。局が直接制作する番組であれば、それほど厳しい審査は受けないかもしれませんが、それでもある程度のリサーチに基づいた企画でなければ番組として承認されないでしょう。企画段階の概要から撮影用の台本を経て、編集されて作品が完成するまで、リサーチは制作が終わるまで続いていくものです。多くの場合、事実関係の裏を取る作業は編集最後の数週間で一気に行われます。

アドバイザー

作品の質はアドバイザーの存在で決まります。その人の専門領域が学術的でもそうでなくても同じことです。専門家は舞台裏のことをいろいろ知っています。中には専門家の意見としてカメラの前にご登場願う場合もあるかもしれません。どんな作品を作るにしても、ある程度権威的な視点で題材を料理したいのならアドバイザーは不可欠です。最新の知識を解説してくれて、誰と会えば良いか教えてくれ、どこに行って、どんな取材をすれば良いかという見当もつけてくれます。あなたの作品がどのように一般大衆に受け入れられるか示唆してくれるかもしれませんし、どんな環境で(例えば学校等)あなたの作品が重宝されるか教えてくれるかもしれません。様々な視点を代表する専門家やアドバイザーに耳を傾けるのはとても重要です。

良いアドバイザーは、何物にも代えられない貴重な存在です。そういう人は自分の役割を心得ていて、あなたの仕事も理解しています。彼らの仕事は、作品に役立ちそうな内容をいろいろ勧めること。あなたの仕事は、勧められた情報を最も力強く、正確に物語としてまとめることです。映像作品の役目は、見る者を刺激して新しい知識や複雑な事象に対する興味を高めることです。そして、あなたの作品に刺激されてもっと知りたいと思った人の渇望を満たすのは、図書館なりウェブ上に存在する文献の仕事です。アドバイザーがあれもこれもと持ち込んだ情報をすべて作品に詰めこむことはできませんし、する必要もありません。しかし、もしあなたがアドバイザーの専門領域をよく勉強してその人が本当に重要だと思っているものを理解すれば、映像作家としてのあなたの目的に沿った表現のしかたが見つかるでしょう。

アドバイザーに依頼するタイミングについて考えてみましょう。ドキュメンタリー作家ジョン・エルズは次のように言っています。

まず君が選んだ題材について書かれた、誰もが認める最も重要な文献を一〇冊読む。それからその題材の周辺のことについて書かれた文献を二冊読む。これでようやく基本的なリサーチが始められます。その分野で最も重要な現存する一〇人は誰か。現存する一〇本の最も重要な論文は何で、一〇本の最も重要な映像はどれか。それがつかめたら、ようやく専門家に電話します。

専門家として参加をお願いした人が、インタビュー相手として最適だということもあり得ますが、最初は混乱を避けるために、アドバイザーはあくまでアドバイザーとして呼びましょう。リサーチ段階で必要なのは、背景的な知識の充実なのです。依頼したアドバイザーの方から出演の可能性を打診してきても、隠さずにまだ返事をするには時期尚早だと答えましょう。

アドバイザーとの打ち合わせ

制作費が潤沢な作品やテレビシリーズであれば、おそらく制作者、アドバイザー、そして外部の専門家が一同に会する、顔合わせの場を設ける予算が確保されていると思います。この手の打ち合わせは、制作資金調達の目途が立ったところで一回、次は制作が走り出したところでもう一回行われるのが理想です。私が関わった『アメリカ公民権運動』というドキュメンタリー・シリーズはブラックサイド社という制作会社で作られましたが、制作初期に私たちが「学校」と呼んだ勉強会が開かれました。制作者とリサーチ担当者がアドバイザーや専門家たちと顔を合わせ、パネルディスカッションのように数日にわたって意見を交換しました。これでそれ以降の制作の方向性が固まりました。予算が許せば、是非このように顔を合わせてする意見交換がお勧めです。映像制作者が一人一人の専門家と個別に会って話を聞くのとは比べ物にならない情報とアイデアが閃く可能性があるからです。専門家同士の化学反応によって、とんでもない名案が降りてくることもあるのです。

電話によるリサーチ

リサーチ中には、人を探したり、事実関係の裏を取ったり、題材の手がかりを調べたりといろいろなことがありますが、時には電話によるリサーチが避けられないこともあります。リサーチで電話をかける時は、可能な限り準備をしておきましょう。時間が許す限り電話する相手について知るべきことを知り、相手の専門分野についての知識を頭に入れておきましょう。そうすることで、より鋭い質問が可能になり、実りの多い結果が期待できます。プロ意識を持って、相手への敬意を忘れないように。

裏を取る

ちゃんと事実を確認して裏を取った人は、自分の映画にいちいち脚注をつけることすらできるはずです。作品に関係のある情報である限り、それがドキュメンタリー作家としてのあなたが提示した事実でも、インタビューを受けた人の発言であっても、すべて事実であるか確認し、最低二種類以上の信用できるソースから裏を取りましょう。どんなに著名な作家の手による文献でも、間違いはつきものです。視点が偏っていることも不正確なこともあります。それは引用された文献でも原典でも同じことです。大規模なデモに参加して家でニュースを見ていると、「小規模なデモ」と報道されるようなこともあります。講演会に行って論旨明快で信用に値する講演をいくつも聴いたのに、なぜかラジオでは一番論旨不明快な人の講演が引用されたということもあるでしょう。その報道そのものに嘘がないからといって、すべての側面を正確に表しているとは限りません。

もう一つ例を挙げてみましょう。貧困問題解決に奮闘するある活動家の横顔を題材にした作家が、「彼女はニューヨーク近郊の裕福な住宅街に生まれた」と書いたとします。その住宅街は、確かに現在は裕福かもしれません。しかしその活動家が生まれた五〇年前、その辺りはまだ開発が進んでおらず、大都市のベッドタウンではありませんでした。そしてその活動家は、そんな中でもさらに貧しい家に生まれたというのが実情だったとします。この場合、この文章を書いた作家は意図的であるかどうかにかかわらず、事実を用いて誤った印象を作り出したことになります。この活動家の現在の活動を描写するにあたり、その姿を歪める結果になってしまったわけです。

仮にあなたがこの活動家の半生をドキュメンタリーの題材として取り上げたとしましょう。当然あなたは複数の文献を当たっているので、この作家による活動家の描写が他の文献と一致しないことに気づきます。自分自身でそんなことがあり得るかどうか考えてみるのも大切です。現在の街の様子が五〇年前にも当てはまるということがあり得るのだろうか。たとえ一九七六年の住民たちが大金持ち揃いだったとしても、この活動家の家族も金持ちだったかどうかは、調べるまでわからないのです。

この活動家が裕福な家の生まれだという説を疑わずに制作を進めたとしましょう。ドキュメンタリー作家であるあなたは、裕福な背景が彼を篤志家への道に進ませたという解釈がお気に入りです。あなたが接触した専門家たちの中でこの活動家のことを詳しく知る者はいませんでしたが、裕福な子ども時代を送って救済の心に目覚める例はよくあるという意見を引き出しました。こうして活動家が裕福な育ちであるという情報と、彼が慈善に目覚める動機がナレーションに組み込まれました。本当にそうなのか、正確であるかということは無視です。このような事態に陥らないためにも、アドバイザーを数名傍らに置いておくべきなのです。もしこの活動家のお抱え伝記作家があなたの企画概要書を読み、またラフカットを見て、不正確な情報を見つけたら、とたんに間違いを指摘されるでしょう。だからといって見つけ出した事実を削除してしまわなければいけないとは限りません。ただし、削除しない場合は絶対に正しい文脈に置き換えてやらなければいけません。

細部に語らせる

事実というのは、ただ正確さを表すだけのものではありません。事実に立脚した細部に、あなたが紡ぐ物語をいきいきと語らせることができるのです。事実からユーモアや皮肉を引き出すことができます。登場人物の人格に光を当てることができるかもしれません。緊張感を与えたり、大切な主題を強調することもできます。何かを調べている時、自分が気に入った細部の情報を見つけて書き留めておきましょう。そしてあなたが語る物語から生じた疑問に対する答えが見つかったら、これも書き留めておきましょう。そしてどの文献からその情報を引き出したのか、可能な限り完全に記録しておきます。理由は二つ。もう一度探さなくても済むように。そして必要ならいつでもすぐに探し出せるように。

統計と、その他のデータ

統計データは、正しい文脈の中で注意深く裏も表も見なければなりません。使えそうな統計データを見つけたら、必ず原典のソースをたどって確認する癖をつけましょう。例えば、ある雑誌の記事に「一九五〇年代、一〇代の若者の何割かは喫煙した」と書いてあったとします。同じ記事の中に「アメリカ国立衛生研究所によれば」

と統計のソースを匂わせる文章もあったとします。他人の手で解釈された生データは、疑ってかかるのが鉄則です。本当にこの統計を使いたいのなら、自分でアメリカ国立衛生研究所に当たってみるしかありません。もしかしたら元のデータは「一七歳人口の内の××%」かもしれませんし、あるいは「フィラデルフィア市内の一七歳および一八歳人口の内の××%」かもしれないのです。意図的でないにしても、情報の解釈を誤ることはしばしばあります。ある人の解釈が、あなたの物語に都合のよいものだったとしても、きちんとした専門知識を持った人に確証してもらうまでは、信じてはいけません。

年表

年表は、物語を作り上げる時に最も役に立つ道具の一つです。慎重に作成された年表が初めからあれば、企画開発、撮影、編集と続く制作期間の流れの中でいろいろ助けられることもあるでしょう。年代順に並べられた項目を目にすることで、それまで気づかなかった物語の可能性を「目視」することができ、誤魔化しなしに時間軸を並べ替えて、非連続的な物語を構成する役にも立ちます。どれほど細かく項目を拾っていくか、そしてどれほど長い期間を扱うかというのは、作品の性質によって違います。歴史ドキュメンタリーを作る場合、あなたが語ろうとしている物語に関係ある項目が年代順に横並びで見られる表があれば重宝します。年表は、マイクロソフトのワードで作成した表を利用して簡単に作れます。見出し行が各ページに表示されるようにするとなお便利です。作表は慎重に注意深く。ここで正確さを追及する癖をつけておきましょう。人名、地名、日付、統計的数値等を間違いなく記しておくことで、後で事実関係の裏を取る手間が大幅に節約できます。簡単な注意書きをつけておくのも後々便利です。例えば「ベネット、四四ページ」のように一言添えておくだけで、その情報の引用先をすぐ探し直せますし、裏を取るのも楽になります。

年表の書式

特に決まった書き方があるわけではありません。私がPBS制作のシリーズ『世界をこの手に（未）』（現在ビデオ製品は存在しません）をやった時には、何種類かの年表を作りました。作り始めの年表は、一〇列六段でした。一世紀におよぶ物語を扱うので一〇年毎に一列。そして、文学、舞台と舞踏、音楽、視覚芸術、アフリカ系アメリカ人の政治史、そしてアメリカの社会および文化史のために全部で六段作りました。シリーズの構成が固まるにつれ、それぞれの物語のために年表が追加作成されました。例えば、ボードヴィル芸人のバート・ウィリアムズとジョージ・ウォーカーの物語のためには月単位の年表を作り、アメリカの歴史と並んで配置しました。

見本として用意した表８－１は、ミスアメリカ・コンテストを一〇年という期間の歴史的文脈に置いて、一ページにまとめた年表です。中にはもっと詳細な内容が必要なプロジェクトもあります。ダグラス・Ａ・ブラックモン著『Slavery by Another Name』［奴隷制と呼ばれない奴隷制］を映像化するときには、複雑な時間軸を迷子にならずに扱わなければならなかったので、日付、物語、裁判、書簡・書類、写真、州法と法的措置、連邦政府法と法的措置という七つの見出しをつけた拡張年表を作りました。行は年で分けましたが、月単位、場合によっては日単位で分ける必要もありました（例えば、一九〇三年の日雇い労働者裁判に関して）。

年表に書かれた情報の出元を控えておくのは得策です。自分しか理解できない表記でも良いので（例：ブライト本、三二ページ）書いておけば、後でさらに調査が必要な時や、確認しなければならない時に便利です。外部の人には見せる必要がない内部資料ですからラフで構いません。

年表はなければいけないのか？

年表があればいろいろ得なこともあります。あなたが語ろうとする物語を整理しやすくなります。物語の中に隠れている構成を見つけやすくなります。物語を豊かにする詳細が見つけられるかもしれないし、間違いを予防してくれるかもしれません。第一次大戦の従軍兵士たちの間で人気があったと一般に信じられていた歌が実は一九一九年、戦後に発表されたものだということは、年表を作れば一目でわかります。主要な出来事を年表形式にまとめることで、作品の焦点が後の方にあることがわかったとしたら、語ろうとしている物語の「入口」も自ずとそこになります。この「入口」から逆算して、観客に与えるべき情報と、与えるタイミングが考案できます。

年表を作ることで、物語がどのような世界の一部であるか俯瞰する役にも立ちます。そして観客に対して、今物語が歴史のどの辺にあるのか教えてあげることができますし（例えば「この翌月に、ベルリンの壁が倒されることになる」）、登場人物たちの周りに広がっている世界を垣間見せることもできます。見本の年表によると、最初のミスアメリカ・コンテストは一九二一年に開かれたことになっています。研究者によると、それ以前の美人コンテストは新聞紙上で行われていました。新聞紙上で美人コンテストを行うには、一八八〇年に考案された網点によるハーフトーン印刷技術が不可欠だということが、リサーチからわかりました。では一八八〇年と一九二一年の間に何があったのでしょう。大量の移民流入が、急速に成長するアメリカの都市に民族的・人種的な多様性をもたらし、同時にアメリカ女性の理想像についても多様な意見が生まれました。ここにマスメディアと大量消費文化が加わり、一九二一年までにミスアメリカ・コンテストの下地ができました。しかし一九二一年という年を見ると、その前年にはアメリカ女性が選挙権を勝ち取ったということもわかります。果たしてこれはミスアメリカと関係があるのでしょうか。はっきり言えるのは「そうとは限らない」ということだけです。どんなにこのような出来事の前

表8-1　このリサーチ用年表は、10年を網羅しており、ミスアメリカ・コンテストを歴史的文脈に置いて見るために作られました。『ミスアメリカ：ドキュメンタリー（未）』より。

	アメリカ史	女性運動史	社会／文化史	ミスアメリカ （作品の物語）
1920－1929年	1920年1月 憲法修正第18条（禁酒法）批准 1929年 株式市場暴落 大恐慌の始まり	1920年8月 憲法修正第19条（婦人参政権）批准 1920年 全米女性有権者連合結成 1921年 マーガレット・サンガーを長として全米受胎調節連合結成 1928年 アメリア・イヤハートによる女性初の大西洋横断飛行	戦後の大衆心理と社会的不満を象徴するジャズエイジの始まり 政治的・社会的権利の主張としてボブの髪型が流行る。ガルボのページボーイ、ベロニカ・レイクのピーカブー、ルイーズ・ブルックスのプリンス・ヴァリアントなどの髪型が映画を通して流行。 1922年 エミリー・ポストの「エチケット」コラム連載始まる。 1923－28年 女性ブルース歌手の時代。マー・ライニー、ベッシー・スミス等 1926年 アントニオ・ブザッチーノがパーマを発明。 1927年 アル・ジョルソン、世界初の発声映画「ジャズシンガー」に主演	1920年9月 ミスアメリカ・コンテストの前身であるThe Fall Frolic（秋の大はしゃぎ）、アトランティックシティの商業関係者の手で開催。美人コンテストはなく仮面舞踏会と手押し車のよる女性の顔見世のみ。 1921年9月 アトランティックシティで第二回「秋の大はしゃぎ」開催。「都市別対抗美人コンテスト」第一回優勝者は16歳のマーガレット・ゴーマン。 1921年 「Bather's Revue」（水着でレヴュー）に大勢の子どもが参加。中には後に有名になるミルトン・バールの姿も。 1923－24年 様々な女性団体や宗教団体が美人コンテストに反対 1927年 女性倶楽部連合が美人コンテスト中止を要求 1928年 参加者80名、開催以来最大規模。スキャンダル、非倫理的行動等に批判が高まる。アトランティックシティのホテル経営者はスポンサーを降り、美人コンテストは中止。

後関係が興味深いからといって、そこから勝手に結論を導き出すことはできません。因果関係というのは雲をつかむようなところがあります。二つの出来事が並んで起きたからといって、関係があるとは限りません。このように、関係がありそうな出来事を年表の中に見つけたら、アドバイザーに相談する絶好の機会です。『ミスアメリカ：ドキュメンタリー（Miss America: A Documentary Film）』の制作者たちは、まさにそうしたのです。

現代が舞台の場合の年表

もちろんすべての作品が歴史的事実を扱うわけではありません。しかし、個人的な作品や日記のような作品でも、何らかの年表があればいつ何が起きたか考えをまとめやすくなります。表8－2として、作りかけの架空の年表を用意しました。ジェフという青年が、一一歳の時以来会っていない父を探す自分にカメラを向けて作品を作ろうとしているという設定です。年表をまとめながら、家族を残して消えた父が何をしていたかが見えてきます。

大きな出来事だけで、すべての詳細が事細かに書き込まれてはいません。一枚の紙の上にすべてを並べて見ることで初めて姿を現すこともあります。例えば、ルーシーはジェフの母親が再婚した日にジェフの父のもとを去っています。時間の流れを表現する道具も見つかります。何よりもこの年表から、物語を語る順序を再構成する手掛かりが得られます。まずジェフが父の消息をつかみ、二人が連絡を取り合えるようになってから、ジェフは父の腎臓移植に自分の臓器が提供できないかどうか確かめるために、父に会おうと決心します。これは、ただ「父さんに会いたい」というよりも、力強い物語の芯です。父は息子の腎臓提供を受け入れるのでしょうか。なにより息子の腎臓は適合するのでしょうか。母が臓器提供をやめさせようとしたらジェフはどうするのか。または他の誰かがとめたらどうするのか。そのような問いに答えながら、物語はそれぞれの人間関係をたどっていくことができます。年表があると、たどるべき人間関係が整理しやすくなるのです。

時間を惜しまずにちゃんと作る

プロでも学生でも、年表を作る手間を惜しんでやっつけ仕事で片づけようとしたり、ひどい時は作らずに済ませようとする人を大勢見てきました。いい加減な仕事をする人たちは、何でも良いから思いつきで結局何の役にも立たないことを書きつけるわけです。「一九世紀、エリス島移民管理局開設、何千もの移民」。これは失敗の元です。もう少し時間を割いて具体的な情報を書き留めておけば、後でどうして自分がこれを書いたのか思い出そうと時間を無駄にすることもないでしょう。また同じ文献を引っ張り出して、同様に漠然とした情報の断片を書き込むことに時間を浪費する羽目にもならないでしょう。事実関係の確認はもちろんのこと、年表というものは物語を見つけ出し、成形し、共有す

表8-2　個人的な映画の例　スタイル：シネマ・ヴェリテ

	息子ジェフ（ドキュメンタリー作家）	父	その他
1987年		父と母の出会い。最初のデートは映画。母の説『月の輝く夜に』父の説『アンタッチャブルズ』。	マイクロソフト社がウインドウズ2.0発売。抗うつ剤のプロザック販売許可。
2000年1月2日	11歳。両親にいきなり座らされ、父が出ていくと聞かされる。		Y2Kは、何も起きず。
2002年5月	父の再婚を知らされず。	ルーシーと再婚。	
		長距離トラック運転手になる。	
2003年秋	母が再婚。	ルーシーが出ていく。	
2005年3月		腎臓の不調を起こし治療を受ける。失職する。	
2006年9月	大学入学。		
2009年9月	四年生の課題で、父探しのドキュメンタリーを企画。		
2009年11月	父を見つける。	腎臓移植が必要。	

るための有益な制作の道具なのです。

印刷物やインターネットを使ったリサーチ

インターネットのお陰で信じられない量の情報に手軽にアクセスできるようになりましたが、用心して使いましょう。実際には、インターネットのお陰で図書館が不要になるのではなく、逆に図書館の価値は増すばかりです。一見魔法のようなインターネット検索の結果は、あなたがタイプする語句の組み合わせが見つけられるものに限定されます。ネットに情報を上げた人がつづりを間違えば、あなたもその間違ったつづりをタイプしなければその情報にはたどりつけません。タイプする語句を思いつかなければ、手ぶらでリサーチを終えることになります。さらにたちの悪いことに、インターネット上のあまり信用できないサイトに連れていかれることがしばしばあります。ウィキペディアは、とっかかりとしては悪くないでしょう。「ワーテルローとは?」と当たるのは構いませんが、不特定多数の利用者が投稿するサイトは終点ではありません。

調査の媒体が印刷物でもインターネットでも、誰が何の目的で誰に向けてその資料を書いたかというのは重要です。学者が査読を受けて発表できるように論文を提出する学術ジャーナルというものがありますが、図書館でもオンラインでもアクセスできます。そのようなところで見つけた文献であっても、確認を怠うべきではありません。石油流出が及ぼす効果に関する文章を書いた著者は一体誰か。その人の仕事は何か。その人はどのような文献を参考にしてその文章を書いたのか、引用の脚注や関連文献目録を調べてみてください。専門家が書いた論文は、若者受けする雑誌に載った短い紹介文とはわけが違います。科学者が科学者向けに書いた文章は、当然若者向けに書かれたものとは違います。匿名の文章には注意が必要です。

あなたがインターネット上で見つけて使おうと思っている情報は、誰が、あるいはどのような団体が書いたのか調べましょう。あなたが調べたサイトは、アメリカ合衆国環境保護庁の公式サイトですか、それとも政治的に気候変動を否定する立場をとる団体ですか。どのようなウェブサイトか確信が持てないという場合は、誰がそのサイトを作ったか、サイトのホストは誰か、または誰が出資しているのかを調べてみてください。名前がもっともらしいからといって騙されないように。極めて合法的に響く名前を冠して人々に間違った情報を与えようとするサイトはたくさんあります。あなたが頼れると思ったそのサイトは政治運動団体に支援されているかもしれません。進歩的な研究機関かもしれません。小学校三年生の理科の課題かもしれないし、大学四年生のゼミのサイトかもしれないのです。

自分の足で書店や図書館に行くことの価値を過小評価してはいけません。オンラインでいろいろ探すことにも利点はありますが、実物を見にいくのも同様に有効です。あなたが音楽関係のドキュメンタリーを作りたいと考えているとします。でも決め手になる題材がありません。そこで図書館や書店に行って本の山を眺めながら、目を引く題材を探すことができます。

まだデジタルデータとしてアップロードされていない雑誌や新聞等の資料でも探し出すことができるというのも、図書館が持つもう一つの明確な利点です。オンラインでも実物の印刷物でも同じですが、古い記事の内容だけではなく、出版当時と同じようにその記事が載っているページそのものという文脈が見られれば、役に立ちます。あなたが二〇世紀初頭のボードヴィル芸人バート・ウィリアムズの記事を見つけたら、そのページの片隅に当時の靴やマットレスの値段が書いてあるかもしれません。当時のエンタテインメント関連の評が読めるかもしれません。当時の主要紙がどのような論調で人種問題や、移民、女性格差等について記事を書いたかわかるかもしれません。そして当時の空気が理解できるという以上に、視覚的に物語を語る材料を見つけられるかもしれないのです。

整理整頓

引用する素材があったら、引用元がすぐにわかるようにします。誰かの文章をノートに書き写す時は、絶対に誰の文章を写したかがわかるように、同じノート上に記してください。引用元を書き留める。引用符を使う。紫の蛍光ペンを引く。六ヵ月後にもう一度その文献にあたった時、あなたが自分でその文章を書いたと勘違いしないために、できることは何でもしてください。ナレーションにその文章を組み込んで、作品ができあがってから実はそれは他人の文章だったと気づくのでは手遅れなのです。ネットからコピー&ペーストした文章でも同じことです。出典を明示せずに引用するのは、どんな理由があっても許されません。

これ以外にも知っておくと得なことを書いておきます。

・情報源を明記する。参照元が記されていない資料やウェブページは、チームみんなの時間を無駄にします。コピーをとる時は、そのコピー上に参照文献の情報を書いておきます。本を見つけた図書館の名前や、その本の分類番号も書いておきます。ウェブサイトで見つけた文章なら、どのサイトのどのページで見つけたかわかるようにしておきます。これを怠ると、必ず後で同じことをやり直す羽目になります。

・記事全体をコピーする。文献をダウンロードするなら、コピーをとるなら、あるいはマイクロフィルムから印刷するのなら、必要だと思った部分だけでなく必ず記事全体をコピーしましょう。文献に脚注があるなら、脚注ももれなく記録しましょう。しばしば脚注の中に最も価値のある情報が隠れているものです。誰かにわざわざ脚注を探しに行かせるような忍耐強いプロデューサーはおそらくいません。

- 勝手に編集しない。リサーチを担当する者は、頼まれない限り自分の判断で勝手に集めた資料を編集してはいけません。何十ページにもわたる資料にあなたが引いた下線やらハイライトがあったら、読む方はイライラします。制作スタッフに良い資料を渡すのは重要ですが、読んだあなたの感想は押しつけないように。
- 文字順にする。例えば参考文献リストは、五〇音順やアルファベット順にしておきましょう。一つの参考文献から引用した複数の文章があちこちにあって探し回る羽目になったら、時間の無駄です。アルファベット順はあらゆるリスト作成に役立ちます（もしタイトルをアルファベット順に並べるなら、「The Thin Blue Line」の「The」は「Thin Line, The」のように後ろに回すと便利です）。
- ファイルやフォルダーをちゃんと使う。分厚い書類の山を、いちいち掻き分けて目指す書類を何度も探しまわらなくて済むように。
- 内容と関係あるファイル名をつける。名前をつけて保存した時は覚えているつもりでも、例えば「フランス.docx」ほど役に立たないファイル名はありません。「フランス - ロケハン 1-17-2015.docx」なら、六ヵ月後でも、開かなくても中身がわかりますし「フランス - インタビューリスト 5-17-15.docx」との違いも一目瞭然です。ちゃんとしたファイル名をつけておけば、コンピュータ上で検索するときにもとても役立ちます。
- 整頓する。リサーチは大変な仕事です。誰でも調べものの後は気力も使い果たしてグッタリでしょうが、それでもちゃんと時間を割いて読める字で清書しましょう。直ぐにできなくても、あまり時間を置かずに読みやすくしておくのが吉です。あまり間を空けると自分でも何を書いたかわからなくなりますから。調べものをノートにまとめているなら、常に最新版になるようにしましょう。
- 借りた本に書き込みはしない。図書館からのお願いです。折り目をつけるのもやめましょう。コピーを取るために開いて伏せなければならない時は、どうか優しく。

・ちょっと一踏ん張り。誰かのために調査をしている時は、まず頼まれた資料を探して目を通しましょう。文献に脚注があれば、それもコピーを忘れずに。先ほども書きましたが、文献に脚注があれば記録しましょう。他の脚注にもざっと目を通して、何かその中に関係のありそうな文献がないか見ましょう。探し出した文献の著者がそれ以降に書いた本が存在するかもしれない。孫引きの資料にソースが記述してあったら、その図書館に原典があるかもしれない。もしこうしたものを見つけて持ち帰れたら、それは思わぬ宝物です。スタッフは大喜びです。ソースの情報はインターネットを探し回っても見つけられないことが多いので、特に喜ばれます。

・インターネットで見つけたものは絶対に疑ってかかる。何度も言いますが、公民権運動史を扱った立派なサイトが、実はクラブツリー先生が教える中学校二年生の社会科の課題ということもあり得ます。とても科学的な体裁で地球温暖化を神話であると片づけているサイトが、実は石油会社が作ったものかもしれず、あるいは石油産業振興が目的で作られたのかもしれません。すべての情報は疑ってかかりましょう。

資料写真・映像ライブラリー・記録映像等

語ろうとする物語の性質によっては、何らかの記録映像や写真、あるいはありものの映像やストック写真を探さなければならないこともあります。アメリカであれば国立公文書記録管理局のような公立の記録保管施設、またはコービス［一億以上の画像と八〇〇万以上の映像のライセンスを管理している会社。日本なら日映アーカイブ等、日本映像・音楽ライブラリー協会参加企業に相当］のような商業的なライブラリーや素材管理会社もあります。ありものの映像や画像を本格的に探すのは、少なくとも部分的に制作資金が確保できてからです。一度制作が走り出すと、ストック写真や映像探しは企画開発の重要な一部となり、編集段階で物語が固まるにつれて再開され、場合によっては一から探し直すこともあります。写真や映像も、印刷物と同様にきちんと管理されなければいけません。そして、写真も映像も印刷物と同様、不完全なものは役に立ちません。昔のニュース映画のように頻繁に歴史的資料として利用されるものでも、プロパガンダのために作られたものや、ヤラセの可能性すらあるので注意が必要です。

次のステップへ

ドキュメンタリーの制作期間中は、何らかのリサーチが最後まで続くものです。それでも、ドキュメンタリー作家は意を決して次のステップ、つまり撮影段階に進んでいかなければなりません。しかしこれは難しい決断でもあります。知るべきことは無限に存在し、そして知れば知るほど新しく得た知識をみんなと共有したくなるものです。でも、アラン・バーリナーが教えてくれたように、「一番辛いのは、調べたことを手放すことです。しかし、調べたことをすべて詰めこむことが無理だという事実を、受け入れないわけにはいかないのです」。

Chapter 9

Planning and Pitching

制作の準備と売り込み

さて、あなたはドキュメンタリー作品のための題材を選び、十分リサーチもして作品にする価値があることも確かめました。次の段階に進みましょう。「制作の準備と売り込み」と名づけたこの章では、売り込み、概要作成、配役など、撮影前にしなければならない様々な準備について解説します。

売り込み

企画を売り込むための プレゼンに用意する短い宣伝文句を「ピッチ」と言い、口頭で売り込むことを「ピッチング」とも言いますが、この売り込み文句というのは、つまり明快かつ簡潔に表された、いわば作品の心臓ともいえるものです。良い売り込み文句を聞けば、あなたが良い題材を選んで、それを上手に物語として語ろうとしているのがわかります。そうすることで、あなた自身も確信が持てます。作品のアイデアが形になり始めた瞬間に始まって、完成して配給や放映のために営業をかける段階まで、あなたは売り込み文句を何度も書き直し、いろんな人に自作をプレゼンし、売り込んでいくことになります。売り込み文句を考えてみるということは、実はPART 1で解説してきたような首尾一貫して明快な物語があるかどうかを測る最高の方法でもあります。偶然配給会社の買付け担当の重役とエレベーターで乗り合わせたとしましょう。幅広いコネを持つ有名人でも構いません。四階に着くまでの間に相手の気を引く売り込み文句が語れなかったら、おそらくあなたの作品はまだ捨てきれていない贅肉がたくさんついているということです。つまり、時間とお金を不必要な要素に浪費しているということです。あなたが手短で効果的に売り込めたからといって、その物語が単純すぎるということでも、商業的すぎるということでもありません。それは、あなたが物語を完全に理解しているということです。

上手な売り込み

次の例のように、物語を語らずに題材の話をしてしまうのが下手な売り込みです。「この作品は遺伝子検査に関する倫理の問題とその是非を巡る難しい選択を迫られる人々を描いています」。上手な売り込みは物語の中で題材の話をします。「これは、遺伝的な疾病に母を奪われた重役が、自分も遺伝子検査を受けるべきか迷う物語です」。聞き手に「それから?」と思わせるのが、良い売り込み文句の証です。「検査して陽性だったらどうするの?」、「陽性だったら、その後も取材させてくれる?」、「検査を受けないと決心したら、どうする?」。

下手な売り込み文句の例をもう一つ。「四年前、かつてベトナム戦争で負傷し脚を一本失った六三歳の退役軍人マーティン・ロバートが、ナントカ山登頂に成功しました。以来多くの退役軍人が、彼の偉業に触発されて登山に挑戦しています」。これでは何の物語かわからないでしょう。四年前に登ったという過去の物語はありますが、それを作品の「現在」として語るつもりがないのなら、一体何がこの作品をまとめる物語になるのかはっきりさせないと。そう、それは退役軍人たちの前に片脚で立つ六七歳の男になるはずです。この売り込み文句の問題は、物語の芯が見えないことです。物語の芯がないということは、物語を肉づけする骨格がないのと同じ、つまり観客の関心を引くものがないということです。物語の芯を明確に語らなければ企画は売れません。

言い換えればこういうことです。物語の芯を理解していないということは、物語そのものを理解していない、つまり効果的に売り込めないということなのです。

そのことを肝に銘じた上で、この売り込み文句を書き直してみます。「四年前、ベトナム戦争で負傷して片脚を失った退役軍人マーティン・ロバートがナントカ山の頂上を征服した。手足を失った者としては史上初という快挙だった。ロバートの挑戦は終わっていない。今度は湾岸戦争で負傷した退役軍人を二人引き連れて、彼は山に戻る」。悪くない売り込みだと思います。この後、あなたが退役軍人たちとちゃんと連絡が取れて、映像作家としてだけでなく登山家としても有能だということを示すことができれば、かなり良い企画です。売り込む相手に取材対象の素材としての魅力とカメラ映りを見せられるような、ロバートさんたちの姿を映したデモテープでもあればなお結構です。

局内の企画会議などでは、企画の進行状況に合わせて何度かプレゼンの機会が出てきます。私が『世界をこの手に（末）』に関わった時も、企画を固めながら何度も売り込み文句を磨きました。六時間の放送時間で漫然と舞台芸術、舞踏、文学、視覚芸術の一〇〇年分の歴史を網羅するのではなく、一時間ごとにいくつかの物語を通して芸術の歴史を時間軸に沿って語るというアプローチの企画でした。リサーチの末に一〇〇年の歴史を貫いて変化していく主題を見つけ出したので、プロデューサーやプロジェクトのアドバイザーも提案された物語をその主題に沿って選びやすくなりました。なるべく多くの選択肢を与えるために、取り上げる芸術家たちは可能な限り幅広くしました。いくつもあった物語候補のうちの一つが「名無し」という仮タイトルがつけられたエピソードです。放映時にはタイトルは使われませんでしたが、『恐れも知らず恥も知らぬ』というセグメントの一部として制作されました。その「名無し」の売り込み文句を紹介します。

「名無し」は、バート・ウィリアムズがジョージ・ウォーカーと組んでブロードウェイの舞台に立つ物語。二人は、六〇年の歴史を持つミンストレル・ショー［白人が顔を炭で黒く塗って差別的なイメージで黒人を演じる演目］を見に来る客の偏見を相手にしなければならなかった。二人は差別的偏見を乗り越えて白人客を楽しませることができるのだろうか。物語はウォーカーの死後も続く。ウィリアムズはジークフィールド・フォリーズ劇団に加わり、W・C・フィールズや、ウィル・ロジャース、ファニー・ブライスといったスター芸人と共演することになるが、彼の前には常に人種偏見の壁が立ちはだかる。その様子を歌手で俳優のベン・ヴェリーンが再現する。

「名無し」の物語と並行して、エドワード・キッド・オリイとニューオリンズ・ジャズの台頭、そしてオスカー・ミショー［アフリカ系アメリカ人映画製作者の先駆者］というテーマ的に共通した二つの物語が語られました。そして、それぞれの物語が三幕構成を持っていました。三つの物語は最終的には一つの芯を中心に交互に展開するように編集しましたが、企画段階ではそれぞれの物語の起承転結が把握できるように、独立した物語として扱いました。この作品は記録映像やインタビューを使って制作されることがわかっていたので、どのような構成になるか前もって予測しやすかったのは確かです。これは歴史ドキュメンタリーを作る時に有利な点です。リサーチを重ね、調査のためにインタビューを重ねていくうちに、感情的な山場がどこになるかが明らかになりました。だからバート・ウィリアムズたちの人生のどこを強調して、どの足取りをたどって山場を迎えれば良いのかを事前に知ることができたのです。

声に出して売り込む

実際に人を相手に売り込むのは、簡単ではありません。よくある失敗の一つは、相手に巧く伝えなければいけない情報を忘れて、いろいろな補足的情報を括弧に入れて伝えてしまうということです。「これはある男の物語です。（あ、そうだ、その男は二〇年前にすごい研究をして科学賞を獲ったのに、その後誰かに自分の研究内容を盗まれたと思いこんだのです）。そこでこの男は（あ、やっぱり盗まれたんです。それがこの男を駆り立てる動機になったんですよ。あ、そのことは後でまた話します）、だからこの男は……」。

要するに、練習なしでは口頭で滔々《とうとう》と売り込みはできないということです。売り込み文句の要点は、明瞭に、焦点をぼかさずに、手短に、そして関心を引くようにです。

概要

大抵のドキュメンタリー作家は、作品を構想しながら売り込み文句を考えているだけでなく、もう一歩進んで作品の概要も書いてしまいます。アウトライン、つまり輪郭としても知られる概要は、売り込み文句と同じように制作過程を通して何度も書き直され、その作業は編集段階まで続きます。概要をなぞりながら物語の芯を肉づけし、シークエンスを並べて、物語を組み立て始めます。もし三幕構成を使うのであれば、幕にあわせて組み立ててみます。

概要の利点は、あなたの頭の中にある作品を紙の上で見せてくれることです。作品として選んだ物語のどの部分から語り始めるかを決めて、そこから書き始めます。予測される展開に従って書き、予測される結末で終わらせます。物語に必要な登場人物を導入し、場面などその他必要なものも導入していきます。

なぜ概要が必要か

概要というのは、作品の準備を計画するために使う道具であり、作品を評価する分析器としての役目も果たします。概要を読めば、あるシークエンスがどんな役割を果たしていて、ある登場人物が物語の中でどんな役割を果たしているか、見ただけでわかります。内容の重複や飛躍があった場合は、紙の上で見つけることになると思います。概要を書く時は、その瞬間に想定している内容を反映させて最初から最後まで、主題ではなくて物語に集中して書くようにしましょう。これは探検隊の隊長の物語なのか、それとも探検に参加した退職後の人生を楽しむ高齢者の物語なのか。学校内で激化する商業主義に挑む親たちの物語なのか、それとも予算カットに苦しんで歳入確保のために自動販売機を学校に置こうと目論む学校経営者の物語なのか。的を絞りましょう。

概要が売り込み文句やリサーチの報告書と違うのは、概要はちゃんとシークエンスに分かれて構成されているということです。そうすることで、なぜAという物語を選択してBを捨てるのか、なぜAさんがBさんより重要なのかという判断ができます。大袈裟ではなく、本当にすごく役に立ちます。だから撮影前に概要を書き、撮影中に書き直し、撮影後にも書き直し、編集中にも書き直します。別の方向性を探るために今まで書いたものを帳消しにして一から書き直すこともあります。もし、編集中の作品にコンサルタントとして参加することになったら、私はとりあえず今つないである素材を元に概要を書いてみます。それを元に、制作チーム全員でうまくいっている部分と駄目な部分を見極めます。役割が重複するシークエンスがいくつも存在するような欠陥も、概要にまとめればすぐにわかります。第一幕が全体の半分まで続いていたり、第二幕の途中でようやく物語が転がり始めるというようなことがあっても、概要を見れば一目瞭然です。

シークエンスとは何か

Chapter 4と7で説明したように、ドキュメンタリー作品にとってシークエンスというのは、本でいう章と同じです。章ごとのエピソードはある程度完結していなければいけませんが、そこで終わりではなく、常に次の章に期待をつなぎます。シークエンスは、作品全体に対して何か新しい要素を加えます。例えば、このシークエンスは「取り調べにおける可虐の増加傾向」について。ここは「拘束による心神喪失」について。そしてここは「9・11以降の取り調べ倫理の変化」について、といった具合です。あるシークエンスで「可虐の増加傾向」の話をしたからといって、別のシークエンスではそのことに触れてもいけないということではありません。ただしあるシークエンスで導入され、観客の関心を集めた要素は、他の場所でまた同じように大きくは扱いません。シークエンスというものを理解する最高の方法は、いろいろな作品を見てドキュメンタリー作家たちがどのように物語をシークエンスに分けているか理解することです。Chapter 16でアレックス・ギブニーが『「闇」へ』について語っているように、シークエンスごとに「拘束による心神喪失」などといったタイトルがつけられることもあります。シークエンスが変わることをわかりやすく知らせないと決めたとしても（そうしないドキュメンタリー作家が大半です）、各シークエンスの役割がわかりやすいように、作業中は名前をつけておくと便利です。

シークエンスに名前がついていない作品を観ていても、視覚的なヒントや語り口の変化を合図に、シークエンスが変わったことがわかることがあります。例えば、黒味にフェードアウトして、またフェードインすればシークエンスが変わった証拠ですし、海に出かけていく子どもたちが街に帰ってきたら、新しいシークエンスの始まりです。リズムが変わった、音楽が変わった、急に同録の音になった。いずれも、シークエンスが変わった合図として使えるものです。新しいシークエンスが始まる時は、前のシークエンスが自然に無理なく終わって物語を前に進めていると感じられるのが大切です。

作品の構想を練りながらシークエンスを考える時は、どうやったら面白く話を語れるか考えながらやりましょう。脳内で作品を見て、直感を信じましょう。次はどんなシークエンスがくれば自然なのか。このシークエンスではどんな問いに対する答えが欲しいのか。どうして他のシークエンスではいけないのか。その登場人物からは、どんな新しい展開があり得るのか。

もしあなたが映像編集者なら、あるいは編集者と働いた経験があるなら、シークエンスも編集も、同じ考え方に従っていることに気づくと思います。実際、概要を書いておくと編集作業も楽になります。作品の構成を試してみたいと思ったら、つなぎ直すより紙に書いてみた方が手早くできますし、つなぎ直してから飛躍や矛盾に気づくのも時間の無駄です。では、紙の上でうまく構成がまとまれば実際の素材でもうまくいくかというと、残念ながらそうとは限りません。それでもシークエンスを概要にまとめてみることは、間違いなく最終的にうまくいく構成にたどりつく道標になります。

■シークエンスについて考える

ここで、概要の見本を見てみましょう。説明用にとても単純化した架空のドキュメンタリー作品の概要です。『ザックと新しい妹』というタイトルのこの小品は、撮影環境が限定されているので、シネマ・ヴェリテのスタイルですでに撮影が始まってからこの概要が書かれたという設定です。

あらすじ

この約二〇分のビデオ短編の主役は、五歳で一人っ子の男の子。ある日突然彼の世界は一変します。病院から生まれたばかりの妹が来るのです。新しい家族の誕生を一人の子どもの目を通して微笑ましく描き、見る者に考えさせる作品になります。

第一のシークエンス：「さわり」

最初に、作品の見せ場のさわりを編集した一分程度の短いシークエンスを使って観客の期待を煽ります。そして三つから五つのハイライトによってこれから何が期待できるかを垣間見せます。もちろん、おいしいところは見せずにとっておきます。

タイトル：『ザックと新しい妹』

第二のシークエンス：「もうすぐ来る」

ザックは、生まれたばかりの妹に会いに病院に行く支度をしています。もうすぐ五歳のザックはこれまでは一人っ子でした。妹ができることで生活が変わるということを理解してはいないと両親は言っていますが、二人とも一生懸命ザックを良い子に育てています。ザックはお祖母ちゃんの車に乗り込みます（撮影済み）。病院へ向かう途中、車中でザックはまだ見ぬ妹のことをあれこれ話します。友達の妹や弟の話もします。これをきっかけに場面は学校に飛びます。数週間前、先生が弟や妹について話しています。さらに同級生にマイクを向け、兄弟に関する助言を街頭インタビューのスタイルで聞きます。カットすると、ちょうど車が病院の駐車場に入っていくところです。

このシークエンスの語り手（ザック以外）：先生、級友たち、お祖母ちゃん（予定）

第三のシークエンス：「こんにちは、赤ちゃん」

カメラは病室内で、ザックの到着を両親と共に待っています。両親に生まれた赤ちゃんのこと、出産の様子、そしてザックを産んだ時のことを手短に語ってもらいます。ザックが到着し、みんなで彼を迎えます。ザックがお母さんのベッドに腰をかけると、看護師がピンクの布に包まれたものを持って入室します。お父さんのザックを見る目が潤んでいます。お父さんの視線を追うと、ちょうどザックが看護師からピンクの包みを受け取っているところです。優しく膝に置かれる小さな赤ちゃんを、ザックは神妙な面持ちで見ています。お母さんが新しい妹に何か言ってあげてと言います。ザックは囁くように言います。「こんにちは、赤ちゃん」。

このシークエンスの語り手：ザックの両親、お祖母ちゃん

こんな感じです。特に目を見張るような作品ではありませんが、大事なことはちゃんと入っています。各シークエンスは章として機能し、それぞれに起承転結があります。第二のシークエンスは、ザックの期待感を描いており、ザックが何を期待して良いかわかっていないということも明らかになります。このシークエンスで一番比重が大きいのはザック本人の声です。ザックの学校や級友たちも登場します。筋立て的にはこれはザックが妹に会いに病院へ行くシークエンスということになります。

対して、第三のシークエンスはザックの両親についての物語になります。ザックに赤ちゃんを迎える心の準備をしてやったり、親なりにいろいろ心配事があったり。このシークエンスは両親の声で語られます。病院で撮ったインタビューかもしれないし、出産の日以前に別の場所で撮ったものかもしれません。このシークエンスを語

る視点も、初めて妹を抱く息子を見守る両親の眼差しです。筋立て的には、病院に到着するザックで始まり、妹との出会いに向かって進んでいきます。二〇分の作品であれば、妹との出会いがちょうど折り返し点の一〇分前後になるでしょう。

この二つのシークエンスがあれば、次にどう続けば良いかの見当はつけられます。病院から帰宅するザックを見せる必要はないし、赤ちゃんを連れた両親が退院手続きする場面も不要です。次の良い場面に飛んで問題ありません。何しろこの物語は『ザックと新しい妹』であって『ザック、赤ちゃんを家に連れて帰って歓迎する』ではないのですから。

例えば両親が退院パーティを企画しているなら、私であればその様子を撮影すると思います。ザックは人が集まるので大喜びですが、赤ら顔の妹がみんなの関心を独占してしまうので、ちょっとおかんむりになるのではないかという想定で臨みます。しかし予想が外れたら柔軟に対処します。ここは新しい環境への適応が描かれるシークエンスになり、ザックの視点から語られます。

ここでは簡単な見本で説明しましたが、是非時間を割いて様々なスタイルのよくできたドキュメンタリーをたくさん見て、シークエンスの存在を確かめてください。歴史ドキュメンタリーや『「闇」へ』、そして『戦争中継テープ（未）』等の社会派ドキュメンタリーを見比べてみましょう。また『「闇」へ』と『戦争中継テープ（未）』のようにスタイルの違う作品におけるシークエンスの使い方の違いも見比べてください。伝統的なヴェリテ・スタイルの映画も見比べてみましょう。そうすればシークエンス、つまり章というのは、巧く構成を組み立てて物語の見せ方をより効果的にしてくれる便利な道具であって、作品の表現を制限するために存在する型ではないということに気づくと思います。

■シークエンスの数

特に数が決まっているわけではありませんが、二〇分の作品なら三分から六分のシークエンスが全部で五つといったところでしょうか。それでは単純すぎるというあなたには、サブシークエンス、つまり入れ子構造のシークエンスというのもあります。世界銀行に反対するデモのシークエンスの真っただ中で、ちょっと振り返って背景にある過去を探ったら、それがサブシークエンスです。本筋を離れてサブシークエンスに入っていったら、必ず本筋に戻ってそのエピソードを完結させなければいけないということもお忘れなく。

過去の物語を語る時

あなたの申請を受けた助成金交付団体や委託制作を決裁する立場にいる担当者は、あなたに作品の台本を要求するでしょう。台本とまではいかなくても、簡略台本や詳細な概要を見てあなたのとるアプローチと作品の肝を探ろうとします。どんな種類のドキュメンタリーでも同じことを要求される可能性がありますが、過去の出来事を題材とした作品の場合はより詳細な概要が書きやすいものです。そこで、過去の題材を扱った簡潔な三幕構成で語られるドキュメンタリー作品の、最初のシークエンスについて書かれた詳細を見本としてお見せします。

内容は、カシアス・クレイというあるボクシング選手が、後にボクシング世界チャンピオンで政治活動家でもあるモハメッド・アリへと変容を遂げていく物語です。これは三本の独立した物語で構成される一時間の作品で、まずオープニングのさわりの場面で主題を明確に打ち出します。続く第二のシークエンスが、このモハメッド・アリの物語です。この概要は実際に撮影が始まる前に書かれたものです。

シークエンス：「俺が世界を震撼させてやる」

第一幕。オリンピック金メダリストのカシアス・クレイは、ヘビー級世界チャンピオンのソニー・リストンと対戦することになる。クレイがネイション・オブ・イスラムのマルコムXとつるんでいるという噂が流れる。試合のプロモーターはクレイに噂を否定しろと言うが、クレイは拒否する。そしてリストンを破ったクレイは、公に宣言する。自分は今日からイスラム教徒に生まれ変わったモハメッド・アリであると。

登場人物：エドウィン・ポープ（スポーツ記者）、カリーム・アブドゥル＝ジャバー（高校生）、アンジェロ・ダンディー（トレーナー）、ハーバート・モハメッド（イライジャ・モハメッド［ネイション・オブ・イスラムの創始者］の息子）

使用映像：モハメッド・アリの記録映像。マルコムXとアリの映像。リストン防衛戦。

登場人物は当時の、つまり物語における現在の肩書で書かれています。これはドキュメンタリー・シリーズ『アメリカ公民権運動』の一エピソードで、登場人物たちに今まさに目前で起こっている出来事について語るように話してもらうというアプローチです。カリーム・アブドゥル＝ジャバーは当時高校生でしたから［改宗前なのでルー・アルシンダー］、高校生である自分の視点で語ります。アンジェロ・ダンディーは当時アリのトレーナーでしたから、その視点で語ります。

現在の物語を語る時

カメラの前で展開していく出来事を撮影する作品の場合でも、何が起こり得るか想定して概要を書くことは可能です。中学二年生の夏期バスケ・キャンプを取材するのなら、例年どのような体験があって、どういう場面やシークエンスを押さえれば良いやり取りがものにできるかということを、あらかじめ調べられます。練習が終わったら家に帰るのか、それとも合宿なのか。参加者が毎年仲良くなるような環境なのか。コーチとの個人練習はあるのか。親からのプレッシャーを受けて参加する子どもはいるのか。このような予習をしておけば、どんなシークエンスがあり得るかだけではなくて、そのシークエンスでは何が起こり得るかということを考えておけます。リサーチの結果、若くて有能な選手たちがバスケ関連の産業から多大なプレッシャーを受けることがわかったとします。あなたはその現象を表すシークエンスを撮って、それを「大人の事情」と呼ぼうと考えているとします。ならば、そのようなやり取りに目を光らせて現場に臨まなければなりません。

どのような人を取材対象として選ぶか考える時も、それなりの人選が想定できます。作品の筋立てを概要として構成しながら、「絶対必要」から「もし可能なら」まで、予測される取材対象を書き出していきます。現在を扱う作品でも歴史的過去を扱う作品でも同様ですが、明確に「この人が欲しい」という名前を出せない場合もあります。その時はどのような人が必要か説明すれば十分です。例えば「その女性とその時踊っていた男性、要確保」とか、「ここで、工場を運用している人たちに話を聞く」といったように。概要を書けば、あなたが語りたい物語や、あなたの論点がちゃんと積み重なっていくかどうか確認できます。登場人物に偏りがないか、そしてシークエンスが似かよったものばかりになっていないかも確認できます。同じようなエピソードを何度も繰り返してしまっていないかどうかもわかります。どんな物語を語るか、そしてどんな構造で作品を組み立てるかという判断は、制作が進むにつれて考え直さざるを得ません。それでも概要をまとめなければ、物語の形を整理し始めることもできません。概要を手に最終的な完成形に一歩近づくことができるのです。

作る作品が歴史ものでも、現代の題材でも、あるいは両者が混在したものでも、概要を書くという課題を自分に課すことによって、どのようなアプローチで撮るのか考えざるを得なくなります。ワーグナーの『ニーベルングの指環』の公演を題材に選ぶなら、どんなアプローチが良いのでしょう。ジョン・エルズがやったように舞台制作者組合員である裏方たちの目を通して描くという手もあります。あるいは演出家の視点を通して描く方法もあります。または、学芸会で簡略版ニーベルングの指環を演じるために、一生懸命オペラというものを理解しようとする子どもたちの視点というのも可能です。公演までにかかる長い準備の道のりが話のポイントなのでしょうか。それとも、巨大な演目をやり通す緊張感に満ちた一日の様子でしょうか。あなたが的を絞ったアプローチは、きちんと概要に反映され、改稿されてもそれがわかるようにしておきましょう。そうすれば、外部から制作に参加する人が読んでも、主題、筋立て、視点等といったあなたの作品のポイントがすぐ共有できるからです。

出演者の配役

ドキュメンタリー作家の中には「配役」という言葉を使いたがらない人もいると思いますが、それでもいろいろな人を揃えなくては作品になりません。インタビューを受ける人、ナレーターや進行役として出演する人、あるいはカメラの前で何かの作業をしてくれる人。出演者を選ぶ時には注意深く調べて選んだ人物に連絡を取り、参加を依頼します。誰を撮影し、物語にどんな意味を持ち込んでもらうのかというのは重要な決断です。たとえあなたがありもの素材を使った作品を作っているとしても、配役は重要です。それが誰かの記録映像であっても、あるいは朗読された古い手紙や、日記であっても同じです。あなたの作品に出資するかどうか決断する前に、あなたの作品に登場することになっている人が映った映像を見たがる重役もいるほどです。それほど、ドキュメンタリーの配役は重要なのです。

いつ出演者を決めるか

あなたが題材について考慮し始めたら、そしてどのような物語を撮ろうかと考え始めたら、それが配役についても考え始める時です。配役はあなたが作る映画のコンセプトの重要な一部だからです。もし作品に絶対欠かせない人がいるなら、売り込みを始める前に出演者を決めるべきでしょう。少なくとも打診して可能性を探っておくべきです。後は、概要の詳細が固まるにつれて出演者の顔ぶれも固まっていきます。どんな人がどのような理由で必要なのかが段々見えてくるのです。

誰を配役するか

もし専門家に出演を請う必要があるのなら、広い視点を網羅するのが賢い配役です。扱う題材について詳しい「五人の専門家」を漫然と探してきて撮るのではなく、それぞれ同じ題材に対してどのように違った意見を持っているのか把握していなければいけません。そうすれば作品全体のバランスがよくなり、深みも増します。観客が三〇分とか一時間のうちに覚えられる顔というのは限られています。同じ視点から同じ意見を繰り返す人をゾロゾロ出しても観客は困ってしまいます。

それぞれの人に作品の中でどんな役割を演じてもらうか考えることが、出演者を「配役」するコツです。カメラが追いかけていく取材対象でも、インタビューのために出てもらう人でも同じように役割を与えてやります。論争の一端を担ってもらうために出演を依頼するのかもしれませんし、撮影不可能な人の代理として映ってもらうということもあり得ます。例えば、合衆国民法教育法修正案第九条［性差が原因で教育を受ける機会に不平等が生じてはならないとする法案で一九七二年に可決された］について語る人を三名配役したとします。この件について意見がある人を適当に見繕ってくるよりも、法案可決に尽力した法律家を一名、法案のお陰で学生時代に奨学金を得ることができた女性アスリート一名、そして選手を選びにくくなるという理由で法案に反対だった大学スポーツチームの監督を一名呼んだ方が、力強い意見が集められます。仮にそれぞれの出演者が法案に関して幅広い知識を持っていたとしても、知っていることを無制限に披歴されては物語の焦点がぼけてしまいます。各々が物語に一番効果的に貢献する意見を述べて欲しいわけです。

歴史ドキュメンタリーを作っている時でも同じことに注意します。マーサ・ワシントン〔ジョージ・ワシントン初代合衆国大統領夫人〕に出演依頼はできないので、代わりに彼女の伝記を書いた著者にお越しいただくことにします。この著者には、ワシントン夫人についてあなたが語りたい物語に関係のあることだけを語ってもらいます。特に凝った演出をしなくても、観客はこの著者の役割を理解できます。彼（または彼女）が映った時は、マーサ・ワシントン、またはその代理が映っているのだと了解してくれるようにできるのです。

予習する

効率よく出演依頼を進める鍵は、十分な下調べです。片っ端から専門家に電話したり、例えば悪者のように見える人が欲しいという理由だけで人相の悪い人を探すようなことは避けましょう。型どおりな人選をすれば、作品も型どおりなものにしかなりません。

専門家ではない人に出演してもらう場合

あなたが掘り下げる題材を体現してくれるのが専門家ではなく、普通の人々とその日々の営みそのものであるということもあります。二〇〇五年に発表された『アラスカ高速道路を建設する（Building of the Alaska Highway）』の制作を決めたトレイシー・ヘザー・ストレイン、ランダル・マクローリイ、ケイティ・モストーラーの三人は、「見習い学生の軍団」を率いて、第二次世界大戦中に兵役の一部としてアラスカ高速道路建設に関わった男たちを探し出すべく動き出しました。アラスカ高速道路の建設に関する軍の書類が数年前の火事で失われてしまったので、工事に参加した人たちの捜索は困難を極めました。時には酷寒の環境に耐えながら、一万人以上の兵士がたった八ヵ月の間に二四〇〇キロにおよぶ高速道路を開通させたというこの大事業。その工事に参加した人たちの証言を得るために、制作者たちは専門家の助言から関連書物に書かれた人名にいたるまで、あらゆる手がかりを追跡したのでした。

　関係者の名簿ができあがったところで、制作チームは電話帳を捲りながら確認作業を始めました。電話をかける学生たちに対して、先方の正式なフルネームで確認するようにという指示が出されました［アメリカでは出生届にマイケルと書いてあっても、マイクという愛称で通すような人が多いので］。その過程について監督兼プロデューサーのストレインが教えてくれました。「まず学生さんたちに予備インタビューのさらに予備的な質問をしてもらい、それから私かランディかケイティの誰かが予備インタビューをしました。でも、何かのセールスだと思われてよく一方的に電話を切られてしまったので、策を講じました。ともかくまず『アラスカ高速道路の件で』と言うことにしたんです」。選ばれた語り部たちの数々の証言は、何十年も前の哀しい記憶の物語を生々しく語り、作品に強い力を与えました。ストレインによると、接触に成功した人たちの中からさらに十分の一ほどを選ん

『アラスカ高速道路を建設する（未）』の長大なアラスカ高速道路。Photo courtesy of the filmmakers.

でインタビューをしたということです。

現場で即興配役

最近テレビの広告でよく見かける仕掛けに、ドキュメンタリーを撮っているという設定でカメラを持った若者を車に乗せて、どこともしれぬ場所に行かせて、たまたまそこら辺にいた人に質問して回るというのがあります。綿密に設計された作品の一部として仕組まれたのならば、このような手法も効果があるかもしれません。しかし、そうでなければ時間の浪費に終わることの方が多いでしょう。例えば『スーパーサイズ・ミー』を撮ったモーガン・スパーロックは、突撃街頭インタビューをたくさん敢行しました。おそらく行き当たりばったりではなかったと思われるスパーロックの人選は、いわゆる普通の人々が持っているファストフードや、栄養や、マクドナルドのＣＭソングに関する知識を代弁するものでした。とても効果的でしたし、何より見ていて楽しいものでした。

反対意見を持つ人を配役する

作品を作っているあなたとも、あなたの作品を見てくれる人とも反対の意見を持つ人に出演してもらうには、どうしたら良いのでしょう。そのような依頼をする時に一番大切なのは、反対意見に対してもオープンかつ公平な態度で臨むと相手に知ってもらうことです。たとえあなたが賛同できなくても、その人が持つ反対意見が主題を掘り下げ、人々の理解を深めるのだと伝えるのです。

協力を得るために自分の意見を装ってはいけません。一九六九年の月面着陸がヤラセだったという切り口で作品を作るのなら、有人宇宙飛行についての作品だと嘘をついて出演依頼をしないということです。正面から交渉しても信頼のおける専門家や権威筋には断られるのがオチなのではないかというと、そんなことはありません。要は、題材の性質も含めて話に一枚噛んでもらうのです。誤魔化して引っ張り込んでもうまくいきません。専門家としての意見をきちんと盛り込めるような場を与えて、もらった意見は尊重して大事に扱ってください。もしあなたが何らかの専門家で、ドキュメンタリー作品に出演する話がきたら、返事をする前にちゃんと予習をしましょう。ちょっとネットで調べれば、依頼してきた制作者がどういう経歴の持ち主で、それがどういう作品なのか見当がつけられますから。

つり合いのとれた配役

反対意見を入れておけば、つり合いが取れるというものでもありません。というより、漠然と反対意見を入れたとしても、まずつり合いの取れた作品にはなりません。対立する意見を持った人たちが相手の言い分も聞かずに言い争っているのを見ても、観客の理解は深まらないのです。異なった意見を持つ集団の構成比があまりに極端な場合、例えば、主流意見派である大多数の専門家に対して、こだわりの強い一部の人たちで構成される少数派の対立意見を同じ比率で画面に出せば、ほとんどの人が賛成している意見でもそうでないように見えてしまいます。それでは不正確になるばかりで、つり合いが取れているとは言えません。扱う題材への理解を深めるためには、賛成と反対の間にある灰色の部分を見せて、一筋縄ではいかない複雑さを提示した方が効果的です。

発言される意見に対して適切な人選をするのも、つり合いの取れた配役をする上で重要です。専門外の話をさせるなと言うのではありませんが、例えばアメリカ先住民の教育問題を専門にしているフランス人研究者に、一九一〇年のオクラホマ州内のある先住民居住地の生活について話してもらうのは順当でも、たまたま低賃金長時間労働反対運動をしているという生物学者に、海外の運動靴工場で何が起きているか聞くのはやりすぎかもしれません。もちろん、その人の存在をきちんと定義づけて答えられるように、限定的な質問をしてあげれば問題はありません。例えば「なぜ私なんかがこの話題で話をするかというと、この間新聞でこんな記事を読んだからなんですよ……」と的を絞れるようにしてあげるわけです。もし作品がそのような工場内の現状について語ってるなら、そこの労働者や経営者、あるいは事実認定の視察をした人等、内情を実際に見た人を探した方が良いのは言うまでもありません。または、その問題を研究している労働問題の専門家をつかまえるのが良いでしょう。

前にも書きましたが、例えば誰かが「公営住宅に住んでいる人たちは、不公平に扱われていると考えている」と言った場合、この「人たち」を代表する誰かを連れてきて、その「人たち」の視点を求める必要が生じます。彼らの意見を代弁できる専門家でも構いません。

誠実な配役を

ロバート・グリーンウォルドは、軍需産業の闇を扱った『IRAQ for SALE』のエンディング・クレジットの中で、彼自身とスタッフがハリバートン〔米軍と関係の深い石油企業〕、CACI〔アブグレイブ刑務所で捕虜拷問に関与した疑いで告訴された多国籍企業〕、ブラックウォーターUSA〔軍事サービス提供会社〕等といった企業の担当者にインタビューしようとする様子を見せています。二〇〇六年六月八日から八月四日までの間に三一通のEメールと三八回の電話をかけたということが明らかにされますが、電話でインタビューを依頼する彼らの口調を聞くと、相手が答えたがらないのは無理もないと思わせるものです。制作期間に注目すると見えてくることがあります。この作品は制作費の目途が立った二〇〇六年四月末に制作を開始し同年八月には制作が終了したと制作者たちは言っています。このように複雑で物議を醸すような題材を扱う時には、ゆっくりと時間をかけて調査を進め、相手側と信頼関係を築くことが必要ですが、この作品の場合は、そのような時間をかけられなかったことがわかります。

加えてこの作品の場合、インタビュー依頼の電話というよりはまるで起訴状を読み上げるような勢いです。グリーンウォルドがある企業を相手にこう言います。「こちらはねえ、かなりやっかいな問題をつかんでいるんですよ。正直、かなり周りに叩かれるような問題ですからね。大衆にばれて大騒ぎになるよりも、この際ちゃんと説明してやった方が身のためなんじゃないかと思うんですよ」。メールで送られた依頼には「何か隠していることがあるなら、お聞きしたい」等と書いてあります。

　これを似たような題材を扱っているユージーン・ジェレッキの『戦う理由（未）』と比べてみましょう。ジェレッキが出演を頼んだ人たちは、視点も立場もより広範です。両者に見られる違いは、そのまま作家のとったアプローチと制作意図の違いだと考えて良いでしょう。どちらもとてもよくできたドキュメンタリーですが、それぞれ部分的に重なりながらも異なった客層に対して、異なった声で語りかけているのです。

視点を拡大する

出演者を配役する時、その分野で一番著明な人、その道のリーダー的な存在を求めれば一番面倒がないというのは確かです。時間がない時は特にそうです。そのような立場にいる人物は人を魅了する力に溢れていますし、発言も力強いことが多いはずです。しかしそのような人の意見が、あなたが追及したい物語の全体を担っていることはおそらくなく、その物語の一番おいしい部分であることも滅多にありません。だからその分野の先頭にいる人の後ろに目をやって、あなたが語りたい物語に新しい側面を与えてくれそうな人を探しましょう。教育についての作品を作りたいのなら、教育政策担当者だけでなく小学校二年生の担任が持ち込んでくれる声を探しましょう。企業スキャンダルについての作品を作っているのなら、その件が原因で投獄された元重役の屋敷を売ろうとしている不動産業者から面白い話が聞けるかもしれません。

　一つ肝に銘じておいて欲しいのは、性別、人種、国民性に関する誤解や偏見を助長するようなことは避けるということです。現代の世の中で、性別、人種、国民性が織りなす複雑さを反映させなければ、あなたの作品は不完全であるばかりでなく、不正確です。世界の複雑な多層性は、実は昔から変わっていませんが、今日の世の中では特に慎重さが求められます。作品の出演者の配役にも、それは反映されるべきです。

ギャラ

ジャーナリズムの基本原則の一つとして「あなたが特ダネにお金を払うことが知れ渡れば、特ダネを持った人がお金目当てに集まってくる」というのがあります。ドキュメンタリー作家の中には、食料を買ってあげたり、チャリティに寄付するなどといった間接的な方法で支払いをする人もいます。［少なくともアメリカでは］インタビュー等で出演する学者や専門家にギャラを支払わない慣行ですが、支払うべきだという議論もあり、そのような例も出始めています。

司会やナレーターの配役

ドキュメンタリー作品において、画面上に登場する司会進行役を使う理由はたくさんあります。そしてその方法も様々です。放送局の意向で、俳優、スポーツ選手、政治家といった有名人を使うようにプロデューサーに注文が出されるかもしれません。特定の政治的意見や、社会的利益、または健康問題等を代表することで知られる有名人が出演すれば、その作品の信憑性が上がります。コメディアンやコメディ作家が参加すれば作品のトーンも変わります。そして、もちろん有名人が参加すれば観客の興味も引きやすくなり、セールス戦略的にも得です。

ナレーター（つまり司会のように顔出しはない声だけの出演）に、有名な人が選ばれることもあります。あるいは、音楽や同録の音にも負けないよく響く声質を買われた人が配役されるかもしれません。ナレーターの声も作品のトーンを決定することを忘れないでください。男性の声か、女性の声か、それとも独特の訛りがある声か。何歳くらいに聞こえる声が適切なのか。観客にどんな印象を持たせたいのか。親しみある声、それとも専門家の響き。とぼけた味がある声、醒めた声、無感情な声、そして温かみのある声。姿が見えないナレーターですが、作品全体から聞こえてくる声に対して違和感を生じるようではよくありません。

概要が決まったら次の段階へ

概要の次の段階で書くのは、トリートメントと呼ばれる概要より詳細で簡易台本的な性質をもった文書です。それを作成した上で撮影に臨みます。中にはトリートメントを書かない企画もあります。トリートメントがどんなもので、どう使われるのかということは、次の Chapter 10 で詳しく解説します。

Chapter 10

Treatments and Proposals

トリートメントと企画書

書き上げた企画書は、より詳細なトリートメントという体裁のものに仕立て上げることになります。トリートメントを用いて、スタッフと作品の内容を共有したり、エグゼクティブ・プロデューサーから撮影開始の許可を取りつけたり、必要な機材を確保し、人を集めたり、助成金交付団体に申請書を出すのです。助成金を申請する場合、このトリートメントは企画書の一部となります。本章では、企画書とトリートメントの両方について解説します。ただし、このような書類に求められる書式は提出する相手によって違うということを覚えておいてください。提出する前に、どのような書き方が望ましいか、提出先に確認しましょう。

トリートメント

トリートメントというのは、要するに［小説のような］散文調で書かれた台本のようなものです。映画が展開する流れを文字として描写したものになります。制作スタッフ全員が、作品の物語とコンセプトを共有する手段として書かれることもあります。ほんの数ページのものもありますが、短くても書く人が作品の物語の芯を把握していて、それがどうやって視覚的に表現されるかが読めばわかるように表現されていなければいけません。外部に資金援助を求める時に、概要と併せてトリートメントの提出を求められることもあります。そのような場合、トリートメントは雑誌の記事のように読みやすく、しかも面白く書かれていなければなりません。読む相手が映画制作の知識を持っていない場合、その人はおそらく概要を解釈する映像的言語は持ち合わせていないと考えるべきで、ましてや台本を解釈できるとは思わない方が無難です。そこで、作品の内容が散文として書かれたトリートメントが役に立つのです［劇映画のトリートメントは、基本的には小説調に書かれた、台詞がほとんどない脚本といって差し支えない。長さは五ページから七〇ページ以上まで様々。内容の密度は要求に応じて変える。詳細なものはほぼ脚本と同じ長さだが、小説のような読み応えがあり脚本とは書式が異なる。映画産業の外にいる人に読みやすいというのがポイント］。

トリートメントとはどんなものか

ドキュメンタリーにおけるトリートメントは、形式的にはフィクション映画の脚本と同じであると考えて差し支えありません。基本は同じです。物語について書くのではなく、物語を語るのです。

尺が一時間のドキュメンタリー作品の場合、あなたが書くトリートメントは用途に応じて五ページかもしれませんし、二五ページになるかもしれません。実物の見本はこの章の終わりに載せましたので、参考にしてください。［あくまで英語の場合］ダブルスペース［一行空き］で、行間をゆっくりとって読みやすくします。時勢は現在です。過去の話をしていても、「物語の今」を基準として書きます［英語の戯曲や脚本は絶対に過去形を使わないという規則がある］。場面やシークエンスは、完成した映画に想定されるものを反映します。もしあなたの作品が、イラクで戦死した兵士の墓から始まるのなら、トリートメントも墓の場面から書き始めます。もし生き別れの兄弟に会いに行くのが作品の山場なら、トリートメントもそのように書きます。そこがちゃんと山場として成立するように、出し惜しみする情報はちゃんと後にとっておきます。もしあなたが三幕構成で作品を構想しているとして、再会の場面が第二幕のクライマックスとして用意されるのなら、その場面はトリートメント全体の四分の三あたりにくるはずです。

登場人物、場所、そして出来事も、完成作品に想定される順番で書いてください。情報がどのような順番で明かされるかについても同様です。例えばニューヨーク・マラソンについてのシークエンスが予定されている場合、そのシークエンスがいつ、どのように入るかを明らかにします。マラソンで作品が始まるのか、それともそこに向かって盛り上げていくのか。マラソンの歴史を探るなら、記録映像等に頼るのか。トリートメントを書く時は、物語を語りながらもあなたのアプローチが読む人に伝わるように書かなければいけません。例えば「カメラはニルスを追っていく。図書館で記録をしらみつぶしにするニルス。そして年配の親戚や近所の人を訪ねて話を聞くニルス。最後にニルスは、長年離れ離れだった兄弟に再会するために、ベニス空港に向かうのだ」。

外部の人に読んでもらう時の注意

制作に関わっていない人に読んでもらうためにトリートメントを書く場合、あなたが扱う題材をあまりよく知らない人を相手にしていることに留意しましょう。例えばスタッフ相手なら、「ワシントン、デラウェア河渡る、歴史研究家スミス神話的側面の話」というように端折って済ませられますが、外部の人向きならもう少し丁寧に書きます。例えば――

イマニュエル・ルーツによる油絵『ジョージ・ワシントン、デラウェア河を渡る』に、ナレーションが被さる。一七七六年一二月二五日嵐の夜に、ワシントンはデラウェア河を渡りながら勝利の進軍をした。この前の場面で歴史研究家たちによって明らかにされたように、アメリカは敗北寸前だった。そこへ躍り出たワシントン率いる三〇〇〇人の軍勢は、英国の傭兵部隊をトレントンで奇襲し、三分の一を捕虜にする。さらにニュージャージーに陣地を構え英国軍の攻撃を阻止することに成功する。独立戦争の雌雄を決する瞬間である。ナレーションが終わって、ルーツの油絵に戻る。芸術歴史研究家のジェーン・スミスが史実と伝説を比較、解説する。この有名な油絵が描かれたのは一八五一年。ワシントンがデラウェアを渡ってから七五年も後のことだった。

この見本はたまたま歴史ドキュメンタリーですが、歴史研究家の証言の間にどのようなイメージを見せるかということは一切言及されていません。しかし、トリートメントを書く段になったら歴史的戦争をどのように見せるかという具体的なアイデアは持っているべきです。歴史研究家の名前がいちいち記されているわけでもありません。おそらく最初の方で紹介されているので、ここではもう出さなくても良いという判断です。すべての映像を、すべてのナレーションを、そしてすべてのインタビューを書き出すわけにはいきません。そこまでやったら、台本になってしまいますから。トリートメントで大事なのは、物語がどのように展開していくか明確にすることです。そして最も重要な詳細だけを盛り込みます。この見本の場合は、油絵と芸術歴史研究家です。歴史ドキュメンタリーでなく現代ものを制作する時も、考え方は同じです。

イメージではなく、物語を語る

映像がどう見えるかではなくて、物語を語ることに注力してください。つまり素晴らしい日没の描写とか、ヘリコプターにカメラを搭載する機材の話に時間をかけないということです。そのことを十分認識した上で、映画的な文章を書くのは問題ありません。例えば「仕事疲れでやつれた指がミシンの上を素早く動く。これが一四歳の若者の指だとはとても信じられない」。こう書けば間違いなく指のアップから入ってミシンを操作している人物を見せるショットですよね。

次は『ミルテイルのオオカミたち（The Milltail Pack）』のトリートメントの一部です（この章の後半に全文があります）。「アカオオカミの群れが道路の向こうに広がるトウモロコシ畑に向かって進む。先月収穫が終わり茶色い茎が並ぶ畑の中にはハツカネズミが、ウサギが、そしてハタネズミが潜んでいる。いずれもミルテイルパックとして知られる群れを構成するオオカミたちには、とびきりの前菜なのだ」。この程度の映像的描写があれば、読者はこれ以降の文章に十分ついていきてくれます。

文体は違いますが、映像的な描写の見本として『砂漠のキャデラック（未）』の一編『あそこならアルミも育つだろう（You Could Grow Aluminum Out There）』のトリートメントの書き出しを紹介します。「カリフォルニアでは、土地の名前は人間のせいで消えてしまったものにちなんでつけられる。車窓に飛び去る様々な道路標識が見える。『The Glass Land［草原］』、『Indian Creek［インディアン渓谷］』、『Riverbank Estate［川岸の土地］』、『Elk Grove Townhouses［赤鹿の森住宅街］』、『Miwok Village［ミウォック族の村］』等。スペイン人が来る前には、三〇〇もの部族がカリフォルニア中央部を縦断する谷で共存していたのだ」。

フィクション映画のトリートメントは想像しながら描写しますが、ドキュメンタリーのトリートメントは自分が「こうなる」とわかっていることを描写します。フィクション映画の場合なら次のように書くかもしれません。「夜も更けて、トルーマン大統領と大臣たちは、タバコの煙が充満する部屋に座って次の一手を講じている」。でも、同じ場面でもそれが史実に基づいた歴史ドキュメンタリーなら、あなたはその場面の記録映像や写真を基に描写を書くわけです。あるいは歴史考証に基づいて、その部屋には誰がいて、それが深夜何時で、何の相談をしていたのか理解した上で再現ドラマを制作する前提で描写するということです。いずれの場合も、トリートメントを読めばどんな場面を見ているか一目瞭然であるべきです。「俳優がトルーマン大統領本人の日記を朗読する。背景はその時の印象を映像化した場面。夜も更けて、トルーマン大統領と大臣たちは、タバコの煙が充満する部屋に座って次の一手を講じている」。または、「たまたまそこに居合わせたトルーマン大統領の姪は美術学校の学生で、この運命の一日の白黒写真を撮っていた。その写真を使って、深夜、タバコの煙が充満した部屋で開かれている会議を見せる。次の一手を考える大統領と大臣たちの顔には疲労の色が見える」。

あなたが作っているのが歴史ものではなくて、現在の出来事を取材して作るドキュメンタリーである場合。例えば、ある企業の新製品発表の場を取材することを許可された場合、十分なリサーチと合理的な予測に基づいて描写を想像するのは構いません。「カメラはヘザー・ボーンを追ってゴッサムタワーに入っていく。自信に溢れた足取りでエレベーターに乗り込むヘザー。彼女が今から保守的な役員たちに対して行う野心的な広告戦略のプレゼンを、カメラは目撃する」。

登場人物を紹介する

トリートメントを読んでくれる人に、ちゃんと登場人物を紹介してあげましょう。「ウェブスターが戦場での殺戮を解説」とだけ書いてあっても、［例えば助成金申請等で］外部からあなたの作品を評価する人には何のことかわかりません。「歴史研究家で第二次世界大戦史の権威であるビクトリア・ウェブスター教授が」とすれば大丈夫。教授が次に登場するのが一〇ページ後なら、「歴史研究家のウェブスター教授は反論を述べている」というように、その人が誰だったか思い出させてあげればなお親切です。

引用する場合

インタビュー候補は挙がっているけれど、まだインタビューを撮っていない。あるいは、まだ最初の聞き取り調査をしていない、または依頼自体していないという場合はどうすればよいのでしょう。インタビュー相手に答えて欲しいことを想定してその人の発言をでっち上げて書いてはいけません。何を言うか、ほぼ間違いなく想定できる場合でも駄目です。では、この場合どうやってトリートメントを書けばよいのか。例えば「ここでハンター博士に光合成がどういうものか説明していただこう」というように、相手に聞く事を書くという手もあります。ハンター博士が書いた文献から引用するのも良い手です。ハンター博士が他の誰かのインタビューに答えた時の発言を引用することもできます。いずれの場合も、あなたはまだハンター博士にインタビューをしていないこと、あるいは彼の参加が確定していないことをトリートメントに明記することが重要です。例えば「特に但し書きがない場合、本文中の引用はすべて既存の文献からの引用」と断り書きをつけてください。ただし、この時には読みやすさに留意すること。スタッフ内覧用のトリートメントには、後でちゃんとソースをたどれるようにこのような「注」をつけますが、外部の人に見せるバージョンからは「注」を外します。読む人にとって「注」が邪魔にならないように、あくまでもあなたの作品が「見える」ようにしてあげてください。そうしないと、調査報告書のような体裁になってしまいますから。これ以外の断り書きの書き方として、「発言を引用した人物で、○○博士と▽▽牧師の協力は得られたが、△△氏と××教授は回答待ち」。どのような断り書きをつけるにしろ、引用は慎重かつ控え目にいきましょう。これはトリートメントであって、台本ではないのですから。

不確定要素

どんなに磨かれたトリートメントでも、すべての要素が確実になってから書かれているわけではありません。撮影が始まって初めて明らかになることがありますし、制作中に誰かの家の天井裏から最高の素材が発見されることもあります。そもそもトリートメントというものは、制作を始めるためのスポンサー探しを目的として書くことが多いわけです。ということは、先々にまだいろいろと勉強することがあるという認識を持ったまま、ともかくその時点で予測できる範囲内で出来る限り正確に書くしかないのです。詳細が決まっていなくても、こういう場面が欲しいというのをごく一般的な描写で書くことはできます。例えば「調教師が、何千頭もの馬を相手にすることの実際を教えてくれる。そして馬たちの日課である早朝運動の様子を見せてくれる」。あるいは、「ここで待ち行列理論の専門家に話を聞く。この理論を遊園地にできる行列に応用できないだろうか。そして実際に自分の子どもたちが何分までならおとなしく待つか直感的に知っている親たちにも話を聞く」。

自分の経歴を反映させる

職業柄、私は他人が書いたトリートメントに何通も目を通して、それがスポンサー探しの道具として巧く書けているかどうか評価することがあります。その時、実際には何週間も何ヵ月もかけて調査を重ね、人によってはすでに撮影の大半を終えているにもかかわらず、ある日の昼下がりにちゃちゃっと書いたという感じのトリートメントが多いのには、いつも驚かされます。トリートメントは、作品を売る道具なのですから、苦労したのなら苦労がきちんと見えるように書きましょう。「去る五月に自宅に通じる階段で行ったインタビューで、著者のシリア・ジョーンズは住宅難の問題についてこのように語っている」と書くだけで随分と効果が違います。または、「スミスさんを追ってカメラは螺旋階段を降りていく。その先にある埃っぽい地下室で、スミスさんは年代物の新聞や雑誌の山、そして貴重な写真の束を見せてくれる」。まだまだ調べることはたくさんあるとわかっていても、自分が題材についてちゃんと調べているということ、そして題材を理解しているということを、文章に含めるように書きましょう。

巧みに語る

トリートメントを書くコツの一つに、自分の情熱はなるべく早い段階で相手に伝わるように書くというのがあります。最高の題材を見つけた！　ならばその興奮を、他の人と分かち合いましょう。十分なリサーチの裏づけがあって巧みに語られた物語なら、読者を引っ張っていく強い力を持つものです。トリートメントをたくさん読んだ経験から言うと、あまりに多くのトリートメントが、せいぜいよく書けた調査報告書か、ひどい時は生煮えのアイデアという域を出ていないのです。心をつかむトリートメントとは、よく出来た物語を巧みに語り、納得のいく深いリサーチに支えられているものをいうのです。それだけではありません。新しい題材、斬新な切り口、新しい視点、誰も考えつかなかったような取材対象や場所、そのようなものによって生き生きと命を吹き込まれたのが、良いトリートメントです。

技を尽くして興味深く語ってください。まず、あなたの扱う題材と縁もゆかりもないような人に読んでもらってください。それがあなたのことを何も知らない人であれば、なお結構です。第三者の偏りのないフィードバックをもらった上で、大事なあの人に見せましょう。そう、スポンサー候補に。

撮影用のトリートメント

撮影用のトリートメントを作成する必要があるかどうかは場合によりますが、もし作るとなれば、それは撮影にいたるまでに形になったあなたの作品のすべてが詰まったものになるわけです。最初に書いたトリートメントが功を奏して、企画開発のための資金援助が得られたとします。次に書く撮影用トリートメントは、今まで行ったリサーチや考案したアプローチを具体化するために書かれるのです。最初のトリートメントが、番組制作委託の担当者や総合プロデューサーを説得して資金を捻出する道具だとすれば、撮影用トリートメントは機材を持ってスタッフと一緒に現場にいく承認をもらうために書くと考えても良いかもしれません。あなたが語ろうと心に決めている物語には何が必要かということをスタッフ用の説明書としてまとめることで、撮影担当者や録音技師が何をモノにするために現場に入るかという基本的な考えを共有することができるのです。Chapter 11でボイド・エスタスが経験談を語ってくれます。

台本

ドキュメンタリーの台本は、制作が進行するにつれて形になるのが一般的です。ナレーション主体のドキュメンタリー番組であれば、編集段階で大幅に書き直されることを前提に撮影開始前にすでに台本を書いてしまうこともあります。登場人物によるオフのナレーションや、同録音声によって語られる物語の台本は、完成した作品の聞き起こし原稿を基に書くことになります。そのような場合は、台本はナレーションだけでなく、作品全体の物語を語るものとして書きます。詳細はChapter 12を参考にしてください。

資金調達の道具としての台本

制作費助成基金の中には、実際にお金を出す条件として台本の提出を求めるところもあります。もしあなたの作品が編集中なら、その時点で書ける台本を提出します。まだ撮影のためのスポンサーを探している段階ならば、提出するものはさらに詳細に書かれたトリートメント、または台本の要素を併せもったトリートメントということになります。少し前に「単なる調査報告書ではなくて、もっとちゃんと映画が見えるようにトリートメントを書きましょう」と書きましたが、そのようなトリートメントは、むしろ「台本」として提出した方が効果的かもしれません。どこまで詳細に書くべきかという認識は、台本なりトリートメントなりを要求する担当者によって違うので、直接確認すると良いと思います。もし先方から上手に書けたトリートメントや台本の見本がもらえるなら、それを参考にしてください。

トリートメント演習

Chapter 7で作品分析の方法を解説しました。作品を分解して制作者がどのような技を使おうと判断をしたか理解する練習でした。同じような判断を自分でしてみる練習というのも、学生にとって役に立ちます。実作ではなく紙の上だけでやれば負荷も少ないので、架空の作品の概要とトリートメントを書いてもらいましょう。

やり方はいろいろあります。例えば、つかみも芯もある、しっかりと構成された長文の物語として書かれたノンフィクションの文献を見つけてそれを課題に使うことができます。歴史的背景や科学的詳細といった補助的情報もしっかり与えます（この課題文は、興味深く語られる物語はジャンルにとらわれないという見本にも使えます）。個人単位でも少人数グループでも構わないので、学生たちに、映像にすることを前提に新しい構成を考えてもらいます。物語の芯をしっかり捉え、シークエンスに分け、観客に観続けたいと思わせながら、さらにより複雑な情報を積み上げていけるような物語の草稿を書いてもらうわけです。

学生たちが持ち寄るアプローチの多様さにはいつも驚かされます。ある視点と物語の芯をこちらで用意しても構いません。例えばこのようなことをします。一八五一年起きたクリスティアナ暴動に関する文献を、学生に読んでもらいます。逃亡奴隷を巻きこむ武力衝突が最終的に裁判で幕を閉じたという事件です。逃亡奴隷たちを中心とした物語、逃亡奴隷を取返そうとする奴隷所有者の視点による物語、裁判を中心にした物語のどれかを書くように学生をいくつかの班に分けます。物語の芯が何であっても、文献の中にある情報を組みこむようにします。つまり、例えば、一八五〇年の逃亡奴隷法について全員触れなければならないが、物語のどの点からその話に飛ぶかは各人違うという寸法です。

仮に本書を授業で使っているのでなくても、この練習が役立つことに変わりはありません。あなたが興味を持てる、長くて良く書けたノンフィクションの文献を探してください。ニューヨーカー誌やアトランティック誌、スミソニアン誌に掲載されるような、技巧を凝らして書かれ信頼に値する、長めの文章が最適です。通して読みながら内容を吟味するだけでなく、物語としての形に注意を払ってください。そうしたら、映像作品として相応しいと思われる三種類のまったく違ったアプローチを考案してください（一つの題材に対して複数のアプローチを考案するのは、企画開発中でも編集中でも役立つスキルです。練習として、まったく逆の視点から描いたらどうなるか試してみましょう。それができなくても、何種類かの視点を考えてみましょう。まったく新しい物語の芯に気づくかもしれませんし、作りたい作品をもっと力強くする方法が発見できるかもしれません）。

一学期かけて行う課題

次は、前項に書いた練習課題よりも複雑な課題です。丸々一学期をかけて、上映時間一時間と想定されるドキュメンタリー作品のためにリサーチをし、トリートメント（［英語なら］一行空きで十五から二五ページ）を書くのです。時間的制約があるので、学生一人一人が自分の選んだ題材について書かれた、物語の体裁でしっかり書かれた文献を探してきて、それを利用できれば時間が節約できます。例えば、ある学生が「チフスのメアリー」として知られるメアリー・マローンに関するトリートメントを書きたがっているとします。その場合は、歴史家であるジュディス・ワルザー・レビットが書いた『Typhoid Mary: Captive to the Public Health』〔チフスのメアリー：公衆衛生の虜〕を参考に作業することが考えられます。この本は、二〇世紀の一般的な公衆衛生の歴史や、ニューヨークタイムズ紙に載った追悼記事、またはマローンについて書かれたウェブサイトとは比べ物にならないほど深い洞察を与えてくれます（PBS局で放映しているシリーズ『ノヴァ』の一編でナンシー・ポーターが監督した『アメリカで最も危険な女（The Most Dangerous Woman in America）』は、この本を基に作られました）。

通常、私は学生に対して最低でも一次情報を二、三件と二次情報を一件見つけるように指導するのですが、今回はリサーチではなくて創作執筆の課題なので、いかにノンフィクションの文献を、その力を失わずに、一般視聴者に受け入れられるような映像作品にできるかというのが主眼になります。授業でこの課題をやるのなら、様式や長さ等に一定の決まりを作っておくと便利でしょう。そして、売り込みプレゼン、改訂版売り込みプレゼン、まとめ、概要、トリートメント草稿、改定トリートメント、トリートメント最終稿といった具合に、作業を段階的に分けておくとうまくいくと思います。

この課題は、個々の学生が講師と相談しながら進めるよりも、ワークショップの形式の方が上手く運びます。誰もが自分の選んだ題材に集中するわけですが、他の人の作業を見られると、自分がやらなかったことから学ぶことができます。例えば、物語が転がり始めるのが遅すぎるとか、つかみがないとか、ひたすら「こうなりました。次はこうなりました。次は……」が続くことの問題が理解できます。さらに、建設的なフィードバックをやり取りできるようになる練習というのも、とても価値のあるものです。

企画書を書く

Chapter 9で解説したように、助成金交付団体の中には審査に際して、概要とトリートメントに加えて台本を要求するところもあります。ほとんどの場合、これらをまとめて企画書と呼びます。

この本一冊ではとても資金集めに関する詳細を説明することができないので、せめて助成金交付団体が審査の時にしばしばドキュメンタリー作家に対してする質問をいくつか挙げておきましょう。出資者に要求されることを考慮し答えを導き出す過程は、実はあなた自身が語る物語をどのように準備していけばよいかを熟考し整理する手助けになるのです。

資金集めのための企画書には何を書くのか

ここでは、制作資金の援助や助成金を申請するために書く企画書について解説します。助成金や補助金の支援を行う団体には、ファンドのような公的な機関も民間の企業も含まれます。[少なくともアメリカでは]企画開発費、台本作成費、撮影費、ポスト・プロダクション費、そして仕上げの費用に対してそれぞれ助成金が出る可能性があります。企画開発と台本作成は準備段階の資金援助であり、制作過程の中で一番援助が受けにくい部分でもあります。一番話がまとまりやすいのは間違いなく仕上げ、つまりラフカット後の作業に対する援助です。ラフカット以降であれば、援助する団体はほぼ形になった作品を確認できます。この段階なら想定外の変更も少ないでしょうし、そしてなにより完成にこぎつける可能性が非常に高いからです。それ以外にも、社会参画、教育者育成、ウェブサイト開発等に関連した様々な助成金の資金源があります。

助成金交付団体が申請者に要求する諸々に触れる前に、一つ覚えておいてください。企画書を書く時は、申請先にあわせて内容を変えてください。予算確保のことで頭が一杯になっていると、自分が必要な物のことばかりに意識が集中しがちですが、本当に重要なのは助成金を交付する団体が何を求めているかの方です。あなたに必要なものと助成金交付団体が求めるものが一致するかどうかは、あなたの見方次第です。あなたが正直にそう思うなら、そのように先方を納得してくれるような企画書を書いてください。

大体どの団体も共通して要求する基本的な項目があります。まずは問い合わせの手紙からという団体もあります。オンライン申請書を用意していることろも、いきなり二五ページの物語を書けというところもあります。本書では触れませんが、サンプル作品を要求する団体もあります。印刷物を提出しろと言われた場合は、これから解説する一四項目のいくつか、または全部を要求されることになります。

■申請者と企画の概要

申請するあなたは何者で、それがどんな企画なのか（例：尺＝九〇分、メディア＝デジタルビデオ、内容＝缶切りの発明とそれがアメリカ文化に与えた影響）。何のために、具体的にいくらの援助を申請するのか（例：「台本作成費用としてX千ドル」、「四話完結のシリーズの一話分の制作費としてX〇万ドル」）。助成が必要な作業は具体的に何で、作業が完結すると何ができるのか（例：台本作成費の援助を申請した場合、台本一本または、撮影用レベルのトリートメント一本ができる）。

■企画が扱う題材について

あなたの作品が扱う主題の概要。ただしトリートメントのように詳細なものではないので、実際にどのように映像として表現するかということについては触れません。題材を展望して、明快に簡潔に書きます。しかも、この作品は興味深く、今こそ作る意義があり、資金援助を受ける意義も大いにあるというあなたの確信が、読んだ人に伝われば理想的です。

■企画の正当性

これを聞かれたら、もう一歩突っ込んであなたの企画が出資者にとって持つ意義を伝えるチャンスです。言い換えれば、「なぜ、今、この企画なのか。どのようにこの題材に対する一般大衆の理解を深められるのか。なぜ映像という表現がこの題材に適しているのか。完成した作品を見た観客は、何を得るのか」ということです。作品の意義を問う時、慎重に選んだ事実を提示するだけで、思いのほか多くの背景を語ってくれるものです。

■目標と達成したい目的

あなたがこの企画で達成しようとしている目的は何でしょう。ありとあらゆる目的が存在しますが、一例としてこんなものも考えられます。

目標＝合衆国民法教育法修正案第九条が可決された歴史的文脈および、この法案が是正しようとした社会的不公平を探り、現在同法案を無効にしようとする動きと関連して、同法案が持つにいたった意図的そして意図せぬ波及効果を検証する。達成すべき目的＝合衆国民法教育法修正案第九条の影響として知られる学生スポーツ界の問題を超えて存在する同法案の持つ複雑さを浮き彫りにし、法的な変革をもたらす社会的、そして政治的な過程についての視聴者の理解を深める。

■関連性のある他作品

同じ、または似たような題材を扱った作品が、過去に存在しますか。それがよくできた作品なら、自分のアプローチを考える上でどのような影響を受けますか。よくできていない場合はどうですか。あなたの作品には、先行作品になかった何がありますか、あるいはどのように違ったアプローチをとりますか。前にも書きましたが、同じ題材で作られた作品がすでに存在するのは特に問題にはなりません。アプローチの仕方は無数にあり、発表する場もいろいろですから。でも、先行作品をちゃんと意識するという心構えは大事です。

■あなたの作品に関連性がある二次的作品

前出の「関連性のある作品」と混同しやすいのですが、ここでは、あなたが自作をより広く届けるために企画する二次的なメディア展開を指して「関連性のある二次的作品」とします。例えば、ウェブ上での展開、ラジオ、教育関係機関との連携、地域との連携等によって、様々な人の集まりと対話を拡げていくようなメディア展開で使われるコンテンツということです。ドキュメンタリー番組を含めてテレビは番組が多すぎと言われて久しい今だからこそ、出資者はテレビ放送の波及効果を拡大してくれる作家と作品を探しています。公共放送用に出資する団体ならなおさらです。

■企画の由来

どのように企画が始まり、今までどのような資金援助を受けましたか。こう聞かれた時は、あなたが作品に対して持つ情熱やのめり込み度を披歴する絶好のチャンスです。どうしてこの企画を立ち上げようと思ったのか。この企画の何にそんなに惹きつけられるのか。なぜこの物語を語らずにはいられないのか。そしてその語らずにはいられない物語を実現するために今までどんな努力をしてきたのか。そんなことを伝えられるわけです。

■想定される観客と放映等の戦略

どのような観客を想定し、そしてどのような媒体から想定する観客に作品を届けようと考えていますか。

■企画に関係する団体

あなたの企画に関わっている団体があれば列挙します。制作会社はもちろん、非営利の助成金融資団体等の協力が得られそうなら、それも書きます。この項目に限ったことではありませんが、あなたが助成を申請する団体の利益と、あなたの持っている知識やスキルがうまく結びつくように書きましょう。

■スタッフ

あなたの作品制作に携わるメディアスタッフ［制作に関わる技術的なスタッフ］と、専門的なアドバイザーを列挙します。もし、あなた自身、またはスタッフが作品の規模に対して経験不足である場合は、誰か経験の豊かな人に参加を依頼するのが良いと思います。もしこれがあなたの第一作だとしたら、この作品を作ることで自分に対してどのような得があり、自分のキャリアにどう影響するかよく考えてください。そして、作品を完成させるために捨ててもいいものが何であるか見極めましょう。助成金や制作費の融資を受けるのがますます困難になっている現在、他の企画との競争に勝つためにできることは何でもやりましょう。もし金銭的に可能なら、資金援助を申請する前に制作に入ってしまうのも手です。そうすれば、進行中の企画としてあなたの技量を相手に見せることができるからです。

■作業進行計画

交付された助成金を使って、誰がどんな作業をするかという詳細なリストを書きます。このリストに挙げる作業項目は、申請した助成金が充当される範囲を超えないように気をつけましょう。つまり、台本作成に対して助成を受けたいなら、台本作成以降の作業に触れる必要はないということです。詳細は団体ごとに確認してください。

■補足的情報

履歴書、決意表明文［どのような所存でプロジェクトに参加するか表明する文章］、リサーチの文献リスト、扱う題材を描いた先行作品、または関連する作品のリストのようなものも、適切だと思ったら添付します。アーカイブ映像その他ありもの素材に依存する作品なら、使用が想定される素材のリストを添付すると良いでしょう。

■トリートメント

台本作成、または撮影費用に対する助成の場合、何らかのトリートメント、つまり作品の詳細を書き記した書類を要求されます。

■予算

大抵の場合、助成金や補助金を交付する側は、あなたがそのお金をどのように使うか見るために、予算の内訳明細を要求します。あなたが交付された資金を適切に配分しているかどうか見るために、全体の予算内訳が要求される場合もあります。

他に知っておくと得なこと

企画書を書く時に考えることは、作品を制作する上でいずれ考えなければならないことです。私はコンサルタントとしてよく企画書を書きますし、人の書いた企画書も読みますが、その経験から知っておくと得だと思ったことをいくつか書いておきます。

- 正確さ。助成金や補助金を融資する団体は、送られてきた企画書をその道の専門家に読んでもらって正当性を評価します。もしあなたの企画書の中に、名前や地名や日付の間違いや、事実誤認があったら、それはあなた自身に対して不利な材料になります。作品に期待される品質は、企画書に現れます。それに、ここで事実関係をちゃんと押さえておけば、後で時間の節約にもなります。
- 事実を偽装をしない。いかにも学者の引用であるようにみせかけて、実は企画者の創作だったという企画書に遭遇することがありますが、そのような企画は一目で赤信号だとわかります。少なからぬお金をもらってドキュメンタリー作品を作ろうという人が、倫理的な指針を無視しているからです。言ってもないのに言ったことにしてはいけません。情報源を勝手に作り出してはいけません。統計を捏造してはいけません（あたかもインタビューされている人が答えているようにトリートメントを書きたいが、インタビューはまだという場合は、「アダムズ博士が、××に欠かせない生息地を維持するために自分がしてきた努力について答えてくれる」等と質問の方を書いておきましょう）。
- 上手に語る。あなたの企画書を読むのは科学者かもしれないし、歴史研究家、または数学者かもしれません。そしてその人たちは、あなたが選んだ題材そのものに惹かれて観客が作品を見にくるわけではないということを知っています。観客は、作品が語る物語が面白そうだから見てくれるのだと、その人たちは理解しているのです。専門家たちは、あなたの企画書を読みながら当然学術的なことがおろそかにされていないか見張っています。そして、同時にあなたに観客の関心を引き寄せて離さない力があるかどうかも見ているのです。

・良い文章をちゃんと書く。漢字が間違っていないとか、事実関係に嘘がないとか以前に、きちんと整合性のある論理的な作文をしましょう。そしてできるだけ簡潔に。企画書を読む人はあなたの書いた企画書だけ読んでいるわけではありません。企画書の山の中に、ろくに推敲もされていない間違いだらけの原稿があったら、当然歓迎されません。

・まず自分で読む。自分で読んで、自分ならこの企画に乗るかどうか自問してください。駄目だと思ったら、納得がいくまで書き直しましょう。

・断られて当然。「昼メロの歴史から見えるアメリカの社会史、文化史、そして女性史」という企画を出したら、鼻で笑われても文句は言えません。そのような場合は、専門家の助けを借りて企画の正当性を証明しましょう。これまでも、どう見ても「不適当」としか思えないような企画がいくつも作品として成立してきたのですから。

・企画を理解する手助けをしてあげる。作品に関わっている人は題材の世界に没入しているので、自分が理解していることは誰でも理解していると思いがちです。そこで登場人物や大事な出来事をきちんと誰にでもわかるように導入するのを忘れたりするわけです。企画書を読んでくれる人をバカ扱いしてはいけませんが、読みやすくするために情報を巧く配置してあげることも忘れずに。例えば、作品の時間的文脈を一ページに収めた年表は便利ですし、理解が難しい科学的概念を手短にまとめた文章があれば、読む方は助かります。

- 情熱。情熱の有無は企画書にも反映されますが、何といっても作品の品質そのものに大きく現れます。どれだけ完璧にリサーチされているか。どれだけ頭を絞ったアイデアが見事に物語として昇華しているか。そしてその物語がどれだけ巧みに企画書の中に文章として表現されているか。読めばわかります。
- 大袈裟にしない。「貴社が制作協力してくだされば、本作は貴社が関わった数多の作品の中でも最も驚嘆すべきものになるでしょう。本作は、間違いなくこれまで貴社が関わった作品の中でも最高の衝撃度を持つこと請け合いです」。こんな書き出しの文章だったら、読まされる方も苦痛です。
- 疑心暗鬼にならない。「今回、貴社に助成の申請をするにあたり、本企画の概要をお知らせすることができて大変光栄に思う一方、どうか内容については秘密厳守でお願いいたします。本企画が少しでも外部に漏れた途端、盗作は必定であり……」。助成金や補助金を交付する団体は、選ばれた作品が完成するまでは守秘義務があるので、ご心配なく。

企画書執筆ワークショップ

助成金を申請する団体を絞れたら、先方に上手に書けた企画書の見本がもらえるかどうか打診してみることを提案します。すでに見本がウェブサイトにある可能性もあります。すべての団体が共有してくれるわけではありませんが。

もう一つ、企画書ワークショップを開いてみるのも面白いと思います。あなたがまだ学生でも問題ありません。集まってくれた人たちが持ち寄った企画書を研究して、それが助成金交付団体の要求する指針にそって具体的にどのように書かれたか見直してみましょう。上手に書けた企画書がどのような要素で構成されているか、仔細に分析してください。企画書を書くときに、ドキュメンタリー制作者はどのようなタイミングで自分の要求を出すのでしょうか。予算はどれほど詳細に書かれているのでしょう。良い企画書から学べることはたくさんあります。

お互いが持ち寄った未完成の企画書を読み合って、感想を伝え合うのも役に立ちます。その時は、申請を考慮している助成金交付団体の情報（ウェブサイトのリンクやパンフレットなど）も共有すれば、全員でその団体に申請することの妥当性や、団体の要求を評価しあえます。あなたの企画書が、助成金交付団体の審査基準に適っているかどうか、そしてその団体の利益になるように書かれているかどうかも、評価しあえます。

実際にテレビで放映された作品の見本

次頁に実際に放映された作品の企画開発中に書かれた企画書、概要、そしてトリートメントを見本として用意しました。なるべく作品のスタイルや使途の多様性が理解できるものです。例えば『ラリーの血族（未）』の編集用概要書は、スタッフのためだけの内覧用です。

『乗り越えてきた（Getting Over）』（六回シリーズ『信仰に支えられてこんなに遠くまで（This Far by Faith）』の一話）のトリートメントは、全米人道基金をはじめとしたいくつもの公的、そして民間の助成団体に提出されたものの一部です。一つとして同じ企画はありませんので、企画書の書き方もそれぞれ違います。あくまでも見本として参考にしてください。

トリートメント準備稿『あそこならアルミも育つだろう』（取材対象未打診、事実関係未確認）

第一幕　セントラルバレー治水・灌漑計画

4ページ目

［広大な乾燥地を農地に改造して最終的には使えなくしてしまった大水利事業の顛末］

元凶

カリフォルニアでは、土地の名前は人間のせいで消えてしまったものにちなんでつけられる。車窓に飛び去る様々な道路標識が見える。『The Glass Land［草原］』、『Indian Creek［インディアン渓谷］』、『Riverbank Estate［川岸の土地］』、『Elk Grove Townhouses［赤鹿の森住宅街］』、『Miwok Village［ミウォック族の村］』等。スペイン人が来る前には、300もの部族がカリフォルニア中央部を縦断する谷で共存していたのだ。マイドゥ族、ミウォック族、パットウィン族……かつては一年周期で冬の増水が起こり、湿地と雨季にだけ湖沼を出現させた。しかし残りの8ヵ月は乾季であり、その間インディアンたちは周辺の涼しい山々へと移り住んだ。乾季のカリフォルニア・セントラル・バレーの降雨量は、今でもアフリカ北部よりも少ない。この谷は、まさにアメリカ版セレンゲッティだったのだ。

ここで、スペイン語で書かれた地図を見せる

リチャード・ロドリゲス、またはマキシーン・ホン・キングストン、
あるいはジェシー・デ・ラ・クルーズ［三人とも移民二世の作家］が登場。

ヨーロッパ人の入植が始まる以前の数十万年にわたって、カリフォルニア特有の気候により冬は雨が大地を湿らせ、夏は再び乾燥するというサイクルが繰り返されてきた。その中で豊穣な生態系が育まれ、コンドルが、アカシカが、ハタネズミが、クーガーが、そしてタソック草が、乾季と洪水の地を賢く生き抜いてきた。どの種もこの不毛の乾燥地帯で生き残る知恵を遺伝子に刻み、何代にもわたって暮らしてきたのだ。［開拓者で政治家の］ジョン・ビドウェルは1日に40頭ものハイイログマを、そして河川を遡上する何千もの鮭を目撃したという。［ナチュラリストの］ジョン・ミューアはサンフランシスコ南部のある丘の頂上に立ち、遙か東に広がるシエラネバダの山々を見渡してこう言い残した。「見渡す限り広がる野の花を遮るものは、山並みだけだ」。

『Cadillac Desert』は、ジョン・エルズの脚本・制作・演出による四話からなるテレビドキュメンタリー番組の第三話で放映タイトルは『The Mercy of Nature』。これは40ページのトリートメントの四ページ目。著者の許可により転載。

日曜の朝、ウィリアムズ牧師が未来への希望をこめて過去を振り返る。

「信仰の心と、抵抗の気概。それが自由と変革という名の列車を動かす動力なのです。自由に向けて走る列車は毎日運行中、今すぐご乗車ください。自由への列車が通過していく。飛び乗りなさい！　そして耳を澄ませて聴くのです。先に列車に乗っていた人たちの歌声を。新しい世代の歌声を。鎖から解き放たれた者が心置きなく歌う自由の歌を！　声を張り上げ、拳を振り上げ、あなたも、さあ、歌いましょう！」。

本エピソード中、何度もグライド教会に戻り、牧師と信者たちが宗教行事を執り行いながら、歴史的事実を明らかにしていくのを目撃する。ここで次のカットへ。

過去

列車が走り過ぎていく。20世紀初頭を思わせる白黒映像だ。子を寝かしつける母のような柔らかい女性の歌が伴奏なしで列車から聞こえてくる。「まだ入れるよ。聖なる父の御国に行けば、まだ入れてくれる」。何両か後ろの車両で、カーテンが閉じた窓が見える。車両の中には男の手が見える。何やら紙に書きつけていく。

「今、ジム・クロー車両［黒人専用車］に乗ってこれを書いている。夜行列車の乗り心地は最悪。なぜ黒人が南部を離れるのかって？　この列車に乗ればわかる。みんなの希望を肌で感じる。みんな、線を目指しているんだ。その線を越えれば、もうディクシー［南部］じゃない。線の向こうには、広い世界が待っている」。

誰でも歓迎します

シリーズ『信仰に支えられてこんなに遠くまで』の第三部は、これからまさに起ころうとしている合衆国の歴史の中で最大の民族移動の前夜に幕を開ける。1910年、90％以上のアフリカ系アメリカ人が南部に住んでいる。20世紀初頭から1930年までの間に、200万近いアフリカ系アメリカ人が北部に向けて大脱出を図ることになる。「あたかも神秘的な見えない手に招かれるように、まるで何かに憑かれたかのように」とは、シカゴ在住のアフリカ系の社会学者チャールズ・A・ジョンソンの言葉だ。150人の南部出身者たちが、オハイオ河を渡る。ここが南部と「向こうに待っている広い世界」を分かつ線だ。そして彼らは膝まずいて祈る。

第三部　4ページ

トリートメントの著者はシーラ・カーラン・バーナードとルリィ・ハダッド。「This Far By Faith」第三部は「Guide My Feet」という題で放映された。

第三部
「乗り越えてきた」
1910年から1939年まで

［アメリカにおけるアフリカ系アメリカ人がたどった宗教の歴史］

どうやって乗り越えたのでしょう、主よ
とてつもない苦難のときを乗り越えて
主よ、振り返って見ると信じられない
どうやって乗り越えてここまで来たのか

どうやって乗り越えたのでしょう、主よ
幾年月もの間、喜びそして苦難に耐え
主よ、振り返って見ると信じられない
どうやって乗り越えてここまで来たのか

「乗り越えてきた」賛美歌

現代

「どこに希望がある？　ここにある！　あなたが思っているよりずっと近くに！」。サンフランシスコにある、グライド・メモリアル・ユナイテッド・メソジスト教会のシーシル・ウィリアムズ牧師がそう宣言する。

「今朝お集まりの皆さん、お気づきですか？　ベツレヘムとは、ここだったんです。つまはじき者がここに集まって来た。どうしようもない悪人が来た。貧しい者、富める者、中産階級の者も来た。ここでは飾らずありのままでいればいいのです。自分から逃げなくてもいいのです。自分を卑下しなくていいのです。遠慮せずに愛を感じていいのです。どこに希望がある？　ここにある！　そのとおり！」。

サンフランシスコにある、グライド・メモリアル・ユナイテッド・メソジスト教会は、安アパート、コカイン密売所、射撃ギャラリーなどがひしめき合う地域の只中にある。シーシル・ウィリアムズ牧師はここを「絶望と希望の交差点」と呼ぶ。ウィリアムズ牧師が1966年にこの教会に着任した時には信者はわずか35名、しかも全員裕福な白人だった。1995年にサイコロジー・トゥデイ紙に掲載された記事の中で「経文ではなくハートを信じて、裸の魂が寄り集まる避難所」と評されたこの教会は、今日、6400人を越える信者に支えられている。

オプラ・ウィンフリーやクリントン前大統領といった影響力の強い人が訪れるこの教会は、宗教施設の模範的存在と呼ばれる。この教会に30年近く通い続ける詩人のマヤ・アンジェルーはグライド教会を指して「21世紀の教会」と呼ぶ。グライド教会は、サンフランシスコ地域最大の社会奉仕活動の拠点でもある。薬物濫用者用の治療施設、家庭内暴力を乗り越える会、キレやすい若者の怒りを抑える講座、無職者および、良い職を希望する者対象の職能講座とコンピュータ講座が開かれている。アフリカ系アメリカ人による教会は恵まれない者に福祉を提供することで知られるが、その伝統はアフリカ系アメリカ人の大脱出として知られる南部から北部への大移動に合わせて形成されたのだった。

第三部　3ページ

野生個体の絶滅が宣言される前、アメリカアカオオカミは合衆国南西部に広く分布していた。しかし人間が材木を求めて森を開き、水路を整備して農地を開墾するにしたがってオオカミと人間の生活空間が重なり出した。無知と恐れからオオカミは無差別に殺され、報奨金までかけられた。やがて西部から南西部に向かって生息分布を拡大し始めたコヨーテとアカオオカミの交配が始まり、純血のアカオオカミは減っていった。

アカオオカミ再繁殖計画には成功事例と同時に失敗もあったが、ミルテイルの群れは生き延びて現在にいたる。彼らの存在は私たちに新しい問いを投げかける。この計画は、他の種にも応用していいのだろうか。私たちは失敗した事例から何を学ぶべきなのか。うまく野生に返すことができても、そこには常に捕食動物繁殖に反対する意見がつきまとう。1995年、イエローストーン国定公園で再繁殖の望みを託されたハイイロオオカミは、しかし長い法廷での争いの末に、駆除されることになってしまった。ノースカロライナでも、アカオオカミ再繁殖計画に反対して長期にわたる裁判を争う人たちがいる。昨年、16年にわたる準備の末に11頭のメキシコオオカミがアリゾナの自然に戻されたが、農場主に撃ち殺されて11頭とも死んでしまった。自然保護派と生物学者たちにとって、これは人間が失敗から学ぶ絶好の機会なのだ。生態系の中に最上位の捕食動物がいないと、下位の動物が増えすぎてしまう。捕食者としての役割からオオカミの保護が重要なのではない。オオカミこそ、手つかずの自然の象徴なのだ。

アカオオカミは1987年まで事実上絶滅状態だったので、その生態には謎が多い。その後の生物学者の研究により、アカオオカミの捕食や交配の習性はハイイロオオカミに近似していることがわかっている。アカオオカミが最初に自然に戻されてから10年が経過し、その数は順調に増えている。これはアカオオカミの適応力や種としての基礎体力の高さを証明している。ミルテイルの群れを率いるオオカミは四回繁殖を行った。このリーダーと子孫たちを追っていくと、そこにはユニークな物語がある。

近年、オオカミに関する報道は増えている。関心の高まりにもかかわらず、このアカオオカミ再繁殖計画についてはあまり語られていない。全国版の新聞や全国ネットのニュースは、イエローストーンで保護されているハイイロオオカミの話ばかり。わずかに地方メディアに取り上げられたものを除いて、本作はこの美しい野獣を自然に返す計画について斬りこんだ初めてのドキュメンタリー作品となる。

アプローチ

アカオオカミという興味深い動物の生態を目にする珍しい機会を、物語として視聴者に伝えることを目的として本作は制作される。ミルテイルの群れを構成するオオカミたちを登場人物として追いかけ、計画初期の飼育下のオオカミの様子を探り、今日野生に返された群れを観察し、そしてこの素晴らしい動物たちの未来と、再繁殖計画の将来を展望する。飼育中のオオカミの映像および自然に返す時の映像はすでに確保済み。現在野生に生きるオオカミを撮影する許可も取ってある。野生に戻った個体の健康状態をモニターするために、生物学者たちはほとんどの個体に発信機つきの首輪を装着したので、群れの特定も位置確認も容易にできる。

視聴者は、年老いたアカオオカミの目を通して生き残りをかけた彼らがたどった足跡を体験する。他にも撮影が予定されているのは、アリゲーター河域国定自然保護区内で保護されている動物たち、オオカミの捕獲と個体識別票の装着作業、再び自然に戻す様子、そして自然の中での群れの様子も含まれる。さらに関係者とのインタビューによってオオカミたちの生き残りの足取りへの理解を深める。11年間この計画に関わってきた生物学者、隣接する農場の経営者たち、そして近隣住民。彼らの証言によって、どのようにオオカミたちが保護区内で、そして私有地内でも受け入れられるようになったかを浮き彫りにする。本作の主眼はアメリカアカオオカミに置かれるが、メキシコオオカミとハイイロオオカミの置かれた状況にも目を向ける。

トリートメントの著者はホリー・スタッドラー。作品は『Explore Wild』番組内で『America's Last Red Wolves』として放映された。

ミルテイルのオオカミたち

夕闇も迫る頃、鬱蒼とした森を貫く舗装されていない道路の路肩に、三頭のアメリカアカオオカミが現れる。この群れのリーダーは、赤茶けた豊な毛皮に長く尖った鼻面が印象的な、晩年に差しかかった高齢の雄。全盛期ほど素早くはないものの、歩みは快活で眼光鋭く、耳は常に周囲に注意を払って動く。すぐ後ろには、見るからに小ぶりな二頭。この二頭は三歳になったばかりの雄と雌の兄弟だ。アカオオカミの群れは道路の向こうに広がるトウモロコシ畑に向かって進む。先月収穫が終わり茶色い茎が並ぶ畑の中にはハツカネズミが、ウサギが、そしてハタネズミが潜んでいる。いずれもミルテイルパックとして知られる群れを構成するオオカミたちには、とびきりの前菜なのだ。

この年老いた雄オオカミは、九歳にしておそらく最後の子育ての最中だった。この九年の間にいろいろな変化を目の当たりにしてきた。変化を生き抜いた者にしか語れない物語がある。それは一握りの熱意溢れる人間たちと政府の一機関の尽力によって絶滅の危機を免れたオオカミの物語だ。ここノースカロライナ州アリゲーター河域野生動物保護区で個体識別番号331番として知られるこの老いた雄オオカミは、肉食捕食動物と人間の共存と繁栄を象徴する生き証人なのである。捕獲されたオオカミから生まれたこの雄は、一度は最後のアメリカアカオオカミだったこともある。そして今は野生に返されて生きている。彼の生涯は、そっくりそのままある政府機関主導の保護活動の歴史でもある。

1980年、野生のアメリカアカオオカミは、生物学的に絶滅を宣言された。それを受けてアメリカ合衆国魚類野生生物局は、アカオオカミ再繁殖計画を実行に移した。捕獲飼育されていた個体を使って、あらゆる手段を講じてアカオオカミを復活させるのが目的だった。飼育されている肉食動物を野生に再導入したことは、これ以前一例もなかった。勝ち目のない賭けに見えたこの無謀な挑戦は、幾度にもおよぶ失敗の果てについに成功を手にすることになる。

1987年、最初のつがいがアリゲーター河域の保護区に放たれた。そして翌年までには最初の子どもたちが生まれた。それ以来、三つの島、三か所の保護区、一か所の国定公園、ノースカロライナ、テネシー、そしてサウスカロライナに点在する複数の私有地にアカオオカミが放たれている。平坦な道のりではなかった。再繁殖計画成功のためには、オオカミの種としての遺伝的多様性が維持されなければならなかった。飼育下で人間に慣れてしまったオオカミは再び野生の振る舞いを取り戻さなければならず、さらにオオカミを導入する候補地の近隣住民からは、捕食動物を放つことに対して賛同を得なければならなかった。しかもこの計画にはいまだ達成されていない最終目標がある。いつの日か野生の個体数を220頭まで増やすのだ。

今日、ノースカロライナ州北東部には70頭ほどのアカオオカミがおり、一頭を除いてすべて野生で生まれた個体なのだ。331番と兄弟の332番は、どちらも一歳になる前に野生に返された。群れとして行動し始めた二頭は、縄張りを決めたがそこにはすでに一頭の雄がいた。二頭はその雄を殺して、縄張りを奪った。331番と332番は、殺した雄のつがいであった205番とつがった。331番と332番は縄張りを共有した。331番は205番とつがい、332番は205番の娘とつがった。しかし332番は自動車事故で死んでしまい、残った331番がミルテイルの群れのリーダーになった。ハイイロオオカミと同じで、アカオオカミも生涯にわたって交配を続けるが、331番は数年前に最初のつがいを亡くしてしまった。そこで331番は義理の娘にあたる394番とつがうことにした。331番と394番の間に生まれたのが、今日331番と一緒に狩りをしている二頭なのだ。しかし1980年、394番が去年死んでしまったので、二頭の若いオオカミは母無し子になった。331番はまたつがいを失った。

ミルテイルの群れは、農地から林、公道、そしてミルテイル川の川辺まで餌を探して移動する。オジロジカが彼らの主食だが、アライグマや、ウサギやネズミ等の小型哺乳動物も食べる。ハイイロオオカミと似て、アカオオカミも人間から距離を置いて、危険を察したらすぐに身を隠せる森の中や農地の境界で待機することが多い。ミルテイルの群れの縄張りは、農地、森、そして湿地。さらに陸軍のミサイル発射練習場までも含まれる。

Chapter 11
Shooting

撮影

物語を意識して撮るということ。それは、あなたが語ろうとする物語に必要な視覚情報をすべて確保するために準備万端で臨むということです。しかも、現場につきものである予期せぬ出来事を待ち構えながら。予想外の出来事こそが面白い作品をもっと面白くする鍵ですから。誰が、どういう機材で、どのような方法で撮れるかということは、いろいろな条件によって変わります。ご両親の農場で撮るのと、異国の地で選挙活動の真っただ中に飛び込んで撮影するのでは訳が違います。毎日決まって起こる出来事なのか、それとも一生に一度しかないチャンスなのか。あるいは特殊な機材や、特別な技術が必要な場合もあるのです。

スタッフの規模

ドキュメンタリーの制作チームの組み方は、条件に応じて激しく変わります。規模の大きい、例えばスパイク・リーのように高名な作家の現場であれば、スタジオの後ろ盾なしの作品であってもまるでハリウッド製の劇映画のようなスタッフ編成で撮ることもあります。スパイク・リーが監督した『堤防が破れた時（未）』を編集・共同制作したサム・ポラードがこう回想しています。

一般的にはドキュメンタリーを撮りにいく時には、プロデューサー、カメラ、フィルム撮影のカメラ助手、録音まで全部自分でやります。場合によっては助監督の仕事もやります。でも（スパイク・リーの作品の撮影のために）ニューアーク空港を二〇〇五年の感謝祭の翌日に飛び立った時は、スパイク、私、ラインプロデューサーが一人、カメラマンが三人、助手が四人、そして手伝いに来たニューヨーク大学の院生が六人もいました。ニューオリンズに到着すると、ロケーションのコーディネーターが一人、彼の助手が四人、撮影バンが五台、運転手が五人、フィルム装填担当の助手が一人。おい、軍隊かよって感じでした。

『WATARIDORI』に登場する、遙か地平線を背に飛行する鳥たちの映像はどのように撮影されたのでしょう。プレス資料によると、一七人のパイロット、一四人の撮影監督を含む五班のチームが必要だったそうです。さらに「それぞれ複数の飛行機、グライダー、ヘリコプター、そして気球」も使用しました（DVDの特典映像を見るとその舞台裏が垣間見られます。中でも信じられないのは、制作チームが鳥たちを人間に慣れるように刷り込みをしながら雛から育て上げたこと。その鳥たちが、超軽量動力飛行機に乗せた「親鳥」を追いかけて飛行する様子を「親鳥」と同乗したカメラマンが撮影したのです。場合によっては、出演者の鳥たちは次のロケ地に輸送されたそうです）。

規模の小さいものになると、二人、場合によっては一人で撮影することもあります。一人での撮影は必ずしも理想的とはいえませんが、場面の状況に応じてそれが吉とでることもあります。『残された時間（So Much So Fast）』を制作したスティーブ・アッシャーとジーニー・ジョーダンは二人一組のチームです。カメラはアッシャーが担当しました。筋萎縮性側索硬化症を患うジェイミー・ヘイウッドを取材している時にアッシャーはあることに気づきました。「ジェイミーが兄弟の誰かと一緒にいる時は、私一人で撮影した方がうまくいくんです。ジーニーがいると、（兄弟の）スティーブンの気が散ってしまうんですよ」。そこで、このような状況の時は、アッシャーが自分にもマイクを装着して一人で撮影に臨み、兄弟の会話を記録しました。

ジョン・エルズは演出家ですが、カメラマンとしても何百というドキュメンタリー作品に参加しています。彼の持論によると、「例外もありますが」とりあえず二人組がスタッフ最低単位です。「たった一人で撮影するということは、とてつもない妥協を迫られる。考える力も制限されるし、何より運べる機材が限られてしまいます」。

時間的な制約がきつい現場もあるでしょう。シネマ・ヴェリテ作家のスーザン・フロムキーは、ある時ブロードウェイで人気のミュージカル『プロデューサー』のキャストによる音楽アルバムのメイキング映像を撮る仕事を受けました。録音作業に干渉することは、もちろん許されません。「カメラが四台欲しいところでしたが、三台分の予算しかなかったので、録音ステージ内に二台、そしてコントロール室内に一台でやりました」。フロムキーは、ボブ・リッチマン、ドン・レンザー、トム・ハーウィッツという有名なシネマ・ヴェリテ映画撮影の名手を三人雇いました。「自らも腕の良いドキュメンタリー作家である撮影者にカメラを回してもらうのは必須条件でした。私は一度に四か所にはいられませんし、録音中に指示を出すことはほぼ間違いなく不可能でしたから」。

物語を念頭に置いて撮る

記録された映像の持つインパクトと品質を最大限に引き出すためには、自分が撮影する作品がどんな物語を語るべきなのかを明確に理解して現場に向かわなければいけません。前もって想定することが不可能な偶発的な瞬間をものにして作品に組み込むためにも、物語を把握しておかなければならないのです。

作品によっては、特別な画をものにするために周到な準備が必要なこともあります。『ＷＡＴＡＲＩＤＯＲＩ』や『皇帝ペンギン』のＤＶＤ特典映像を見ると、制作者たちが乗り越えなければならなかった様々な挑戦が理解できます。『マイ・アーキテクト』を撮ったナサニエル・カーンも、父親である世界的建築家が設計した建造物をいかに力強く撮るかということが制作上の課題だったと語っています。作品ごとに様々な準備が必要になるわけです。

視覚的に考える

あなたが作る作品は、インタビューやナレーションに依存するスタイルですか、それとも音が無くても映像だけで物語を引っ張っていけるようなものですか。実写の素材を撮影する時、もし制作スタッフの中心メンバーが撮影を担当するのでないのなら、視覚的に物語を語るような画を確実にものにする最善の方法は、撮影者にも作品の世界に深く入り込んでもらうことです。ただのカメラ操作係として雇われた人には、それは期待できません。深い意味を持った画を美しく記録するのは、ただ美しい画を記録するのとはわけが違います。ボイド・エスタスは、アカデミー受賞作品『ゴッサマーコンドル号の飛行（The Flight of the Gossamer Condor）』を筆頭に数々のドキュメンタリーやドラマの撮影を担当したベテランです。BBC、PBS、ディスカバリーチャンネル、ナショナルジオグラフィックをはじめ、様々な放送メディアで彼が参加した作品が放映されています。ドキュメンタリー作品の撮影を依頼される時、エスタスは決まって事前に概要かトリートメントを読ませてもらい、作品を包みこむ大きなテーマを理解して、何を撮るか考えるだけでなく、どうしてその画が必要なのかも理解しようとします。

現場で撮影隊が仕事する時は、録音技師にも物語に精通しておいてもらうと良いでしょう。録音担当者はマイクが拾う音を聴いているので、登場人物が次に何をするか、そしてどういうことが起きるのか予測しやすい立場にいるからです。エスタスも「録音部は、他の誰にも聴こえないことを聴いているからね」と言っています。エスタスは、シネマ・ヴェリテのスタイルで撮影する時は自分もヘッドフォンを着けてマイクが拾って無線で飛ばす音を聴きながら撮るそうです。そうすることによって、予想もしなかったような幸運をものにすることもあるのです。エスタスが『医師養成期間を生き抜け（Survivor, M.D.）』に参加した時のことです。カメラは、ハーバード大学医学大学院に通う七人の院生を七年間にわたって追います。ある時エスタスは、院生の一人が入院中に仲良くなった患者の心臓手術に立ち会う様子を撮影しますが、患者は死んでしまいます。その院生（女性）が一人で手術室の奥に行くのを、エスタスは見逃しませんでした。

エスタスは言います。「もう長い付き合いだったので、彼女にとってその患者の死がどれだけ堪えるか、すぐわかりました」。エスタスはヘッドフォンでマイクが拾った音を聴いていたので、院生が泣いているのがわかりました。それでもその場を動かず、先輩の外科医が院生に近づく様子を撮影し続けました。先輩外科医は院生を慰めてから、自分の感情と専門家の助言を必要としている遺族の心情を秤にかけて行動するよう助言します。院生は頷き、二人は遺族に手術の結果を説明しに向かいます。これは一人前になろうという医者の卵たちの物語なので、このような涙の瞬間はとても貴重でした。しかしこの物語にとってもっと重要なのは院生が学んだ教訓です。この経験を活かして彼女はまた一歩医者への階段を登ったのです。エスタスのカメラは二メートル以上離れていましたが、この場面には生々しさがあります（助手が慌てて三脚を持ってくるまで、カメラは手持ちでした）。「どんな撮影でも大抵の取材対象の動きは逃しませんよ。その日の手術のような撮影の場合は、なおさらです」。エスタスは続けます。「でもあの瞬間は、私が動くと魔法が解けてしまいそうだったのでじっとしていました。外科医と院生が収まった距離感が適切だと感じましたからね」。このような時には邪魔をしないように筋一本動かさずに撮影に集中しますが、いつもはもっと動き回って必要なショットをものにするとエスタスは言います。

何を撮るか、そしてどう撮るか。それは単に目の前で起きている出来事を記録するにとどまりません。そのような判断によって、物語を語るための材料を集めていくのです。エドワード・ピンカスと『The Filmmaker's

Handbook』［映像作家の手引き］を共著したスティーブ・アッシャーがこう言っています。「撮影前はもちろんだが、撮影中にも今撮っている場面が何を語るべきなのかよく考えるんです」。その方法論は、場面よりも大きな単位で撮影を考える上でも応用が利くとアッシャーは言います。「何をどれくらい撮るか、そして誰を撮るべきなのか。撮影というのは、まさにそういうことを決めていくということですからね」。大抵の場合、場面やシークエンスがどうなるか、そして全体の物語がどう構成されるかわかって撮影するわけではありません。「それでも常に自分に問い続けながらやるわけです。ここで重要なのは何だろう。ここで一番存在感を放っているのは誰だろう。そして、物語はどう構成され得るだろう」。アッシャーはさらに次のように続けます。経験の浅い人は、なかなか彼のように先を読みながら撮影できるものではありませんが、「何度も繰り返しやっていると、物語の芯が何で、構成はどうなって、それぞれの場面がどのように成立するかが見えてくるんですよ。経験の浅い人は、カメラを回しすぎます。しかも無暗に回すだけなので、主題が浮かび上がるような画が撮れないんですよ」。

あなたが物語をどのように語ろうとしているかスタッフが理解していれば、不測の事態にもうまく対応してくれます。『イングリッド・ベタンクールの誘拐（未）』の撮影のために何度かコロンビアに渡ったビクトリア・ブルースとキャリン・ヘイズは、最初の撮影が終わってアメリカに帰る時に、現地のカメラマンに予備のデジタルビデオカメラを預けました。誘拐の一件で彼の自前のカメラは盗まれてしまったのですが、これでもし仮に誘拐された大統領候補の女性が解放されても、撮影に行けるというわけです。折悪く候補者の父親が亡くなり、カメラマンの弟がその葬式を記録しました。さらに不測の事態に備えて父親のいるフランスに逃げていた候補者の子どもたちが祖父の葬式のために帰国した様子も記録できました。「子どもたちがコロンビアに帰ってきたのは、葬式の時だけだったのでとてもラッキーでした。そういう時に備えてカメラを預けていったんです」。ブルースはそう回想します。この葬式の場面は、作品の中でも特に力強いものになりました。

編集を念頭に置いて撮影する

ちゃんと編集できる素材を撮影するのは、とても大事なことです。十分に編集の選択肢を選べる素材、そして記録された出来事がきちんと初めから終わりまで一続きで記録されている素材です。ニュースとは違って、一場面を一カットに収められるとは限りません。まるでフィクションの劇映画を撮るようにドキュメンタリーを撮ってみましょう。どんな場面の中にも、引き画が、寄り画が、アップが、そして切り返しがあります。どのカットも尺が十分で、カメラも安定していなければ編集で使えません。映像に語らせたいなら、そこには文脈が必要ですし、それ以外の情報も重要です。例えば、舞台上で喋ったり演奏している人を撮影しているのなら、それを見ている観客の画が何種類か欲しいところです。それによって、誰に対して演じていて、客はどう反応しているかという文脈が与えられるからです。公演が行われている施設の外観も欲しいところです。そこは田舎の、塩ビ樹脂サイディングで覆われた安っぽい教会なのでしょうか。ワシントンにあるケネディセンターのような立派な施設なのでしょうか。そこがどのような場所なのか示すものがあれば、それも良い素材です。電飾看板、出演者を紹介する手書きのポスター、客が持っているプログラム等です。客の視点や演者と聴衆の視線によって、それぞれの見ている世界を表すことができます。『マーダーボール』は車椅子に乗った主観映像によって、とても上手に視点を利用していました。

そこにあるものを片っ端からすべて撮影すれば良いというわけではありません。何（または誰）が、どこで、どうやって、という物語を語るために必要な基本情報を確実に押さえましょう。それがいつ（何時、何月、何の季節）で、そこがどこで、そこには誰がいるのかということをはっきり示せる画を探しましょう。言葉に頼る代わりに見せられる画を探します。燃えさしのタバコや資源ごみに出された酒の空きびんなど、登場人物の人となりを語るような画を探しましょう。見れば登場人物たちの対人関係がわかるショットや、仕事で使う道具を鮮やかに使いこなす画を押さえましょう。笑いを誘う画があれば、押さえましょう。前にも書きましたが、仰角、俯瞰、正面など、様々なカメラ位置や構図、そして切り返しのショットを十分撮っておきます。それがあってはじめて編集者は、何時間にもおよぶ素材を圧縮して、視覚的に面白く、辻褄が合って腑に落ちる物語をつなげられるのです。

「撮影者は、可能な限り物語を語る選択肢が多くとれるように、場面を撮影するんです」とは、ジョン・エルズの言葉です。「撮影を始める時は、その場面を語るのに絶対必要なショットを六種類か七種類ほど頭の中に書きつけておいてから臨みます」。その中にはその土地や街の様子を捉えた可能な限り広角の画も含まれます。場面となる舞台を紹介するために、そこにいる全員の顔が識別可能な大きさで写っており、何をやっているか見えるショットも撮ります。撮影されるべき物や出来事は、必ず複数のアングルで撮ります。そして「そこにいる全員のクロースアップを、喋っているのといないのを一つずつ」とエルズは言います。

もしそこに「ジョーのリンゴ園」とか「ヘンリー・フォード・モーターカンパニー」といった看板があったら、もちろん撮ります。エルズの場合は「すわりの良いアングルで、できれば前景または背景で誰かが何かしているショットと無人のショットを両方」撮るそうです。時計など、時間を伝えるものがあれば撮ります。「使い古された手で、九割がた使わないでしょうが、一応押さえておきます。でも、たった一回でも時間の経過を表したい時があれば、時計に勝るものはありません」。最後にエルズが押さえておくものは、方向感覚を示せる画です。例えば「川の近くにいるのなら、流れがちゃんと見えるところまで近寄って撮っておくと良いでしょう」。

フィルムで撮影する場合、何をどのくらい撮るかという判断は、生フィルム代と現像料という制約から慎重さを要求されます。『苦難の谷（未）』をフィルムで、『残された時間（未）』をデジタルビデオで撮ったスティーブ・アッシャーがこう言っています。

フィルムのフッテージカウンターの代わりに金額表示計がついてればいいのにと、冗談を言ったもんですよ。フィルム撮りの時は、カメラをどう動かすか、他のショットとどうつながるか、そのショットはどんな意味を持つのか、常に先読みして考えながら撮ります。今、寄り画を撮りにいくぞ。今Aさんから B さんにパンするぞといつも意識してますよ。ビデオで撮影を覚えた人は、切らずに撮り続ける傾向がありますね。それはよくないんです。カメラを止めないですから、ショットがどこで始まってどこで終わるか、意識しながら撮ってないわけです。結果、切りようがないショットを持って帰ることになるんです。

場面を撮る時

編集中でも企画開発中でも同じことですが、ロケ現場にいる時も、映像で語るということはショット単位で考えるのではなく、場面とシークエンスという塊で考えていくということです。「ノンフィクション作品を作っているからこそ、劇映画と同じで場面単位で撮ろうとするんですよ」とアメリカが誇るシネマ・ヴェリテ映画のドキュメンタリー作家であるスーザン・フロムキーは言っています。「だから切り返しも必要だし、場面がそこで終わるという画もちゃんと必要です。そしてその場面に入り込んでいくための画も必要です」。シネマ・ヴェリテは

『残された時間（未）』よりヘイウッド一家：ウェンディ、アレックス、スティーヴン。
Photo courtesy of the filmmakers.

傍観的に撮影するスタイルなので、場面の入り出しを撮り損なうことはよくあると言います。「座って待っていると、急に何かが始まり、最初の一言を逃してしまうことはよくあります」。フロムキーとアルバート・マイスルズが『ラリーの血族（未）』の撮影でミシシッピにいた時、主役のラリーが取り乱しているのに出くわしましたが、理由がわかりません。二人はとりあえずカメラを回します。その後、近所の人との会話から、息子がまた留置場に入れられたと伝えられたのでラリーが取り乱したのだと察しました。「この場面に入るきっかけの部分を逃したわけです。でも、ラリーに『何があったの?』なんて聞くのは嫌でした」とフロムキーは言います。その時点で、ナレーションは使わないことに決まっていました（最終的にテロップが数枚使われました）。そこでフロムキーは、ラリーに場面を始めるきっかけの一言を言ってもらえるように頭を捻りました。

「少なくとも私に関するかぎり、これはこの手の作品を何本も撮りながら身に着けた知恵ですね。何を持って帰れば、編集者が場面をつなぎ合わせてお話を語れるかわかってくるんです」。フロムキーはそう教えてくれます。「その時ラリーは息子がどうして牢屋に放り込まれたか知らなかったので、私は作戦を思いつきました。ラリーの娘のジーネットに『警察に電話して何があったか聞いてみたら?』と尋ねたんです。それを聞いたラリーは、すぐに『警察に電話して何があったか聞いて』とジーネットに言ったんです。それがきっかけになってジーネットは警察と話し、回っているカメラの前でことの顛末を語ってくれたというわけです。お陰で場面の導入部が撮れました」。

背景となる物語を撮る

傍観的な撮影スタイルで知られるシネマ・ヴェリテの場合、背景となる物語を挿入するのはちょっとした挑戦です。「私がよく使う手は、何か質問してみることです」とフロムキーは言います。「何人か人がいる場合は、誰かが何か過去について一言挟むと、以前の出来事から始まって現在の話になっていくことがあるのです。だから何か質問してみて、それが跳ね返ってどういう話につながっていくか試してみるんです」。

視覚的表現を創造する

中にはあまり視覚的ではない題材というのもあります。それがとても複雑だったり、高度に技術的であればなおさらです。あなたがそのような題材を視覚的に表現する良い方法をまだ考えついていないとしたら、おそらく専門家、またはナレーターが解説している間に画面に何か一般的な映像を流しておこうと考えるでしょう。教育政策についての物語を作っているのであれば、例えばある日の午後を地元の小学校で過ごしてみるのも手かもしれません。加齢という題材を扱っているのなら、近所の病院を訪ねて、理学療法に参加してみるのも良いかもしれません。このような映像をアメリカの業界では「壁紙」と呼ぶことがあります。映っている人や物は特徴のない一般的なイメージ映像で、物語とは何も直接的な関係がないからです。

特徴があってもなくても、この手のイメージ映像が必要になることはよくあります。どうせ使うならば創造的であるに越したことはありません。例えばホリー・スタッドラーと共同プロデューサーの二人は、解離性同一性障害〔一九九四年まで多重人格障害として知られた〕という診断が巻き起こす論争を扱った作品のために様々なイメージ映像を考案しました。解離という現象を説明するために、二人は自室にいる女の子を撮りました。ベッドに横になっていたり、床で遊んでいたり、立っていたり、座っていたり。これを編集段階で一つの映像にまとめました。できあがった映像は、自分の周りに大勢の交代人格がいて、それぞれ別のことをしているという表現です。スタッドラーは他にも、ターンテーブルにウィッグスタンドとして使うマネキンの頭を並べ、劇的な照明を当てました。スタッドラーは言います。「解説している人からつなげる映像が欲しかったのです。でも、公園のベンチに一人で座っている人の画なんかではつまらないので」。解離の実際をさらに掘り下げるためにスタッドラーは、解離の症状と、高速道路催眠現象といってどこを運転しているのかわからなくなってしまう現象を比較するための映像も作りました。運転者の主観映像がトンネルに入っていく画と、波付鋼管の中に小型CCDカメラを通して撮影した映像をつないで目の眩むような感覚を演出しました。

物語や主題をより深く掘り下げるためにデモンストレーションを見せることもあります。モーガン・スパーロックの『スーパーサイズ・ミー』は、撮影を目的とした三〇日間の特殊ダイエット、つまりデモンストレーションを中心に組み立てられた作品でした。マック・ダイエットと並行して、様々なスタイルで撮影された映像が交錯します。スパーロックはいくつもの学校や学区の責任者を訪ねて、食育や体育についてのそれぞれの取り組みを調査します。胃バイパス手術を受けた男性の術前と術後の様子も取材します。街頭インタビューも何度も出てきます。ホワイトハウスの前にいた家族にアメリカ合衆国忠誠の誓い［アメリカ人なら誰でも学校で言わされたので覚えているはず］を暗唱させたり、ビッグマックのファンという男も探してきます。どの場面もきちんと準備の上、全体の比重を考慮しながら撮らなければなりません。カメラを回した分だけお金が余計にかかるわけですから、他の場面やシークエンスと被る内容を撮るのは時間の無駄です。同じ感情を喚起する場面も時間の無駄です。次の章で詳しく書きますが、そのようなショットは最終的には編集で切られてしまうのですから。

自然環境で撮影した素材で語る

自然環境や野生動物を撮影した素材で物語を作るのは、とても時間がかかる上にお金もかかります。しかし『皇帝ペンギン』や『WATARIDORI』を見ればわかるとおり、目を見張る素晴らしい映像がものにできることもあります。両作品とも、とてつもない時間と予算をかけ、技術の粋を集めて作られました。では、テレビで人気の比較的低予算の自然ドキュメンタリーは、どうやって撮っているのでしょう。

ホリー・スタッドラーはナショナルジオグラフィックの自然ドキュメンタリー番組『エクスプローラー』で放映された三〇分番組『アメリカ最後のアカオオカミ(America's Last Red Wolves)』を制作しました。著明な自然愛好家だったヒューゴ・ヴァン・ラーウィックがディスカバリーチャンネルのために監督した『豹の息子(The Leopard Son)』の制作過程をドキュメンタリーとして撮った経験が、スタッドラーの野生動物撮影へのアプローチに強い影響を与えています。「あの映画は、最初は『大きな猫たち』というタイトルがついていました」とスタッドラーが回想します。「アフリカのセレンゲッティに住むライオンや、チータや、ヒョウの物語でした」。一年をかけて三五ミリフィルムで撮影されたこの作品の物語は、ロケ中にそして編集中に段々作り上げられていきました。最終的にできあがった物語の主役はヒョウになり、若いヒョウが大人になる成長の過程に主眼が置かれました。撮影隊と一緒に数ヵ月をアフリカですごしたスタッドラーは、「動物たちの生きた姿を収めるために、動物たちが自分に慣れるまで辛抱強く待ち、一切の細工をしなかったヴァン・ラーウィックの姿」を目の当たりにしました。「だから私も無干渉主義者になったんです」。

ケーブル局の台頭と制作予算の削減に伴って、残念ながらドキュメンタリー作家たちは野生動物を撮影隊の存在に慣らすためにじっくり費やす時間を確保できないことが多くなっています。それでも高品質の映像を要求されることは変わりありません。野生動物を撮影する時に避けては通れない倫理性の問題を考えると、これはややこしいことです。カメラを向けた先に必ず動物が来るように、動物の死骸や、酷い時は傷を負わせた動物を餌として置いておくようなことをする撮影隊があり、問題視されています。スタッドラーは、夜間に車輛の照明を点けると動物たちの狩りに影響をおよぼすのでそれすら問題視する人がいると言います。

「だから、私の場合は何とか両極端にならないように、中間的な手段を目指します」とスタッドラーは続けます。「餌を食べている野生のオオカミに八メートルも近寄ったら、すぐ餌をくわえて逃げます。もちろんねぐらにも近づけません。だから例えば動物がセンサーにひっかかったら撮影を開始する遠隔操作のカメラを使ったらどうか議論して、実際に『尽きない苦労（Troubled Waters）』（PBS向けの一時間番組）ではそうしました。でも二、三ショット撮れたと思ったらもう動物は逃げてしまうんです。

野生のアメリカアカオオカミは、一度絶滅宣言を受けた種ですが、一九八〇年代にアメリカ合衆国魚類野生生物局が、飼育していた個体をノースカロライナ州アリゲーター河域国定保護区の野生に返しました。その後も同局によって何頭かの個体が飼育されていたので、スタッドラーは接近しなければ撮れないショットを確保できたのです。まず飼育場のフェンスを覆い、カメラマンをフェンスの外側、オオカミから八メートルほどのところに立たせて、鹿の死骸を食べるオオカミを撮影しました。スタッドラーは言います。

そうやってオオカミの良いクロースアップが撮れたんです。他に方法があるとすれば、野生環境でオオカミが撮影隊の存在を気にしなくなるまで慣れてもらうという手段だけです。それには何ヵ月もかかる上に、撮影隊が近寄らせてもらえる保証もないのです。

トーンとスタイル

目に見えるものに語らせるのであれば、ただカメラを向ければ良いというわけではありません。カメラに何をさせるか。照明をどう当てるか。そしてポスト・プロダクションでどんな処理をするか。いずれも映像に語らせるためには重要です。当たる光はきついのか、冷たいのか、それとも暖かくて懐かしい感じのトーンなのでしょうか。誰の視点から撮るのでしょう。語り手の視点か、それとも物語の外にいる神の視点でしょうか。被写体を見上げて撮るのか、それとも見下ろすのか。被写体はどんな文脈の中にいるのでしょう。画面いっぱいに大きく見えるのでしょうか。それとも小さく、周囲の環境に押し潰されて見えるのでしょうか。前もってどうするか決められるものだけでも決めておけば、その撮影に必要な照明や、レンズ、フィルター等を用意できますし、移動撮影用のトラックやクレーンといった特殊機材が必要かどうかも決められます。さらに熟練のスタッフが必要かどうかもわかるのです。

考える前に撮る

構想したとおりに作れるような資金を集めようとすれば、何ヵ月も、場合によっては何年もかかるかもしれません。あなたが有名な作家なら話は別ですが、そうでなければあなたとあなたの理想の作品の間には企画書や概要が死屍累々と積みあげられるはずです。運が良ければ、時折決して十分とはいえない助成金がもらえることもあります。前の章で書いたとおり、それが現実です。比較的予算の大きい作品を個人で作りそれが放映されるまでに、企画の萌芽から数えて三年から五年というのが少なくともアメリカの現実です。とても重要な作品の中にはもっと時間がかかったものもありますし、同じ様に重要な企画が結局制作開始前に頓挫することもよくあります（覚えておいて欲しいのは、一作品にかかりきりの映像作家はいないということです。企画は進んでは止まりを繰り返すので、その間に制作スタッフは別の企画を転がしたり、給料が出る仕事でつなぐのが常なのです）。

では、物語になる出来事が待ったなしで始まってしまうのがわかっているのに、企画の初期段階に必要な資金は集められそうにもないという時、個人ドキュメンタリー作家はどうすればよいのでしょう。これは作家の経験や資質によります。経験豊かで少しばかり自己資金がある作家ならさっさと概要をまとめて撮影に入ればよいでしょう。時間と金が許す限り機材を借りて移動して撮影ということになりますが、経験豊かなスタッフならば、プロ品質の素材を確保できるでしょう。経験の浅い作家の場合は、自分で勉強して何とかするか、頑張ってプロを雇うこともできます。巧みに語られた力強い物語は、映像が少々粗くてもそれなりに見られるものですが、逆はありません。どんなに素晴らしく撮影されていても、貧弱な物語は貧弱な物語です。

インタビュー

撮影前に、インタビューのある作品をいくつも見て、どのアプローチが気に入ってどれが駄目だったか、そしてどれが自分の作品に向いていると思ったか確かめましょう。『青いビニール（未）』でジュディス・ヘルファンドがそうしたように、インタビューをする本人も画面の中に映るのが適切な場合があります。インタビューを受ける人が直接観客に語りかけているように見えるのが適切かもしれません。あるいは、もっとリラックスした雰囲気の中で思いつくままインタビューし、いろいろ経験を語ってもらうのが良いかもしれません。またはインタビューされる人同士が何か決まった題材について論じ合うという手もあります。

どのアプローチでいくかという決断は、どのようにインタビューを行い、それをどうやって撮影するかという方法論も左右します。あなたが画面には映らず、あなたが投げかける質問もナレーションとしてアフレコされないのなら、答えだけですべての情報がカバーされるような質問をしなければなりません。「ああ、そうですね」という答えだけでは困るのです。質問の一部を答えに組み込んでもらえるような聞き方をするのも一つの方法です。例えば、質問「問題に気づいたのがいつか覚えていますか？」答「問題に気づいたのは確か……」といった具合です〔日本語の場合、この見本とは違った作戦を考案しなければならないが、考え方は同じ〕。どのような質問をするにしても、インタビュー中は耳をよく澄まして、回答の中に文章の始めや思考の最初の部分がちゃんとあることを確認しながらやるようにしましょう。もし必要なら、同じことを、質問の仕方を変えて聞き直しても構いません。

インタビューをする時は、物語の重要なポイントを押さえるような質問をいくつも考えておきましょう。その上で、何か興味深そうな質問や、探りを入れるための質問も用意しておきます。探りを入れてどんな答えが返ってくるかはわかりませんが、面白いものが出てこないとも限りません。おそらくあなたはインタビューをお願いした相手が何について詳しく語ってくれるか理解しているはずですから全員に二〇の同じ質問をしても、実りがないのが普通です。

インタビューの実際

インタビューの撮り方は、人によって違います。インタビューを受ける相手をリラックスさせるために、ざっくばらんな質問から始めて段々話しにくい内容に入っていく人もいます。前にも書きましたが、対決型のドキュメンタリー作家は、最初からカメラを回しながら不意打ちのように始めます。相手によっては何度も話したことをまた話す羽目になるかもしれません。話し慣れた感じを崩すために苛立たせたり、挑発することもあります。

ボイド・エスタスが使う作戦にはこんなものがあります。「インタビューに答えてくれる相手を単なる情報提供者として扱うんじゃなくて、もっと会話に引きずり込むんですよ。こちらがわざと悪役を演じるわけです。『どうしてあなたがその方法が優れていると言うのか、全然理解できませんね。ちょっと説明してもらって良いですか?』等と煽るんです。そうすれば、お決まりの答えではなくて、ちゃんと対話に導かれた答えが得られますから」。

インタビューのお膳立て

インタビューを受ける人が真っ直ぐカメラに向かって語ることを要求されることは滅多にありません。取材慣れした人以外は、身構えてしまうからです。ドキュメンタリー作家のエロール・モリスはレンズの真上に聞き手の顔が映るようにしたイントロトロン〔洒落の名前で尋問機とでもいうような登録商標〕を開発しました。インタビューを受ける人はそのモニターに対して話すので、真っ直ぐカメラに向いて話す効果が得られます。それ以外のほとんどの場合は、聞き手がカメラの右脇か左脇にインタビューを受ける人と対面で座ります。喋る人はカメラのちょっと右または左を見ながら語るという構図になります。かなり離れた場所にカメラを置く人もいますが、ボイド・エスタスのように、一・五メートル以内とかなり近い距離に置くのが好みの人もいます。「近くに置くと良いことが二つあります」とエスタスは言います。「インタビューされる人がちょっとでも体を動かすと、構図内でダイナミックに動いて見える。望遠寄りで撮ったら、背景に張りついているようにしか見えないですからね」。二つ目は、聞き手が近くにいた方が、受け手が違和感を覚えないということで、エスタスはこれがとても重要だと言います。

卓を挟んでインタビューすれば、聞き手と受け手の親近感は増します。お互いが前のめりになれば、距離感も縮まり手振りも構図に収まります。エスタスによると、肘掛のついた木製の椅子なら、肘掛が高いので最適です。

「手振りをすれば顔の正面に手がきます。体を前に傾ければ、気迫を感じますよ」。椅子の構造や背もたれは映らないようにするのが基本です。回転椅子や安楽椅子も避けましょう。

インタビューの受け手がカメラの右を見ながら喋るか、あるいは左を見るかということもあらかじめ決めなければいけません。もしインタビューを受ける人が二人いて、お互いに呼応しながら喋っているように見せたいのなら、それぞれが向かいあって見えるように撮影したいわけです。必ず予定通りにできるとは限りませんが、もしそのようなスタイルを望むのであれば、事前の計画が欠かせません。撮影隊は、被写体以外にも画面の中で見えているものに気を遣いましょう。エスタスはこう言っています。

観客がこの人が言うことを聞きたいと思うように、インタビューを受ける人を良く見せてあげるのも、私たちの仕事ですよ。私のやり方は、その人がいる環境ごとポートレートの一部に仕立て上げることです。背景も含めてその人の見え方が、その人と主題について何かを語るような構図にします。テレビのワイドスクリーン（16：9）の画面比では、一層構図に注意が必要です。どんなに被写体に寄っても、画面の半分は空いてしまうわけですから。そこに書架があっても、物語の足しにはなりません。

他にも、作品のスタイル、または物語をどう語るかというアプローチに由来する決断がいくつかあります。インタビューをどう照らすか。そして作品全体（またはシリーズ全体）を通して維持すべきルックの統一性があるか。受け手をどのような人として見せるのか。例えばインタビューを受ける人に大きなニキビか何かがあり、観客の気が散って発言に集中できなくなりそうな時でも、気にならないような照明の当て方というものがあります。他には、受け手は何を着るのか。ざっくばらんではなく、かっちりしたインタビューをする時は、プロデューサーが受け手に何種類かの服装を持参するように頼むこともあります。作品によってはスタイルという観点からインタビューを受ける人に特別な服装を頼むこともあります。エスタスがゴシックをテーマにしたシリーズを撮った時、インタビューを受ける人たちに黒いものを身に着けるように依頼しました。

インタビューが配置された視覚的な文脈や、画面の中にある視覚的な手がかりも、物語を語ります。隙間が多い構図か、密度が濃い構図か。人によっては、視覚的情報を見せるために引いた構図から始めて、インタビューがより親密なものになってきたら、または感情的な盛り上がりにあわせて寄っていきます。インタビューの舞台や、インタビューを受ける人の服装が伝えるものも大切です。『細く青い線（未）』では、ランダール・アダムズとデヴィッド・ハリスは、それぞれ閉鎖された空間でインタビューを受けます。やがてそれが拘置所の牢内だとわかるのです。警察関係者は全員スーツにネクタイで、屋内で撮られています。デヴィッド・ハリスの友人たちは、全員軽装で、戸外でインタビューされます。監督のモリスは名前を表すテロップ情報を一切使わなかったので、このような視覚的な手がかりによって登場人物を見分けられるようにしたのです。

仕事中の人や家庭にいる人にインタビューしたなら、複雑な機械を自信満々に扱う女性や、家で子どもたちと過ごす男性のように、観客がその人のことを理解できるような映像を撮ったと思います。そのような映像をバックに、インタビューを受ける人を紹介するのも有効です。もっとも、「ビルに入っていく」、「事務所に入る」、「コンピューターで仕事中」等、何のショットだかわからないような映像を使ってインタビューされる人を紹介する作品の方が一般的ですが。全体的に素晴らしくできの良い作品ですら、そんなショットを使ってしまうものです。でも、そんなショットより絶対に良いショットが、必ずあります。

インタビューのスタイル

やる気が感じられない、または何らかの緊急性がないのは、悪いインタビューです。信憑性も重要ですし、インタビューが物語に加えるものがなければいけません。いろいろなインタビューを見ると、それぞれのスタイルがとても違うことに気づくはずです。インタビューの受け手は、過去を振り返って話をしているのでしょうか、それとも今まさに進行形の出来事であるかのように語っているのでしょうか。インタビューというのは、何かの題材について専門家が語るだけではありません。一般の人が、何かの出来事について自分で考えた物語を語ることもあります。同じことについて何度も話していると、その出来事との間に距離が生じます。それが良い結果を生むこともありますが、よくない場合もあります。

Chapter 12
Editing

編集

これまで物語を料理して巧く語る方法論についていろいろ書いてきましたが、同じことが編集段階で再び役に立ちます。実際、物語や構成というものは、編集者が映像素材をつなぎだして初めてその本当の姿を現すことの方が多いのです。作品を物語のどの部分から語り始めるかという入口を見つけるために、何とおりもの編集を試すことがあります。物語の中のある一点を終点と決めて、そこに向かって何週間も編集作業を続けた挙句、より強烈な印象を残して作品が終われる点がそれより前にあったと気づいたりもします。

どの作品も基本的には同じ編集のプロセスを経て完成されます。撮影された素材を全部映写または再生して内容を確認し、とりあえず前後の余裕を持たせながらつないでみて、それをラフカットと呼ばれる粗編集で縮め、さらにファインカットと呼ばれるほぼ完成状態に近い状態まで削っていき、ピクチャーロックで尺を確定し、スクリプトロックで音声素材も決め込みます。つながれる素材は、撮影した映像に加えて、ありものの映像等が含まれる場合もあります。ありものやアーカイブ映像を使う場合、編集中はビデオでダビングしたものや、手間をかけずに撮った仮素材を使います。編集が完成形に近づいて必要になる映像が見えてきたら、その素材の権利関係の交渉に入り放送品質の映像のコピーまたは放送品質で撮影された写真や画像を発注します。

編集が進むにつれ、素材はラフカットとして形を整えていきます。ラフカットは、完パケ素材に比べるとかなり長めの、言わば下書きの草稿のようなものです。それでも、そこには全体的な物語がちゃんとあり、構成も大体固まっています。必要な素材もほとんど揃っています。ラフカットの段階は、物語や構成を再考し他の方法がないか探ってみるには最適な時です。この後、編集が進んで作品が整うにつれて、つなぎ直すのが大変になってしまうからです。ラフカットの段階になると、最終的な形や物語の芯は主題がより明確に見え始めるので、インタビューその他何か重要な場面が抜けていることに気づきます。ナレーションがあるなら、原稿を磨くのもこの段階です。作品全体について、事実関係の間違いがないように裏を取るのもこの段階です。この段階で、制作に関わっていない人に観てもらうのも良い考えです。作っているあなたが伝わっているはずだと思っているものが、本当に伝わっているかどうか、試してみることができます。

そして最後がピクチャーロックです。これは、すべての映像素材が順番通りにつながれ、尺はこれ以上変えないという段階になります。その次のスクリプトロックは、ナレーションやアフレコについての問題が洗い出されて解決し、後はスタジオで録音作業をするだけという段階です。これで編集作業は終わり、作品は公開できる状態になります。

ラフカットをつなぐ

プロデューサーと監督と脚本家と編集者がどのようなやり取りをしながら作業を進めるかというのは、作品によって違うものです。さらに監督が脚本を兼ねる場合もありますし、編集を兼ねることもあります。全員でラッシュを見て、インタビューのどこが使えて、どの場面がより強力に迫ってくるか、そして素材をどのようにつなげるか等を相談する場合もあります。編集者の中には、現場の苦労話などに影響されないように、一人で素材を全部見る人もいます。腕利きの編集者でもあるジーニー・ジョーダンはこう言っています。「私の場合は、『このインタビューは難しかった』とか『本当に撮りたかったものが撮れなかった』なんてことは聞きたくもないのです。ともかく観たいんです」。観察映画作家の想田和弘（Chapter 22）は自分でカメラを回しますが、それでも編集するときには先入観を捨て、「素材をよく観て、よく聴いて、素材が語りかけてくるものを観察しようと努めます」と言っています。

ラッシュを映写しながら、感情的にそして知的に刺激を与える部分を探します。単体で成立する場面やシークエンスを探しましょう。インタビュー発言は、要旨が明確で力強い部分を探しましょう。あなたが作品に込めたい主題や問題意識を表せる素材を、そして観客が作品を見た翌日、職場の仲間と語り合いたくなるような部分を探しましょう。『シナトラ：すべて手に入らなければ何もいらない（Sinatra: All or Nothing at All）』を編集し、アレックス・ギブニーと共同プロデュースしたサム・ポラードは言います。

まず感情。感情的なものがないか探します。次に緊張感と対立。それがあればどんな場面も大体うまくいきますから。どちらも見つけられなかったら、別の種類の感情を伝える場なのかもしれないと考えてみます。リラックスして音楽でも聴くところなのかもしれません。ちょっと立ち止まってゆっくり考えてみるところなのかもしれない。素材が何を語っているか耳を澄ませて聴いてみます。

最初のラッシュ試写で、見た人がそれぞれお気に入りの場面や瞬間を探します。未編集素材から最初に受けた強い印象を忘れないでおけば、後々素材を削りながら一つの物語につなぎ合わせていく時に、最初に感じた素材のエネルギーを失わないで済みます。

例えばシネマ・ヴェリテの映画のように主に現場で撮影した素材だけで構成される作品の場合、場面ごとにまとめられた概要をガイドに編集を進める場合もあります。もしインタビューが大量にあるのなら、プロデューサーか脚本家が聞き起こした発言を紙の上で編集することもあります。もし何らかの台本に従って撮影した場合は、実際に撮影された出来事をその原稿に反映させます。まだ粗編集の段階なので、前後のカットと馴染まない素材や、後で場面転換の効果を入れる場所や、未撮影素材が挿入される場所があるはずですが、そこに仮のナレーション（もし使うなら）を入れておくのも良い方法です。編集中に仮ナレーションを録音して素材にのせてみて、うまくいくかどうか試すのもよく使われる手段です。

前の章でも書きましたが、紙の上でうまくいっても映像でうまくつながるとは限りません。あるインタビューから取り出した二か所の発言を紙の上で並べるととても良い感じに読めたとしても、実際に映像と音声をつないでみると喋り方のトーンや、場面の展開次第で力強さが削がれることもあり得ます。だからといって紙の上で編集するのが無駄かといえばそんなことはありません。実際に素材を切り貼りする前に編集の妥当性を検討する手っ取り早い手段であることには変わりありません。紙で編集した通りにいかないことも多いので、なぜその編集をしたいと思ったかを控えておくのも大事です。例えば、その発言の中に重要な点が二つあったとします。もし紙の上で想定した通りにうまくつなげなかったとしても、編集者は別の方法であなたの要望を満たせるかもしれません。別の部分を切り貼りしてみる、またはいくつかの発言を合成してみる、あるいはその発言が不要になるように巧く場面をつなぐこともできるかもしれません。

プロデューサーがインタビューのことを考えている間にも、編集者は撮影素材やありもの素材をつなげて場面を構成していきます。各場面にはそれぞれ可能な限りパワフルな起承転結ができるようにつなぎ、作品全体を構成するシークエンスを作っていきます。編集は共同で行うことの多い作業です。編集室を訪れてつながれた素材を見たプロデューサー、監督、または脚本家は、編集者が気づかなかったショットとショットのつながりを見つけるかもしれません。あるいは、つないだ映像を見て初めてそこにグラフィックや、音楽、あるいは追加のインタビューが必要だと気づくかもしれません。編集室に入った人は、全員語り手の視線と観客の視線の両方で作品を見ながら意見交換をします。それでも最終的な決定を下すのは一人だけ、通常プロデューサーか監督だけです。

聞き起こす

インタビューを撮影したり、物語の内容に関係のある対話が交わされる場面を撮ったら、発言された言葉をすべて正確に書き起こしましょう。「フィッシャー博士、重力の話をする」というような簡略なまとめではなく、「ええと、ええと、その時彼は……彼が、ええと、ああ、補足すれば、重力というものは……」のように一言一句聞き取っておけば、後で時間の節約になります。編集中は何度も聞き起こし原稿を読みながら物語を巧く語るための解決策を探すことになります。もし聞き起こしが不正確だったり不完全だと、間違った情報を基に場面をつなげてからちょっと違うことに気づいて困ったり、いつになってもずばり必要な発言が出てこなくて困ったりします。人によっては喋りの多い場面、例えば会議、記者会見、会話等も聞き起こします。

外国語のインタビューがある場合、現場で簡易的に翻訳された原稿を見て、何が語られたか判断することがしばしばあります。もし制作チームにその外国語に堪能な者がいなかったら、編集のなるべく早い段階で、遅くともラフカットができる前に、詳細な完全訳を用意することを勧めます。発言内容を思い込みで把握したまま尺を決定してしまうようなことがないように気をつけましょう。

インタビュー映像を見る時は、書き起こし原稿にメモを書き込みながら見ましょう。後で、話者の発言の熱量が高かったどうか、どこでハエが飛んできたか、マイクが見切れてしまったか、誰かがクシャミをしたか、ということを把握できます。発言内容の一部が使えると判断されてもオフでしか使えないとか、情報だけが利用できるという場合もあります。最初に一回メモを取る手間をかける方が、後で三回同じ素材を見返してからようやく最初に使わないと決めた理由を思い出すより得ですから。メモには当然タイムコードも書き添えて、後で素早くその場所を探せるようにしておきます。

インタビューを聞き起こしておくもう一つの理由は、一度インタビューを切り貼りすると、元々それがどんな結論に向かってつづられた発言なのかわからなくなってしまう可能性がとても高いからです。私は編集が終わりに使づいた時に一度書き起こし原稿を通して読むようにします。編集途中で雇われた時も同じです。理由は三つあります。インタビューを受けた人の発言が歪められていないことを確認するため。物語がまだ磨かれていなかった段階で見逃した良い発言がないか確認するため。そして、ナレーションがある場合は、そのナレーションを彩るような言葉や詳細が見落とされていないか探すためです。

紙の上の編集

脚本執筆フォーマット用のソフトウェアを買うのは無駄なのでやめましょう。劇場長編フィクション映画用の脚本には便利ですが、ドキュメンタリーにはあまり役に立ちません［英語で書かれる脚本の書式を設定してくれるソフトのこと］。ほとんどのドキュメンタリー作家はワード等の、どのコンピューターでも開ける文書作成ソフトを使っています。多くの人が段組みがあっても無くても、普通の文書作成ソフトで台本を書いています［少なくともアメリカの場合］。

［以降、すべて英語の台本という前提］二段組の台本を書く時は、一段は視覚情報で隣の段は音声情報を書きます。段

組みが無い場合は、視覚情報は括弧で括るか、斜体にします。段組みがあってもなくても、インタビューやナレーションは他の要素に比べて目立つようにします。例えばナレーションは太字で表示したり、インタビューは字下げしたりします。インタビューが大量にある場合は、段組みの有無にかかわらず一続きの発言を一塊にまとめ、必要があれば塊ごと移動しやすいようにします。ワードのアウトライン機能を使って文章構造を壊さずに差し替えられるようにする人もいます。

紙編集をする時は、まず粗編集用に一つ作ります。想定される順番に場面を並べて、インタビューも思い描いた順番で入れます。次に構成を整え余分なものを削いでラフカット用の紙編集をします。紙の上で編集するやり方は制作チームによって違いますが、一般的にはプロデューサー、監督、編集者、そして脚本家がいれば脚本家も交えて共同で行い、紙上で変更があれば映像の方にも反映させ、逆もまた然りです。

インタビューを編集する

同録の音声を編集する時は、台本に何らかの印をつけてそこに編集があることを記録しましょう。こうすれば、発言のどの部分が合成されたもの（あくまでも事実を曲げないようにやりましょう）であるかすぐわかるだけでなく、一カ月後に一続きの映像だと思って元素材を探したら実は三か所もカットがあってがっかり、ということにならないで済むのです。編集ありという印をつけた例を見てみましょう。最初にカットなしの発言です。

チャーリー：（ここからオン）奴は部品を売ってたろ？　中古の自動車の。だいたい、横領ってエリートの犯罪だろ？　奴は肉体労働者だからな。そうでもないか。部品売ってたわけじゃないしな。店の店長みたいなもんだろ？　そうだよな。あと、ターセルだ。青いターセルに乗って、高そうなシャツにネクタイつけて職場に来て。奴は上の連中は三万ドルが消えても気づきもしないと高をくくったんじゃないの?

これを紙の上で編集したラフカット用台本はこんな風になります。

チャーリー:(ここからオン)奴は部品を売ってたろ? 中古の自動車の。/奴は上の連中は三万ドルが消えても気づきもしないと高をくくったんじゃないの?

モンタージュ効果

二つのショットまたは、二つのシークエンスを並べると、単体では出せなかった意味合いを出すことができます。これはとても効果的ですが、同時に誤った印象を作り出さないように気をつけなければいけません。登場人物が「誰の責任だと思いますか?」と言った次のショットがスミスさんだったら、実際にどうであるかとは無関係に、もちろんスミスさんの責任であるように見えてしまいます。

ぎりぎりで入ってさっさと切る

編集をする時は、可能な限り遅い点から入って、できる限り早く切れるところで切りましょう。場面の大事な部分を切り落とせとか、前後がわからないほどぶった切れと言っているのではありません。その場面で何が一番切ることができない重要なものか見極めて、物語の足しにならない無駄を一切省きましょうと言っているのです。次のようなシークエンスを撮影したとします。ある母親がスーパーに行き、何人かの近所の知り合いとお喋りして、どの肉を買うかを巡って肉屋の店員とやりあい、レジで並んで、車で帰宅し、夕食の用意をし、大学生の娘を食卓に呼びますが、娘は「私がベジタリアンなのを知ってるくせに!」と怒って出て行ってしまいます。それに対して母親は「知らなかった」と言います。

このシークエンスのどこから物語を始めてどこで終わるかということは、何を表現すべきかにかかっています。お母さんが一生懸命美味しいものを作って、最近自分の離婚で荒れた雰囲気を和らげたいとか、退学になった娘を慰めたいという場面なのかもしれません。または、簡単な情報の共有もできないような、母娘の埋められない溝という主題なのかもしれません。一生懸命ご飯を作るお母さんという話なら、買い物の場面は娘に喜んで欲しい母心という意味を持ちますが、埋められない溝の話なら特に関係がありません。コミュニケーションの断絶ということなら、肉をテーブルに置く母、肉を見て飛び出していく娘、呆然と手つかずで残された食事を見る母、という三つのショットで伝えることができます。

では、この場面はどこで終わるのが最適なのでしょう。これも物語がどこに向かっていくかにかかっています。もし母親が娘を喜ばせるために奮闘するという話であれば、この場面は転機で逆転を迎えて終わるのも良いかもしれません。その場合、娘がご飯を拒否して飛び出すところで終わります。コミュニケーションの断絶という話なら、もう一歩先にいってこの後どうなるか見たいところです。母親は、例えばベジタリアンのご飯を作って娘を理解しようとするのかもしれません。

いずれにしても、登場人物のアクションに合わせてギリギリの編集をしない余裕を持ってください。あくまで登場人物の行動がどんな意味を持ち、作品の中で何を強調するかということを注視しながら編集しましょう。

シークエンスに役割を与える

前の章でシークエンスについて書きましたが、ラフカットを整えていくために考慮することのヒントがたくさん詰まっているので、読み返してください。それぞれのシークエンスに全体の中で独自の役割を負わせ、物語を前に進める力を持たせます。リズム、トーン、そして感情の起伏も二つとして同じにならないように、気をつけてください。どのシークエンスも巧く始めて、納得のいく終わり方をさせましょう。本ならば章に当たる仕事をさせてください。ヘンゼルとグレーテルが残したパン屑の道標のように、観客はシークエンスをたどって物語についてくるのです。

誤解や混乱を予防する

大抵の観客はちょっとした努力を強いられても物語の展開についてきてくれるものです。だからこそ、良いドキュメンタリーは受け身ではなく積極的な体験として観客を巻き込むことができるのですが、あまり迷走するとお客さんに愛想をつかされてしまいます。上手な語り手というのは、客の頭を捻らせておいてさりげなく答えを用意し、必要な情報を巧妙に物語に織り交ぜながら、絶妙のタイミングで出す名手なのです。精密な機械の仕組みとか物理の法則について一般の観客についてきてもらうには、ちょっとした工夫が必要です。しかし、あなたが観客に巧妙に情報を与えてあげれば、そして観客が与えられた情報から主人公がどんな困難に立ち向かい、謎を解き、秘密を暴き、数式を証明しながら物語を進めていくか理解できれば、観客をいつも物語の一歩先に先回りさせてあげられるのです。物語よりちょっとだけ先回りして「ああ、そういうこと！」と納得する瞬間は、観客にとってとてつもない快感です。

まさに情報が必要とされる瞬間にその情報を与えるわけですが、その時調子に乗って詰めこみすぎないように注意してください。ドキュメンタリー作家が「これも重要だ」と確信してしまった情報の洪水で、内容がかえって薄まってしまう例はたくさんあります。それがその時展開している物語と直接関係ないものなら、なおさらです。もしある立候補者の政治活動についての物語を語っているのなら、その人の職歴の詳細にあまり時間を割くべきではないのかもしれません。もしその候補者が仕事で培った予算管理能力を発揮して自治体の予算を抑えるという公約を掲げているのなら、話は別です。でも、そうでないのなら、大事な物語の中で時間を食いすぎています。

ここで気をつけたいのは、自分の言い分を正当化する情報だけをかい摘んで、矛盾する情報や反対意見を無視してはいけないということです。たとえ事実だけで固めても、結果的には不誠実な物語を作ってしまうということもあり得ます。物語に焦点を定めるために被写体の人生のある瞬間を選んでいくことと、観客に知られると困る情報を隠すことは違うのです。そのような操作をしても必ずばれます。そしてあなたの作品に対する信憑性と信頼は失われることになります。

ラフカットからファインカットへ

編集が進み尺も短く研ぎ澄まされてくると、それは難しい決断を迫られる段階でもあります。撮影された素材で物語がちゃんと語られているのか、それとも何か新しい素材が必要なのか。物語はちゃんと始めに提示された期待や疑問に応えて終わっているか。観客を最大限に巻き込むために手が尽くされているか。みんなの話題になるような作品になっているか。途中で飽きられてしまわないか。理解するのが難しい題材を扱っている場合、巧みに、しかも嘘をつかずに観客に伝わっているか。テレビ番組の尺に合わせようとする場合、一場面を丸ごと落とした方が良いのか、それとも全体から少しずつ削った方が良いのか。

このような問いに答えていくための一つの方法として、無作為に選んだ観客に作品を見てもらうというのがあり、ラフカット段階で一度このような試写をやり、予算が許せばファインカットでもう一度やります。あなたが作っている物語について何も知らず何の関心もない人たちと、あなたよりその題材についてよく知っている人たちの両方を招くようにしてください。試写の結果、どうやら伝えたかったことがうまく伝わっていないようなら、それは問題です。しかしこのような場合、「こんなに明快に説明しているんだから、わからないはずがないだろう」と、観客の方に問題があるという結論に飛びついてしまうドキュメンタリー作家は大勢います。あるいは観客に媚びてわかりやすくしてしまうと、大切なメッセージが失われてしまうと心配してしまうのです。しかし観客のせいにしてしまうのは都合がよすぎます。もし観客の誰か一人だけが「わからない」と言ったら、それは単にその人の趣味じゃなかったということかもしれません。二人でも気にすることではありません。しかし、もし「よくわからない」と言う人が大勢いたら、あなたが伝えたかったことが作品の中に無いというのと同じことです。

試写のコツ

テスト試写に人を招く時は、多からず少なからず、手におえる人数が良いでしょう。映像作家の知り合い、学者や専門家等、無作為に選んだ一般の観客です。小さな試写室しか確保できなかったら、試写を何度か行って多様な人々から反応を一とおり得られるようにしてください。映写を始める前に、全員が筆記用具を持っていることを確認します。あなた自身または司会者が、現在作品がどのような段階にあるか説明します。完成品はもう少し短くなる予定で、ナレーションは仮のもので、これは書き込みやタイムコードがある粗編集素材であり、放映される時には、または映画祭で上映される時にはきれいになっていると伝えます。つまりこれはまだ完成前のもので、試写に参加してくれた皆さんの意見がとても貴重だということも伝えます。試写後には意見を聞くということ、肯定的でも否定的でも構わないということも伝えます。だから終わってもすぐには帰らないようにお願いし、客電を落とします。でもメモが取れる程度に、そして観客の反応が見えるように真っ暗にはしません。物語のどの部分で集中しているように見えるか。どこで観客が居心地悪そうに座り直したり、咳払いが聞こえたか。どこで笑いが起きたか、そしてどこで涙を見せたかを、よく観察してください。

映写が終わったら、その場で観客にともかくその時に感じた印象を書いてもらいましょう。そして質疑応答の始まりです。あなた本人、または司会の人が観客に質問します。うまくいっていたのは何か、うまくいっていなかったのは何か、どこでびっくりしたか、何がよくわからなかったか、そして何に興味を覚えたか。次に、制作チームで考えておいた具体的な質問をします。「いきなり話がフランスに飛んで、混乱しましたか」とか、「八分切るとしたら、どこを切りますか」、「ダンは自分の仕事よりもマーシーの健康状態の方が心配だったとわかりましたか」等です。

この時大切なことが二つあります。まず、制作チームの人は口を挟まないこと。質問されても答えず、説明したくても抗弁したくても、自分を抑えてください。あなたがそこにいる理由は一つだけ、観客から反応をもらうためです。そこであなたが例えば、どうしてデモリッション・ダービー［アメリカで行われる自動車同士をぶつけて壊し合う見世物］のシークエンスが不可欠なのか一五分も語り出したら、または観客全員が理解に苦しんだ背景になる物語の必要性を語り出したら、折角お客さんに来てもらった貴重なチャンスが台無しです。あなたにとって一目瞭然のことを観客たちが突っ込みあうのを見てどんなにイライラしても、自制してください。お客さんを教育するのが目的ではないのです。そして画面に映っていないことも自分は知っているとひけらかす場でもありません。一般のお客さんの目を通して見た場合、画面に何がどう映っているように見えて、どこを改良する余地があるのか、それを見極めるための試写なのです。

試写が終わってから大切なこと。ともかく出てきた意見を全部心に収めて礼を言い、作業に戻りましょう。隅に座っていた男が「後四人インタビューがあると良いかも」と言ったとしても、あなたを含む制作チームの誰もが、この期に及んで後四件インタビューを撮るのは不可能だということはわかっているのです。他の誰かが裁判のシークエンスはいらないんじゃないかと発言しても、それがなければ物語をつなぐ糸が切れてバラバラになってしまうことを理解しているのは他ならぬあなたです。それでも、試写のお客さんがお帰りになってから、なぜそのような意見が出たのかよく考えましょう。映像制作畑の人でなければ、問題を適格に言葉にするのは難しいものです。ましてや、一般の人が問題解決法を知っていると期待するのは非常識です。でも、あなたは解決案を知っているのだから、それを実行してください。インタビューに何かが足りないと思った人がいたなら、そのインタビューの中に他の方法で表現した方が効果的なものがないかどうか考えますし、絶対に必要なはずの裁判のシークエンスが不要だと言われたのなら、どういう問題があるのか考えます。場所が不適切なのかもしれません。それともナレーションがうまく裁判の場面の重要性を伝えていないのかもしれません。

試写の観客に言われたことをすべて真に受けることはありません。それでも、どの部分がうまくいっていて、どの部分になるとお客さんがリモコンに手を伸ばすか、あるいは劇場から出ていくのかを見極めなければいけません。

以上のことを了解した上で、最終的に決めるのはあなたです。自分の勘を信じましょう。批判的な意見があったとしても、作品の出来ではなくて、あなたの思想的立ち位置に向けられた可能性もあるのです。作品中に出てくるスキンヘッドの若者の言い分が癇に障るという人もいるでしょう。シンナーの吸いすぎでおかしくなってしまった息子を見てすすり泣く母を撮り続けたあなたに、やり過ぎだと感じる人もいるでしょう。そのような意見をもらえば、完成した作品も同様の批判に晒されるということが予測できます。もし批判的な意見が内容の明瞭さや事実関係に関することでなく、スタイルについての違和感等であったら、対処するかどうか決めるのはあなた自身です。反対意見も頂戴して、後は制作チームの中で納得のいく結論を出してください。

学者や専門家の意見にも同様に対処します。正確で間違いのない物語を語ることに専心するべきですが、何から何まで突っ込む必要はありません。自分の専門領域に対して深いこだわりを持つ人は、例えば霊長類の話がたった六分しかないことに不満を覚えたり、アインシュタインが書いたある書簡が使われなかったことに気分を害する場合もあるでしょう。そのような意見でもありがたく頂戴します。そして言うとおりにしたら、あなたが語る物語がより豊かなものになるかどうか熟考してください。なりそうもないなら、その意見は一旦脇に片づけておきます。後で作品関連のウェブサイトや書籍版の方で使いまわすために取っておきましょう。教育用や地域のための作品であれば、教師の手引きの方に情報を盛り込むのも手です。あなたの作品がその力強い物語で広い観客層に届き、そのうちの何割かが興味を深めるためにウェブサイトにアクセスしたり図書館に行っていろいろ調べるようなら、大成功といえます。

ファインカットからピクチャーロックへ

編集も佳境に入りますが、基本的にやることは同じです。ゴールに向かって作業を進めると同時に、振り返って作品を展望します。これまでに書いた概要やトリートメントを読み返してみて、作業中に見失ってしまった物語の種がないかどうか確認します。インタビューの聞き起こし原稿にも目を通し、より効果的な発言が編集初期に見落とされていないかどうか調べます。リサーチ資料にも目を通し、何かおいしい事実が隠れていないかどうか確認します。ちなみに、この段階に来るまでにあなたは一度どころか最低二度は、あらゆる事実関係の裏を取る作業に没頭しているはずです。

裏を取る

事実関係の裏を取るというのは、最低二種類以上のソースによって、作品中に現れるありとあらゆる出来事の事実関係を確認することです。調べてみても事実が確認できないことは、しばしばあります。その場合は巧くかわしましょう。もしかしたら「二万五〇〇〇人がオートバイに乗って街に入った」と正確に言う必要はないのかもしれません。もし確認のために当たった資料がどれも「二万五〇〇〇人以上」と言うのであれば、代わりにそう言いましょう。

では、どのような情報の裏を取らなければいけないのかと言えば、それは作品中に存在するすべての情報です。

- 「勇猛果敢なマークス提督が、指揮権を掌握した」。勇猛果敢だったかどうかは、要確認です。指揮権を掌握したかどうかも、裏を取る必要があります。放映後に、実はマークス提督は臆病で有名だったという記事を見つけたくはないものです。もしかしたら前任者が食中毒で倒れ、自動的に指揮権を引き継いだだけかもしれません。
- 「自分が書き上げた法案が通過しないと確信した議員は、疲れと苛立ちを隠せなかった」。本当に疲れて苛立っていたかどうかは要確認です。さらにこの時点で議員は本当に法案が通せないという確信があったかどうかも要確認です。自分で書いたかどうかも確認しなければなりません。苛立っていたというような感情に関する事実関係は、信頼できる証言に基づく信頼できる記述に詳細に記されていない限り証明できるものではありません。

ナレーション原稿も、インタビューや同録素材と同様に事実関係の裏を取らなければなりません。自動車製造業者がこう言ったとします。「うちで購入したタイヤの四割にも同じ問題があったので、返品しました」。彼はこの題材の専門家なわけですが、後で調べてみると問題があって返品されたタイヤは、実は二五%だとわかったとします。「言ったのはあの人だし」と、彼の発言の陰に隠れることはできません。ドキュメンタリー作家であるあなたが作品中で使用すると決めた発言は、あなたの発言になるのです。このタイヤの件の場合、この発言は使えません。削除する必要がないのは次のような場合です。誤った情報を出すことが意図的で、それが物語の一部である場合。または、それが発言者の人となりを表す虚偽であるような場合です。しかし、もし自分の意見を支える重要な証拠として使うのであれば、正確さが優先します。正確を期するまでもない場合というのもあります。例えばミルヴィルの町の有権者の三八%が固定資産税増税に賛成だったという事実を確認したにもかかわらず、町長が「有権者の大体三分の一が賛成したかな」と言った場合、これは誤差として、カットしなくても大丈夫でしょう。

作品の長さ

もし、特定のメディアを意識して作っているのなら、最初からその媒体に配慮した尺を意識して作品を作らなければいけません。劇場長編であれば、八〇分から九〇分以上の長さになります。テレビ用であれば、放送局の要求に合わせなければなりません。シリーズのオープニングやクレジット、CMが入る時間も考慮しなければなりません。あなたが作る物語やその主題も、尺を決定する大事な要素です。私がコンサルタントとして呼ばれた時には、現場のみんなに「この物語をちゃんと語るには何分必要?」と聞きます。もし三時間が適当だという結論がでたら、本当に三時間の作品を制作する予算を確保できるか自問しなければなりません。そして現実的に見て局の担当者が三時間の枠を空けてくれるかどうかも考慮の対象です。もしかしたら一時間に収まるように作って、ドキュメンタリー・シリーズの制作委託担当者の気を引いた方が利口なのかもしれません。

一般的には、作品をなるべく短くした方が良いと思います。映像制作とは一連の決断です。中でも重要なのは何を捨てるかという決断です。もし作った作品が四五分で十分に語り尽くされたと思ったら、無理やり増量して一時間にしても物語が長くなったことにはなりません。単に四五分の物語を一時間かけて語っているだけなのです。

オープニング・シークエンス

オープニング・シークエンスのことを英語でティーズと言いますが（日本語ではティーザーまたはティザーという表現が定着しつつある）、ここでは予告編（「来週の『フロントライン』では……」というような）の話をしているのではありません。作品の最初のコマからオープニング・シークエンスが終わるまでの間に映っているものはすべて、これから始まる作品の物語、主題、創作的アプローチを確立します。そこにはタイトルも含まれます。Chapter 7で解説したように、どのように作品を始めるかというのはとても重要です。なぜなら、「この作品は、こういうことについて語ります。こういう語り口でいきます。だから観ても時間の損ではありませんよ」と受け手を説得して、観る覚悟のようなものを決めてもらうところだからです。絶対に、最初の数分であなたが導入した物語でちゃんと作品を終わらせてください。オープニングは説教臭くしないように。何かに触発されたような、見るだけで想像力を掻き立てられるものにしてください。だからオープニングは難しいのです。それは、しばしばオープニングが編集作業の一番最後にまわされる理由でもあります。

ナレーションの台本

［少なくともアメリカでは］ナレーションを収録する段になったら、ナレーション原稿には番号がふられ、ナレーション台本としてまとめられます。ナレーションの台詞は読みやすいように配慮して［英語なら］ダブルスペース（一行空き）で右か左に寄せて配置します。全部大文字でタイプするのは読みにくいのでやめましょう。

問題解決

どんな作品でもその作品ならではの問題が生じるものですが、ここではありがちな問題をいくつか挙げておきます。

物語がない

場面もシークエンスもちゃんと揃っているのに、まとまった物語がない。もしかしたら最初から明確な物語がなかったということの表れかもしれません。そういう時は、一歩下がって全体を見渡しながら、最初の気持ちを思い出してみます。手元にある素材と今まで集めてきた知識を現実的に評価した時、そこには語るに値する物語がありますか。あると思った物語を語りきるだけの素材をちゃんと撮影してありますか。足りないものを埋めるために追加撮影をすれば良いという可能性もありますが、もしかしたら見定めた物語にブレはなくて、ただ整理が必要なだけだという可能性もあります。物語の焦点が定まったことで、お気に入りの場面を削除する羽目になるかもしれません。どんなに撮影が大変だったとしても、どんなにお金がかかったとしても、物語の邪魔になるショットは捨てましょう。それが場面でもシークエンス丸ごとでも同じです。インタビュー素材についても同じように考えてください。もし十分な準備をせずに専門家にただ喋ってもらったような場合は、内容が重複しても不思議ではありません。その場合は、どれか切らなければなりません。やむなく誰かをカットする決断をした時は、放映の前にその旨をちゃんと知らせるのが礼儀というものです。

物語が途中で食い違う場合

「物語がない」というのに近い問題ですが、作品の途中で物語が明後日の方向にいってしまうことはよくあります。前にも書きましたが、このような場合は概要を作り直して、どの物語が一番大切かを見極めます。そして選んだ物語を語る素材が揃っているかどうかも確認します。この時、撮影された素材を自分の都合に合わせて偽って使ってはいけません。サリーの婚約パーティーの映像を撮り忘れたからといって、サリーの卒業パーティーの素材で代用してはいけません。どうしても使うなら、卒業だとか婚約であるという特定性が必要にならないように一般的な映像として語る方法を考案してください。

登場人物が多すぎる、または物語から派生する枝が多すぎる場合

折角した完全無欠のリサーチを、あるいはせっかく見つけた最高の被写体を残さず使わなければ勿体無いと考えて、それぞれ全然違った目的に向かう八人を全員追いかける作品を作ってしまったとします。少なくとも、全員大学卒業にあたって仕事を探しているというような横糸でつながっていますが、作品に与えられた時間は一時

間しかありません。それぞれの登場人物の持ち時間はとても短くなってしまい、観客も誰が誰だかわからなくなっていきます。近所の人と喧嘩してるのはどの人？　移民局のガサ入れを受けたのは誰？　シアトルに事務所を移転させなければならない人は？　あなたが伝えたい主題を一番効果的に伝えるのは誰なのか、あなたが観客に理解してもらいたい政策等の特定の側面を一番効果的に観客に伝えているのは誰なのか、選ばなければなりません。一つの物語に細々と詳細を詰めこみすぎても気が散るだけです。どのようなスタイルの作品であっても、主な物語は一本だけです。その一本に、サブプロットや背景となるエピソードを織り込んでいくのです。サブプロットも背景となるエピソードも、あくまで主な物語のために存在するのですから。

何度も振りだしに戻ってしまう、または終わり方を知らない

まず、農業一般と小麦の生産の様子とを見せながら作品が始まります。ナレーションが農業について語るので、観客は「あ、これは農業の話なんだな」と考えます。ところが、仕切り直して、今度は小麦を精製してパンを作り出します。観客は「あ、つまりこれは食品産業の話なのかな」と考え直します。何と再びここで仕切り直しがあり、次第にこの作品が訴えているのは実は小麦過敏症を含む健康問題なのだということが明らかになっていきます。ピントのぼけたオープニングは、よくある失敗なので注意してください。それぞれの場面でどんな物語が語られているか自問しながら自分の作品を見るようにしてください。作品の中で一番中心的な物語は、開幕早々始まらなければいけません。しかも中心的な物語は、どう終わるかを示唆するような始まり方をしなければいけません。この小麦過敏症の物語に関して言えば、小麦農法や加工食品という詳細は、過敏症という中心的な物語に従属するように織り込めば良いのです。

物語の終わらせ方も、とても重要です。終わると見せかけてまだ終わっておらず、その後何度も終わりそうに

なって、結局終わらないというのでは、作品が持つ力が薄められてしまいます。なにより、始まり方に対応して見事に腑に落ちる終わり方というのは通常一つしかないものです。第三幕が終わり物語の解決が訪れたといっても、物語の中で提示された問題が解決する必要はありません。しかし、最初に提示された問題や投げかけられた疑問に対して、納得のいく結論は出さなければいけません。

箸休めがない

あらゆる要素を詰めこみながらも、尺を合わせるために猛然と切り刻んでいくうちに、場面やインタビューが元々持っていた意味が失われてしまうこともあります。制作チームの面々はなにしろ同じ男が同じことを言うのを毎日見ており、もう何を言うのかは知り尽くしてその人の冗談も慣れっこになってうんざりしているので、そのことに気づかないかもしれません。あるいは、二分もある場面を二行のナレーションでまとめられるということに気づいてしまうかもしれません。このような時は、心を強く持って、無理に端折ってしまわないように踏ん張りましょう。登場人物の発する熱意を物語に利用するべきなのですから、彼らが持ち込んだエネルギーを活かす方が得です。ラジオやテレビの場合にはインタビューを切り刻んでしまうこともありますが、ドキュメンタリーでは一般的にありのままに見せてあげる方が良いと思います。

配役の不備

編集するうちに、物語の要になる声が欠けているのに気づくことがあります。インタビューされた誰かが、他の登場人物の役割を奪ってしまっているのに気づくこともあります。可能ならば、作品のトーンに巧く合わせてインタビューを撮り直すのが良いのですが、無理な場合は、ありもの素材を活用するとか編集を工夫する等して、今ある素材でうまくやる方法を見つけ出さなければなりません。編集が進み物語の焦点が定まってきた時、その物語の肝になるような質問を重要な登場人物にしていなかったと気づくこともあります。問題の重大さと予算規模次第では、その人にもう一度インタビューをさせてもらい、すでに撮ってあるインタビューを差し替える、または別の人のインタビューと差し替える、あるいは音声レベルが同じになるように工夫して撮影し、オフの語りとして使うというような対処をします。

すでに録音されたインタビュー音声を編集して、まったく新しい文章が作れることもあります。基本的にその人の発言と矛盾しないし、八方塞がりで他に手がないという場合は、発言者に連絡をとって、必ず承認をもらってください。

壁にぶつかったら

どんなに優秀で創造的な人の心も疲弊します。六回つなぎ直してもまだうまくいかない。編集者はこれでも良いと思っているのに監督は毛嫌い、プロデューサーはそろそろ足を洗って昔あきらめた弁護士の資格でも取ろうかと考えている、というような修羅場になったとします。とりあえずシークエンスが一通りつながっているのなら、一歩引いたところから素材を見て、全部バラバラにして見るのも手です。ファインカットの段階よりラフカットの方がこのような無茶をしやすいので、ともかくやってみれば良いこともあります。今手元にある物語と構成が悪くもないが素晴らしくもないという場合、ちょっと風通しをよくして、全員で考え得るかぎり破天荒なアイデアを自由に出してみましょう。その時、馬鹿げていると怒ったり、うまくいくはずがないと議論を吹っかけたり、とっくに試したと言い張ったりしてはいけません。「今の編集の終わりの部分から始めてみたら？　漁師の妻が事故に会うまでシークエンスを引っ張ってみたら？　子どもの視点じゃなくて両親の視点から語ってみたら？」等。

出せるだけアイデアを出してから、いくつか試してみましょう。結局どれもうまくいかないかもしれません。それでも、安全だが退屈なつなぎ方と常識外れで馬鹿げたつなぎ方の間に、何か新しい方法が見つけ出せるかもしれません。つまり、間違った答えを二つ並べると、正しい答えが見えてくるかもしれないということです。でも、いつまでも試し続けるわけにはいかないので、制作チームの責任者がどこかで最終的な決断を下します。その時に結果が興味深いものになっている可能性はかなり高いのです。

最初の観客になる

物語の名手であるという証の一つに、いつも新鮮な目で物語を見られるというのがあります。新鮮な目、つまり観客の目をもって、新しい編集が試される度に弱い部分がないかどうか誠実に評価できる能力です。問題が見えたら無視はできません。何かまずい部分があってあなたは巧く誤魔化したつもりでも、ぎくしゃくした部分をうまく音楽や映像で繕ったつもりでも、観客は見抜いてしまうものです。それに、あなたの脳内批評家が耳元であれこれ囁いていては編集もまともにできないし、物語も自由に語れません。勘ぐるのはやめて、自分を信じましょう。今は疑心暗鬼になる時ではないのです。代わりに一歩進むたびに自問してください。「これでちゃんと面白いか？　自分が客なら見続けるか？　ここで何が大事だと思うか？　誰のことが気になる？　混乱してないか？　ここの情報は十分なのか？」。

自問を繰り返して、それで監督である自分がうまくいくと思ったなら、そして編集者も、プロデューサーも大丈夫だと思ったなら、おそらく観客も同じように思ってくれるでしょう。

見本

次のページ以降に、編集作業中に書かれた未完成状態の概要と台本の見本と、すでに放映された番組の完成台本をいくつか用意しました。概要や台本も、作品ごとに書き方が違います。これはあくまで見本として参考にしてください。

8月　新学期

▌LLW［ローラ・リー・ウァラス＝主人公］と子どもたち、ポーチにいる。

　子どもたち紹介

　メイン［ローラ・リーの孫］落第、一年生やり直し

▌男の子たち、風呂

▌服が見つからない（新学期前夜）

▌伝言ゲーム

▌登校初日—LW［ローラ・リー・ウァラス］、レッドマン［孫の一人］の髪を梳かす。

▌駐車場でアドバイス—LLW、レッドマンに忠告。

▌新学期の手続き—LLW、レッドマンと一緒に手続き

▌サンの家

　食料

▌誰も知らない

▌日暮れ

　イエス様に礼拝

▌グラニー［主人公の孫］、ポーチで泣く

　鉛筆を失くした

▌子どもたち、スクールバスに乗る／学校に到着

▌レジー［もう一人の主人公＝学校管理者］

　「新学期の初日に児童が来なければ、どうしようもない」

　「10月1日には学力考査がある。今日から勉強しないと」

「どこかの学校がレベル1と評価されるとしても、うちはご免だ」

▌グラニー、学校にて

▌セイディ［町の年配女性］とイノンド草

▌綿畑

▌ラリー［ローラ・リーのあだ名］とレジー、プランテーション時代の綿摘み労働者のメンタリティについて語る。

　R［レジー］　誰もいない学校

『奴隷制と呼ばれない奴隷制』編集用台本(全55ページの4ページ目。2011年3月)

ナレーション:解放された人々は、初めて仕事を選ぶことができるようになりました。家政婦として。乳母として。農場の手伝いとして。溶鉱炉の工員として。洗濯婦、教師、肉体労働。誰かに雇われて。あるいは、理想的には、自分で商売をして。『白人が私を雇うのと同じに、私も白人を雇う自由があるんだ!』と、南北戦争が終わって間もない頃に、ある黒人の兵士が固い意志を表明しました。

ジェイムズ・グロスマンのインタビュー(14:07:04.08)[素材のタイムコード]:彼らはどんなに大変な仕事も喜んでやりました。私ならやらないような長時間労働を。今日のほとんどのアメリカ人も、やりたがらないでしょうね。小さな商店主などが自分に鞭打って働くように、彼らも自分を過酷な労働条件に置きました。この国に来た移民が自分だけでなく家族も長時間働かせるように、喜んでそうしたのです。しかし、本当に彼らが欲しかったのは土地でした。労働時間を自分で決められますから。自分で決めることが、大事だったのです。

ジョン・デイビス、20代前半、一区画の農地で働いている。鍬か熊手を手に、立っているのかもしれない。景色に目をやる。

ナレーション:ジョン・デイビスは戦争が終わってから何十年も経ってから生まれました。奴隷が自由になった世界で、父親が借地していた農場で生まれました。彼の目標は父親と同じでした。いつか自分で土地を所有し、そこで身を粉にして働くことでした。

アダム・グリーンのインタビュー(12:12:23.07):その頃は、黒人たちが何らかの形で、自分たちを治める権利の基礎を作ろうという熱意が感じられました。//[カット] (13:51:02.16) 黒人たちは土地の所有証明書を手にしようと努力しました。自分たちの職業を変えようと努力しました。彼らは売り物ではなく自分たちが食べていける作物を育てようとしました。自分たちの土地を大事にしようと懸命でした。一番条件の良い土地を探し回るために、交通機関を使いたがりました。土地は白人地主か、初期の産業用に拓かれた区画でした。

グリーン・コッテンハム、20代前半、レンガの壁に寄りかかり、煙草を吸っていてもいい。煙草の火を消し、ポケットに手を伸ばすとパンフレットまたは新聞といった、彼が読みそうなものを、取り出す。

ナレーション:グリーン・コッテンハムの父親も農民でした。母親は子沢山で、グリーンは末っ子でした。奴隷解放から20年以上経ってから生まれました。グリーンが10代にさしかかった頃には、南部の公立の学校は白人も黒人も平等に受け入れていました。グリーンもそのような学校の生徒の一人でした。

デイヴィッド・レベリング・ルイスのインタビュー(14:45:45.09):大勢の人が読み書き算術を習おうと、小さな学校に押しかけました。皆、公民の授業をとても真面目に受けました。自分たちが手にした市民権を現実のものにするために彼らが見せた熱意と規律は、識字率の驚くような増加という統計に反映されています。

脚本:シーラ・カーラン・バーナード、原作:ダグラス・A・ブラックモン『奴隷制と呼ばれない奴隷制』
太字は、まだ撮影されていない再現映像部分。

『奴隷制と呼ばれない奴隷制』編集用台本(全55ページの4ページ目。2011年3月)

	テロップは黒味に白文字。俳優に言ってもらう台詞は、実在の文献または宣誓証言に基づく。
	キンジー(俳優)オフで話し始める。 大統領様、私には兄弟がいます。私より14歳ほど年上です。ある男が兄を雇い、連れ去りました。それきり音沙汰無しです。//[カット]その男は兄をマクリーさんに売りました。刑務所で兄を12ヵ月も働かせました。兄を返してくれと頼んだのですが、解放してくれません。
テロップ: **1903年ジョージア州**	**ナレーション**:南北戦争から第二次世界大戦の間の80年近く、南部の黒人たちは奴隷ではありませんでしたが、自由でもありませんでした。
	南部の黒人たちは意思に反して強制労働をさせられました。これはあまり知られていない、アメリカという国の恥ずべき歴史の1ページです。
	リサ・ゴルボフ:最初から南部の白人たちは、アフリカ系アメリカ人たちを可能な限り奴隷に近い扱いに戻そうとしました。
	カーリル・ムハンマド(09:00:55.29):古い南部は瞬く間に新しい南部として生まれ変わりましたが、どちらもアフリカ系アメリカ人が支えていました。
	マリー・エレン・カーティン:でも……//以前は無料だったものに、お金を払いたいと思わない人もいますよね。
	アダム・グリーン(12:09:24.07):それは、とても単純でわかりやすい搾取の仕組みでした//**(12:09:58.18)**:権力、強制、そして暴力。それがすべてでした。
	ダグラス・ブラックモン(09:02:46.02):あの時代に起きたことは、現代のアメリカ人には想像も理解もできないような恐ろしいものでした。底なしの貧困//アフリカ系アメリカ人は、富、成功、そして成長の仕組みに手を延ばす力を持ちえませんでした。//多くの土地は暴力主義的な体制に支配されていました。
	バーナード・キンジー(01:10:06.24):私たちがアメリカン・ドリームと呼ぶものを手にする能力//それが南部の黒人たちからは奪われてしまったのです。その遺産が理解されなければ、人々は//祖先たちの代わり声をあげることができないのです。
黒味にタイトル	奴隷制と呼ばれない奴隷制
	語り:ローレンス・フィッシュバーン

脚本:シーラ・カーラン・バーナード、原作:ダグラス・A・ブラックモン『奴隷制と呼ばれない奴隷制』

『ドナー隊の旅』　台本

声001

「熱にうかされたような情熱で富を求めるアメリカ人を見ると滑稽だと感じる。富への最短距離を選ばなかったのではないかという疑心暗鬼に苛まれながら、彼らは進む。アメリカ人がこの世の物質に固執する様は、まるで不老不死を信じているかのようだ。反面、それを手にする前に死んでたまるかとでも言わんばかりに、目の前を通り過ぎるものには何でも飛びつこうとする。そして、すべての幸福を手にしようとする悪あがきに心底疲れ果てたときに、待ち構えていた死が彼らの邪魔をする」。

アレクシ・ド・トクヴィル

タイトル「ドナー隊の旅」（一段組見本）

ナレーター

「それは1840年代のことでした。きっかけは、東部で起きた金融危機、コレラとマラリアの大発生、そして西部開拓への飽くなき渇望でした。開拓の時代が訪れる以前は、ミシシッピ河の西側に住んでいた白人アメリカ人は2万人もいませんでした。西部へ移動する人の数はほんの10年のうちに雪崩の勢いで増え、ブームが過ぎ去る前には何と50万を超える男女が、そして子どもたちがミズーリ州インディペンデンスのような町に向かい、さらにそこから西部への長い道のりをオレゴンやカリフォルニア目指して旅立っていきました」。

「道なき道には、多くの馬車が通り過ぎたお陰で肩まで埋まるほど深い轍が刻まれました」。

「西へ向かう者たちには、自分たちは歴史の一ページを記しているという自覚がありました。ある開拓者がこう書き記しています。「未開の土地に伝わる神話の一ページになるだろう」。西部の伝説はたくさんありますが、1846年にシエラネバダに入っていったドナー隊の行程以上にアメリカ人の想像力を刺激する物語はないでしょう」。

インタビュー　HS24

「人間が成し遂げる挑戦と失敗。誤った判断、失策、野心、欲望。そのような要素全部。生き残った者たちの救出がハッピーエンドだというなら、それも良いでしょう。でも、生き残らなかった人のことを考えると……恐ろしい」。

ハロルド・シンドラー［西部開拓史に詳しいジャーナリスト］

インタビュー　JK1

「困難に直面した人のことを知りたいと思うのが人間というものですよね。想像を絶するひどい経験をした人のことをね。ドナー隊の旅はまさに想像を絶するものです。87人に降りかかったのと同じような運命を体験した人はそうはいない。だから知りたいと思う。そこから何かが学べるはずですから」。

台本：リック・バーンズ　

『声を張り上げよう』　台本（二段組）

シリーズのタイトル	**世界をこの手に：アフリカ系アメリカ人の芸術100年史**
エピソードのタイトル	**エピソード1「声を張り上げよう」**
テロップ： **メルヴィン・ヴァン・ピーブルズ** **映像作家**	**ヴァン・ピーブルズ**「人は人種差別の悪い面ばかり強調するが、悪いことばかりじゃない。誰にも利口扱いされないのは、得だぜ。しかも馬鹿にする奴らは、なぜ馬鹿にするのかすら忘れちまってる。だったらそのまま、寝た子は起こさないどいてやるのさ。鬼の居ぬ間にやりたいことをやっちまうんだ。文句さえ言わなければ、人種差別のお陰で商売になる」。
「ノーバディ」を演奏する バート・ウィリアムズの映像	（ノーバディより数小節） 「人生がどんより曇り後雨のとき 何もかも失って、痛みだけのとき 頭がズキズキ、ガンガン痛いとき 慰めてくれるのは誰？ ノーバディ」
テロップ： **ロイド・ブラウン** **作家**	**ロイド・ブラウン** 「バート・ウィリアムズは、チャーリー・チャップリンが持っていた華麗な動きと、とても深い声を併せもっていた。しかも、素晴らしいコメディ役者だった」。
テロップ： **ジェイムズ・ハッチ** **舞台史研究家**	**ジェイムズ・ハッチ** 「バートという男はね（笑）、歌の一部に、妻に対して浮気の言い訳をするところがあるんですよ。『あれは従妹だよ』。同じ言い訳を歌の中で6回も7回もするんですが、毎回ちょっと違う。『だから従妹なんだってば』。いつも違う解釈なんですよ」。 （オフ）「天才でしたね」。
バート・ウィリアムズの写真	ナレーション（1） 「20世紀が始まって間もないころ、バート・ウィリアムズはアメリカの舞台で最も成功した黒人芸人だった。しかしバートは毎晩の演目を、扮装で演じるのが嫌だった。『黒人』の扮装をさせられたのだ」。
テロップ： **ベン・ヴェリーン** **芸人**	**ヴェリーン** **（オフ）**「バート・ウィリアムズは顔を黒く塗りたくなんかなかったのです。でも彼の時代はそうせざるを得なかった。それは彼もわかってました。頭の良い男でしたからね。黒人は仮面をつけないと、人前にも出られないし、何も言えなかったんです」。 **（オン）**「だからそうしたんですよ。お陰で今はもう顔を黒く塗らなくてよくなった。でもそう簡単には忘れませんよ」。

Chapter 13

Narration and Voice-Over

ナレーションと語り

ナレーションがドキュメンタリーにとって最低の表現手段というわけではありませんが、酷いナレーションはまさに最低の表現でしょう。何がなんでもナレーションは避けるというドキュメンタリー作家が多いのも頷けます。酷いナレーションのせいで、喧しくて、説教臭くて、息遣いすら鬱陶しくて、退屈な作品にたくさんつき合わされたのは私だけではないでしょう。でも良く書けたナレーションや、オフで語られる上手なコメンタリーは、作品を面白くします。皮肉な味を加えます。喋り過ぎず、詩的で上品にもできます。『エンロン』、『スーパーサイズ・ミー』、『グリズリーマン』、『未来を写した子どもたち』といった作品群は、いずれもとても効果的なナレーションによって語られています。『エンロン』は、俳優ピーター・コヨーテが姿を見せずにナレーションを読みます。彼は物語に必要な情報を提供する以外の役を与えられておらず、まさに最も伝統的な意味での語りとして機能しています。『スーパーサイズ・ミー』は、モーガン・スパーロックがオンとオフの両方で語りを担当します。スタイルは違いますが、スパーロックの語りは栄養や健康、そして食品産業に関する事実や数字といったもので溢れ、これも伝統的なナレーションとして捉えることができます。『グリズリーマン』は映画作家ヴェルナー・ヘルツォークの一人称の語りによって、彼自身が自然愛好家ティモシー・トレッドウェルの死と彼の人生が残したものを探求する旅が伝えられます。『未来を写した子どもたち』はザナ・ブリスキーがナレーションを担当しますが、プロデューサー兼監督（ロス・カウフマンと共同監督）としてではなく、あくまでコルカタの町で売春窟に住む子どもたちに救いの手を差し出そうとする写真家という物語の登場人物として語ります。

ナレーションや語りは、巧く使えば物語を動かす最も効果的な手段の一つになり得ます。それは、ナレーションが物語を語るからではなく、よく出来たナレーションが観客を物語に引き込んで、体験させる力を持つからです。ナレーションは、他の手段では提示できない、しかもそれがなくては作品を完全に体験できないような情報を提供できます。作品が複雑な歴史を持つ政策や、法的または行政的問題を扱うようなときには、とても便利です。ドキュメンタリー作家のジョン・エルズは言います。「複雑な政策の歴史とか、法的な詳細や立法に関わる問題を扱う時、ナレーションが助けてくれます。結局たった三行のナレーションしか使わなかったとしても、インタビューやら傍観的な映像が一〇分もかけてようやく表現できたことが、たった一五秒のナレーションで済むことだってあるということです」。

視点

ナレーションを書く時は、まず誰の視点から語るかという重要な選択をします。例えば次のようなものです。

- 一人称のナレーションは、「私は不思議に思った」のようにナレーター自身を「私」として語ります。この場合は、ナレーターの知っていることは作品の展開に沿って明らかになる事柄に限定されます。
- 二人称のナレーションは、印刷媒体でより一般的に見られるかもしれません。この場合は「ソーダが飲みたいかと聞かれたら、あなたも欲しいと答えますよね」のように、観客を「あなた」として語ります。

・三人称の神の視点から語られるナレーションは、最も一般的なナレーションの形態です。作品中に現れる人物たちを第三者扱いして、自由に登場人物の思考や行動について語ります。例えば「市長はスミス氏の計画に気づいていた。そして選挙事務所にいたスミス氏は、市長が自分の計画について何か言うことになれば、ただでは済まないと心得ていた」という風になります。このようなナレーションで言及される情報は、作品を見ながら得られることに限定されるので、「客観的」ナレーションだという人もいます。客観的とはいっても最初の章で書いたとおり、どんなに中立的でもバランスのとれた意見でも、視点が存在しないということはありえないわけですが。

・三人称を主観として使うナレーションもあります。これは基本的には一人称の場合と同じ視点ですが、自分を指して三人称で語るのです。例えば、この本を執筆している私のことを三人称主観のナレーションで説明すればこうなります。「彼女は机に向かってタイプしながら、締め切りに間に合うかどうか気を揉んでいる」。

ナレーターの視点という問題以外に、使用する言葉そのものも視点を持つことがあるので気をつけなければなりません。もし三人称の神の視点から語ると決めたなら、いろいろな立場の間をふらふらせずに、観客にナレーターの立ち位置をしっかり示してあげなければいけません。もしアメリカ独立戦争の話を、攻めるイギリス軍の視点から始めたのなら、合図なしにいきなりアメリカ側の視点に移ったら混乱を招きます。見本として書いた次のナレーションは、悪い例です。「アメリカ軍がブーンヒルに集結している時に、イギリスの軍勢は総攻撃の用意をしていた。ワシントン将軍は三〇〇人からなる寄せ集めの部隊に待機するように命じた。二〇〇〇人の大軍勢は大した困難もなく敵陣に進軍した」。わかりにくいですね。

これをアメリカ軍の視点に絞ったナレーションにしてみます。「ブーンヒルに集結していたアメリカ軍は、イギリス軍が動いたという報せを受けた。イギリス軍勢二〇〇〇人が進軍する中、ワシントン将軍は三〇〇人からなる寄せ集めの部隊に待機するように命じた」。

イギリス軍の視点からナレーションを書くと、こんな感じです。「イギリス軍は近くで集結しているアメリカ軍に対する攻撃の準備をしていた。二〇〇〇人の軍勢は、ワシントン将軍と三〇〇人からなる寄せ集めの部隊が待つ敵陣ブーンヒルの地形に阻まれることなく進んでいった」。

ナレーションが映っている映像に合っていなければいけないのは当然ですが、このような場合、誰がどこに進んでいて、誰が誰と戦っているのか意外と簡単にわからなくなるものです。観客の混乱を避けるため、視点がぶれないように留意しましょう。

いろいろなナレーション

ナレーションといったら「語る」ということですが、文字情報によって「語る」ことも可能です。例えば黒味に字だけが出ているテロップや、映像にのせるテロップによって、他の方法では伝えられない情報を「語る」ということです。シネマ・ヴェリテ映画のような傍観的な観察スタイルの作品においては、このような文字情報を控えめに使って語る例が多く見られます。文字情報は、作品の基本情報の確立および、時間、場所の表示のために、そして二つのシークエンスの橋渡しに使います。

例えば全米綴り方選手権に参加する子どもたちを追跡取材した『チャレンジキッズ』の場合、タイトル直後に提示される一連の文字情報が物語のお膳立てをします（便宜的に番号を振りましたが、実際には番号なしです）。

1. アメリカ中で、九〇〇万人の子どもたちが地元の学校や地域対抗の綴り方選手権に参加する（1の下に2が現れる）。
2. その中で、二四九人だけがワシントン特別区で開催される全国大会に出場する（1と2が同時に消える）。
3. 二日間の大会会期中、そのうちの二四八人が綴りを間違える（3の下に4が出る）。
4. 残った最後の一人がチャンピオンになる（3と4が同時に消える）。
5. これは八人のアメリカ人の子どもの物語だ（5の下に6が出る）。
6. この春、彼らは全米大会を勝ち抜くために戦う（5と6が同時に消える）。

この六枚が効果的に物語を導入した後、テロップとともに手短に登場人物たちが紹介されます。例えば「テキサス州ペリートン」と出てからアンジェラのショットにカットして、「アンジェラ」というテロップが出るという具合です。

いつナレーションを入れるか。どういうナレーションにするか。誰の視点でナレーションを読むか。これは物語をどう語るかということに関わる重要な決断になりますが、作品の内容や、起用されるスタイルやトーンに導かれて決まるものです。『エンロン』のナレーションを、『チャレンジキッズ』のようにナレーションの少ない作品と比較すると、違いは歴然です。アレックス・ギブニーの『エンロン』は、フォーチュン誌のライターであるベサニー・マクリーンとピーター・エルカインドがまとめたルポを基に、一般観客に対してこの複雑な企業スキャンダルの仕組みを解説する作品です。ナレーションが多い方ではありませんが、インタビュー、ニュース報道、録音音声、公聴会を映したビデオ映像その他諸々の多岐にわたる証拠群をつなぎ合わせるのにナレーションが一役買っています。一方『チャレンジキッズ』の目的は複雑なデータを供給し続けることではなく、全国大会に備える子どもたちの家庭に入り込み、子どもたちの生活の一部となり、彼らが大会をどう勝ち抜いていくかを追跡することです。

前にも書いたように、『グリズリーマン』はヴェルナー・ヘルツォーク監督の語りが作品の重要な一部分となっています。この作品は〔自然愛好家の〕ティモシー・トレッドウェルが残した興味深い映像で幕を開けます。続いて『チャレンジキッズ』のオープニングの一連の文字情報のように、ヘルツォーク自身の語りが、そこから始まる物語の前提を固めてくれます。

壮麗な野生動物たち。この映像は一三回の夏をここでハイイログマ（グリズリー）たちと過ごしたティモシー・トレッドウェルによって撮影されました。トレッドウェルは、クマたちを守り、人々に自然保護を訴えるという使命感を持ってこの人里離れたアラスカ半島の辺地に来ました。最後の五年間、彼はビデオを持参して一〇〇時間を超える素材を撮影しました。野生に生きるクマたちの姿を人々に見せるのが目的でした。ジャングルの真っただ中で撮影をした経験がある私は、トレッドウェルの撮影した自然の映像の下に隠れている、美しくも奥深い物語を見つけました。そこには、ある一人の人間の恍惚の瞬間と暗い葛藤を描き出した作品がありました。トレッドウェルはクマたちと絆を築くために、まるで人間という枷《かせ》から自らを解放しようとするかのように原初的な出会いを求めて手を差し伸ばし、そして知らずに目に見えない一線を超えてしまったのです。

ヘルツォークは作品の語り部としていろいろな役をこなします。ある時は「ティモシー・トレッドウェルは、ロングアイランドで四人の兄弟とともに育ちました」というような基本的な情報を提供します。ある時は「ここで場面は終わったように見えます。しかし映画を撮っていると、カットと言ってから思わぬ出来事が始まることがあるものなのです」というように映像作家としての専門的な意見を聞かせてくれます。中でも興味深いのは、ヘルツォークがトレッドウェルの言動の矛盾を突いて挑戦する時です。「トレッドウェルは、この土地の守護神気取りでした。ヴァリアント王子［イギリスの新聞漫画］のように、クマに危害を加えにくる悪者たちの陰謀を挫く戦士のつもりだったのです。ここは連邦政府の自然保護区だというのに」。さらにヘルツォークは、トレッドウェル本人に対して真っ向から対立する発言すらします。他の動物に命を奪われた子グマと子ギツネを見つけてその死を悼み悲しむトレッドウェルは「可哀想に、愛しているよ。どうしてなんだ？　世界は苦痛に満ちている」と言います。それに対してヘルツォークは「ここがトレッドウェルと私の意見が食い違うところです。彼は自然界には捕食者がいるという事実を無視しているようです。全宇宙で共通するものがあるとすれば、それは調和なんかじゃない。混沌と敵意と殺戮なのです」。

いつナレーションを書くか

どの段階でナレーションを書くべきか。これは作品によって違います。イメージやインタビュー、そしてありもの素材の継ぎ目をナレーションで目立たなくしようと考えているのなら、編集でつなぎ始めるまでナレーションは書けません。物語が滞らないように、まず現場で撮ってきた映像やありもの素材、そしてインタビュー発言を編集してみて、ナレーションをざっくり書いてみるというやり方もあります。時には喋っている人の発言内容に合うようにナレーションを書く必要もあります。先行するナレーションでインタビュー内容に対して補足を入れたり、続く発言のお膳立てをナレーションにやらせるのがそのような場合です。一続きのアクションですべてを見せる場面で、必要な情報を最初にしっかり伝えておくためにナレーションを使うこともあります。あるいは、続くシークエンスへの橋渡しにナレーションが役立つこともあります。

誰がナレーションを書くべきか

映像作品のために執筆する時は、例えば書籍や雑誌の執筆とは違った技術が必要になります。どちらもできるという器用なライターもいますが、誰でもできるとは限りません。映像に合わせて書くということ、そして三〇分や八時間といった決まった時間に合わせて物語を構築するには、特殊な技術が必要です。しかも目で読む文章と耳で聴く文章を書き分ける技術も要求されます。偉大な詩人が最低の脚本家になり得るのと同様、腕利きの活字ジャーナリストが巧みに映画を書けるとは限りません。

ドキュメンタリー作品の場合、プロデューサーが演出と脚本を兼ねていることも珍しくありません。その人が物語の構成を作るだけでなく、ナレーションを書く場合もあります。それ以外には、ライターという位置づけの人が準備段階、撮影段階、またはポスプロ段階のどこかで、主にナレーションを書くために雇われることもあります。場合によっては編集者が必要なナレーションを下書きして、ライターや脚本を兼ねた演出家やプロデューサーと共同で推敲していくこともあります。

ナレーションだけを書くために、または誰かが書いた原稿をブラッシュアップするためにライターが雇われることもあります。ナレーション以外に何の問題もない作品であれば、この作戦の効果は期待できます。しかし、構成や物語そのものに問題がある場合には、ナレーションで誤魔化すことはできないのでお忘れなく。制作チームの中に筆が立つ人がいないのなら、早い段階でライターを連れてくることをお勧めします。

俳優や有名人にナレーションを依頼するつもりなら、その人の特徴を活かすナレーションを磨いておきましょう。

映像に合わせて書く

思い浮かべてください。カメラがセピアトーンの写真を舐めてパンします。埃っぽい道を行く幌馬車の列が写っています。傍らには農夫が立って過ぎ行く幌馬車隊を見送ります。カメラは最後尾の幌馬車までパンして、その後ろにつけられた「死んでも行くぞ、カリフォルニア」という看板で停止します。これに相応しいナレーションは何でしょう。

- 埃っぽい道を幌馬車隊が出発する。
- 八月四日、出発の日。四人の男、五人の女そして八人の子どもたちが、金鉱を求めて覚悟の旅に出る。

この画に命を吹き込んでいるのはどちらでしょう。ただ見えたままを描写しているのはどちらでしょう。ナレーションの役目は、映像に情報を付け足すことです。ただの説明ではありません。何より、ナレーションは物語を前に進めなければなりません。

見本をもう一つ。大学の仲間たちが職を探し始めるという話です。ある家で撮影した素材を使います。若い女性がディナーパーティーに集まっています。中でも高級そうなスーツ姿の女性が、テーブルに七面鳥の丸焼きを置きます。どのナレーションが一番効果的でしょう。

・仲間たちの中でも一番見栄えがして、ファッションへのこだわりも強いのがドナである。
・ハーバード大学の法科大学院を出たドナは、広告の仕事に就きたいと希望している。

何を言えば良いのかということは、観客に何を知ってもらいたいかで決まります。ドナの服が高級なのも見栄えがするのは見ればわかります。でもハーバードを出たかどうかは見てもわかりません。画に付け加えてこそ、ナレーションなのです。

もう一つ見本を出しましょう。こうすれば緊張感が高まるだろうと勘違いして、よく使われる手です。

・この晩餐を企画したドナは、ほどなく自分の人生が想像を絶する方向に急転直下していく運命を知る由もない。

このナレーションによって足されたのは何なのでしょう。ドナの行く末が気になって、椅子から転げ落ちそうになりましたか？　なりませんよね。緊張感を煽るようにも聞こえますが、ただ大袈裟な言葉が並んでいるだけです。本物の緊張感は物語そのものから生まれるのです。ナレーターがくれるヒントからではありません。

映像に合わせて書くのはもちろんですが、当然、映像に逆らって書いてはいけません。作品がある方向に向いていくようにナレーションを書いたつもりなのに、映像が別の方を向いているというのはよくある失敗です。見本を見せましょう。重役たちがテーブルの周りに座って喋っています。ここで、ナレーション「重役会議によってジェーン・ジョンソンの採用が決定された」。ここで喋っている一人の女性にカットします。当然この人がジェーン・ジョンソンだと思いますよね。もしこれがジェーン・ジョンソンでなかったら、観客は一瞬戸惑った後、ではこの女性は一体誰なんだろうと悩み始めます。その間、この女性が喋っている内容は上の空で聞いていないでしょう。

もしこの女性が重役の一人で、参加者にジェーン・ジョンソンを雇うメリットを説明しているとします。そうであれば、このナレーションは邪魔になりますので、考え直しましょう。重役たちがテーブルの周りに座って喋っています。ここで、ナレーション「重役会議でコンサルタントの必要性が承認された」。会議室に居合わせた一人の女性にカット。女性は説明を始めます。「我が社の操業は空回りし続けていました。そこで……」。小さな違いですが、とても大事なことです。

ナレーションの言葉と映像は、一緒になって物語を作り上げなければいけません。また、言葉が映像に対して嘘をついてもいけません。しかし確保できる資料や記録が限られている時、これはなかなか難しい問題になり得ます。ちょっと見本を例に考えてみましょう。ある男が第二次世界大戦の前線に出兵していく前夜に、オハイオで開かれたＵＳＯ［兵士たちにエンタテインメント・イベントを提供する非営利慰問団体］主催のダンス・パーティーで一人の女性に巡り会ったという出来事があったとします。しかしその二人の写真は、五年後、帰還して結婚し、子どももいる二人の写真しかなかったとします。二人が出会った晩の写真は一枚もなく、ダンスが催された会場の写真すらありません。さて、この場合他の州で開かれた他のダンス・パーティーの写真を使ってもいいものでしょうか。

使うのは問題ありませんが、その場合、使用する写真が二人の出会いの晩に撮られた写真だという誤解を与えないように気をつけてナレーションを書かなければいけません。例えば編集者が、二人の出会いとは関係のない、二年後のUSO主催のダンスの記録映像をつないで、そこにこんなナレーションを入れたとします。「一九四二年二月二日、オハイオ州コロンバスで開かれたUSO主催のダンスで、ティムは生涯の伴侶に巡り会ったのです」。視聴者に「へえ、その時の様子を撮ってたんだ、すごいね」と勘繰られて当然です。作品の信憑性に傷がつきますし、見ている人に少しでも映像の信憑性を疑われたとたん、その映像はただの壁紙に成り下がってしまいます。それ以降に現れるすべての記録映像や写真が持つ信憑性は失われ、たとえ正当な素材を使っていたとしてもすべてが疑いの眼差しで見られてしまうわけです。

場面の内容は変えずに、同じ映像を使って巧くやる方法もあります。その時は、ナレーションの視野をもっと広げてやります。「当時、USOが主催したダンス・パーティーがアメリカ中の体育館で、病院の講堂で、そして酒場で開かれていました。ティムが生涯の伴侶に巡り会ったのも、そのようなパーティーでした」。ある特定の出来事について語るのでなければ、このようにもっていくことができます。加えて、書き直したナレーションの方は、この一組の男女が自分の意志を超越した時代の流れの中で出会った普通の市民だという、この作品の大事な肝も思い出させてくれます。こうすることで、この映像はただの壁紙ではなく、時代の証言者になるわけです。

映像に合わせて書くということは、あなたが選んだ言葉が画と一体化して意味を持つということでもあります。もう一つ見本を挙げて説明しましょう。ツール・ド・フランスに関する作品を作っていることにします。アメリカ・チームの一人であるラルフ・マルティネズを導入する場面です。早朝、サイクリストたちが村の広場に集まって、コーヒーやジュースを片手にクロワッサン等を食べながら、これから始まるレースに向けて気合を高めています。ラルフを紹介する最初のショットは、クロワッサンのアップです。自転車用手袋をはめた手が入ってきて、クロワッサンを取ります。口に運ばれるクロワッサンを追ってズームアウトすると、自転車のサドルに腰かけた若い男性（ラルフ）が、コーヒー片手にチームメイトと談笑しています。ここでは次のようなナレーションが考えられます。

- 「朝のクロワッサンとコーヒー。これがラルフ・マルティネズとチームメイトたちの一日の始まりです」。これはそのまんますぎますね。見ればわかります。
- 「ラルフ・マルティネズにとってこれが三度目のレース出場。今回はアメリカ・チームの一員としての参戦です」。これもうまくいきませんね。名前を言うタイミングが早すぎます。おそらく、まだ手袋とクロワッサンを見ている最中です。画が段々ラルフを見せていくのなら、ナレーションも大体それに合わせましょう。
- 「今回アメリカ・チームに加わっての参加となるラルフ・マルティネズ。今年のレースが三度目の挑戦になります」。実際に素材を見るまでは何とも言えませんが、これならうまくいくかもしれませんね。

おそらくこの段階では「ツール・ド・フランス」と言わずに「レース」と言えば事足りるでしょうし、場合によっては「チーム」と言わないですむ時もあるかもしれません。使う言葉はなるべく効率よく饒舌にならないようにしたいものです。ナレーションをゴリ押しするよりは、現場で拾った音を聞かせてあげましょう。

画に合わせて書くのは一筋縄ではいかない場合もあります。推敲したり書き直すことを嫌がるライターにとっては、なおのことです。編集段階では、作品のあらゆる素材は変更を迫られる可能性があるのです。ある場面を伸ばすために、別の場面の尺が削られるかもしれません。権利関係で拗れて、記録映像が使えなくなるかもしれません。あるシークエンスが丸ごと後半から前半に移されて、導入の仕方を再考せざるを得なくなるかもしれません。画をつなぎだした瞬間からピクチャーロックにいたるまで、ナレーションを書く作業は動く標的を狙い撃ちするようなものです。変更を嫌がってはいけません。変更が増えてきたら、編集者か制作チームの他の誰かが仮ナレーションを録り直し映像に合わせてみます。そして、おそらく書き直したものの中には、さらに改稿が必要になる原稿もあります。しかしやがてピクチャーロックで画が固まり、それに合わせて原稿も固まり、それ以上は変更ができない時がやってきます。

ナレーションを声に出して読んでみる

ナレーション原稿というものは、声に出して読まれることを前提に書きます。一言一句、無駄があってはいけません。重要な言葉は、文章の流れの中でちゃんと目立たなければいけません。長すぎてもいけません。弱々しい言葉を選ぶのも避けなければいけません。すべての文は、誤解や混乱を招かないように書かなければいけません。「マークとフィリップが別れた。軒下ではスカンクが待ち構えていた」。文字で読むぶんには意味がわからないということはありません。しかしこれを声に出して聞いてみると、マークとフィリップが軒下で別れたのかという誤解が生じます。「発見された亡骸は地元の人類学研究所に送られました。彼らはスミス博士なら重要な情報をひも解けるのではないかと期待を寄せました」。誰が期待したのか、誤解を生みかねません「英語と日本語は指示代名詞が持つ重要度に違いがあるので、この例でピンと来ない読者もいるかもしれませんが、指示代名詞や主語が曖昧になりやすい日本語の話し言葉では一層気をつけるべき点だと思われます」。

早口言葉のようなものも避けるべきですし、印刷物なら鍵括弧や傍点で表現できてしまうものにも注意が必要です。「エレノアの謝罪に、しかし誰も耳を貸さなかった」と書いた時に傍点がふられることで示唆される含みは、声に出して読んだらなくなってしまいます。何か皮肉な顛末を表しているのかもしれませんが、聴いている人にはわからないというわけです。小さなニュアンスで大きな違いが生じないとも言えません。同じ理由でshouldn't

とshouldのように聞き違えやすい言葉にも気をつけましょう［日本語なら「橋と箸」や、「します」と「しません」そして助詞の使い方］。

対処法は簡単です。書きながら、声に出して読みましょう。読んで耳で聴けば、どこに強い言葉がくるか、何が言いにくいか、そしてどこが饒舌かすぐにわかります。書き終わったら、今度は画に合わせて声に出して読んでみます。一度ではなく、何度もやってみてください。

あなた自身がナレーターを兼ねるのであれば、自分の声を録音しなければなりません。声のトーンに注意を払いながらいろいろな作品を見てみてください。『スーパーサイズ・ミー』のモーガン・スパーロックは、ノリの良い元気な語りで作品を盛り上げます。『不都合な真実』のアル・ゴアは、二種類のトーンでナレーションを語ります。一つは大衆に対して地球温暖化について語りかける講演の声。もう一つは家族や自身について語る私的な声です。また、ナレーションのために雇われた俳優は、指示がない限り中立的で明瞭な語りを提供しようとするはずです。

ナレーションを書くための手引き

文法は正確に

企画書を書く時と同じで、ナレーション原稿を書く時にも正しい文法に則って書きましょう。混乱を招く修飾語、修飾句や、何を指しているかわかりにくい形容表現、そして不明確な代名詞を避けましょう。並立関係を表す助詞や、格助詞、係助詞の使い方にも注意しましょう。成句や慣用句の誤用にも気をつけましょう。論旨の飛躍や、論点のすり替えも要注意です。文章の書き方をまとめた名著が何冊もありますので、参考にしてください。［英語なら］ウィリアム・ストランク・ジュニアとE・B・ホワイトによる『The Elements of Style』［書式の基本要素］やノーム・ゴールドスティーン責任編集の『AP Stylebook』［AP通信刊スタイルの手引き］、そしてアラン・M・シーガルとウィリアム・G・コノリィ共著の『New York Times Manual of Styles and Usage』［ニューヨークタイムズ刊書き方と語法の手引き］等が有名です［日本なら『朝日新聞の用語の手引』等］。

期待感を利用する

ナレーションは、物語を先導するのではなくて伴走しなければなりません。まず語り出しの部分で、そこから物語を引っ張っていく何らかの疑問を提示します。それ以降は観客の期待を先読みして、まさに観客の頭に「これはどういうことだろう」という気持ちが持ち上がってくる瞬間を狙って情報を投下していきます。よくできたドキュメンタリーは、どれも上手にこれをやっています。隣で一緒に見ている友達に「あれ、あの人は市長選挙に出られないんじゃなかったっけ？」と聞きたくなった途端に、「法的な抜け穴を利用して市長選に出ることになった」と教えてあげるわけです。

紋切型を避ける

看護婦ではなくて看護師というように、性別を反映する言葉を可能な限り避けましょう。そうすることの大きな理由が二つあります。まず、性別的に中立である方が現代という時代を忠実に反映しているから。そして、中立であった方が幅広い観客層に対して開かれた態度を示せるからです［日本であれば「美人市議」、「女性議員」のような言い回しを避けるということに相当します］。

例えば「郊外」＝「中流階級の白人」のように特定の意味を持つにいたった表現にも注意しなければいけません。紋切型の表現は特定の決めつけられた意味を伴うことがあります。例えば、「四十路に入ってなお彼女は魅力的だ」と言った場合、それは誰の視点からきた発言なのでしょう。「四十路」と言うだけで四〇歳を年寄り扱いしていることが知れますし、「なお」という言葉から、この制作チームは二五歳以上には見向きもしない人の集まりだということがわかります。「脳筋の体育会系」、「チャラい茶髪」、「可愛いお年寄り」といった表現、そして「おばあちゃんランナー」のようなステレオタイプとして知られる紋切型は、ドキュメンタリーでは使いません。お姑さんで企業の会長や、国家元首という女性もいます。外交政策を立案する野郎もいれば、銀行強盗になる男子もいるのです。

時代錯誤に陥らないように気をつける

作品の世界観内部の視点からナレーションを書いている時は、その世界観の外にはみ出さないように気をつけましょう。つまり、場所や時間といったことも含めて、その視点の持ち主である登場人物が知り得ることを尊重するということです。ディスカバリーチャンネルのCGアニメーション番組『恐竜再生』は、これに失敗した好例です。ナレーターのジョン・グッドマンは、見たこともない生物と対峙した恐竜の視点から語ります。「このベロキラプトルにとって、そいつは初めて見る種類の動物だった。『こいつは捕食動物なのか？ それとも補食される方か？ こんな、羽をむしられた七面鳥と中年太りのクマを掛け合わせたような生き物は見たこともない』。しかし珍妙だからといって安全とは言い切れない」。恐竜絶滅後何百万年も現れないものを、恐竜に言わせてしまっているわけです。観客にとっては助かる情報ですが、お陰で物語の世界からはみ出してしまいます。このような比較をするためには、ちょっとでもベロキラプトルの視点を外れないような注意が必要だったのです。「このベロキラプトルにとって、それは初めて見る種類の動物だった。現代の科学者なら、この恐竜はおそらく羽をむしられた七面鳥と中年太りのクマを掛け合わせたような外観だったと言うに違いない。ベロキラプトルにとっては、ともかくヘンに見えた。しかし珍妙だからといって安全とは言い切れない」と言い直すことでそれは可能です。

もう一つ。過去の出来事を扱った作品を作る時は、二一世紀の価値観や知識を押しつけないように気をつけましょう。

ナレーションの内容を制限する

一塊のナレーションは、次の同録音声までの間を利用して必要最低限の情報を伝え、物語を前に進めるために使われます。あれもこれもと要点を詰めこんでしまうと、見ている人は迷子になりますし、気が散ってどの情報を追いかけて良いのかわからなくなってしまいます。『世界をこの手に：アフリカ系アメリカ人によるアート一〇〇年史（未）』の中のエピソード「韻を踏んでいる場合じゃない（Not a Rhyme Time）」には次のようなナレーションがありました。「一九六七年の春、アミリ・バラカはテネシー州ナッシュビルにあるフィスク大学で開かれる黒人ライター会議で講演することになっていました。そしてそこには、あのグェンドリン・ブルックスもいたのです」。

この場面の持つ対立構造は、バラカが台頭しつつあった黒人芸術運動の旗手で、対するブルックスが大衆の支持を得た高名なピューリッツァー賞作家でいわゆる「権力側」の象徴だったことから生まれます。この講演でのやりとりを経て、ブルックスは触発されて変容します。そしてそれこそがこのエピソードの要でした。

もしナレーションが語りすぎて、曲がり角の向こうに何があるか見せてしまうとどうなるか試してみましょう。

「一九六七年の春、アミリ・バラカはテネシー州ナッシュビルにあるフィスク大学で開かれる黒人ライター会議で講演することになっていました。そしてそこには、あのグェンドリン・ブルックスもいたのです。彼女はそこで「リンカーン・ウェストの一生」という詩を朗読することになっていました」。ここで観客の関心は、最後に聞こえた詩に向いてしまいます。ナレーションが持ち得た物語の力は失われます。

このような間違いは、おそらく最も一般的でしかも最も致命的かもしれません。より手短に、より巧みに、可能な限り物語を前に進めるようにナレーションを書きましょう。その時、映像そのものが語っている物語にも目を向けるのをお忘れなく。

前もって情報をほのめかす

一七七六年七月、イギリス相手の独立戦争が勃発した時、アメリカ軍に入隊した兵士たちは同年一二月三一日までには除隊が許されると確約されました。このことをいつ観客に教えれば良いでしょう。作品の中で一二月の話になるまで待ってからこのことを観客に教えようと考えているのなら、遅すぎです。七月に、まだ誰もその情報が持つ意味を考えていない時に一度教えます。そして戦争が膠着状態になった九月に、もう一度教えます。そうすれば、冬が来て兵士たちが疲弊し志気も下がっている時のワシントン将軍の気持ち、つまり「年末までに戦争を終えるのは不可能だ」という焦りを、観客も味わうことができるというわけです。

ナレーションと同録音声の役割を意識する

ナレーションの方が効果的なところでインタビューを出してしまう。反対にインタビューの方が効果的なところにナレーションを出してしまう。これもよくある失敗です。はっきりした特徴を持たない人ばかり集めてしまったためにそうなることもあります。それぞれが焦点のぼやけたことを延々と喋り、内容の区別もつかないような場合です。全員にナレーターをやらせた方がマシと思わせる酷さです。

インタビューを受ける人は自分の専門分野の見地から、そして自身の視点や経験から、物語を前に進めることを言ってくれるのが理想的です。つまり、その人が提供する情報はナレーションより価値があって、間違いなくその人の息遣いを感じさせるのが効果的なインタビューなのです。ナレーションでも事足りる情報をわざわざインタビューで言わせるのは、時間の無駄でしょう。逆に何から何までナレーションに置き換えてインタビューを失くしてしまっては、作品の心が失われてしまいます。インタビューにアレルギー反応を示す人でも、たまに生身の人が出てきた方が楽しいものです。

ドキュメンタリー作家本人が何かを調べていく姿を追跡する作品の場合は別ですが、インタビューされた人の発言をナレーションで否定したり、疑問を挟むのはあまり良い方法とはいえません。例えば、受け手が「この書類の存在を知っていた人は、誰もいませんでした」と言った時、ナレーションが「誰も？　そんなはずはないだろう」などと邪魔はしないものです。では、その発言に反論しなければいけない時はどうすれば良いのでしょう。反論できる人をインタビューするか、発言の矛盾を見せる証拠を撮影します。大事なことは作品中の登場人物に語ってもらいましょう。そして、提示される事実や物語そのものに語らせましょう。最終的には、観客一人一人が真実を見極める力を持っていると信じましょう。

言葉は控えめで具体的に

与えられた尺は貴重です。だからナレーションは必要最低限にとどめるのが得策です。大事な放送時間を費やして、無駄なことしか言わないのではもったいないでしょう。「労働者の街、サリナス。殺人が似つかわしいとは思えないこの街で、一九九八年一月一四日、市内のある民家の家主が、そんな印象を永遠に変えてしまうような発見をした」。ちょっと調べれば、人口一二万三〇〇〇人のサリナスという街では、このナレーションが言及している他殺死体の発見以前の二〇年の間に二一八件の殺人事件があったことがわかります。しかもそのうちの一八人は一九九七年の一年間に殺されているのです。このナレーションは感情に訴えようとしていますが、たいして効果がない上に、何より不正確です。

特に民放のテレビ番組に見られる「盛り上げなければ」という強迫観念は、往々にして正確さに欠ける原稿となって現れます。例えば、「ミシガン州の田舎で行われていた行方不明の男性の捜索は、冷酷非情な殺人事件に発展した」と書かれていても、それは嘘なのです。殺人事件に発展したというのは、捜索隊の誰かが殺されたということでしょう。でも実際のところ、探していた男性が実は殺されていたという新事実が浮上したにすぎません。ならば、そう言えば良いだけのことです。

受け身の言葉や曖昧な言い方は、避けるのが無難です。そうすることで不正確になってしまう場合には、尚更です。『ジョーンズタウン：失われたパラダイス（Jonestown: Paradise Lost）』には以下のようなナレーションが冒頭にあります。「六〇年代後半から七〇年代初頭にかけて、アメリカ中の街では暴力が氾濫し、市民たちの衝突が見られた。ベトナム戦争、公民権運動家たちの示威行動、そして政治的暗殺が、テレビを通じて国中に伝えられた。この混沌とした状況の中、何千人ものアメリカ人が、ジム・ジョーンズというカリスマ的な男の説法を聞きには せ参じた。社会主義的とキリスト教的贖罪が混在する思想が、情熱的で熱い雄弁家ジョーンズの初期の説法を特徴づけていた」。放送時間がどれほど貴重なものか考えたら、このような一般的な描写に割く時間はないはずです。ジョーンズがカリスマ的だとか熱い雄弁家だと口で言わせる暇があったら、そのようなジョーンズを直接、または信者の目を通して見せた方がましです。そして、もしこの「社会主義的とキリスト教的贖罪が混在する思想」という言葉が本当に重要なのであれば、それが何を意味するかきちんと解き明かすべきです。

言葉を控えめに使うということは、言葉のニュアンスに留意しながら可能な限り適切な表現を選ぶということでもあります。「少年が部屋を横切る」のか、「ぶらぶら歩いていく」のか。「最高経営責任者は下半期の売り上げを把握していないと言った」のか、「把握していないと白状した」のか。「首脳は熱を帯びた演説をぶった」のか、「説教を垂れた」のか。「首都は解放された」のか、「陥落した」のか。「焼失面積は甚大」だったのか、それともただの「大きな火事」だったのか。言葉は慎重に選びましょう。一番活きの良い、そして一番正確な言葉を選んでください。

同様に、他人が作ったスローガンを安易に使うのもやめましょう。あなたがそのスローガンに賛成しているかどうかは無関係です。「プロライフ」とか「プロチョイス」という言葉を借りてくるよりは、「人工中絶する権利に反対の立場」と言う方が良いでしょう。

語り出すような詳細

ナレーションの中に巧みに詳細な情報を配置すれば、物語を豊かにする材料をたっぷり持ち込んでくれます。私がドキュメンタリー・シリーズ『アメリカ公民権運動』をやった時は、アラバマ州のセルマという街で選挙権を獲得する運動が必要だったことを数字で証明しました。「［セルマがある］ダラス郡の人口の半数以上は黒人なのに、選挙権を持った住民は一％に満たなかった」。映像によって語られるものを補完する必要がある時にも、ナレーションによる詳細情報は役に立ちます。『南北戦争（未）』にはこんな語りがあります。「［北軍の］シャーマン将軍は兵たちに行進を命じた。青い軍服に身を包んだ六万二〇〇〇人の男たちは長大な二列縦隊を組んで歩みを進めた。物資を運ぶ彼らの列は二五マイルにおよび、それを見ていた奴隷の一人は『北部には人っ子一人残っていないに違いない』と驚嘆の声をあげた」。詳細を語ることで独特のトーンやユーモアを加えることもできます。例えば『苦難の谷（未）』でナレーションを担当した監督のジーニー・ジョーダンは、家族が口論を始めた時にこう言います。「大きな問題に直面した家族はどこも同じだと思いますが、私たちもすぐ見て見ぬふりをしてやり過ごそうとしました」。

情報を巧く文脈にはめる

ナレーションが物語を前に進めるということは、単に事実を示すだけではなく、その事実がどのように物語に関係しているかを明らかにしていくということでもあります。「三九〇人いたクラブの客は、先を争って出口に突進した」と書くのも悪くはありませんが、これでは数が多いのかどうかわかりません。マディソン・スクエア・ガーデンにあるようなクラブなら、むしろ閑散とした印象を受けます。しかし「消防法が定めたそのクラブの収容人員の二倍近くにあたる三九〇人の客は、先を争って出口に突進した」とすれば、この悲劇の前奏として違法行為があったこともわかります。動機についても関係性が大切です。「市長はその夜遅く会議を招集した」とするよりも「マスコミの目を避ける目論みで、市長はその夜遅く会議を招集した」とした方が物語を一手前に進められますね。ただし、動機を扱う時は本当にそうだったかどうか確認を忘れずに。推測であることを明示せずに登場人物の感じ方や考え方を勘ぐってはいけません。「彼からの連絡がなかったので、彼女は心配になったのかもしれません。おそらく、だからその晩彼女は車に乗ったのです」というように、推測なら推測だと明示しましょう。

大事な数字を伝えたければ、数字の詳細ではなくて、「この恐竜は、頭から尻尾の先までの長さがフットボール場の半分ほどもあったに違いない」というように比較できるものを教えてあげましょう。昔使われていた単位や量について語る時も、比較や文脈を利用できます。一九〇五年の話をする時に、当時その金額で何が買えて、それが現在の何ドルに相当するか、そして当時の一般的な収入額と比較してどうなのかを調べもせずに、「たった五ドルしか稼いでいなかった」、つまり酷い搾取であると結論づけてしまうような間違いは、よくあることです。

文脈を与えながらも、物語の中の出来事に向かって積み上げていくということを忘れないようにしましょう。観客には時折（常に、ではありません）待ち受ける困難が何であるか思い出させてあげます。そしてここまでにわかった情報や、ここからどこへ向かっていくかということも思い出させてあげます。「教育委員会での証言は午前九時半まで続く。その時に明らかになる投票の結果が、この学区の未来を決めるのだ」。どんな結果に向かっていくのかということも、それとなく示してあげましょう。「彼はすべてを賭けて戦いに臨んだ。そして敗れたのだ。ランサム将軍の将兵たちは、足取りも重く北に向かった……」。

立ち止まらない

物語は立ち止まらず常に前進しなければいけませんが、ナレーションも同じです。それなのに、同じ情報を何度も繰り返すナレーションが多すぎます。まるで観客が初めてその情報を聞くかのように、それがいかに恐ろしくて、その向こうには何が待ち構えているか誰も知らないというようなことを何度も繰り返すのです。ある部隊がろくに訓練も受けておらず、実戦の経験もないと一度言ったら、二度言う必要はありません。そんなことより、その情報に他の情報をつけ足して物語を進めてください。

人の名前を不用意にばら撒かない

誰かの名前を出すに足る理由があるならば、きちんとその人の素性を明かす理由があるということです。ナレーションの中で初登場の名前があれば、それが誰かちゃんとわかるようにしてください。世捨て人でもないかぎり絶対に知っているような有名人であってもそうしましょう。詳細に紹介する必要はありませんが、知っている者に軽く思い出させてあげる程度に、そして知らない者がその人の素性を簡単に理解できるように。「著明な作曲家であるレナード・バーンスタインはかつてこう言った」、または「演奏中の彼を、撮影監督のゴードン・パークスが撮影し」といった具合です。

同様に、観客に馴染みのなさそうな言葉がないかどうか意識的に探す癖をつけましょう。ナレーションの中にそのような言葉があると判断したら、もっと馴染みのある言葉に置き換えます。インタビューや同録の音源にも注意が必要です。前後の文脈から理解できそうもない時は、できるようにお膳立てをしてやります。例えば、画面に映っている歴史的資料の中にフリゲート艦一隻の請求書があったなら、「その日、将軍は戦艦仕様に建造された帆船を一隻調達した」というお膳立てをすれば理解を助けてやれます。

盛り上がるような（またはその逆の）列挙の仕方

当然のことですが、どんな文章も受け手にガツンと一発印象を残したいわけです。見本として『自由！アメリカ独立革命（未）』のナレーションの一部を見てください。一七七六年にニューヨークに侵攻するイギリス軍を描写したものです。「三万人の歩兵。一万人の水兵。三〇〇隻の補給艦。三〇隻の軍艦と一二〇〇門の大砲。この上陸作戦を規模において上回るものは、イギリスの歴史の中では二〇世紀まで存在しなかった」。このナレーションの巧いところは、数量は減る一方で、戦力が次第に大きくなっていくように列挙されているということです。数量的には「三万人の歩兵」から一つの「上陸作戦」へ降順であるのに対し、戦力的には人員から補給艦、戦艦へと昇順で増加し、生まれたての新独立国に今まさに襲いかかろうとしている戦力の脅威を、「二〇世紀」という一言で現在とつなげて、見事に歴史のドラマを語っているのです。

受け身の言葉を避ける

ナレーションはできる限り能動的な文章で書きましょう。例えば「コカコーラを学校内で宣伝してもよいという決断がなされた」と言った場合、誰がどういった事情でその決断をしたかさっぱりわかりません（どこで聞いたか忘れましたが、受け身かどうか確かめる簡単な方法があります。「ゾンビによって」という文が入れられれば、受け身です）。これを能動的な文にしてみましょう。「四対一の評決により、学校経営評議会の面々は学校内においてコカコーラの宣伝をしてもよいという決断に踏み切った」。ナレーションは画に合わせて書くものですから、もし映像に学校評議会の様子がそれとわかるように映されており、四人が挙手しているのが見えているなら、「四対一」という情報は言わずもがなです。もし学校の廊下に並ぶ自動販売機の画を見ているだけだとしたら、ナレーションでこのように補完してあげれば良いわけです。

ナレーションでメリハリをつける

ナレーションを上手に使えば、度重なる戦闘シーンや、一連の医療行為、そして政治的集会といったものの内容に観客がついてこられるようにしてやれます。ドキュメンタリー作家であれば、ただ同じようなショットを漫然と並べるのではなく、当然いろいろな出来事を多様な角度から撮影し、それを重ねて場面を構築していくでしょう。構築されたものを理解する手助けとして、または詳細を補足してあげる手段としてナレーションは便利です。「膝の手術を受けたビルだが、運動機能以外の回復は見られなかった。そこでフィッシュマン医師は軟骨の再生措置をする必要に迫られた」という具合ですね。

観客に計算をさせない

「一九三四年生まれの彼女がマークと出会ったのは一八歳の時だった」というナレーションを聞いた途端、観客は彼女がマークと会った年（一九五二年）を計算し始めます。そして物語から気を逸らしてしまいます。年齢、利益、時間経過といったものを扱う時には、観客が計算しなくて済むようにナレーションを書きましょう。そうすることで物語に引き込めるというものではありませんが、気が散らないようにしてあげるのは大事です。

煽らない

もし、あなたが語る物語が本当に「驚天動地」なのであれば、あるいはその事件が紛れもなく「血も凍る」のであれば、または、その登場人物が本当に「冷酷非情」なのであれば、そのことはあなたが構築した物語を、その中で起きる出来事を、そして登場人物を通して理解されるはずです。無理やり感情的に煽るのは安っぽい方法ですが、中でも最も低俗なのは仰々しい形容詞や慣用句で飾り立てることです。ナレーターがコーヒーを飲み過ぎてハイになったセールスマンみたいに聞こえたら、お客さんは不審に思って当然です。本当によくできた物語であれば、飾り立てなくても自力でお客さんに訴えかけるはずです。

止めどころを知る

上手にお膳立てをしたら、ナレーションの役目は終わりです。盛り上がる山場はワーテルローの戦いかもしれません。人命救助や、全国バレーボール選手権かもしれませんが、ナレーションの役目は観客をその山場に連れて行って、後は黙って山場を見せてくれることなのです。観客をちょっとの間お喋りから解放してあげましょう。

そして作品のユーモアや、心温まる瞬間や、恐ろしい瞬間を体験させてあげましょう。そのような瞬間がきたら、ナレーターは口を閉じ、後は静寂や、音楽や、あるいは同録の音に語ってもらいましょう。情報が複雑で、観客がそれを理解する時間が必要な時、またはとても楽しい場面で観客に笑う間をあげたい時も、同様です。

Chapter 14

Storytelling : A Checklist

物語を語るためのチェックリスト

制作のそれぞれの段階で次のような質問に対する答えを探してみてください。特に編集段階後半に向かって自問を繰り返しましょう。

☑ 人気のバラエティ番組やドラマを自分の作品と比べた場合、あなたはどちらを見たいと思いますか。自分の作品は他の番組よりも劇的で心をつかむような物語を語っていますか。視聴者が他の番組を諦めて自分の作品を見る理由がありますか。

☑ 自分の作品は、展開する物語で観客を引き込んでいますか。それとも、ただ一方的に押しつけていますか。

☑ 全体を通し興味深い問いと答えが用意されていますか。そこには好奇心を誘うような謎やハラハラさせる仕掛けがありますか。

☑ 今まで取り上げられたことのない情報や、誰も試したことのない視点を持っていますか。それとも、使い古された、何の挑戦も感じられない内容ですか。

☑ 観客が物語の顛末に期待感を抱けるように、ちゃんと手がかりを与えましたか。同時に予期せぬ展開で不意を突けるように、物語と主題をきちんと確立してありますか。

☑ 観客をちゃんと感情的そして知性的な山場に連れて行ってあげていますか。作品が結論を出す前に、観客が自分で考えて何かを発見できる瞬間を用意してあげましたか。

☑ 背景となる物語を導入するのなら、観客がちゃんと横道に逸れても違和感がないように物語を紡いでいますか。

☑ 複雑な題材や高度に技術的な主題を扱っているなら、観客が好奇心を持ってその複雑さを理解したいと思うような仕掛けが、物語の展開の中に仕込まれていますか。

☑ 「配役」は巧くできていますか。多からず少なからず、題材の持つ複雑さの両極端だけでなく、まんべんなく視点をカバーするような公平な人選をしましたか。もし題材の持つ極端な部分を探求することが作品の要だとしたら、すぐそうとわかるようになっていますか。

☑ それぞれの登場人物は個性的ですか。物語の中で、それぞれが違った役割を演じていますか。それとも全員変わり映えのしない、一般的な存在ですか。

☑ 冒頭で仕掛けた物語の発端にきちんと応える形で終わりますか。物語の内容を二つ以内の文で言い切れますか。

☑ あなたが作った作品が、とても創造的で変わっていたとしても、それは偽りなく、正真正銘ドキュメンタリーだと認識されるものになっていますか。つまり、制作者であるあなたや、あなたのスタッフが集めた記録や資料を、正しく誠実に反映していますか。

PART 3

ドキュメンタリー作家たちとの対話

Talking about Story

Chapter 15

Nick Fraser

ニック・フレイザー

ニック・フレイザーは一九九七年以来、英国放送協会の一チャンネルであるＢＢＣ Ｆｏｕｒ（ビービーシー・フォー）のドキュメンタリー番組『ストーリーヴィル』のシリーズ構成の責任者として活躍しています。『ストーリーヴィル』は、毎年世界から集めた五〇本もの優れたドキュメンタリーを放映しています。その五〇本のうち、だいたい三分の一は完成した作品を買いつけたものです。残りは先物のように完成前に買いつけられた作品と、ＢＢＣが他の放送局と共同で制作委託した作品です。例えばＢＢＣが制作に加わった『残された時間（未）』のクレジットには次のように書かれています。「ウェストシティ・プロダクション制作、ＷＧＢＨ、ＺＤＦ／ＡＲＴＥ共同制作、デンマークＴＶ２制作協力」。『残された時間（未）』は、アメリカではＰＢＳの『フロントライン』というドキュメンタリー・シリーズの、イギリスでは『ストーリーヴィル』の枠内で放映されました。

ＢＢＣに加わる前、フレイザーはイギリスの公共テレビ局であるチャンネル４で委託制作する作品を選定する傍ら、パンオプティック・プロダクションズという自分の制作会社も持っていました。元々が印刷媒体のジャーナリストだったフレイザーは、今日でもハーパーズ誌に寄稿を続けており、『聖女伝説 エビータ』（マリサ・ナヴァーロと共著）、『The Voice of Modern Hatred』［現代ファシストの声］、『The Importance of Being Eton』［イートンという生き様］等の書籍も著しています。

『ストーリーヴィル』で放映されたドキュメンタリーは、『神の前で震えて（Trembling Before G-d）』、『大統領選作戦司令室（The War Room）』、『戦う理由（未）』、『私のテロリスト（My Terrorist）』、『私の五一人の兄弟たち（未 Me & My 51 Brothers & Sisters）』、『マーダーボール』、『GONZO ならず者ジャーナリスト、ハンター・S・トンプソンのすべて』、そして『ロマン・ポランスキー：愛されるお尋ね者（Roman Polanski: Wanted and Desired）』まであらゆるジャンルを網羅しています。

——『ストーリーヴィル』は、幅広い題材とスタイルを扱っていますよね。『ストーリーヴィル』で放映される条件として、あなたは「力強い物語」を挙げていますが、ドキュメンタリー作家たちにこのような物語が欲しいと説明するのですか？

しませんよ。『ストーリーヴィル』の過去に放映された作品リストが公開されていますから、それを見ればどんな作品が選ばれてきたかわかりますしね。それに、私が「これこれ、こういうものが欲しい」と言うべきではないと思います。でもそれで苛々するのはね、お陰で私は「欲しくないもの」の話をする羽目になるんです。平坦で、時事ニュースみたいなのは欲しくありません。絵解き台本みたいなのもご免です。物語が重要な要素になっており、目に訴える発見がある作品を探しているのです。

D・H・ローレンスが残した「読者が信ずるべきは物語であって語り手ではない」という格言が、私のお気に入りです。強烈なイデオロギーに基づいて作られたドキュメンタリー作品というのは、あまり満足のいくものにならないと思うのです。強いイデオロギーを持つこと自体は構いません。しかしたとえそれがイデオロギーでなかったとしても、あらかじめ脚本に書かれた何らかの視点を証明するために作られた作品を見ると、用意された結論を押しつけられるような気がしませんか。作品を作り始める前に、作り手はもう答えを出してしまっていると感じるでしょう。だから、こう言えますね。私に興味があるのは、何かについて探求して知りたいからこそ、物語を語ろうと強く望む人なのです。私もそういう性質《たち》ですからね。私も何か知りたいことがあるから記事なり本を書くのです。それについてどう考えて良いかわからないから、書くのです。曖昧で矛盾した気持ちになることもありますが、そう感じること自体は悪いことではありません。

――最近のドキュメンタリーの潮流を、一九六〇年代から七〇年代に盛んだったニュー・ジャーナリズムと比較されましたよね。ノーマン・メイラーや、トルーマン・カポーティ、そしてトム・ウルフといったライターが書いた物語性の強いノンフィクションのことです。

そうでしたね。今、ノンフィクションという分野で一番面白いのは、ドキュメンタリーでしょう。北米に限って言うと、ニューヨークタイムズ紙とヴァニティフェア誌を除いて、何らかの衰えが見えますね。ハーパーズ誌ですらね。私はハーパーズが好きだから寄稿するわけですが、長編ルポルタージュ記事が持つ価値が下がってしまったんです。三〇年前は、もっとそういう記事の本数も多かった。今はブログに取って替わられました「このインタビューが行なわれたのは二〇〇七年」。即時性のある意見によって物議を醸す役目はブログが担うようになりました。私も即時性のある意見と物議を商売にしていたわけですが、最近は疲れますね。世の中、意見が多すぎます。人というのは、意見を溜めこむのではなくて、逆に脱ぎ捨てていくべきだと思いますよ。

最近のドキュメンタリーに私がなぜ惹かれるのかというと、まさに六〇年代後半に盛り上がりを見せた長編ルポルタージュ記事という原点に回帰しているからです。何でもできるという可能性を感じます。ジョーン・ディディオンでもノーマン・メイラーでも誰でも構いませんが、当時腕の立つライターを取材に行かせれば、必ず素晴らしい記事をものにして帰ってきたものです。今はデジタル・ビデオカメラで同じことができるわけなんです。ドキュメンタリーはニッチ市場ですが、それでも六〇年代のジャーナリズムよりは少しだけ大きい市場だと思います。一九六七年にエスクァイア誌を読ませるよりは、現在のお客さんによくできたドキュメンタリーを見てもらう方が、おそらく簡単ですよ。だから巧くそれを利用したいのです。ドキュメンタリーはとても民主的なメディアなのに、まだ十分に受け入れられているとは言い難い。受け入れられて当然なのですが、そうなっていない。それでも毎年、より質の高い作品が増えているんです。さらに、ドキュメンタリー作品に対する資金的な助成の仕組みも変わりました。民間の資金がずいぶん投入されるようになったでしょう。融資する人たちは映画館相手に配給することに目を向けているんですよ。テレビだけがドキュメンタリーの出口ではないのです。仮にテレビにいったとしても、公共放送のPBS局のように二〇年前には定番だった経路に限定されないのです。ケーブルがあり衛星放送があり、インターネットのオンデマンド配信にもいけるのが現在なのです。ほどなくオンデマンドが一般的な配給経路になると思いますよ。

——スティーブ・アッシャーとジーニー・ジョーダン(『残された時間(未)』共同監督)は、自分たちの制作スタイルをノンフィクション小説と呼んでいます。多層的できめ細やかな手触りを持つ物語性を構成するからだそうです。

まさにその通りですね。それこそが、ノーマン・メイラーによるニュー・ジャーナリズムの定義そのものです。『フープ・ドリームス』はよくできたノンフィクション小説でした。『パティ・ハースト誘拐：メディア王令嬢のゲリラ戦記』も文句のつけようがない。毎年、このようなノンフィクション小説的なドキュメンタリーがどんどん作られているのです。強いて言うなら、このようなドキュメンタリーは、飛行機でみんなが読むような雑誌の長い記事とノンフィクション小説の中間の役割を果たしているんだと思います。それはドキュメンタリーにとって最高の居場所だと思いますよ。

——ドキュメンタリー作家にとってジャーナリストとしての訓練は重要だと思いますか？

物語を適切に把握する力、そして誰を信用すべきか嗅ぎ分ける能力に関して言えば、言い方は悪いですが、勘がすべてだと思います。しかし、ちゃんとした教育を受けて野心がある人なら、そういうことは自分で勉強できますよ。倫理の本を読んだり、制作部の重役に聞いて、やって良いのは何で、タブーは何か教えてもらえばいい。ばれないだろうと思っていろいろ創作しても、やがてはばれますからね。

『フープ・ドリームス』のような作品に備わったジャーナリズムの精神は完全無欠ですよ。しかも、単なるジャーナリズムを超えている。より大きな野心に支えられているのです。ジャーナリストは、ジャーナリズム的報道のために取材対象を使います。取材された人たちは、ジャーナリストの視点を証明するために記事の中に突っ込まれるのです。あるいは、記事のネタとしてね。ドキュメンタリーの場合は反対です。ドキュメンタリー作家が登場人物たちに寄り添って、その上に物語が積み重ねられていくのです。

——ニュー・ジャーナリズムと『ストーリーヴィル』で放映される作品にもう一つの共通項があるとすれば、作家性だと思うんです。でも、どのドキュメンタリーにも同様の作家性が感じられるわけではないですよね。民放のテレビで見られるドキュメンタリーのほとんどは、大量生産品のような印象を受けるんです。

その通りですね。しかし、作家性と言ってもいろいろな形をとって表れるわけでしょう。例えばロバート・グリーウェルドの作品（『騙されて（Outfoxed）』『ウォルマート：世界最大のスーパー、その闇』）を見ると強い作家性を感じます。独自の声を持っているのが作家性だと言う人もいますが、ならば誰のどんな声でなければならないのか。一つの規範に固執すれば良いというわけではないと思います。見ればわかるような作家性もあります。マイケル・ムーアのように、カメラの前に立たずにはいられない作家もいますよ。アッシャーとジョーダンの作品のようにとても作家性が強いのに、作家の姿はほとんど見えないというのもあります。アッシャーが『残された時間（未）』のナレーションをしたように、二人はナレーションを自分たちで読みますが、たとえ他の人が読んだとしても、彼らの作家性を拭うことはできません。

作家性というのはややこしい話ですね。映画理論が、フィクション映画と作家のことばかりにこだわるからややこしくなるんです。同じ基準をドキュメンタリーに当てはめようとすると、うまくいきませんね。ドキュメンタリーは劇映画とジャーナリズムをかけ合わせたようなものですから。ノンフィクション小説を書いて作家性を出す方法がいろいろあるのと同じで、ドキュメンタリーの作家性もいろいろなんですよ。

——国によって語り方の違いはありますか？

大いにあります。アメリカで作られるドキュメンタリーは、より野心的な傾向があります。作ってもテレビで放映してもらえるとは限らないからです。もし、ドイツとかフランスの全国ネット局で放映されることが決まっていて、それが何シーズンも続いているような番組なら、見る人も多いですよね。そうなると、派手でわかりやすい作品にしてしまいがちでしょう。さっきあなたが言っていたように、ほら、ディスカバリーチャンネルやPBSのような。全部がそうだとは言ってませんよ。でも、おそらくアメリカの人がドキュメンタリーを作る時は何か別の計算をすると思うんです。「何が言いたくてこの作品を作るのか。人はこれを見たいと思うだろうか」とね。そう考えだすと、「この作品を作るメリットは一体何なのか」と自問することになり、どの作品も一から発明せざるを得なくなるんです。

アメリカで作られるドキュメンタリーを展望すると、その豊穣さに気づきます。こんなことを言うと怒られるかもしれませんが、アメリカでは資金援助を得るのが適度に難しいという現実が、そのような豊穣さを生んでいるのです。資金確保の難しさと、資金援助の可能性、そして民間企業の援助の可能性の相乗効果によって、アメリカのドキュメンタリー作家は野心的にならざるを得ないのです。元々金持ちなら話は違いますがね。そのような状況なので、いい加減な仕事をする人はふるいにかけられます。アメリカのテレビはいい加減な作品で溢れてますからね。ほぼ無限にありますよ。でも全部がそうではないのです。

先ほども触れた六〇年代のニュー・ジャーナリズムやダイレクト・シネマ［Direct cinema、シネマ・ヴェリテに近似し、客観的な真実の観察的な探求を理想としたドキュメンタリー撮影手法］に見られるような、アメリカ的な伝統の豊かさも一因だと思います。加えてアメリカ人はとても経験主義的な性向を持っています。とても知的なアメリカのドキュメンタリー作家は、作品が完璧になるまで粘りたいだけ粘って題材を追いかけます。どうりで出来が良いわけです。普遍的でもあります。だから大好きなんです。

ヨーロッパでも良い作品はたくさんあります。助成金の仕組みには功罪両面があります。助成金が簡単に出れば、苦しまずに済みますしね。一方で権威的な側面もあります。制作を委託する基準が機械的になってしまって、提出される企画は全部その機械によって設定された基準に合わせ始めるわけです。機械の方は「革新的な作品を待っています」と言うけど、結局、提出される革新的作品はすべて判で押されたようになり、量産品になってしまうんですよ。

フランスには良いドキュメンタリーがありますね。ドイツもです。『ダーウィンの悪夢』はとてもよかった。ヨーロッパでドキュメンタリーを作ることに伴うプレッシャーは、アメリカに比べたら低いもんです。はっきり言ってしまいますが、ヨーロッパのメディアはアメリカのそれほど知的でないからです。私がBBCにしては公平だったという発言をした時、どこかのウェブサイトで私のことを指して「独善的なエリート主義」と文句を言っているのを見つけましたよ。でもそれは本当のことなんです。ヨーロッパの報道は危機的状況にあります。でもアメリカの方に訪れている危機はもっとすごい。だからこそ若い人たちがドキュメンタリー制作に駆り立てられるのではないかと思います。主流メディアがうまくいかなくなったから、補完的な役割を果たすんですよ。

――同時に、ドキュメンタリーの市場は国境を越えていくように見受けられます。だからドキュメンタリー作家たちは、様々な文化やライフスタイル、そして異なった視点の持ち主に訴えかけられる物語を語る必要があるのだと思います。

私が思うに、国や文化といった問題ではないのかもしれませんね。それぞれの国でドキュメンタリーを作る人たちが、国境を超えるということを納得して受け入れるようになった、そういう変化があったということじゃないでしょうか。どこかの映画祭で、煙草を吸いながらドキュメンタリーを見ている左翼の人たちだけを相手にしているのではないという認識を持ち始めたということでしょう。限定的で、特殊で、もしかしたらとても些細で、しかも局地的な題材を扱いながら、それでも世界を周っていかなければいけないという認識です。そうしなければいけない時代になったのですから。

私はドキュメンタリーというものが持つ多様性が好きです。別にネオコン的な政治的視点からも作品を作ってくれと言っているわけではありませんが、全員が同じ政治的立場から作品を作っていたらドキュメンタリーにとっては損失です。ジャーナリズムと同じで、ドキュメンタリーというのは予測不可能であることが力になる。前もって正体を理解せずに作るから良いのです。対象を見つめるのは良いけれど、それが何か決めつけてはいけない。だって、アンリ・カルティエ゠ブレッソンが左翼だったかどうかなんて、気にならなかったでしょう。ロバート・キャパにしてもね。ドキュメンタリー作家本人の政治的な立ち位置は、最終的には明らかになるわけですが、それが作品に反映されなければいけないというものではない。政治的な視点はあっても気づかないほどですし、物語を語るということに主眼が置かれるのだから内容が豊かなのです。

アル［アルバート］・マイスルズなら、この件について私なんかよりよほど雄弁に語ってくれますよ。あの人は人間そのものに大いなる興味を抱いているんです。アル・マイスルズの作品が持つ時間を超えた素晴らしさがどこからくるかというと、彼自身が持つ登場人物たちへの深い愛情です。私なんか、好きな登場人物もいれば嫌いなのもいて当然だと考えますが、あの人はともかく全員大好きなのです。この愛情がイデオロギーなんかより大事なんですよ。イデオロギー、つまり政治的立ち位置なんてものは、来週には古くなってしまう。『華氏９１１』でマイケル・ムーアがブッシュ大統領について何を言いたかったかなんて、誰も覚えていないでしょう。覚えているのはヤギの童話の話くらいのものでね。櫛を舐めたということ以外、ポール・ウォルフォウィッツのことなんか誰も何も覚えていないでしょう。残りのイデオロギー的な内容についてはね、今あの映画を見直したら、きっと半分も同意しないと思いますよ。

――あなたが制作委託をまとめた作品の中には一九九九年の『墓所からの叫び（A Cry from the Grave）』とその続編である二〇〇五年の『スレブレニツァは終わったのか（Srebrenica: Never Again?）』があります。どちらもレスリー・ウッドヘッドが演出し、一九九五年のスレブレニツァでのボスニア人大虐殺を扱っています。この企画はあなたが立てたもので、いろいろな記事をウッドヘッドに送って、彼女にいろいろと質問を投げかけながら内容を組み立てていったと聞きましたが。

スレブレニツァの虐殺にはとても興味を掻き立てられ、しかも題材の扱いがとても難しくなることが予想されたので、レスリーとは何度も会って話をしました。政治的にデリケートな、大きな題材でしたからね。

――ウッドヘッドと共同作業した時、どのような質問を投げかけましたか?

ジャーナリズムの基本的な質問ですよ。誰が、どうして、何を、いつ、どこで、ということです。この［制作委託という］仕事の流れで私が一番役に立つのは、ドキュメンタリー作家たちが作ろうとしている作品に対して簡単な質問を投げかける時だと思うんです。「どうしてこの題材で作品を作りたいと考えているのですか。この物語の主眼は何ですか。なぜこの状況と、この主題を選んだのですか。選んだ状況と主題は、どのようにして物語に変換されるのですか」。こう質問されたら、考えて答えないわけにはいかないですよ。レスリーもそうでしたが、多くのドキュメンタリー作家は私が質問したいことをよく理解しているんですよ。『ドットコム起業ブーム（Startup.com）』と『コントロール・ルーム（未）』を撮ったジェハーン・ヌジェイムも考え尽くしてきましたよ。撮影を始めるまでは何がどうなるかわからないとか言っていますが、そんなことはありません。ジェハーンが企画を売り込む時は五分もかかりませんが、彼女はやりたいことをすべて完璧に把握しています。登場人物もとても早い時期からよく練ってあります。

――初心者の中には、ドキュメンタリーは即興的で自然発生的なので、計画は立てようがないと信じている人がまだいますよね。物語は編集中に「発見」されるのだと信じている人が。そういう人は今の発言を聞くと驚くでしょうね。

編集のはるか以前に、自分が望むものを理解していないとね。なぜその物語を語りたいか、そしてどう語りたいか知っていないと。中国の工場を扱った作品は山のようにありますが、もし中国まで行って工場を撮るなら、一体何をどんな理由で撮りに行くのか。作品を見る人たちに何を伝えたいのか。『ストーリーヴィル』で放映するために私が選んだ作品に『中国製（Made in China）』というのがありました（後に『ちゃんとした工場（A Decent Factory）』と改題されて配給された）。ノキアの下請け工場の話です。ノキアの重役と、倫理顧問が工場に視察に行く様子が捉えられていました。

著者補足：『ストーリーヴィル』のウェブサイトを読むと、フィンランド国営放送がフランスのドキュメンタリー作家トマス・バルメスに、フィンランド企業であるノキアを「人類学的に」観察した作品を作れないかと打診したとあります。バルメスは、このように語っています。「一八ヵ月の間、世界中を回って退屈なノキアの会議を撮り続けました」。その末についにノキアの環境問題専門家であるハナ・カスキネンに出会ったのです。「ちょうど彼女は、ノキアの経営陣に新しい倫理ポリシーを作るように働きかけているところでした」とバルメスはBBCのインタビューに答えています。「これはとても興味深い問題です。資本家は倫理的に振る舞えるのかという論点を突くからです」。ベルメスは、ハナ・カスキネンとの偶然の出会いについて、こう語っています。「ハナは、ノキア社の歴史上初めての倫理監査をするところだったのです」。これをきっかけに、作品は形になり、国際的な資金援助を獲得しました。物語の芯になったのは、「ノキアの重役カスキネンがイギリス人の顧問ルイーズ・ジェイミソンと共に、ノキア社の主要なバッテリー・チャージャーの下請け工場を監査しに中国に行く」という、一見きわめて単純なものでした。

バルメスが企画を売り込みにきて、彼の話を聞いた途端、私はそれがどういう話になるか見えたんです。重役たちにくっついて中国に行って、ヨーロッパの安全基準や職場条件の基準を満たしているかどうか見て回ることの意義が、すぐわかりました。コメディのようになるかどうかかね。実際、この作品はとても面白可笑しいものに仕上がりましたよ。作品のユーモアを見落とした人の方が多かったようですが。こうしてドキュメンタリー作家は、あるイメージによって作品へのアプローチを伝えようとしてくれます。あるいは、ある状況を説明しながらね。そうすれば、私もどのような物語が語られることになるのか理解できるのです。

――それによって視点が明らかになるからですか？

作品としての視点というより、制作者たちが何を見たいと思っているかが明らかになるからですね。ロシアの真ん中からカルティエ＝ブレッソンが電話してきて、こう言ったとします。「労働者の酒場で連作を撮る。みんなが踊っているんだ」。あなたは「了解」といって待ちます。カルティエ＝ブレッソンが二〇枚ほど撮ったネガを持って帰ってきて見せてくれます。その一枚がね、あの有名な農夫たちが酒場の真ん中で踊っている写真なわけです。こちらは電話で話を聞いた時に、良い写真になるかどうかわかるんですよ。

そして、そこが印刷媒体のジャーナリズムとは違うところです。ジャーナリストは、どんな記事になるか説明します。ドキュメンタリー作家は、何が見えるか教えてくれるのです。私は元々作家なわけですが、ドキュメンタリーからいろいろ学んで、書き方を変えました。今はもっと視覚的に書きます。もっとドキュメンタリー的な構成でちゃんと場面があるように書くんです。そっちの方が読みやすいですからね。

マイスルズ・フィルム制作の『グレイ・ガーデンズ』でソーザンプトンにあるビッグ・イーディとリトル・イーディの家に入った時、まず何が見えるかというと、階段の上で珍妙な服を着て気取っている二人のヘンな人たちでしょう。でもこの母娘が本当は何をしているのかというと、自分たちのために、そしてカメラのために素晴らしいパフォーマンスを演じているわけです。その時アル・マイスルズが電話をかけてきて「今日は歌ってたよ、すごく良い一日だった」と教えてくれたら、もうその通りだとわかるわけです。大事なのはどういう状況をどのように撮ったかということで、それを解釈するとどういうことになるかという報告ではないのです。

——ドキュメンタリー作家が資金援助を求めてあなたに会いにくる場合、アイデアだけでも構わないけれども、特にあなたが知らない作家の場合は短くても良いから撮影した素材を持参してくれると助かるとおっしゃいましたよね。

デモ素材は絶対に持ち歩くべきでしょう。それがないと、ただの紙の山を見ながらその人がどういう作品を作りたいのか類推しなければなりません。それはとても難しいことなのです。またたとえ話ですが、マグナム［カルティエ＝ブレッソンが結成した国際写真家集団］の写真家に何かの制作を委託して、どこかへ行って写真を撮ってきて欲しいなら、どこに行って何を撮ると書いた紙っぺらが一枚だけではなくて、何よりその写真家の写真を見せてもらいたいでしょう。見ればその人が物事をどのように見極めるかわかりますから。

——デモ素材を受け取ったら、何に注目しますか？

よくある問題は、編集してテレビっぽくしすぎてしまう人が多いということですね。そういう素材を見ると「なるほど、こういう題材ならテレビ向きかもしれないが、映像作品としてはどうなんだ」と思ってしまうわけです。つまり、あまりツルリときれいにしない方が良いということです。どうせかっちり編集するなら、完成品の品質でやりなさいということです。たとえ粗くてもね、そこに何か惹きつけるものがあれば、完成作品が持ち得るインパクトを伝えてくれるんですよ。

——いろいろな企画を受け取られるわけですが、中には気の滅入るような題材も多いですか？

うんざりするほどあります。気が滅入るものばかり放映するわけにはいかないでしょう。レポーター主義のあるところ、可哀想主義がついて回るということです。他の方向を探さなければ。イラク戦争のような題材を選んだら、その題材に入り込む興味深い方法を見つけ出さなければいけません。バグダッドの恐ろしい状況を見せるために『バグダッドのリベラーチェ（The Liberace of Bagdad）』という作品を選びましたが、あれはとても可笑しい部分もあり、すべての要素が語り出すような良い作品でした。（ドキュメンタリー作家ショーン・マキャリスターはイラクで最も有名なピアニストであるサミール・ピーターがホテルのバーでジャーナリスト等を相手に演奏する姿を八ヵ月にわたって撮影した）。一時間と一〇分の上映時間の間、一度も観客を落ち込ませないという魅力的な作品でもあります。一〇〇％気の滅入る要素の塊のようなのは、よくないですね。観客は逃げてしまいますよ。

——制作する側から見て、そして観客の立場から見て、ドキュメンタリーはどのように変わってきていると思いますか？

制作者はドキュメンタリーという形式をとおして、より多くの受け手に触れられるようになったと思います。魅力的な物語であれば、観客は腰を落ち着けて最後まで見る覚悟が持てますから。ドキュメンタリーだからと毛嫌いしているわけじゃないと思います。小難しいと敬遠しているわけではないとね。どんな題材でも本を読んでまで知りたいと思うわけじゃないでしょう。イラク戦争のことについて書かれた本なんか読みたくないと言う人を責められないでしょう、何しろ気が滅入りますから。でも地元の映画館で同じ題材の映画をやっていれば、見に行ってもいいと多くの人が思っているのです。それが『マイ・アーキテクト』のような作品なら、もっといいですよ。あれは実に内容が豊かです。建築家の話であり、成長の話であり、実の父に捨てられる息子の話でもある。

この手の作品なら、簡単にニッチな観客を見つけ出すでしょう。もちろん規模は小さいですよ。アメリカでは何とか商売になるかというところです。もっと大きな市場がないといけない。ドキュメンタリー制作が何とか崩壊せずに済んでいるのは、制作コストが下がっているからです。だからといって良いことばかりとは言えませんがね。せっかく安く作れても、十分な見返りが得られるとは限らないのです。ドキュメンタリー制作に命を賭けている人を見ると心配になりますね。大した収入は得られませんから。でも賢い人なら生き残れますよ。いろいろな資金援助の可能性がありますから。

Chapter 16
Alex Gibney

アレックス・ギブニー

アレックス・ギブニーは一九八二年にジグソー・プロダクションズを設立し、以来パーティシパント・プロダクションズや、マグノリアピクチャーズ、ソニーピクチャーズ・クラシックス、ZDF-ARTE、BBC、PBS等と共同で作品を制作し続けています。ジグソーのウェブサイトには、ギブニー作品は、「政治的な視座からアメリカを容赦なく見つめながら物語を巧みに紡ぐことで知られている」と書いてあります。ギブニーが最近手がけた作品には、『GONZO』、二〇〇八年アカデミー長編ドキュメンタリー賞作品『「闇」へ』、二〇〇六年アカデミー長編ドキュメンタリー賞候補『エンロン』があります。『エンロン』と『GONZO』は、どちらもアメリカ脚本家組合最優秀ドキュメンタリー脚本賞に輝いています。

最新作『カジノ・ジャック：史上最悪のロビイスト』は二〇一〇年のサンダンス映画祭で初めて上映されました。このインタビューが行われた二〇一〇年三月の時点では、まだ『カジノ・ジャック』は公開されていません。インタビューはロサンゼルスに飛ぶために空港に向かってニューヨーク市内を走るタクシーの中で行われました。

――今回は特に『GONZO』、『「闇」へ』、『エンロン』の三本についてお話を伺いたいと思います。三本とも、自殺したライター、拷問、そして会計詐欺という、一見して扱いが難しいとわかる題材ですよね。それぞれ、どのようにアプローチを決めたのですか？　そしてどのように題材の中にある物語を見つけ出していったのですか？

『「闇」へ』の場合は、拷問を主題にしたドキュメンタリーを撮ってみないかと打診を受けたんですよ。難しい題材だし、うまく作品としてまとまる主題であるという確信がなかったので気乗りしませんでした。それでもいろいろとネタを探すうちに、ディラワールの話を読んで胸を打たれたんです［アフガニスタン人のタクシー運転手ディラワールが米軍によって冤罪逮捕の上拷問を受け死亡した事件］。ティム・ゴールデンとカーロッタ・ゴウルがニューヨークタイムズ紙に書いた記事でした。感情的に揺さぶる記事であり、しかもアフガニスタンにいた一人の男に降りかかった事件をたどると、イラク、グアンタナモ、そしてホワイトハウスまでつながっていたのです。アフガニスタンでディラワールを尋問した人たちは、アブグレイブ刑務所での事件が起きる直前にイラクに派遣されていたんです。ディラワールが［拷問によって］死亡すると、今度はディラワールが運転していたタクシーの乗客をグワンタナモ湾収容キャンプに送って収監したんです。ただの落花生農家の農民相手に、国家的陰謀の糸口を見つけたかのような騒ぎでした。しかも、どうやらホワイトハウスの方でも、このディラワール拷問の件を知っているらしい。ジョン・マケイン上院議員や、ディック・チェイニー副大統領、そしてブッシュ大統領［いずれも当時］その他大勢とやりあいながら物語全体をカバーするような中心的な何かを探していかなければならなかった。それが、『「闇」へ』をやろうと決めた理由の一つでもあります。

『GONZO』と『エンロン』に関しては、物語の中に主題を見極められるかどうかにかかっていました。良い登場人物が揃っていましたしね。『「闇」へ』の主人公であるディラワールは生きていないわけですから、彼の物語に関わる人々を見つけるのは楽ではなかった。それでも、というか、だからこそ興味深い物語になったと思います。普通の劇映画と同じで、登場人物に肉づきを与えて、どのように振る舞うのか見極めていったわけですよ。

――リサーチをするにあたって、特別な作戦とか段取りはありますか?

私の作品にはジャーナリストが登場するので、まずはそのジャーナリストたちが行った詳細なリサーチから作品の主題を見つけることになります。だから誰がそのリサーチをやったのかということを隠さず、きちんと彼らの努力に敬意を評したいわけです。それに加えて私たち自身も山のようにリサーチをします。作品が完成して誰かにいちゃもんをつけられたとしても、事実関係は一点の曇りもなく裏を取ったと証明できますからね。

このような厳しいジャーナリズム的姿勢をもって臨みながら、同時に物語を語るための視覚的な言葉も探します。予算に縛られた真実ではなくて、ヴェルナー・ヘルツォークが言うところの〃詩的な真実〃を探すのです。そのお陰で、観客の中には「なぜ余計なものを入れるんですか、もっと明確なものだけで映画を作ったらどうですか」と責める人がいるんです。そういう人はつまり、私に黒板のところに立って、棒で要点を指しながら物語を一つずつ説明してくれることを望んでいるんですよ。そんなのは面白くも何ともないでしょう。せっかく映画を作るのに、それではもったいないですよ。見る人を感情的に巻き込めるからこそ、映画じゃないですか。

――おっしゃられたことをまとめると、良い題材

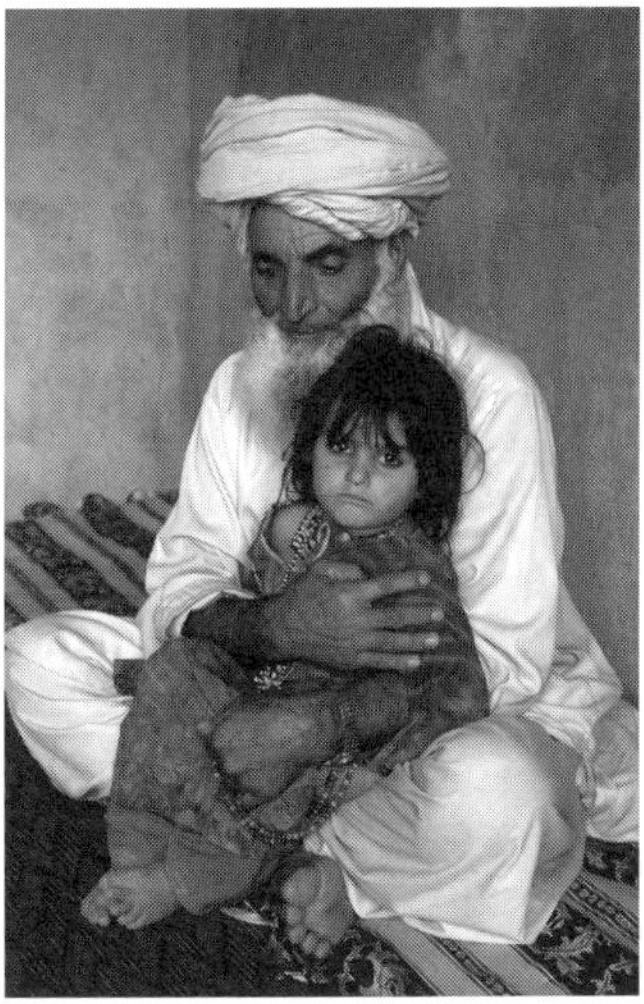

『「闇」へ』より、ディラワールの父と娘。Photo credit Keith Bedford, used courtesy of the filmmakers.

があっても良い映画になるとは限らず、良い原作があっても良い映画になるとは限らないということですね。観客に何かを伝えたければ、のめり込ませるような物語になるように、いろいろな要素を組み合わせていかなければいけないということですか？

そうです。私のやり方は、ノンフィクション小説の書き方と似ていると思います。私見ですが、よく書けたノンフィクション小説というのは、語る手法という意味ではよく書けたフィクションと変わりません。語りの勢いで読者を引っ張っていくのです。願わくば、私も観客を驚きに満ちた旅に連れ出して目的地に導いてあげたい。そこで語り口ということが重要になるのです。

『「闇」へ』の場合は、登場する兵士たちと共感して、彼らのことを好きになった人が多かったようです。しかし、映画が終わりに近づくとその兵士たちが人を殺したということが明確になる。全員、有罪判決を受けた犯罪者たちなんですよ。これは観客にとって堪えますよね。それでも時間を巻き戻して「ああ、この兵士たちは罪を犯したんだな」と考え直すわけにはいかないのです。「でも、この兵士たちのことは好きだな」という気持ちが残る。そっちの方が、重いでしょう。

――巧みな語り口というのは、情報を明かすタイミングを熟知しているということですよね。早すぎれば意味を持たないし、遅すぎれば役に立たない。新しい情報を織り込むタイミングは、どうやってわかるのですか？

難しいですよね。『「闇」へ』の時は、話を作りながら見つけました。あの作品はまとまるまでに随分時間がかかりましたよ。話を作りながら、兵士たちが実刑判決を受けたと知らせるタイミングが早すぎたということに気づきました。映画の終わりに近いところでしたが、終わる直前でよかったんです。兵士たちに下った判決のことに触れた途端、観客は話が終わりだと思ってしまうわけです。その後にもまだまだ話は続くんですが、その構成は正しくないということに気づいたんですね。そこでいろいろ切って短くして、判決の件も後ろにずらしました。「兵士たちの物語が終わった、では映画も終わりだ」という、物語の構成的に納得のいく部分に置き直しました。

――編集中は定期的に試写をしますか？

します。特に画が固まりつつある段階ですね。今も何本かまとまりかけているので、試写をやっていますよ。試写からはいろいろなことがわかるのでとても重要ですね。見た人にとって理解しにくかったのは何か、どの登場人物が好きだったか、作品が長すぎないかどうか。

――どんな人を試写に呼びますか。どこでその人たちを探しますか？

一般的には友人たちと、友人の友人とか、知り合いの知り合いとかですね。そこにまったく知らない人を何人か入れます。気の置けない人の集まりですが、それでも作品を見ながら観客の様子を感じとるには十分です。その中から何度も出てくる意見があったら、耳を貸した方が良い。

『エンロン』にアマンダ・マーティンという女性が出てきます。金髪の重役ですね。最初の編集では、彼女の告白で映画が終わるようにつなげてみたんです。「しょせん私も人間ですから」、つまり堕落する誘惑に負けそうになったという彼女の一言で終わる。でも、試写を見た人はみんな、お前がそれを言うか！　と思ったようですね。「しょせん人間だと？　たんまり儲けたくせに、ふざけやがって」と思ったんでしょう。彼女の口からそんな告白を聞き入れる心の準備が、誰にもできていなかったわけです。何しろ、豪邸に住んで、高級な服を着て、とても小綺麗にしている彼女を散々見せつけられますからね。でも、同じことを駆け出しの若僧（元相場師のコリン・ホワイトヘッド）が言えば受け入れてもらえるわけです。最初のバージョンはとてもよくつながっていましたよ。でも私たちが編集しながらアマンダの中に見たものを、観客は見てくれなかったということです。観客は作品の中で見たものでしか判断できないですからね。そこで、アマンダを切って若い相場師を入れて、お陰で誰も文句を言わなくなりました。

——アマンダの存在が受け入れられるように物語を構成し直すということも可能だったわけですよね。

そのとおりですね、それでも全然問題はなかったと思います。このようなことがある度に、自分で組み立てた物語には自分でも想像できなかった側面があるということがわかるんですよ、面白いことにね。ドキュメンタリー作家としてはなかなか受け入れがたい事実です。そうなった時は、自分に見えなかったものを揉み消すよりも受け入れてしまった方が良いと思います。

——他にもそのような例がありますか？

『エンロン』では、幅広い主題を扱おうと決めていました。私がやると決めていたのは、社会的な文脈の中でとても有意義な題材なわけです。例えば銀行がエンロンの粉飾決済の片棒を担いでいたことですね。それも完成した作品の中には残っていますが、物語の流れを止めてしまうので、ほとんどは捨てざるを得ませんでした。物語できちんと観客の心をつかめなかったら、何を入れても意味がないんですよ。だから捨てました。

もう一つ、『「闇」へ』では、こんなことがありました。私がとても気に入っていた場面で、今はＤＶＤの特典で見られます。ちょっと脇道に逸れるような妙な場面でしたけどね。グアンタナモ湾収容キャンプでハンガーストライキが起きて、何とかして止めようとみんな必死になっていたことがありました。そこで、まさにびっくり仰天ですよ。気の利いた兵士の一人が、「www.restrainchair.com」、つまり拘束椅子ドット・コムというサイトを見つけ出したんです。何かというと、アイオワ州デニソンという町の保安官が、スピード［メタンフェタミン］で大暴れしている人が落ち着いて話ができるようになるまで、怪我をさせないように抑えつけておけるようにと作った拘束椅子なんですよ。そこで、まさに青天の霹靂でその保安官に〝不朽の自由作戦司令部〟から「お宅で作っている椅子を五〇脚買取りたいのだが」と電話がかかってくるんです。保安官にしてみれば大量注文ですよ。このシークエンスはとても可笑しいと思ったので、アイオワまで保安官に会いに行きましたよ。しかし、ディラワールの死という物語の前では、観客がそのようなブラックなユーモアを楽しむ余裕がなくなってしまいましたね。
　他にも同じような、権力の矛盾を示すような場面がたくさんあったのですが、観客が理解できるようなものではなかったので一つずつ切る羽目になりました。何せ私は長い間同じ題材に浸かってますからね。年中手術ばかりしている外科医が手術中に冗談を言うみたいな、趣味の悪いユーモアのセンスが頭をもたげていたんです。でも見た人はついてきてくれませんでした。作品を見て覚えた憤りの気持ちに、皮肉は不要だということです。私もそれを奪う気はありませんでしたからね。最終的に気が散ると判断された多くの素材を捨てることになりました。

――読者のためにはっきりさせておきたいのですが、そのような削除は、例えば『GONZO』でハンター・S・トンプソンの持っていたポジティブな面だけを描くために、彼の人生の暗い部分、つまり家族に辛い思いをさせたことに触れないようにしたという判断とは違うわけですよね。

　そういうことです。私はトンプソンの広報係ではありませんからね。編集中にみんなで話し合ったことがあるのですが、ハンターという人間のどこが興味深かったかというと、明るかったり暗かったり、とても寛大になったり残酷になったりする揺れ幅の極端な人格の持ち主だったことなんです。だからこそ、彼はアメリカというものの本質的な矛盾をきちんと理解できたのでしょうね。均衡のとれた精神の持ち主だったら無理だったと思いますよ。

――先ほどの、あなたが作るドキュメンタリー作品とノンフィクション小説の類似性に話を戻します。あなたは以前、自作の中に、そして原作の書籍の中にある作家の声が聞こえると言いましたよね。

そう、スタイルという意味において、作家の声が聞こえます。映像作品の場合、物語を運んでいくための視覚的な言葉を見つけなければなりません。しかも作品ごとに違った言葉でないといけないと私は考えています。ケン・バーンズのように、どんな物語を語っても視覚的な言葉は同じという作家もいます。バーンズの場合、使うアーカイブ素材は違ってもスタイルは変わらない。私は主題に適したスタイルを見つけます。

――あなたの場合はどのようにスタイルを見つけますか。どのような視覚的な言葉がその作品に適しているか、どうやって決めますか？

『GONZO』では、主人公がライターだということで、いろいろな工夫を強いられました。冒頭のオートバイの場面のように、紙の上に映像があるという感じの視覚スタイルを用いることで、これはある意味、文字で書かれた物語なのだと観客に思ってもらえるようにしました。たとえ波打ち際でオートバイに乗っている時でもね。トンプソンという人は事実と創作の狭間で取材をしましたが、そのこともスタイルとして活用しようと決めました。現実と虚構の間を飛び回っていましたからね。少なくともキャリア初期のトンプソンは腕の立つレポーターでした。時折、主題を際立たせるために、あるいはより劇的にするために、ファンタジーの世界に飛んでいったのです。タコス屋台の場面のように、その取材スタイルを目で見えるようにしたのです。トンプソンの著作、『ラスベガス☆71』［映画のタイトルは『ラスベガスをやっつけろ』］の一節を映像にした場面ですが、おそらくこんな感じだっただろうという表現です。

——面白い例ですね。あの場面は家庭用ビデオのようなリアル感をもった映像ですが、テロップには「これは一九七一年にラスベガスにおいて録音された、ハンター・S・トンプソンとオスカー・アコスタの実際の音声である」と書いてあるんです。

その部分はフィクションなわけですが、他のノンフィクションの部分以上に現実感を持たせて撮りました。事実と虚構が入り混じった感覚をいろいろな手段で試みたんです。それがトンプソンの取材スタイルだったのですから。同じ理由で、トンプソンの妻のサンディをグリーンスクリーンの前でインタビューすることにしました（トンプソンと妻の生活を映した写真や映像が後で合成された）。サンディは、トンプソンのことを一番長く知っている人でした。だから、彼女の家の居間とか、ヨガ教室（ヨガの先生なので）で撮るよりも、あたかも彼女が何かの物語の一部であるかのように彼女の背景が変わっていった方が、文学的だと思ったわけです。それが事実でも創作でもね。彼女自身の空間ではなくて、このトンプソンという男が書いた物語の一部であるかのように。私が表現したかったのは「二人はどこにいるか」ではなくて、「二人はどこにいたか」ということですから。

——そのような視覚効果を狙う時は、あらかじめ準備が必要ですね。

まったくです。行き当たりばったりだった時もありますが、やはり事前に考えておくのが良いですよ。『エンロン』でも『「闇」へ』でも、前もっていろいろ準備しました。バグラム空軍基地で看守や捕虜とのインタビューを撮った時は、暗い色に塗った背景の前に立たせて、陰影がはっきり出るように照明を当て、顔の半分に影を落としました。そのようにした理由は二つありました。一つは看守たちの倫理的な不透明性を表現したかったから。もう一つは、登場人物の見分けがつかなくなる恐れがあったので、誰が看守で、誰が憲兵で、誰が軍の情報局員で、誰が囚人か、単純な視覚的手がかりで見分けられるようにしたかったからです。バグラム基地の人を撮る時はこのような照明と決めてありました。暗めの照明には監獄の雰囲気もあり、彼らの置かれた環境も感覚的に理解されます。こういったことは前もって決めておかないと、絶対に失敗しますからね。

——撮影を始める前には、どこまで紙の上で整理しますか？　物語の骨格になるようなものを書いておきますか？

そうですね。物語の骨組みを前もって書いておくと言っても良いですね。あまり細かいものではありませんが、少なくともどんな物語を語ろうとしているかわかるように書いておきます。その上で、人に会いにいって話を聞きます。ロケに出かけて撮ってみることもあります。『「闇」へ』のように、取材される出来事が現在進行形の場合はそういうことになりますね。あの時はグアンタナモに行ってシークエンスを一つ撮ってみました。そうしているうちにも現実の出来事が展開していくので、それも考慮しなければいけなくなります。それでも、まず何かの輪郭を作り始めてみないことには、何に焦点を合わせて良いのかわからないので、結局何を掘り下げたら良いかも見えないのです。

——トリートメントは書きますか？

大体どの作品を作る時にも書きますが、それほど長くはありません。三ページ、長くて四ページ。それを読めば構成がつかめるというものです。書いたものを意識しながら取材に出かけて素材を撮ります。でも予定外のものにも出くわしますね。何に使えるかわからないのでそういったものも逃さず撮ります。

何かの出来事の中に潜り込んでいって、観察するようにカメラを回すという撮影方法もありますよね。しかし観察とはいっても、やはり自分が認識しているものに影響されないはずはないと思います。自分が知っているものとか、カメラがとらえていない出来事にも影響されながら、自分の興味に導かれて焦点が定まっていくのです。『エンロン』の時も、撮影した方がよさそうに見えたけれど、結局撮らなかった題材はたくさんありました。私自身が取り組むべき問題を理解していたし、どういう素材が良い物語の種になるかも何となくわかっていたからです。そうは言っても、やはりその場の判断でいろいろ撮りましたよ。

この仕事を始めて間もない頃は、どんな素材を撮るべきかについて、今ほど広い考えを持っていませんでした。興味の幅も狭かった。素材を自分が想定する物語の型にはめようとしていたと思います。そうすると、どうもあまり力強くない素材ばかり使う羽目に陥ったりしますね。そうではなくて、せっかく撮った素材をよく見て「これはパワフルじゃないか!」と気づいて、どうやって物語に入れようかと考えた方が良いわけです。ここで巧くつり合いを取らないと、素晴らしい素材が集まっているのに物語が貧弱になったり、逆に物語と主題はあるけど何の情熱も感じられないような作品になってしまうんです。両方とも必要なのですよ。

『エンロン』の時は、誰が口を割るか確信がないままに撮っていました。レベッカ・マークという、インドのボーパールに発電所を建設する計画を立案した女性［取締役の一人だったが後に辞任］が喋ったら、物語は少し別の方向にいったかもしれません。しかし制作途中で、私たちはカリフォルニア録音テープを見つけたんです。私たちは原作の著者たち以上に、このカリフォルニア録音テープにこだわりました。エンロンの企業文化が強く反映されていたし、印刷されたページでは効果的に表現できないものでしたからね。エンロンの相場師たちが、冗談を飛ばしながらカリフォルニア州の送電網を落としていく様子からは、何かアメリカの大学のフラタニティー［学閥的な縦のつながりを持つ、どことなく体育系的な部分もある学生クラブ］のようなノリを聞き取ることができるのです。この録音音声が訴えるものが、とても力強かったのです。

――『GONZO』にはときおり観客の予想を裏切るような映像があります。ハンター・S・トンプソンを演じる俳優がコロラド州のウッディクリークにあるトンプソンの自宅の机で9・11のことを書いている場面では、窓の外に攻撃を受けるツインタワーが見えていたりね。ありえないことですが、とてもスタイリッシュです。銃を構えたトンプソンの写真が急にアニメーションで動きだしたり。

それはトンプソンという人が推し進めようとした、物語を語るということに対する遊び心のようなものを表しているんですよ。映像作家として、私は作品が始まるや否や観客に用心するように呼びかけているわけです。銃を持ったトンプソンが雪の中でタイプライターを撃つ写真がいきなり映像になって動きだし、タイプライターが跳ねて、また写真に戻りますよね。ああいった表現を出すことで「見た目そのままとは限りませんよ。ちょっと現実を捻ったようなお遊びの表現が出てきますよ」と呼びかけているんですよ。

エドマンド・マスキーの選挙戦について書いた本の中で、トンプソンはマスキーがイボガイン［植物性のアルカロイド、幻覚作用を持つ］中毒だと書いているでしょう。トンプソンは本気で読者を騙して「マスキーはイボガインなんか食っているのか！」と思わせようとしたわけではないと思いますよ。彼流の風刺的な言い回しで「このマスキーという男の振る舞いは、まるで幻覚剤を飲んでいるみたいだ。それほど酷い」と言っているにすぎないのです。ここでもジャーナリズムのあり方としてはギリギリを突いているのですが、巧くやれば大きな意味での真実というものを歪めずにそのような表現ができるんです。時が経つにつれてトンプソンの書き方は段々いい加減になってしまうのですが、でも最盛期には、そして最盛期を過ぎてからも何本かの作品では、とても巧妙にやっています。真実を暴いた素晴らしい部分と、遊び心が絶妙に混在しているのです。トンプソンは、読者に自分のお遊びがすぐにお遊びだとわかるように書きました。そこで私たちも、映像的に似たようなことを試そうと思ったわけです。

――あなたも、ちゃんとお遊びだとわかるようにしていますしね。再現ドラマ部分は、実際のアーカイブ映像や写真とは同じに見えないようにスタイルを工夫して撮られてます。先ほど言及したタコス屋台の場面の音声のように、再現でない場合にもちゃんとそう教えてくれています。エンロンの相場師の電話の場面も、本物だとわかるようにしてあります。

それは、とても大事だと思うんですよ。再現ドラマ部分についてはいろいろ批判も受けます。「安っぽい手を使うな！」とか言われますよ。『エンロン』の、クリフ・バクスターの自殺の場面とかですね。そのような表現を使うかどうか慎重に考えたので、何を言われてもちゃんと説明できます。一瞬、本物だと勘違いしてしまう観客もいるかもしれませんが、やがてそうじゃないとわかる。騙そうという意図がないことがわかる、それが大切だと思います。いかにも本物であるふりをして観客を騙そうとしたら、大問題でしょう。ドキュメンタリー作家が自分が真実であると信じるものを才能の限りを尽くして見せてくれているという観客の信頼に応えてあげないと。

真実にたどり着く道筋は何本もありますし、真実にもいろいろな顔があります。だからこそ、ドキュメンタリー作家には、一人一人に独特なアプローチが求められるんですよ。それぞれ違った規則に従って真実を追うわけです。どういう規則に従うのかは、作品が始まったらすぐに観客に知らせてやらなければいけません。ちゃんと知らせて、その規則から外れずに物語を語れば問題なしです。観客もあなたのやり方を安心して受け入れられますからね。『エンロン』はトム・ウェイツの音楽で始まって再現ドラマに入るわけですが、それらの要素を使って、私は観客に「これは『フロントライン』〔PBSのドキュメンタリー番組〕みたいなドキュメンタリーとは違いますよ」と教えているわけです。違うものとして見られるようにね。いかにも『フロントライン』みたいに撮って、それをありもの素材で作った映像とつないで「どちらも本物です」というフリをしたら問題です。

――ジョニー・デップが『GONZO』のナレーションを読みますね。とは言っても、トンプソンの作品を朗読するだけなんですが。つまりジョニー・デップはトンプソンの代役だということですよね。あなたがトンプソンの本を読むデップの姿を見せてくれるので、観客にはそのことがわかるわけです。

そう、あの手法にも、いろいろなお遊びや意味がこめられているわけですよ。劇映画の『ラスベガスをやっつけろ』でハンター・S・トンプソンを演じていたジョニー・デップ本人がトンプソンの文章を読むことで、それ以降のナレーションもすべてジョニー・デップが読んでいるトンプソン自身のナレーションかもしれないよと観客に教えているわけです。その仕掛けが明快にわかるようにしてあるんです。明快なのが大事です。

――最近、ドキュメンタリーの倫理に対して、何やら形式的な再解釈をしようという動きがありますが、どう思いますか？

ちょっと落ち着かないですね。例えば倫理委員会のようなものが設置されたとしたら、私の表現はその委員会が倫理的ではないと定めたものに当てはまってしまうかもしれない。私たちが本当にやるべきことがあるとすれば、どうして観客を欺いてはいけないかということについて、議論を尽くすということではないでしょうかね。個人的には、昔に逆戻りはご免です。私も『フロントライン』用にドキュメンタリーを撮ったことはありますが、音楽の使い方に制約がありました。音楽は印象操作だということでね。操作には違いないんだけれど、音楽というのはとても重要な物語の道具だと思うんです。何しろ物語を語るんですからね。フィクション的な要素の中にいろいろ使いたい技巧があります。肝心なのは、ちゃんと表現の文法規則を明らかにして、観客にあなたのやっているいることが理解されるようにすることですよ。『フロントライン』じゃないなら『フロントライン』のフリをしないということです。

クリフ・バクスターの自殺の再現ドラマを『エンロン』の最初に持ってきたのは、まだそれがクリフ・バクスターだということが観客にわからない段階だからです。エンロンの重役の誰でもあり得た。車を運転している男がビリー・ホリデーの「God Bless the Child（神よ、その子に祝福を）」を聴いている。この歌の選択にもちゃんと意味があります。深夜に一人でラジオをつけて聞きそうな曲ですし、内容的には金持ちが弱者を虐げるという歌でもある。観客はその男の隣に座って、煙草の匂いを嗅ぎ、水を飲みこむ音を聴く。そしてその男は拳銃自殺する。親近感を感じたところで自殺です。「え！　何で自殺なんかするんだ！」と思うでしょう。感情を揺さぶられますよね。そこで記録映像にカットして「今日、クリフ・バクスターが死体で発見されました」という報道が聴こえる。観客は「ああ、再現ドラマだったのか。ここからは本物か」と気づくわけです。最初にバクスターという重役に対して共感を抱かせることで、観客にエンロンの重役たちをひたすら睨みつけて悪事を裁こうという態度を捨てて欲しかったわけですよ。エンロンにまつわる物語には、とても人間的で感情的に訴えるような側面がある。それが見えてくるわけです。私に言わせれば、このやり方には特に問題はありません。

――それは、あなたの作品作りの別の側面、ドキュメンタリー作家として公平であれという面にも関係することだと思います。つり合いがとれているフリをするのではなくて、公平だということですね。そのためには複雑さを許容するということです。そして、そのために登場人物が持つ多面性を見つめるということ、さらに複数の視点を許容するということです。あるインタビューであなたがこう答えています。「私が作品を作る時は、いつも『悲しみと哀れみ』を撮ったマルセル・オフュルス［ドイツ人のドキュメンタリー作家］の言葉を思い出します。『視点は誰でも持っていますが、要はその視点にたどりつくのがどれほど大変だったかという過程を見せるのがコツなんです』」。どういうことか説明していただけますか？

好きな言葉といえば、もう一つこんなのも好きですよ。ジョージ・バーナード・ショーです。「正義と悪が議論を交わせばメロドラマ。でも二人とも正義ならドラマだ」というんです。昔私が教わった政治学の教授は、「矛盾を受け入れなければいけない」と言いましたよ。言い方はいろいろですが、要するに、あなたが悪い奴だなと思う人を見つけてその思い込みだけを描いたら、あるいは悪者の役割だけを見せようとしたら、それはただのメロドラマなんですよ。悪者も知り合ってみると結構いい奴だったりするのがドラマです。その方がメロドラマよりも力強いでしょう。『「闇」へ』に出てきたバグラムの看守たちもよく知ってみると同じですよ。若者［タクシー運転手］を拷問で殺してしまった彼らですが、実は彼ら自身もまだ若く、残酷な環境に傷ついているけれど、個人的にはいい奴らなんです。このような事件の裏に隠された次元で、私たち人間はみんなつながっているんですよ。それを表現してこそドキュメンタリーです。それこそが物語というものでしょう。道徳的に憤る気持ちに水をさそうというわけではありませんよ。でも一度このような多面性が見えてしまうと、誰かを指さして「あいつは悪い、オレは悪くない」なんて簡単に言えなくなると思うのです。

世論の合唱にあわせて説教を垂れるようなことはしたくないのです。どんな種類の人にも何らかの敬意を持っていれば、あちらからあなたの視点を見にきてくれますよ。少なくとも興味くらいは持ってくれるはずです。あちらの視点とは相容れなかったとしても、お互いに敬意があれば、お互いの視点について考えてみることはできる。これはとても大事なことだと思います。そうでなかったらね、左から右からいつ止むとも知れぬ集中砲火の真ん中で右往左往することになるんです。そんなのは最悪でしょう。

——ここで、ちょっと現実的なことについて二、三伺いたいと思います。あなたの作品ではそれぞれの場面がとても視覚的で、場所の感覚がはっきりわかるように撮られていますね。

何というか、視覚的な素地になるようなものを作ってあげるのが好きですね。複雑な物語の場合はなおさらです。『エンロン』の時は、重役のルー・パイが入り浸るストリップ小屋がそうでしたね。数字に焦点をあてた撮り方をして、フィリップ・グラスの音楽に合わせてつなぎました。カリフォルニアの株式市場の取引の様子を伝えるように撮ると決めた時は、その大学クラブのような［体育会的］ノリを巧く表すスタイルと音楽を探しました。相場師たちの視線で見せたかったわけです。この二つが良い例じゃないでしょうか。他の人が撮ったら、随分違ったものになったでしょうね。

——次はシークエンスの使い方について伺います。『「闇」へ』には「拘束による心神喪失」のようにタイトルがついたシークエンスもありましたね。あなたの作品はすべてシークエンスの積み重ねによって構築されています。それぞれのシークエンスに独自の役割があり、それぞれが物語を前に進めていきますよね。

そうですね、シークエンスは何かと便利です。シークエンスの組み方を工夫することで、観客を飽きないようにできますしね。一つのシークエンスから次の目的地に向かってどんどん動いていくわけです。旅ですね。バスの旅みたいに途中で止まりながら進む。今のがグランドキャニオンでした、次はロッキー山脈でございます、という感じです。

――そして、ちょうど空港に到着でございます！　どうもありがとうございました。

こちらこそ、楽しかったですよ。作品の形式について人と話すことはあまりないですからね。ドキュメンタリー作家の呪縛というのがあって、まず間違いなく題材の話にしかならないのです。それも結構なんですが、最近一五年の間にドキュメンタリーの形式には爆発的な変化があったんですからね。興奮を抑えられませんよ。

Chapter 17

Susan Kim

スーザン・キム

スーザン・キムは、書籍の執筆のほか、戯曲、劇映画やドキュメンタリー映画の脚本を書き、子ども向けテレビ番組の台本も書く多彩な人物です。エイミ・タンの『ジョイ・ラック・クラブ』の舞台化の際には台本を書き、さらにアンサンブル・スタジオ・シアターなどで演じられた数えきれないほどの独り芝居用の戯曲は、出版もされました。二〇を超える子ども向けテレビ番組の台本を書いたキムは、五度もエミー賞候補になりました。キムが脚本を書いたドキュメンタリーは、PBS局で放映された六〇分番組で、全米脚本家組合賞に輝いた『路を拓く（Paving the Way）』（一九九七年）、同じくPBS局のために制作された三時間シリーズ『食料の意味（The Meaning of Food）』（二〇〇五年）、そして、六〇年に渡るアメリカ映画産業とナチスの蛮行との関係を考察した長編『想像された目撃者たち：ハリウッドとホロコースト（未）』（二〇〇七年）等があります。

このインタビューが行われた当時、キムがエリサ・スタインと二人で執筆したノンフィクション『Flow: The Cultural Story of Menstruation』［月経の文化史］が出版されました（二〇〇九年、セント・マーティンズ・プレス刊）。そして二〇一〇年にはローレンス・クラヴァンとの共著で、ヤングアダルト向きのグラフィック・ノベル三部作の最初の二本『City of Spies』［スパイの街］と『Brain Camp』［脳味噌キャンプ］が、ファースト・セカンド社から出版されました。完結編『Wasteland』［荒野］は、二〇一三年に出版されました。二〇一二年、キムはダニエル・アンカー監督と組んで劇場用長編ドキュメンタリー『アイスランド（Iceland）』の脚本を書き、スカラスティック・テレビジョンの子ども番組『アストロブラスト（Astroblast）』の主任ライターになりました。

キムはゴダード・カレッジのクリエイティブ執筆のローレジデンシー［主に遠隔教育によって構成される］修士課程の教授陣の一人でもあります。私とキムは二〇〇八年に、教師と教え子という関係で出会いました。

――今日は特に『想像された目撃者たち：ハリウッドとホロコースト（未）』の話を聞かせてもらえればと思っているんです。あなたが脚本を書いてプロデュースし、監督のダニエル・アンカーとエリン・ブーメルがあなたの共同プロデューサーでした。企画はどのように始まったのですか？

遡ること二〇〇一年に、AMC［アメリカのケーブル局］が外部に委託して制作したドキュメンタリー・シリーズを放映していました。「ハリウッドと何とか」というシリーズです。ハリウッドとイスラムとか、ハリウッドとベトナムとか。ハリウッドという商業的な創作的物語製造機が、いかにして複雑な地政学的、歴史的問題に挑んだか、という内容です。ダニエル・アンカーがハリウッドとホロコーストというお題で一本依頼されたんです。AMCの予算は大きくなく、期待されたのはあり物の映像を繋ぎ合わせた程度のお手軽なものでした。スケジュールはとてもきつく、予算は少ない。シリーズの他のエピソードを観れば、どれもそれなりの出来でした。

私がダニエル・アンカーと会ったのは、九・一一同時多発テロの直後、二、三週間が過ぎた頃です。ダニエルのアパートはリンカーン・センター［マンハッタンのアッパー・ウエスト・サイドにある総合芸術施設］の近くにあって、まだ煙の臭いがしました。半分くらいはテロの話をしましたが、ともかく二人ともはっきり直感でわかっていたのは、この題材はただ映像を繋ぎ合わせただけの番組にするには大きすぎるということでした。はなからそういった番組にする気もありませんでしたし。その時「九・一一を題材にしたフィクションの映画はどんなものになるだろう」ということをたくさん話しました。私たちが作るドキュメンタリーは現在と関係のある、生きた作品になるはずだと考えていたので、懐古的なものは考えていませんでした。そう考えただけで、急いで作らなければという切迫感を覚えました。最初から「この物語に現代と関係する側面があるなら、それは何？　現在私たちが抱えている問題は何？　これは一九四〇年代に起きた埃にまみれた題材ではなくて、現代と関係があるのだから」という方向で話が進みました。

私たちは、手っ取り早く稼ぐための仕事はしないと同意しました。注意深く作りたかったのです。ダニエルは、作品を守るために勇敢に戦い抜きました。それほど制作が難しかったのです。スケジュールが非現実的だったので、ＡＭＣとは何度も衝突しました。ダニエルは外部で資金調達を始め、膨大なリサーチをこなすために制作は遅れていきました。関連する文献は何でも山のように読み、大量の映像を観ました。しばらくの間、映像を観ては何度も話し合いを重ね、ようやく素材をデジタイズして、インタビューをどうするか考え始めました。ワシントンＤＣにジュリー・スタインという素晴らしいリサーチャーがおり、アメリカ議会図書館と国立公文書記録管理局から次々と資料を送ってくれました。

――ハリウッドとホロコーストの関係が六〇年という時間の中で変容していったということを、作品はとても明快に描いていますが、それはリサーチをしながら発見したことでしたか？

そのとおりです。いろいろな積み重ねの末にそうなりました。当初、私が構成を試すために書いたとても出来の悪い準備稿がありました。戦後、ハリウッドのスタジオ重役たちが収容キャンプを見にドイツに行った話でまとめて終わりという構成を、ずっと考えていました。最初はそういう構成にしたのです。編集者のブルース・ショアがデジタイズした素材を並べて簡単な骨組みを作っている間、私たちは全員「時間軸は無視。何かもっと気の利いたことをしたい」と言っていました。何と言うか、無理やりにでも素晴らしい構成に仕立てたかったのです。でも、出来事を起きた順番に並べながら穴を埋めれば埋めるほど、その順番の中に秘められた複雑さに気づくわけです。つまり、時間の流れはただの構成の道具ではないということに気づくんですね。例えば、一九三三年から二〇〇一年まで続く線に沿って作ろうとしたら、ホロコーストを生き延びた人たちとそのコミュニティの精神史を描いた物語の軌跡なります。一九三〇年代と四〇年代には、ハリウッドとドイツの間に商業的な関係があったので、その線で展開する物語も作れます。六〇年代と七〇年代のイスラエルのアイデンティティ政治という線もたどれました。私たちの予想を超えて、それぞれの線の役割がどんどん大きくなっていったのです。ミニシリーズとして制作された『ルーツ』は『ホロコースト／戦争と家族』が作られるための土台になったので、とても重要でした。

ともかく時間がかかりました。読んで、書き起こして、インタビューをして。とても興味深い文献もありました。アネット・インスドルフの『Indelible Shadows』〔消せない影〕がありましたし、私たちのアドバイザーになるはずだったのに制作初期に亡くなってしまったジュディス・ドーンソンの『The Holocaust in American Film』〔アメリカ映画の中のホロコースト〕もありました。マイケル・バードウェルの『Celluloid Soldiers』〔セルロイドの兵隊たち〕という素晴らしい本は、干渉主義と孤立主義をめぐって連邦議会の保守派とやり合う羽目になったワーナー・ブラザースに焦点をあてています。こんな感じでどんどん積み重なっていきました。壁に石膏を下塗りするかのように幾重にも層を重ねながら、私たちの知識も増えていきました。

さらに、インタビューです。ご存知のとおり、インタビューはリサーチの方向性を決定します。インタビューを全部書き起こして、部分部分を脚本の原稿に挟みこんでいきました。一方で編集のブルースも映像素材を繋ぎ始めました。ブルースが繋いだ映像を観るために集まった皆に、私の原稿を渡しました。意見を戦わせた後、ブルースが私のアイデアにあわせて繋ぎ変えてみることもありました。それから「何か足りないものは？　ここにインタビューがあった方がいい？」というような話をしました。インタビューさせてくれた人が、私たちが聞いたこともなかったようなことに言及することも多く、そうするとまたリサーチに戻って、撮影して、今度は次にインタビューする人を探すために、またリサーチです。

——確か全部で二一人をインタビューしましたよね。人選はどうやって決めたんですか？

絶対に外せない人。道理にかなった賢いことを言って、最後に締めくくってくれる人。私たちが言ってほしいことを言ってくれる人。そして、ある種の看板になる人。そういう人たちにインタビューをしようと考えていました。そういう、いろいろな要素を天秤にかけるわけです。アネット・インスドルフは、ほしいと思っていました。彼女の視点はアメリカというよりはヨーロッパ寄り［インスドルフはフランス人］ですが、なにしろこの題材の権威なので。というわけで、アネットは「外せない人」の一人でした。エリ・ヴィーゼルも外せないと思いました。あと一歩で協力が得られそうでしたが、病気だったし、確か国外にいらしたので逃しました。皆がっかりしましたね。監督のダニエルがヴィーゼルの同僚のセイン・ローゼンバウム［文筆家で大学教授］の講演を聞いてきました。ローゼンバウムはヴィーゼルと同じように、ハリウッドがフィクションの文脈でホロコーストを扱って商売するのは、道徳的に当惑すべきことであり、節度を欠くという意見でした。

スティーヴン・スピルバーグは間違いなく大きな獲物でしたね。ロッド・スタイガーは、すごく役者っぽいことを言いましたが、それはそれでとても有効でした。フリッツ・ウィーヴァーも同様です。彼は『ホロコースト／戦争と家族』でワイス一家の家長を演じていました。学術的な何かや歴史的なものは持ちこんではくれませんでしたが、ハリウッド的な味わいを足してくれました。それもこの作品の重要な一部ですから。

ニール・ガブラー［ジャーナリストで歴史家］は、最後にインタビューした数名の一人でした。彼に映像を観てもらって、「何か締めくくりに一言ほしいんです」と言いました。ガブラーみたいな人は、どちらかというとアドバイザーでしたね。映像を何度か映写してみて、長い時間を割いて、「なるほど。ああいう話をしたのだから、こういう話もできる」というような話をしてくれました。この人たちも撮影しました。ＡＭＣの当初の予算と日程では絶対に無理だった贅沢です。ガブラーは、二時間もインタビューされてたったの一一秒だけ使われるようなのに慣れっこだと教えてくれました。いろいろな人とご一緒出来て、本当に素晴らしかったですよ。

――実際の歴史を伝えるためにはドキュメンタリー映像を使い、ハリウッド映画はハリウッドが解釈した歴史を見せるためだけに使いましたが、うまくやるのは難しくなかったですか？

そこはブルース・ショアの腕ですね。彼のことはいくら褒めても褒め足りません。とても創造的で思慮深い人です。そしてドキュメンタリー素材を使って情報を見せるというコンセプトは、当然この作品の主題の一つになりました。

――例を挙げてもらって良いですか？

例えば『ソフィの選択』では、画面に映っているものの細部に真実味を持たせるために、ホロコーストを生き延びた人の証言を使っています。そして『ショア』。『シンドラーのリスト』も細部を作りこむために、スピルバーグは生還者の証言を使っています。

編集的な話をすると、ダニエルとブルースと私の三人が編集室にこもって、何度もやり直して、色々試しました。私は台本を書いて、ダニエルはネットでリサーチ、ブルースは編集を。時折誰かが「ちょっと、これはどうだろう」とか「止めて！　今の使ってみよう」と言うのです。主に言い争いながら。皆、気難しくなってましたね。中華料理かブリトーの匂いが充満する部屋で声を荒げて。すごく微細な作業だったので皆気が立っていました。

――『想像された目撃者たち（未）』は、ホロコーストを実際に映した映像が持つ生々しさと、フィクションとして再現されたハリウッド映画の持つ別の意味での力強さという両面を持っています。両者を比較するのは興味深いですよね。

それは、映画が何によってできているか理解している映画制作者でもある、観客の視点だと思うんですよね。『ソフィの選択』は何度も観ましたよ。二人の子どものうちの一人を選ぶ場面で皆が涙目になるのが、私には不思議です。でも、『これがあなたの人生（This Is Your Life）』（一九五二年から六三年までアメリカで放映されたリアリティ・ドキュメンタリー番組）の一編で、ハンナ・コーナー（ホロコーストの生還者）が兄弟と再会するところは、何度見ても心を震わされます。私にとって、ハリウッド的な感情とドキュメンタリー的な感情、つまり本物の感情は、目に見えて違うのです。

私たちが何度も迷ってその都度話し合って決断したことがあるんです。それは、ホロコーストの蛮行を実際に伝える映像を使うかどうかで、これは揉めました。焼却炉の中に人骨がちらりと見えるカットだけが残りました。『ニュールンベルグ裁判』がドキュメンタリー映像を使用しているという話をしている部分です。私は節度を欠くので、使うべきではないと思いましたけどね。ホロコーストに関するニュース映画がハリウッドに届けられて初めて人目に触れるという場面では、映写機を部分的に見せて、ニュース映画を観たときの衝撃を語るナレーションを被せ、実際の映像は出しませんでした。

――一〇年、二〇年と時が経つにつれ、ホロコーストを描くハリウッド映画の表現度が、次第にどぎつくなっていくのは、興味深いと思いました。

ダン・カーティスの『戦争と追憶（War and Remembrance）』〔一九八八年作。『戦争の嵐』（1983年）の続編〕には驚くほど凄惨な描写がありますね。骸骨の山が出てきます。アインザッツグルッペン〔ナチス・ドイツの虐殺部隊〕が裸の人々を銃殺して、死体が溝に転がり落ちる場面も凄惨でした。どれほど恐ろしいことが起きたか理解していない人に対する教育効果というのは、あるかもしれません。でも、私の場合はどうしても映画制作の舞台裏というものを知っているので、その人たちはヌーディスト村から連れてきたエキストラだとわかってしまうわけです。人骨も造り物ですし。多分、ショービジネスが透けて見えてしまうんです。でも、そこに価値があるのも理解していま す。語ろうとする物語に力を与える道具が必要とされているということですから。

――六〇年に及ぶハリウッドの映画制作の歴史と、数々のドキュメンタリー、そしてインタビュー素材という膨大な財産の中から、一体どうやって捨てるものを選んだのですか？

究極的には、ドラマ執筆講座で話した内容に立ち返っていくのですが、すべての要素は物語に奉仕するために存在してほしいわけです。とても興味深いけれど、物語を明後日の方に向けてしまうようなトピックには何度もお目にかかりました。私が使いたいと切望した映画のことをちょっと思い出してみると、『恋の情報網』〔一九四二年の映画で、ジンジャー・ロジャースとケイリー・グラントが主演）〔日本ではテレビ公開〕というスクリューボール・コメディがあって、主演の二人がユダヤ人と間違えられて収容所に入れられそうになるという場面があるんです。ドタバタ喜劇で、ですよ。凄く使いたかったんですが。カーク・ダグラス主演の『手品師（The Juggler）』という一九五三年の映画もすごく良い映画だったので残念でした。でも、必要な素材を手に入れて映写してみて気づいたのは、どちらも物語の幕構成に何の役にも立っていないということでした。おそらく、伝えたいことを支えもしなければ、挑みかかりながら前に進めることもしないような、全体から見たら些末なことにすぎなかったんでしょうね。

良くできたドキュメンタリーというのは——劇映画でも芸術作品でも同じですが、よくできた作品というのは、受け手との対話を引き出すものです。観る者に思考を促し、何か言いたくさせるもの。だから、必ずしも答えがきれいにまとめられているとは限りません。良いものというのは、複雑さを伴うと思っています。でも同時に、物語になっていなければ。作り手は、語るべき視点を持っていなければ。だから大事なのはバランスなのです。「あまりにも内側に閉じすぎてはいないだろうか。ここのやりとりは少し息苦しくないだろうか。この場面に相応しい複雑さがあるだろうか。相応しい詳細さと曖昧さが、ちゃんとあるだろうか。もしかしたら形を与えない方が良いのではないだろうか」。このバランスはとても難しいですよ。「これがないと最終的な形がうまくまとまらないのか」と問うているような感じです。完成した作品には、すべてをまとめるビジョンが必要です。何らかの視点と言っても良いです。大理石の彫刻でも、ドキュメンタリーでも、演劇でもノンフィクションの本でも、雑誌の記事でも同じことです。

——『想像された目撃者たち』は、扱う題材に対してとても批判的なスタンスを保っています。このような題材を扱うときに、題材を賛美しているように見えてしまわないために、何をしましたか？

『想像された目撃者たち』で一番やりたかったのは、題材以上に大きな問いを投げかけることでした。その目的がある以上、暴力を賛美するような方向には行きようがありません。賛美というのは、カタルシスとか結論によって示唆されます。何かが勝ち取られたという感覚ですね。私たちが掘りさげたかった主題の数々は、現代でも通用する、生きのよいものだと思います。ハリウッドがホロコースト以外の題材に取り組もうとしたときにも適用できるものだと思いますよ。

――『想像された目撃者たち』はとても有機的な過程を経て形になったとおっしゃいましたが、それでもしっかりと三幕に構成されています。そのことが、構成というものに関する基本的な要点を説明していると思ったのですね。つまり、三幕構成というのは、存在する作品を理解し、形を与えるための道具であって、はめれば何かができる方程式のような型ではないという点です。

何しろ「構成」とか「構造」という言葉は、とても硬い響きがありますからね。すべてを杓子定規に合わせてなければいけないかのように聞こえますが、もちろんそんなことはありません。どんな形でも美しい構成は美しいですよね。素晴らしいものは、すべて独自の形を持っていますが、どんな映像作品にも当てはめられるわけではありません。その作品の世界の中だけで意味を持つわけです。ですから、そうですね、あなたの言うとおりだと思います。繋いだ素材を観たときに――例えば、私がドキュメンタリーに関わっているとして、紙の上ですごく納得のいくものを書いたとします。素晴らしい構成が書けた、そのとおりに素材を繋いでみる、するとどうしようもなくつまらない！　うまくいくとは限らないわけです。そこですべてを白紙に戻して自問するわけです。「一度、構成を壊した方が良いかも。時間の経過をいじってみた方が良いのかも。視点を変えて、別の見方をした方が良いのかも。もしかしたら、一番中心的なものが何であるのか見誤ったのかも。これではなくて、見落としていたサブテクストに潜んだ何かが、姿を現しはじめているのかも」構成が何か理解している人なら、いくらでも別の見方ができるはずです。未編集の素材を一〇人の映像作家に渡せば、それぞれまったく違った一〇本の素晴らしい作品が返ってきますよ。これはとても興味深いことだと思います。

――子ども向けテレビ番組の台本を何本も書かれていますよね。そのうちの何本かはノンフィクション、または何らかの形でドキュメンタリー要素を含んだものでした。子ども向けに物語を書くときは、別の語り方をしますか？

『虹を読んじゃおう（Reading Rainbow）』を何本も書きました［PBS局の教育番組］。バラエティという形式でしたが、ドキュメンタリー要素も入っていました。ナショナルジオグラフィックがCBS局のために制作した自然教育番組『本当にワイルドな動物たち（Really Wild Animals）』も書きました。子ども向けに書くときは、三〇分という時間の中で捻じれながら展開していくプロットを追うために必要な集中力を期待できないので、ちょっと書き方を変えます。お膳立てをしてオチをつけるとか、中心的な物語の断片を見せていくというものの手を使わないこともあります。子ども向けに書くときは、もっと交換可能な部品で構成されるようにします。まあ、教育的手法ですよね。例えば、「熱帯雨林にはいろいろな層があります。この層には動物が住んでいて……」という感じで、構造そのものを教えてあげて、手を引いて一緒に歩いてあげるようにします。賑やかな仕掛けも大事です。ユーモア、アニメーション、歌、それから冗談。そして、比較できるものを見せてあげること。編集された映像は小さな子どもには荷が勝ちます。急に画が変わると混乱させてしまいますから。

――あなたがローレンス・クレイヴァンと二人で完成させたグラフィックノベルが出版されますが、二冊とも中学生向けです。どちらもフィクションですが、一つはニューヨークで発見されたナチスのスパイ組織という実話に触発された物語です。ドキュメンタリー作品はクリエイティブ・ノンフィクション、またはノンフィクションの小説に比較されることがありますが、グラフィックノベルも同様かもしれませんね。アニメーションで綴られる回顧録という形式のドキュメンタリーだったアリ・フォルマンの『戦場でワルツを』の存在を知ってしまった後には、特にそう思います。

成功したグラフィックノベルのいくつかは、ノンフィクションという形式を土台にしていますよね。自伝的なものが多いです。ジョー・サッコが描いた『パレスチナ』のことが頭に浮かびます。『ペルセポリス』もドキュメンタリー的要素を持った回顧録ですね。『Stitches』〔スティッチズ〕や『Epileptic』〔てんかん性〕、『劇画漂流』……。どれも、とても力強く描かれて現実を高める表現です。ドキュメンタリー作家が読むに値しますね。とても視覚的で、まるで絵コンテを見ているようです。

――物語は嘘っぽいと言って、語ることを拒否してしまう映像作家もいますが、どうお考えですか？

物語というものに耐性のない人には興味を覚えますね。今教えている授業に、物語を攻撃する学生がいます。演劇は保守的だと言って。「詩学を読むなんて馬鹿げてます。プロットなんてうんざりです。キャラクターも飽き飽き。もうぶっ壊していいんじゃないですか？」って。他の芸術は全部、古代ギリシャ時代から進歩してるのに、と言うわけです。今この瞬間に絵画を鑑賞するとき、ルネッサンス時代と同じ規則で見るなんて乱暴だ。たとえ使った道具が同じでも、色彩や構図、主題や筆遣いが同じでも。規則は木っ端みじんに吹っ飛んでいて、そうあるべきだと。さらに「なぜドラマには似たような革命が起きないんですか！　演劇を変えようとした人は、一人残らず隅に追いやられるじゃないですか！」リチャード・フォアマンやリー・ブリューアとマーボウ・マインズ劇団のような人たちのことを言っているんでしょうね。

私の意見ですが、私たちが生きる時代と詩学は、必ずしも密接に結びついているわけではありません。でも、悲劇というものにはカタルシスを発動させる力があります。ドラマというのはとても効果的な形式です。とても古く、とても力強い形式です。子どもたちが最初にやる遊びは、ごっこ遊びですよね。子どもはお伽噺に強く反応します。善人、悪人、そしてその結末に。毎晩、私たちの無意識は睡眠中にも物語を紡ぎます。なにかひどく気になることがあるときの夢は、サブテクストと象徴に満ちて、主題の展開があって相克があって、強烈な感情を伴っています。人間というのは、神経的にも文化的にも、そのように反応するようにできているのではないかと思います。だから、ドラマという形式には、とても強力な何かが元から組みこまれているのだと思います。そのような理由で、語り手は、あるいはドキュメンタリーを作ろうと思う人は、そして戯曲を書きたいと思う人は、物語の構成というものを理解したいと思って当然なのだと思います。

昨日たまたま、『硬いボディに置いた手（Hands on a Hard Body）』のことを考えていたんです。そして私は、持久走とか、耐久ダンス大会とかいった何かに耐えるものが好きではないと気づいたのです。トラックに手を置いたまま四八時間なんて、耐えられないと思います。でも、『硬いボディに置いた手（未）』は心に残りました。物語は単純明快、登場人物のキャラクターもわかりやすい。起承転結の「起」がちゃんとあって、劇的なアクションもあって、結末もある。予想もしなかった人が優勝し、他は失敗する。興奮するほどの話ではないと思いながら観ていても、心を摑まれたんですね。

――『チャレンジ・キッズ』も同じような傾向の作品でしたね。最初は、単語を綴る子どもたちを九〇分も観るの？　と思って――

そうです、そうです。『マン・オン・ワイヤー』も。この手の作品は、「うん、二〇分くらいなら観てもいいかも」と思いながら観はじめるんですが、九〇分後にはすすり泣いたり拍手したり、もう一度何かを確認したくて巻き戻したりするんです。

――どうしてそうなると思いますか？

ある側面では、こういうことかもしれません。本当に物語というものを愛している人は、つまり、物語によって感情も知性も昂らずにはいられないような人には、物語の持っている複雑さや微細な綾が見え始めるのです。具体的であること、そして失敗したら失うもの。それがすべてです。フィクションのドラマを書くにしても、ノンフィクションを書くにしても、その具体性がドラマに奉仕しているかぎり、具体的にすればするほど良い物語としては好スタートだと思います。〔競馬なら〕一〇頭中九頭に後塵を拝ませることができますよ。

人は、何かの声明を聞きたいのではなくて、行動を観たいのです。そして行動は闘いです。ほしいものを手にする闘い。誰が勝つかはわからない。だから皆スポーツ観戦が好きなんですよ。例えば『マン・オン・ワイヤー』。フィリップ・プティが世界貿易センタービルの北タワーから南タワーまで綱渡りで歩くことは皆知っていますが、その物語を分割して、それぞれの段階でプティが欲するものを手にできるかどうかの闘いとして見せれば、結果が見えない、驚きに満ちたものになります。観客に情報を口移しで与える必要はありません。緊迫感を生むように話を展開させるだけで良いのです。階段を登れるのだろうか。警備員は目を覚ましてしまうだろうか。

――今のお話を『想像された目撃者たち』に当てはめて、話していただけますか？

あの話の中には、いろいろな障害物があるようにしました。一幕から三幕まで必ず、うまくいかないと何かが失われるという複数の問題が同時進行で存在しました。まず一九四〇年代という時代そのものが、そういう時代です。当然、こう思いますよね。毎日何千というユダヤ人が殺されているときにアメリカは何もしないのか？　歴史研究家でもないかぎり、本当に何が起きるかを知っているとは限りませんから。

この作品の場合、ナレーションが効果的だったと思います。ナレーションをたくさん使いましたから。ナレーションは避けるという人が多い理由がよくわかりました。下手にやると、さっき私が言ったように、観客に情報を口移しで与えることになってしまうので。物語についてこられる程度に情報を与えられれば理想的ですが、作品より目立ってしまったりしたら台無しです。押しつけがましくてもだめです。あくまで作品の一部でなければ。それから、私たちはそれぞれの幕を問いかけにしました。例えば「ホロコーストを生き延びた人々はその後どうなるのだろう」という問い。大勢が死に、ドイツの再建が始まり、進歩的なハリウッドのユダヤ人右派たちは、下院非米活動委員会［赤狩りで有名］によって沈黙を強いられました。彼らはこれからどうなるのかという問いに対してすぐ答えを出すのではなく、観客の手で答えを獲得してもらうように仕向けるわけです。

Chapter 18

James Marsh

ジェームズ・マーシュ

ドキュメンタリーも劇映画も監督するジェームズ・マーシュが最近撮った作品には、エディ・レッドメインがスティーヴン・ホーキングを演じた二〇一四年の『博士と彼女のセオリー』、クライヴ・オーウェンとジリアン・アンダーソン主演のスリラー『シャドー・ダンサー』などがあります。マイロ・アディカと共同で脚本を書いた『キング 罪の王』、そしてデヴィッド・ピース著の歴史フィクションを原作にした『血塗られたライディング(Red Riding)』三部作の一編『一九八〇年(1980)』も監督し、これは二〇〇九年にチャンネル4で放映されました。

私がマーシュにインタビューしたのは二〇一〇年で、主な話題は、彼の作品でアカデミー賞最優秀ドキュメンタリー『マン・オン・ワイヤー』でした。フィリップ・ペティ著『To Reach the Clouds』〔雲に手が届く場所〕を原作として制作されたこの作品は、面識のない人を含む友人たちの協力を得て八ヵ月かけた周到な計画の末、驚異的でしかも違法な綱渡りパフォーマンスを敢行した当時二四歳のペティ本人の物語です。一九七四年八月七日、ペティはニューヨークの世界貿易センタービルの北棟と南棟の間、地上四一〇メートルに張られた綱の上を約一時間にわたって歩き、踊り、寝転がり、そして跪いたのでした。

インタビュー当時、マーシュはちょうど『プロジェクト・ニム』を仕上げる最中でした。一九七〇年代に行われた、人間としてチンパンジーを育てるという言語学の実験を描いたこのドキュメンタリーは、二〇一一年にアメリカ監督協会から最優秀監督賞を、サンダンス映画祭からは最優秀世界ドキュメンタリー賞を贈られました。マーシュは、マービン・ゲイの晩年と死を描いた『トラブルマン（Troubleman）』、デヴィッド・アドラー著『The Life & Cuisine of Elvis Presley』［エルビス・プレスリーの食と人生］を原作とした『バーガーとキング（The Burger and the King）』、一八九〇年代の不況の最中にウィスコンシンの小さな村を襲った数奇な運命を描いたマイケル・リーシー著『Wisconsin Death Trip』［ウィスコンシン死の旅路］を原作とした［日本未公開の］同名映画など、他にも多くのノンフィクション作品を制作しています。

――フィリップ・プティとの共同作業はどのように実現したのですか？

私が今まで作ったドキュメンタリーのほとんどは既存の書籍に触発されたものですが、『マン・オン・ワイヤー』も同様でした。フィリップ本人がきわめて詳細に記した私的で風変わりな回顧録が、私にとって彼の物語に入り込む手がかりになりました。あれを読むと、フィリップという人をかなりはっきりと理解できます。同時に、彼との共同作業はちょっとした挑戦になるという見当もつきました。回顧録を慎重に読んでから、フィリップに電話しました。フィリップという人は、面と向かって話すぶんには問題がないのですが、電話だとちょっと気まずい雰囲気になってしまうのです。気まずい会話の末に、会うことになりました。

回顧録を読めばわかりますが、フィリップという人はすべて自分の思いどおりにならないと気が済まないような男です。職業柄、無理もないでしょうね。初めて会った時は、こういう作品を作るので協力してもらえないかと頼みに行ったんです。何しろ本人ですからね。そうしたら、彼のあしろ、こうしろという注文をいろいろ聞かされる羽目になりました。でもそれは好都合でもありました。最初の打ち合わせで特に交渉しなくても、先方からいろいろご意見を頂戴できましたから。昼食を挟んで、ワインを何杯も飲みながら長時間打ち合わせました。その後別れて五分もしないうちに「是非一緒にやりましょう」と電話がかかってきましたよ。とても衝動的な決断ですが、それが彼の良いところです。勘を頼りに、流れに身を任せるのがフィリップという人なのです。

そこから、長く、激しく、時には喧嘩腰にもなった共同作業が始まりました。できあがった作品は、制作中に出てきたたくさんのアイデアを反映しながらフィリップの物語をきちんと語っていると思いますが、そこにいたる道のりは険しいものでした。フィリップは大の映画好きです。彼に限らず映画をたくさん見ている人は、自分でも作れると錯覚を起こしがちです。そのような錯覚をしながら、しかも自分の視点や考え方に固執する人の相手をするのは大変ですよ。意見が食い違った時には、映像作家として作品に最適な方法を探す責任があるのは私の方ですからね。

――作品の主題である本人が制作に深く関与している場合、その作品が単なる自画自賛になってしまう危険を孕むわけですが、あなたの作品はそうはなりませんでした。作品中のフィリップという人物は、欠点も含めてとても複雑に描かれています。さらに作品はフィリップだけでなく、彼に協力した人たちとの関係性も描いていますしね。

この作品には、当時の様子を再現して観客にそれを想起してもらう仕掛けが必要だと考えたのですが、その考えをフィリップ本人に納得させるのは非常に時間のかかる、忍耐のいる作業でした。いちいち反対されましたからね。しかも狙いはただ普通の再現ドラマではなく、フィリップの企みに参加した人たちが覚えている特定の記憶の再現でした。フィリップは非常に尊大な態度で反対し続けましたよ。フィリップの企てに途中から参加して実行前に逃げた二人のアメリカ人がいたのですが、この二人を巻き込むことをフィリップは猛烈に嫌がりました。監督としては、物語を語っている声はもれなく使いたい。さらに、フィリップが二人のアメリカ人を裏切り者だと考えているということ自体、私の好奇心を刺激するわけです。その二人は紛れもなくそこにいて、事の顚末を見ていた当事者ですからね。

このような障害を、ゆっくり時間をかけて話し合いによって解決していきました。自分が正しいと思うように物事を進めるために、随分いろいろ我慢したというのが正直なところです。この手の作品を撮る時には、我慢するのが監督という仕事なんでしょうね。監督としての自分の責任は、可能な限り巧みに物語を語ることだと思います。自分が面白いと思う物語を、可能な限り多くの人に届けることです。私には作るべき作品があり、そのために追及しなければいけないことがある。そのことをフィリップはちゃんと理解してくれましたよ。いつも賛成してくれたわけではありませんし、完成後もその態度は変わっていませんが。

――つまり、回顧録に登場はするけれど、中心的な役割は与えられていなかった人物たちの出番を増やしたということですね。

回顧録の中で言及はされるんですが、扱いがぞんざいというかね。私は、この物語は万華鏡のような複数の視点から語られるべきだと考えたのです。例えばこんな場面がありました。二つの班に分かれて、それぞれ必要な機材を持って南棟と北棟に侵入する。そして機材を運んで上の階に行き、棟と棟の間に綱を渡す。この時に片方の班しか扱わなかったら、物語が半分欠けてしまうでしょう。こんな単純なレベルで、すでに二つの視点が必要なんです。ジャン＝ルイが棟に侵入する物語が、フィリップが侵入した方の棟の話ほど鮮烈でなかったとしても、等しく重要なわけです。そこに、関与した全員が必ずしも仲良しではなかったという劇的な葛藤が加わるんです。

人の命が懸っているのに、喧嘩しながらやってるわけですから。

この企てに参加した人たちを描写するにあたって、全員偽りなくやらなければいけないとも思いました。たとえ他の人の記憶とは食い違っても、その人が覚えているとおりにしてやるべきだとね。ドキュメンタリーを撮っているとよくあることですが、この作品の一番面白いところは、「絶対にそんなことはあるはずがない」というような非常識なことが本当に起きたということですね。そんな馬鹿なということでも、全員が「実際にそのとおりだった」と言うわけです。あり得なさそうな事実関係を検証していくのは楽しかったですよ。実際に起きた以上は、議論の余地がありませんからね。それがドキュメンタリーの素晴らしいところです。本当に起きたことなんです。ありえないようなことでも、当事者が紛れもなく事実であると確認した瞬間、ドキュメンタリーはフィクションを超越するんですよ。

——例えば『ウィスコンシン死の旅路(未)』のように書籍から題材を見つける時に、映像作家としてどのようなアプローチを取りますか?

あの本は、どうやっても映像にできそうもない内容だったので、想像力を駆使して解釈していく必要がありました。九〇年代に『The Life & Cuisine of Elvis Presley』[エルビス・プレスリーの食と人生]を原作に『バーガーとキング(未)』という作品を撮りましたが、元の本はエルビス・プレスリーが食べた食事のレシピ本でした。それを基にとても詳細で長いトリートメントを書き始めたのです。

『マン・オン・ワイヤー』の時も同じでした。まず六〇ページのトリートメントを書き、構成を整えました。ドキュメンタリーでそこまでやることはあまりないですね。時間軸が何本もあってしかも過去に戻ったり時間が交錯したりする話です。ドキュメンタリーでそのような表現は難しいですから、まず紙の上で整理しようと決めました。ドキュメンタリーの物語は〔制作中に〕発見されるべきだと思っている人もいるようですが、そのような人から見ると発見する前に書いてみるというのは手順が逆だということになるのでしょうね。でも、私はこのやり方を重宝しています。もしソースの情報が信頼に足るものならば、物語として整理してやれば自分にとっても便利ですし、制作資金を援助してくれる人たちにとっても役に立ちます。

もちろん、作品を作りながら発見されるものに対しても目を開いておかなければいけません。最初に組んだ作品の構成を変えてしまうような発見も含めてです。現在制作中の作品で、まさにそのようなことが起きています。最終的にタイトルが変わるかもしれませんが、今は『プロジェクト・ニム』と呼んでいる作品です。チンパンジーを人間にしてしまおうという実験にまつわる物語で、エリザベス・ヘスが書いた『Nim Chimpsky: The Chimp Who Would Be Human』〔ニム・チンプスキー：ヒトになれなかったチンパンジー〕を原作にしています。この作品の場合、実際の物語の半分しか本に書かれていないということがわかったのです。著者と話をしなかった関係者に取材したことで、残りの半分が見えつつあります。最初に書いた台本や概要とはかなり違った内容になっていますよ。

作りたいと思う作品の題材を探す上で、本はとても良い原料となります。私はシネマ・ヴェリテのスタイルで映画を撮らないですし、カメラの前で物語が展開していくような状況を撮影するのも苦手です。それができるものならやってみたいですがね。おそらく私のスタイルの方がずっとやりやすいのではないかと思います。

マグノリア・ピクチャーズ配給『マン・オン・ワイヤー』より、フィリップ・プティ。Photo courtesy of Magnolia Pictures.

——扱われる題材や原作の性質には幅があると思いますが、どのようにアプローチを決めますか？　作品が属するジャンルはどうやって決めますか？　例えば『マン・オン・ワイヤー』は銀行強盗映画のように構成されたわけですが。

おそらく私の場合はジャンルを選ぶということではなくて、どのようなトーンで語るかということになると思います。『マン・オン・ワイヤー』の場合は、主役であるフィリップが自分自身に向けた眼差しと周囲に対する振る舞いそのものが、作品のトーンを決定しました。それが物語の重要な要素なのです。確かにこの作品は銀行強盗映画のような構成で語られ、一般的なドキュメンタリーと比べるとフィクション的な要素もあります。しかし、それはあくまでフィリップという人の芝居がかった個性から来ているんです。そうするのが、彼の回顧録として語られる物語を拡張する巧い手だと思ったわけです。

今作っている『プロジェクト・ニム』は、母性と育児の話だと捉えています。ニムというチンパンジーは、何人もの人間の母親に育てられ、どの母親ともうまくいきませんでした。母親代わりになって自分とは違う種の動物を育てるという苦闘がこの作品の本質だと思います。その時、母親代わりの女性たちは人間的な感情をたっぷり与えるわけですが、チンパンジーにはそれが理解できないか、あるいは自分の都合の良いように解釈して逆用してしまうのです。そのことが、母親役の女性たちの感情的な体験というトーンを決めるわけです。いつもそういったことを見定めようとします。つまり、私の場合はトーンとジャンルは同じことなのかもしれません。どんなトーンか、重いか軽いか、ということです。

——もしかしたら、あなたにとっての「トーン」は、いわゆる「テーマ」と言い換えてもいいのかもしれませんね。

そういっていい部分もあると思います。でもトーンを決めるのは、編集でどうつなぐか、音楽をどうつけるか、悲しい場面にどうユーモアを見出すか、何を強調するか、そのようなことでしょう。音楽は、その中でも特に磨きがいのある要素でしょうね。せっかくの音楽がありきたりでつまらないというドキュメンタリーはたくさんあります。何の個性も感じさせず、歯車を回す潤滑油の役しか果たしていない音楽です。音楽をつける、あるいはつけないということは作品にとって他のどの要素にも劣らず大切なのに、おざなりにしてしまう作品があるんです。私はとても意識的に音楽を使います。トーンというものを一番むき出しに表すのが、私にとっては音楽なのです。

ではテーマが無関係かというと、そんなことはありません。『マン・オン・ワイヤー』の場合は、観客の反応は私に操れるものではありませんでした。こちらはただ見ているだけです。なぜなら観客は、［一九七四年の綱渡りの］後で起こった出来事（二〇〇一年の世界貿易センタービルの崩壊）の経験に基づいた反応を示してしまうからです。チンパンジーの作品も同じかもしれません。男性と女性で、かなり違った反応を示すと思います。作品がどのように受け入れられるかということが一番大事というわけではありませんが、意識はしていなければいけません。見応えがあって、しかも作り手が題材について持っている好奇心を伝えてくれるものを作らなければいけないのです。よくできたドキュメンタリーを見ると、まず作った本人が楽しんでいるということが感じられます。良い作品はどれも、何よりもそれを巧みにやっていますね。

――あなたは脚本家としてクレジットされていることがよくありますが、『マン・オン・ワイヤー』は例外です。しかしあなたは六〇ページのトリートメントを書かれたわけですよね。

契約的に許されなかったからですが、別に肩書は要らないですよ。何となく自惚れてるみたいですから。ドキュメンタリーを監督する人間が人を雇って脚本を書かせるなんて、私には理解できません。でも実際にはそのようなクレジットをよく見かけるし、それでうまくいく人もいるのでしょうね。私の場合、絶対にそれではうまくいきません。作品にもよりますが、ドキュメンタリーの監督であれば、トリートメントの段階、つまり撮影前から積極的に作品の構築に関与するはずだと思います。そして編集段階ではさらに積極的に参加するものでしょう。何しろ編集というのは、撮影素材で脚本を書くということですからね。私はいつも共同編集という立場で作業しますが、その肩書は求めません。そんなものは暗黙の了解で良いんです。編集のクレジットが別の人にいっても、間違いなく編集という過程で作品を書き上げたという実感がありますからね。

あまり編集室に立ち寄らない監督の話も聞きますよね。私は編集期間中、毎日必ず行きます。実際に編集が始まる前に、自宅でつないでみて構成を試してから行きますよ。だからといって、編集者のジンクス・ゴッドフリーをないがしろにするつもりは毛頭ありません。何しろこの一三年、彼にはほとんどすべての作品を編集してもらっているんですから。

――再現映像を撮る時、どうやって物語のある瞬間が再現されるべきだと判断しますか？　そして、再現のアプローチはどのように決めますか？

私の作品はその性質上、すべてのショットが、あらゆる場面が、そこにあるすべてのものが意図的にならざるを得ないのです。ドキュメンタリーの中にはそうではない作品もあります。私の作品はとても作り込まれていますが、そのような作品でもシネマ・ヴェリテでも、編集で鋏を入れた瞬間、記録されたそのままの現実は失われるわけです。ドキュメンタリーで再現をする時は、とことん具体的であるべきだと思いますよ。『マン・オン・ワイヤー』の再現映像はちゃんと脚本を書いて撮ったんです。説明のための映像とか、何となく風景を撮ったとか、インタビューの間をもたせるための壁紙映像の類ではないのです。私が作るような作品の場合、物語を巧みに語るためならきわめて正確で具体的な映像を撮って構わないし、そうするべきだと思います。

『マン・オン・ワイヤー』の場合、一連の再現映像はインタビューで交わされた対話に触発されて想起されたものから作られています。最初にインタビューを撮り、他の素材の撮影に先駆けてまず三、四ヵ月かけてそれを編集しました。編集で大体編集作業前に考えていたものと同じ構成を一パターン作り上げると、約一時間四五分というかなり緊密な尺になりました。その時点ではまだ少しだけ切る余地がありましたね。再現映像の台本を書いて撮影するにあたっては、インタビュー発言を聞いて、使われた言葉が喚起する具体的なものをつかまえて映像にしました。イメージの源は彼らの記憶です。もちろん画面に現れるものは、彼らの言葉に触発された私の想像なわけですが。そして観客がこの再現映像を見ている間、実際にその様子を語る本人のインタビューが聴こえるように編集しました。再現映像のインスピレーションとなった言葉です。この手の作品では、このように再現映像がどこから来たのかはっきりさせることがとても重要だと思います。何でもいいような映像を適当に放り込んだのではなく、素材が足りなかったから穴埋めに使ったありもの映像でもないのです。もっと明確な目的を持っていなければいけないと思います。

私の撮った再現映像とアーカイブ的な記録映像の見分けがつかないと言う観客もいます。そう聞くとくすぐったいような気持ちもしますが、困惑もします。映像の手触りも雰囲気も全然違うように作ったつもりですけどね。加えて、再現映像は時間の経過とともに変化していくような構成で作ってあります。最初はリアルな感じで始まり、物語の進行につれて段々抽象性を伴っていくのです。まるで登場人物たちが別の世界に入り込んでいくような感覚です。実際、彼らは世界貿易センタービルという別の世界に登っていくのです。世界の頂上ですよね。そのことは明快にわかるだろうと思ってやったのですが、観客によってはわかってくれなかった。でも、そのことで悩んだりはしません。私が使った要素が少しくらい意図したとおりに受け取られなくても、物語そのものがちゃんとうまく伝わっていれば、私は心配しません。

――ニューヨークタイムズ紙のA・O・スコットがあなたの作品の再現映像を見て「ウィットに富んでいる」と書きました。私もそのとおりだと思いましたが、ウィットというものは頑張れば獲得できるものだと思いますか？　それとも生まれつきだということでしょうか？

これも、先ほどのトーンの話と同じだと思いますね。再現映像のトーンはインタビューのトーンに影響されているのです。インタビューされた人たちの回想はとてもウィットに富んだものでした。特にフィリップがね。スタイリッシュで自信に溢れていて、時として自分を笑い飛ばしながらも自分を神格化するようなところもあって。フィリップの物語は遊び心に満ちていますが、非常に深い側面もあります。美と芸術とは何かという問いかけ。己の限界を試す挑戦。ツインタワーの不在。作品にはいろいろなアイデアが詰まっているんですよ。この非現実的な探求の旅は、ある面ではまったく無意味でしかし同時に深淵な真理をも秘めています。そんな緊張感を伴った企みなわけです。そもそもどうしてツインタワーの間に綱を張って歩こうなんて思うのか。なぜだと疑問に思っても、絶対に直接フィリップに聞いたりはしませんよ。「なぜか」という問いは、ここでは問題じゃないのです。

――フィリップ本人が出演するという以外に、この作品を劇映画でなくドキュメンタリーにした方が良いと考えた理由はありましたか？

劇映画にしようとは一度も考えませんでした。まず、劇映画を作るために招かれて参加したわけではありませんから。物語の性質を考慮しても、作品に参加する人選から考えても、ドキュメンタリーの方が適していたと思いますよ。フィリップ本人に会った瞬間、この物語を表現するのはドキュメンタリー以外にありえないと確信しました。実際、今この瞬間、フィリップの物語を大作劇映画にしようという企画が進行しているかもしれませんしね。そうすればどちらがよかったか比較できますよ。この場合は、当事者が語る実際の物語に勝つのは難しいと思いますね［ロバート・ゼメキス監督が『マン・オン・ワイヤー』を原作として制作した劇映画『ザ・ウォーク』を、二〇一五年に公開した］。

――あなたの作品を筆頭に、例えば『戦場でワルツを』や『GONZO』のような作品が、事実を歪めずに伝えようと格闘しながらドキュメンタリーという様式の地平を押し広げていますね。創造的でありつつ事実に対して誠実でもあるというバランスを、どうやって保ちますか?

答えを期待されているわけではないのでしょうが、私にその難しい問いに答えを出す自信はありませんね。『マン・オン・ワイヤー』に関する限り、彼ら自身の素晴らしい体験を最高の映像体験として届けるのが私の使命だったわけです。目の前に一〇〇分という長さの真っ新なキャンバスが置いてあって、そのキャンバスを考え得る最高の物語で埋めていくようなものです。他の人が作ったら『マン・オン・ワイヤー』は随分違ったものになったでしょうね。他の人なら物語の違う面に注目したでしょうし、別のことを強調したと思います。つまり私がしたのは、彼らの物語のとても個人的な解釈ということです。今作っている作品についても同じですよ。私の視点から語った物語ということです。本質的に、そこには取捨選択があるのが原則です。無視された出来事もあり、強調された出来事もありますが、ドキュメンタリーというのはそういうものだと私は思います。

私が問題だと思うのは、本当でもないことが本当だと偽られる時ですね。しかしちゃんと事実を押さえ、真実を踏まえた上で再現映像を作ったり、何らかの方法でイメージとして映像化しようとするのなら、たとえそこに想像力が入り込む余地があったとしても許されると思います。『戦場でワルツを』はその最高の例ですね。とてつもなく良くできたドキュメンタリーです。最近一〇年の私のベスト作品の一本です。歴史上稀に見る異常な状況の中で一個人が体験した出来事とその記憶の集積に基づいてできている、真にドキュメンタリー的な作品です。すべては主観である、という鋭い批評にもなっているように感じました。私がそう思っただけかもしれませんが。あの作品は、ドキュメンタリーという様式に対して、その視覚表現と手法そのものに対して挑みかかった素晴らしい例だと思います。

――リズムというものについてお話を伺えますか？　映像作品が上手に語られている時、どのようにリズムが関係していますか？

私はドキュメンタリーも劇映画も両方作りますが、どちらの場合も大切なのはリズムを理解しているかどうかだと思います。どんなテンポで物語が明らかになっていくか。どこで立ち止まって小休止するか。いつ全速前進して、いつ観客を情報の波状攻撃に晒すか。そしてどこで最も重要な情報を一つだけ投下するか。それは物語の裏の裏まで理解していて、本当にドラマを把握していてはじめてわかることだと思います。

『マン・オン・ワイヤー』の時は、物語を理解しようとありとあらゆる文献を読みました。新聞の記事も全部読み、関係のある人すべてにインタビュー前の準備として話を聞きに行きました。本番のインタビューは、入念に緻密にインタビューを構成しないといけません。準備もなしに座って質問を浴びせても駄目なんです。誰か一人にインタビューするために、私の場合は丸一日かけて質問を準備します。何をどのタイミングで聞くか、そして答えにくい質問をいつ投げかけるか、じっくり策を練ります。作品のリズムを決定するのは、まさにこのインタビューの時なのです。すらすらと進まないインタビューであれば、すらすらいかないというリズムを持っているわけです。聞き手が文字通り受け手の手を引いて記憶の中を導いてやるような時です。考える間をあげたり、時には相手がびっくりするような質問で待ち伏せしたり。いろいろな反応がインタビューしている間に起こるようにもっていくわけです。今やっているチンパンジーを扱った『プロジェクト・ニム』では、もっと積極的にそうしましたよ。複雑な物語なので、私の方でとてもたくさん予習をする必要がありました。

実際に起きた出来事を伝える導管の役目が求められるということです。物語の流れを、緩急を、そして逆流する場所を見きわめるのです。それをうまく押さえれば、作品はうまくいきます。仕掛けは単純です。もちろん私にもうまく見きわめられなかったことがあります。リズムがつかめなかった作品は見ればわかります。まとまりがないんです。

――フィリップが隠し持っていた未現像のフィルムを発見したのですよね。あれは屋外の予行演習の様子でしたっけ。

フランスにあるフィリップの実家で、世界貿易センタービルに侵入して綱渡りをするための準備をしていたフィリップたちの様子を撮影隊が一週間記録しました。その内の二日か三日分の素材が一〇巻分のフィルムとして存在しました。それをフィリップがしまい込んで外に出さなかったのです。そこでそのフィルムを現像してみたところ、何かとても特別なものを手に入れたということに気づいたんです。

――どんな映像だったんですか？

現像されたフィルムに写されていたもの。そこにはこの物語の心とでもいうべきものが、凝縮されていたんですよ。恐れを知らぬ若者たち。いや、少しは知っているのかもしれないけれど、それで怖気づくほどでもない。彼らが実に楽しそうなんですよ。そこには作品が抱えていた本質的な問題に対するすべての答えがありました。私にとってこの素材は、作品の感情的な中核になりました。フィリップ・プティと陽気なはみ出し者の仲間たちの一員だったらどんな気分だったろう。作品もその気分につながれば良いんだと実感しました。その答えが、あのフィルムの中にとても美しい形で存在したのです。さんさんと降り注ぐ陽光。芝生を走り回る若者たち。この物語に登場すべき人は全員そこにいます。若々しい魅力に溢れているんです。あのフィルムは信じられないような贈り物でした。

――それがあれば、それぞれの登場人物の物語に起点が与えられますね。特にジャン＝ルイとアニーの物語に。

そう、そして参加した人たちが、それぞれがどれほど真剣に取り組んでいたかということもわかります。生半可な気持ちで遊んでいたわけではないということです。ジャン＝ルイとアニーもそれ以外の人も、とても真剣で執拗な議論を何度もしています。失敗の代償を十分理解しているからです。失敗すれば親友が命を失う可能性があるのですから。彼ら同士のとても激しい人間関係から、彼らが挑戦しようとしていることのハードルの高さが伺い知れるのです。

――いつ、この未現像のフィルムのことを知ったのですか？ そして、フィルムの存在を知ったことで物語はどう変わり、それ以降の制作はどのように影響されましたか？

最初にこの企画についての話を始めた時に、フィリップが未現像のフィルムについてほのめかしたことがあったんですね。でも長い間見せてはくれなかった。あれはまるで、私が彼に対して何かを証明しないと見せてもらえないという感じでした。ようやく見せてもらえることになり、車庫にいくとそこにフィルムがありました。早速、現像しましたよ。デューアート［ニューヨークにある現像所］でネガのコピーを色調補正した時に初めて見ました。心臓が飛び出すかと思いました。「すごいぞ！　これで作品を豊かにできる。私が思いつくどんな手段よりも素晴らしい映像で物語が語れて、しかも今ある物語を変える必要がない」と興奮しましたよ。その瞬間、作品が各段と良くなったのがわかりました。再現映像かナレーションに頼らないと観客に想起させられないと思っていたものが、そこに写っている。何よりもうれしかったのは、私が考えていた物語の気分がこの映像とぴったり同期していたということでした。もし違っていたら、私は視点を変えることを余儀なくされて、こういう作品にしようという考え方を根本から変える羽目になったでしょうね。でも、変える必要はなかったんです。

――あなたが作ったドキュメンタリーの作品群を見ていると、その多様性に気づきます。どのように題材を選んで、どうやってその題材の中に物語を見つけるんですか。

それは面白い質問だな。なかなか自分のことをそのような目で見ませんからね。ともかく自分が個人的に面白いと思う題材を探しているという感じですかね。若い頃に、ロック音楽のドキュメンタリーばかりやっていた時期があったんです。その頃すでに、誰も見たこともないような題材、見たことがあっても自分とは違った視点を持った作品に参加しようと、いつも狙っていました。ドキュメンタリーをやる以上ドキュメンタリーという表現に何か新しい貢献をしたいでしょう。題材そのものの新しさ、あるいは誰も試したことのないような物語の語り口をね。自分の個人的な部分に響いて心をつかむような何かを見つけて作品を作ると、他の人にもその興奮を味わってもらえる実感があります。自分自身の心をつかんで離さない題材で、観客の心もつかめるということです。

一度選んだ題材とは、一年以上つき合う羽目になるので覚悟が必要です。だから、いくら掘り下げても簡単には全貌が見えないような、ちょっとやそっとでは崩れないようなガッチリしたものが必要なんです。題材の周辺にもその奥にもアイデアが転がっており、アイデアに導かれてさらにアイデアが見つかるような手ごわい題材が必要です。『マン・オン・ワイヤー』の場合は、世界貿易センタービルに起こることになる悲劇を無視するわけにはいきませんでした。それは、ビルに侵入するフィリップたちとテロ攻撃をつなぐ張力でもあるわけです。『バーガーとキング(未)』は、エルビス・プレスリーと自分をやがて死に導いた非常識な食生活の物語です。そこには、大恐慌の最中に子ども時代を過ごすということの現実が見えたんですよ。大恐慌が子どもの心に刻んだ傷ですね。その傷を抱えたまま何でも手に入るようになったら、人はどうするのかということです。

——あなたは編集助手としてこの業界に入りましたよね。以前、「監督になりたければ編集を覚えるといい」というようなあなたの発言をどこかで読みました。

本当にそのとおりだと思いますよ。BBCで働いていた頃、あるアート番組のために五分とか一〇分の短い映像を作って、自分で編集させてもらえたんです。自分で編集すると、自分の失敗と対峙せざるを得ないからいいんです。他人任せではそうはいかないですから。しんどい方法ですが、同じ失敗を繰り返さないためにはいい学習になります。

編集をすることで映像というものの正体をよりよく理解できるという利点もあります。映像作品というのは、作られるものなのです。フレデリック・ワイズマンのような、その道最高の作家が作るダイレクト・シネマ作品ですらね。ワイズマンの作品は、実に驚嘆すべき方法で作り上げられて、あのような素晴らしい作品になるわけです。編集室であの形にされるわけですよ。ワイズマンは自分の作品を「リアリティ・フィクション」と呼んだと思います。素晴らしい呼び名ですね。ドキュメンタリーは純粋であるべきだとか、生な体験を描くべきだとか、再現は駄目だとか、他の要素を使って作り上げては駄目だといった議論があって、ワイズマンの作品はその極北だとみんなが思っているかもしれません。しかし、ワイズマン本人がそんなことはない、と自分で言っていますからね。

なぜ編集者出身の監督が増えないのか不思議です。私の場合は、演出したかったですからね。監督になる方法を模索していて、編集畑から入ったんです。編集をやる人の中には、社交的ではない人も多いかもしれません。私はみんなでワイワイやるのが好きなので、いつまでも編集を続ける気はありませんでしたが、映画学校の代わりとしては最高でした。それに、編集というのは映像制作の中で一番やりがいを感じる過程でもあります。

――最近BBCの『血塗られたライディング（未）』三部作の第二部である『一九八〇年』という長編劇映画を監督されました。一九七〇年代と八〇年代のヨークシャーの話でしたが、ドキュメンタリーを制作した経験に何らかの影響を受けましたか？

受けました。『一九八〇年（未）』は、実際に英国で起きた出来事を露骨に彷彿させるドキュメンタリー風の報道映像のモンタージュで始まるんですよ。でも、ドキュメンタリーをやったことで身に着いたのは構成というものへの理解ですね。なにしろドキュメンタリーで物語を劇的に語るためには、最適な構成を見つけ出さなければいけないからです。ドキュメンタリーを作る時は、構成のことしか考えていないというほど構成に執着します。構成は巧く運んでいるか。いろいろな要素が、ちゃんと他の要素とつながって展開していくか。話にはちゃんと因果関係があるか。登場人物の行動にもちゃんと理由とその帰結があるか。このような見方は、脚本を分析する時にとても役立ちます。作品がどのような形にまとまっていくか、見えやすくなるのです。なにしろドキュメンタリーというのはとても時間をかけて編集しながら形を見つけてやらなければならないので、なるべく効率よく、最短距離で終わりまで着けるに越したことがないからです。

さらにドキュメンタリーには低予算の問題がつきまといますからね。何をどのようにできるかという点でいろいろ制約が大きいのです。だから劇映画は楽しいんですよ。いろんなことをして遊べますからね。様々なショットを試せるし、そのための時間ももらえます。より複雑な映画の文法を使えるわけです。自由度が高いと感じます。

——あなたはコーンウェル［イギリス］生まれで、何年もニューヨークに住み、今はコペンハーゲンにお住まいですよね。とても国際的な視点でドキュメンタリーを制作しておられますが、国によって物語の語り方に違ったアプローチがあると思いますか？　もし変わりつつあるとしたら、どのように？

とても興味深い質問ですね。どう考えをまとめたら良いのかな。私はイギリスで育ち、ＢＢＣで働きながらドキュメンタリー作家になったと言って良いでしょう。英国出身の映像制作者の多くはＢＢＣで働いたことがあるか、ＢＢＣ関係の仕事を経験しています。ですから、私のキャリア初期に重大な影響を与えたのは英国的なドキュメンタリーの伝統だと言って間違いありません。若い頃に『アリーナ（Arena）』というアート系の番組で働かせてもらったのはとても幸運でした。著明な芸術家や、芸術にまつわる出来事を紹介する一時間番組です。こういう番組にしなさいという規則めいたものはなく、大胆不敵なプロデューサーたちが良い番組になりそうだと思ったら何でもやらせてくれました。何でも喜んで試させてくれましたよ。番組の二人のプロデューサーは異端児でしたが、この二人との体験が私のキャリアの出発点です。とてもパンクな環境でしたが、素晴らしい作品がたくさん生み出されました。あの体験と比べると九時五時で事務所に閉じこもって作品を作るなんて考えられないですね。

イギリスのテレビでは必ず毎週二、三本良質なドキュメンタリーをやっていたので、テレビ漬けでしたね。その中にとても才能のあるドキュメンタリー作家が何人もいて、まずその人たちの真似から入るわけです。やがて自分自身の声を見つけるんですね。アメリカのドキュメンタリーの名手たちを発見したのはずっと後のことでした。マイスルズ兄弟にペネベイカー［現代ドキュメンタリーおよびミュージックビデオのパイオニアと目されている］、そして誰よりもワイズマンです。私の作品と比べると正反対のようなスタイルの持ち主ですが、その厳格さゆえにおそらくワイズマンは私が世界で一番尊敬するドキュメンタリー作家です。あれほどの作品数を誇りつつ、どの作品にも特別な何かを持ち込み続ける作家なんて他に知りませんよ。彼の作品に映し出される施設とその中にいる人々は息詰まるほどの深みを持ってこれ以上ないほどに美しく編集されています。遅れて彼の影響を受けました。

　ここ一〇年の間に劇場用ドキュメンタリーという分野は、映画の世界で国際的な信頼を勝ち取ったと思います［このインタビューはおそらく二〇一〇年前後に行われている］。今この瞬間アメリカに目をやると、インディーズの劇映画よりもドキュメンタリーの方が活発ですごい作品が作られていますよ。アメリカのドキュメンタリーの世界には今までになかった動きが見られます。ここ一〇年に見られたジャーナリズムの失墜に関係しているのかもしれません。社会は何かとても本質的な問いかけをしなければならない段階にきており、その役目をドキュメンタリーが担っているのです。

　でもそれだけではありません。『コングのキング（The King of Kong）』［ドンキーコングの高得点記録争いにまつわる人間模様］のようにまったく政治的ではない作品も出てきました。ドキュメンタリーを作るには絶好の世の中になったと思いますよ。加えて、ボーン・シリーズ（特に『ボーン・スプレマシー』と『ボーン・アルティメイタム』）のようにドキュメンタリー的な表現を巧みに使う劇映画も出てきました。監督のポール・グリーングラスはドキュメンタリー作家だということを忘れちゃいけませんよ。ドキュメンタリーというものが私たちの文化の一部として強いインパクトを持つにいたった現在は、本当に良い世の中だと思います。大勢の作家がとても興味深い作品に挑んでいる。九〇年代から見るとずいぶん進歩したもんです。現在ドキュメンタリーが置かれた状況というのは、間違いなくこ一〇年で出現した動きですね。

――物語の語り方や若い映像作家へのアドバイスという観点から、何か他にも言いたいことがありますか？

どんな映像作品を作るとしても、ともかく重要なのは構成です。何の要素が他のどの要素に関連していくかということですね。また同じことを繰り返しますが、構成が私のこだわりです。構成のこと以外考えられないくらいです。

――『マン・オン・ワイヤー』は、過去の出来事も含めて何本もの物語が撚り集まっていて、非常に複雑な構成を持った作品ですが、上手に物語を交通整理して迷子にならないように作るコツはありますか？

自分が語る物語を完全に把握するまで構成になんか手を出せるものではありません。劇映画でも同じことです。私の場合は、『ウィスコンシン死の旅路（未）』の制作中にそのことに気づいたんだと思います。原作になった本は何の構成も与えられておらず、不定形で混沌としていて、それが素晴らしかった。でも映像作品ならどんなに酷いものでも、何らかの構成を持たせなければいけません。構成が酷い作品はたくさんありますが、ほとんどの場合構成が駄目な作品は、酷い作品です。観客がまるであの物語を自分で体験しているように巧く語るのは至難の業でした。まあ、うまくいったと信じていますがね。あの作品［原作］が不定形だったお陰で、映像作品をつくる時にどんなに構成が大切であるか気づくことができたんです。

一直線の物語だったり、丸ごと誰かの思い出話であれば話は違いますが、何らかの構成を試すのなら、その物語を完全に把握していなければできませんよ。私が『マン・オン・ワイヤー』を作った時に意識したのは、この作品を見る人はほぼ全員結末がどうなるか知っているということです。そうでなくても作品を見ながら結末を予想できるだろうとね。だからそれなりに構成してあげなければいけなかった。サスペンスを織り込み、一瞬一瞬観客に期待を持たせたり裏を掻いたりしながら、この常識外れな物語の展開にのめりこめるように構成したのです。最初に、絶対こうするという構成を紙に書いて作ってから始めましたよ。後で編集中に考えたわけではないのです。

私は劇映画をたくさん見ますし、それぞれの作品がどう構成されているか楽しみながら見ますが、とても役に立つ習慣です。この間、また『市民ケーン』を見ました。なんとも極上の構成で語られる映画なんですよ。あらゆる映画に真似され続けていますが、格調高い、美しいともいえる構成を持った、素晴らしい映画です。巧みに構成された物語。それさえあれば、その映画は尊敬に値します。可能な限り巧みに物語を語る。それがすべてですよ。

Chapter 19

Cara Mertes

カーラ・メルテス

カーラ・メルテスは、二〇一三年以来フォード財団の活動の一環であるジャストフィルムズ（JustFilms）の最高責任者を務めています。ジャストフィルムズは世界規模で社会正義を達成しようと始められた先駆的な取り組みで、小規模の映像制作やデジタル技術によって物語を語るプロジェクトに携わる個人、さらにはそのような動きを支え、拡げる組織やネットワークを援助することを目的としています。数十年に渡り社会正義を達成する道具としてドキュメンタリーを支援してきたフォード財団の実績を土台として、ジャストフィルムズは二〇一〇年に設立されました。それ以来、ジャストフィルムズが援助した八〇を超える作品［二〇一五年現在］にはたとえばこのようなものがあります。アカデミー賞を受賞したローラ・ポイトラス監督の『シチズンフォー スノーデンの暴露』、ジョシュア・オッペンハイマー監督の『ルック・オブ・サイレンス』とアカデミー賞候補になった『アクト・オブ・キリング』、マーク・シルバーの『三分半と一〇発の銃弾（3 1/2 Minutes, 10 Bullets）』、トマス・アレン・ハリスの『レンズ越しに密やかに（Through a Lens Darkly）』、ドーン・ポーターの『ギデオンの軍隊（Gideon's Army）』、ユージーン・ジャレッキーの『ここが俺の家（The House I Live In）』、デヴィッド・フランスの『疫病の生き残り方（How to Survive a Plague）』、スタンリー・ネルソンの『ブラックパンサー党（The Black Panthers）』。ジャストフィルムズは個々の企画がより力強いものになり、より迅速に完成し、よりインパクトをもって公開できる手助けとして、サンダンス・インスティテュートやトライベッカ・フィルム・インスティテュート／ニューメディア基金、ブリットドック／グッドピッチ、そしてITVSといった世界中にネットワークを持つ組織を支援し、クリエイティブな訓練、技術的な指導、そしてリーダーシップ養成の場を提供する活動を支えてきました。

メルテスを陣頭に、ジャストフィルムズは新しい活動を始めています。本人の言葉によるとこの活動の内容は「リーダーとしてアーティストを育成するフェローシップ。世界中に萌芽が見られる社会正義を題材にした映画やデジタル作品のネットワークの支援。中近東、インド、インドネシア、中国、そしてアフリカそれぞれの地域でクリエイターたちを支援するためのハブ構築。社会活動や地域リーダーたちと映像作家たちのネットワーク構築。インパクト展開［最近提唱された、作品が持つ潜在能力を、社会をより良く変える運動に高めていくプロデュース的戦略］に関するリソースの拡充と、アーティストたち、被写体となる人たち、そして情報の安全性を確保するために必要な諸々の充実」ということになります。

ジャストフィルムズに参加する前、メルテスはサンダンス・インスティテュートのドキュメンタリーフィルム・プログラムに八年在籍していました。そこでメルテスと彼女のチームは、ドキュメンタリー・ラボの活動拡大に尽力しました。再交付金と財源を三倍に増やし、サンダンスとスコール基金による「変革の物語」という取り組みや、サンダンスとブリットドック基金による「グッドピッチ［優れた企画というような意味］」、そしてサンダンスとTEDによる映画賞など、国際的なクリエイティブ・パートナーシップ構築の急先鋒となりました。

アメリカン・ドキュメンタリー・インコーポレイテッドの上席執行役員を務めたこともあるメルテスは、PBS局が制作するドキュメンタリー番組『POV（未）』のエクゼクティブ・プロデューサーとしても有名で、彼女の制作したエピソードはエミー賞、ピーボディ賞、デュポン賞に輝いています。メルテスは、PBS局初めてのオンライン番組『ＰＯＶの境界（POV's Borders）』の企画・エクゼキュティブ・プロデューサーも務め、その功績に対してウェビィ賞が与えられました。さらに、ＡＣＬＵ（アメリカ自由人権協会）から表現の自由賞を、国際ドキュメンタリー協会からパイオニア賞を贈られています。メルテスは豊富な知識を生かして、インディペンデント映像作品について教鞭を取り、著書を執筆し、キュレーションも手掛けながら、自身も作品をプロデュース、監督してきました。プロとしての第一歩を踏み出して間もなく、ニューヨーク州アーツ・カウンシルやニューヨークで、インディペンデント映像作品を擁護し、資金的に援助し続けています。

フィルムアカデミーからの援助を獲得し、それ以外にも様々な資金援助を受けて自身の芸術活動を展開する一方

メルテスとのインタビューは二〇一五年六月に電話で行われました。私とメルテスの共同活動は、それ以降も活字やインターネット上で活発に継続しています。

――ウェブサイトで確認すると、ジャストフィルムズは助成金の申請者に対して、次の基準を要求すると書いてあります。フォード財団の主旨に沿っていること、現代の時流にあっていること、社会変革にインパクトを与える潜在的な力があること、周辺化された弱者に焦点をあてていること。申請用紙を見ると、芸術的に優れていること、そして「創造的で革新的」であることが条件と書いてあります。あなた自身は、なぜこの最後の二点が重要だとお考えですか？

私たちが望むような進歩的変化を促し、不平等の解消を加速し、より公平で不正のない社会や共同体の実現を招くような力を持った視覚的な物語の重要性が、ますます理解されてきているということが鍵ですね。グローバリゼーションにより、私たちはいまだかつてないほどの繋がりを得ています。テクノロジーが大勢の手に渡り、同

時に世界には、肥大し続ける不平等が存在します。機会に恵まれた人たちと、何も持っていないに等しいような人たちとの間に横たわる溝は拡がるばかりです。そのような状況なので、革新的で心を突き動かすような視覚的物語と、そのような物語が与えてくれる体験とインパクトが緊急に必要とされているのです。

——助成金の申請を評価するときに、あなたが求める良い物語の基準とは何ですか?

私たちが良い物語を探すときは、いわゆる外れ値的なものを見つけようとしていることが多いですね。今まで無かったような視点や、あっても強調されてこなかった視点です。私たちが要求するのは、変化を促す物語です。新しい現実を理解させてくれる物語。社会や共同体の性質、その中で起きている物事、そして様式といったものを、今までとは違った視点で理解させてくれる物語です。

もう一つ、私たちは芸術性を特権的に扱います。私たちは、説教じみたテレビ・ショッピングも、発注とおりに作られた意見広告も求めていません。創造性と想像力を駆使した作品がほしいのです。創造性と芸術性がインパクトと結びつくような——この「インパクト」という言葉は、最近ドキュメンタリー畑で特別な意味〔四一一頁参照〕を持ち始めているので、注意して使わなければならないのですが——ともかく創造性と志向性という概念が組み合わさるようにしたいのです。アーティストとしてのあなたは、被写体、共同体、そして最終的に作品を観てくれる観客に対してどのような責任を負うべきだと信じていますか? この質問に対する答えを聞きたいのです。この問いは、ただの道具のような、固定的で見え透いた役割に縛られない物語が持ち得るインパクトとは、どんなものなのかを別の言葉で問うているものでもあります。

物語というのは動的です。人から人へ伝わり、進化し、他の人間の参加によって意味が完結します。結果に縛られると物語は窒息してしまいます。もちろん、物語と社会変革という観点から、何ができて何ができないかということを理解しておくのは重要です。社会正義という物語の語り手として、そしてそのような物語を支え促進する立場にいる者として、私たちは現在という現実に広く関わり、貢献しているのです。自分の役割が財源の確保であっても、アーティストであっても、出資であっても、私たちは何かの啓示を受けたかのような大胆さと、自制心、そして結果に対する責任感をあわせもっているべきだと信じています。私たちが柔軟さを失って視野狭窄に陥ってしまったら、芸術的な独創性と信頼性は水に溶ける石鹸のように、あっと言う間にぼろぼろになってしまいます。創造性と変化の関係が制約ではなく可能性を生み出すように、常に生産的になるよう緊張を保つ努力をすべきだと思います。

――ある特定のスタイルや構成を求めておられますか？

決まった型を探しているわけではありません。私たちが助成金を出した作品群には、実験的なものから伝統的なものまで何でもありました。登場人物中心の作品も、複合的な構成のものも。常に新しい形式やアプローチを探しています。アーティストが必要とするものと、観客が必要とするものの両方を満たしたいと考えているのです。私たちはいわゆる映画的で直線的な物語だけを求めているのではなく、複数のプラットフォームを横断する非直線的で多層的な物語を探しているので、スタイルや構成という問題に関してはオープンな態度で臨んでいます。そのようなプラットフォームは、新しいテクノロジーの到来とともに、若い世代や、グローバル・サウスと呼ばれる地域、そして発展途上経済出身のクリエイターたちにとって、素晴らしく強固で頼れる活動の場になると思います。非直線的な物語を語るための新しい構成の作法は、今この瞬間にも次々と発明されています。これはまるで、一九〇〇年代を生きているみたいなものですよ。構図やモンタージュ、編集のペースやアニメーションといった本源的な映画言語が発明される前の世界。代わりに、仮想現実や拡張現実、ネットを利用した対話型のインターフェイス、そしてアプリといったものを駆使して、非直線的な物語にアプローチする方法を発明しているわけです。

——その話を詳しく教えていただけますか？　どのようにして、物語を直線的なものからデジタルメディアの非直線的なものへと拡張させていったのですか？

私たちの試みには、様々なフォーマットのスクリーンに対応し得る、映像を基盤にしたコンテンツ制作を網羅的に扱う視覚的な物語プロジェクトという、メタ的な側面があると考えています。作る人の意図に応じて、受け手の好みやニーズに応じて、あるいは扱う題材が持つ制約に応じて、そのコンテンツはどのような形でもあり得るのです。多様な形で表現される映像プロジェクトを探す傾向は、どんどん強くなっています。それは短編ビデオ作品、長編ドキュメンタリー、対話型のネット・シリーズ、アプリ、ゲーム等いろいろありますが、その中のどれか、または全部に跨る作品でもあり得ます。『楽観主義者たちの革命（Revolutionary Optimists）』や『丸太と戦争（Logs of War）』などは、映像作品から派生したアプリが、映像作品以上に多くの人に伝わったという良い見本です。そんな事例も近い将来、普通のことになっていくと思います。社会正義や時事的問題を扱った映画という空間では、これからどんどん多様なプラットフォームを横断する作品が現れるでしょう。そして対話型の物語を語る作法に関しては、インディペンデント作家たちが先鞭をつけて、社会的な問題に配慮した物語の新しい形を作り出してほしいと願っています。

新しいテクノロジーは、物語の構成や作品の発表の可能性を考えられないほど拡げてくれました。そうした新しいテクノロジーが可能にするものに、私たちは緊急に対応しなければなりません。ＳＮＳを介して対話が瞬時にして一つの地域を飛び越え、全国的、そして世界的に拡がってしまう今の世の中では、語られる物語には流動性が望まれます。そしてクリエイターたちは、可能な限り様々な表現の様式を渡り歩けることが期待されるのです。

——共同体に被写体として参加してもらうだけでなく、語り手として巻きこむ義務はありますか？

素晴らしい質問をありがとうございます。そのような義務があるわけではありませんが、ある社会正義の達成を目的とした機関の委託で選んでいる物語は、避けられずして共同体を巻きこむことになります。語り手たちがたどり得る物語の道筋は無限にありますが、最後には正義と人間の尊厳という問題にたどり着きます。物語とアーティストと共同体が交差したとき、作品を様々な世代や人々に届ける手段が多様な形をとって現れることに、私たちは気づき始めています。そして、どの手段もそれぞれ力強いということにも。だから私たちは、アーティストたちが可能な限り戦略的になれるような、そして多種多様な観客層を刺激できるような援助をしているのです。最高の語り手は、制作過程の中にフィードバックループが機能するように組みこむものです。しかしそれだけではなくて、私が参加のループと呼んでいる機能も組みこむということに、最近気づいたのです。例えば、登場人物として作品に参加している人たちのことを考えてみてください。その人たちは、とても長い間カメラに見られているということと、自分と向き合うことを制作者に要求され、自分自身の人生の目撃者という役割を演じることになります。彼ら自身に起きる変化が加速するのですね。結果として彼らが、作品が扱う問題の広報担当者として機能し始める、あるいは注目される存在になるということがしばしばあります。

実際、物語を語るという過程そのものがリーダーを生み出します。共同体内部に新しい指導的立場を作り出し、ある信念や行動に基づいた新しい共同体を生むことすらあります。とてもパワフルになり得るのです。そしてもし、作品の登場人物たちが属する共同体内部でそれが起きたら、語られる物語そのものに影響されて、共同体の中で起きていることが変わるかもしれないのです。結果として共同体に属する人たち自身が、問題解決の有効な手段を見つけるかもしれませんし、運動を擁護するより良い方法を考え出すかもしれません。人を束ねるのが上手くなるかもしれないし、演説が上手くなるかもしれません。共同体内にある対処されていない問題に注目を集める、より効果的な方法を思いつくかもしれません。その問題は福祉の問題かもしれませんし、犯罪や教育機会の不足かもしれませんが、それが何であれ、物語の主題が共同体と観客を繋ぐリンクになるのです。この考え方が、社会正義を促進する映画というものを実践するときには心臓になると、私は思っています。この言葉は未だ定義されていませんし、実際そのようなジャンルが存在するのかすらわかりませんが、ジャストフィルムズに在籍しながら、このジャンルが持っているかもしれない可能性を探っていきたいと思っています。

——テクノロジーを利用できる立場にいるメディア制作者の中には、そのテクノロジーを使って、周辺化された弱者を記録しにいくときに、自分たちの視点の限界を理解していなかったり、メディア制作者としての特権的立場に気づいていない人もいるように思えます。それで相手を良いように利用してしまうんですね。助成申請のために提出された作品でも、そのような例がありますか？

それは誰もが避けて通れない問題ですよね。仕事ができるようになったアーティストが、より巧く作品が作れるようになってきたら、自分はちゃんとバランスをとれているかどうか自問しなければないときが来ます。誰が物語を語っているのか。誰が物語を語らせてもらっているのか。その関係性に内在する力関係は何か。その物語はどう語られるのか。制作することで作動する価値や信念は何か。退行的または破滅的な現実に作品がどのように干渉し、変容させているのか。これはつまり、アーティストが熟知してなければいけないメディアリテラシーです。同じことを別の言葉で言い表す人もいるでしょうが、これからは、このような意識をしっかり持ったドキュメンタリー作家を援助していくことになります。

私が関心を持つのは、ドキュメンタリー作家が自作を語る言葉というより、むしろスクリーンに映っている作品の方です。この素材が観る者に語りかけるのは何か。作家が成し遂げたと信じているものと、実際にスクリーン上で達成されているものが必ずしも一致していないという現象を何度も見てきました。編集というのは、その距離を縮める作業ですよね。でもそのようなことが頭の中にない作家もいます。どこかの共同体をふらりと訪れて「物語盗」を働くような人の作品が、私たちの優先順位の上の方にくることは絶対にありません。そのように制作された作品の場合、無許可の撮影や、居心地悪そうな被写体、お互いに相手を言いくるめようとする撮影者と被写体、そしてカメラとの距離といったものに、制作者の態度が現れます。被写体となる人々や共同体と信頼を構築するために何をしているか、私たちは制作者と徹底的に話し合います。時間の経過につれて被写体が必要とするものや関心が変わったとき、どうやって対応するのか質問します。制作意図や制作の過程について透明性を維持し、隠しごとをしないかどうかも答えてもらいます。

ジャストフィルムズで真っ先に話し合うのは、このような倫理的な点です。ドキュメンタリー作家たちと対話するだけでなく、出資団体とも話し合います。私たちはドキュメンタリー制作チームに協力して、出資団体の基盤とでもいえるようなものを構築することがよくあります。NGO等の団体が制作に参加すると、作品の物語に影響するような問題や関心を持ちこんでくれるからです。そのような団体は、題材となる状況を深く理解しており、さらに深く踏みこむための手段を知っていることもあります。それは物語を構築する場です。動的で反復的な創造の場です。今までドキュメンタリー制作というのは、制約に縛られ直線的でしたが、これからの物語は多重的に創造されるようになります。時間軸と制作過程と公開・配給が多重的に重なり合いながら、シリーズが配信される前、配信中、そして配信後という時間経過とともに変化する文脈や情報にあわせて進化し続けるのです。

――ドキュメンタリー作家によっては、扱う題材にどっぷり浸かってしまって、同意する人たちの耳だけに心地よい説教として仕上げてしまう人もいると思いますが、そういう作家はどう扱いますか？　より広い支持層を獲得しようと願う作家にはどう助言しますか？

何かを語るという過程は、心と深く関係していますよね。人間として本源的な事だと思います。意識と無意識というものに対する理解が深まり、物語が人の心にどう働きかけるかがもっと理解されれば、その質問にもうまくお答えできるでしょうね。私たちが心の深いところに持っている価値体系とはどのようなものなのか。無意識な偏見のように、本人が知らずに持っているものもあるわけですよね。意識と無意識の両方に導かれて行動する人間というものに、どうやったら効果的に動機を与えることができるのでしょう。直接的に擁護してあげれば良いのか。議論を交わすのが良いのか。詩心にでも訴えたら良いのか。何かを信じるという体系を構築するときに、想像力というものはどんな役割を果たすのか。どうしたら人の関心を摑んだままにしておけるのか。物語の中で驚きは、恐れは、そしてユーモアはどのような挙動を示すのか。いろいろ出しましたが、これはまだ序の口です。

そこで、私たちはこんな質問をします。「あなたの場合は、何が効果的だと思いますか?」。例えば「議論はダメです。自分の意見は捨ててください。インタビューで背景を説明してはいけません」というように、制約から始める代わりに。どんな問題も解決できる魔法の公式などは無いのです。状況が違って観客も違えば、解決法も違ってきますから。物語は雪の結晶のように複雑で繊細です。制作に関わる人の数だけ、そして受け手の数だけ、複雑さは増していくのです。一つ私から言えることがあるとすれば、制作中に素材を人に見せることに慣れておくのが、ドキュメンタリー作家にとって不可欠だということですね。そうすれば、自分と同じ意見を持っている人だけを相手にしているのか、それとも自分が新しい意見を作り出そうとしているのか、あるいは理想的なことに両方か、ということが理解できますから。

――世界中に散らばる観客に声を届けることの難しさというのはありますか？　語り手も受け手も、それぞれまったく違った文化や宗教と言った背景を持っているわけですが。

物語を語るときには、特定の何かに普遍性を見出すための議論がつきものですが、根っこにあるのは人間という存在、そして人間の条件です。全体を見渡せば、相違点より類似点の方が多いのが人間というものです。その認識が私たちが関わる作品の出発点です。そこから始めて、人々の想像力をつかむ物語の形を見つけようとします。それぞれの人生経験や価値観に訴えられる形を。作品によって考え方を拡げ、よく理解していなかったことを理解したり、拒絶していたことを理解したりするようになってほしいのです。

これは私の意見ですが、視覚的な物語というのは、特に国際的な正義という問題を扱う際に適していると思います。視覚的な物語は博愛と言葉、そして感情と知性を通じて心に作用します。人々の違いを超えて、本能的な反応を引き起こします。視覚というのは本質的な感覚で、たとえどこかがおかしいものでも、私たちは目で見たものを信じてしまうものです。目に見えるものは「真実」のある側面を表すもので、この嘘と誤魔化しに満ちた偽物の世界では、かつてないほどに本物が渇望されています。この、本物と偽物の間に横たわっている溝を埋められるのが、私たちが作る物語だと思います。

このような視覚的物語というのは、全身で体験するものです。そして、先ほども言いましたが、私たちが作る物語が最終的に描いているのは、いつも人間の尊厳です。傷ついた者を癒す力を持ち、隠された真実を暴き出す力を持っています。それは、正義というものの本質そのものです。「どうやったら尊厳を回復できるか、あるいは、尊厳というものとは無縁の社会や共同体に、尊厳という土台を築くことができるのか」という問いかけに応えようとする対話をさらに活発にする働きが、視覚的な物語には自然に備わっているというわけです。

――ドキュメンタリーはアートか、それともジャーナリズムか、それとも別の何かだろうかという議論に関連して、ご自身の仕事についてどうお考えですか? あなたが関わる作品が、そこを越えると「ドキュメンタリー」ではなくなるという限界みたいなものがありますか?

私たちが理解していたジャーナリズムの定義と、第四の権力というジャーナリズムの伝統的な機能は、根底から変わってしまったと思います。インターネットが新しいネットワークと情報源をもたらしました。それは、ブロガーたち(第五の権力と呼ばれることも)をはじめとした、既存の情報源から離れた、利益追求を目的としない、独立した情報源です。特に重要なのはインディペンデントの映像制作の台頭です。このような混乱は、一つにはジャーナリズムを機能させてきたビジネス・モデルの崩壊に起因します。そしてもう一つは、私たちの理解が変わったことにも原因があります。物語の語られ方、語られた物語の拡がり方、情報の集められ方と分析のされ方、そして視点の持ち方に対する理解です。ジャーナリズムが依拠してきた、中立性、客観性、公平性、正確性という古典的な定義そのものが精査されています。中立とは何なのか。それは有効な概念なのか。中立性が真実を曇らせてしまうことはないのだろうか。公平であるために必要な理解は、いつ得られるのか。正確さとはどのような要件で構成されるのか。何らかの視点から語られることを避けられない物語という世界の中で、客観性の獲得とはどういうことなのか。ジャーナリズムを定義づける基準そのものが、進化を続けているのです。

私たちが援助するドキュメンタリー作家たちには、正確さと公平さを守るようにお願いしています。クリエイティブ・ストーリーを語る上で、中立性と客観性は、正確さと公平さほど役立つ基準ではありません。私たちが援助するアーティストたちは、そしてドキュメンタリー作家たちは、とりわけノンフィクション映像作家たちは、他に先駆けてそのようなジャーナリズムの再定義を行っているのです。多様で複合的な視点、そして支配的な物語を中断するような視点にいつになく手が届きにくい時代を生きている私たちですが、私たちが援助する作家たちは、そんな時代にジャーナリストが果たすべき機能を果たしているのです。

この文脈の中で、ジャストフィルムズが援助するドキュメンタリー作品や複合的なプラットフォーム用の作品は、いわば長文のジャーナリズムのような役割を負っていると思います。作家がジャーナリストであることも、登場人物がジャーナリストであることもあります。『シチズンフォー スノーデンの暴露』は、そのような二つの流れの合流が作品として結実した最高の見本ですね。この作品がプライバシー、監視、内部告発者の保護等とても重要で幅広い問題を伝えようとしていたので、フォード財団とサンダンス・インスティテュートで援助することにしたのです。ローラ・ポイトラス監督はアーティストでしたが、どの組織にも属さないジャーナリストに転向しました。そして、エドワード・スノーデンによる告発に触発されて作られたデジタル・ジャーナリズムのためのプラットフォームであるザ・インターセプトに、二一世紀最大級の暴露記事を寄稿しました（ファースト・ルック・メディア社によって運営されるザ・インターセプトは、ローラ・ポイトラス、グレン・グリーンウォルド、ジェレミー・スカヒルによって創立された。https//firstlook.org/theintercept/）。

――そこには大きな責任が伴いますよね。

そうです。そして、自分の行動を説明する責任も。昨今ニュースとして流通しているものの多くは、特定のイデオロギーに染まっています。コメディやドキュメンタリー、そしてインディペンデント映像作品や連続ドラマの方が、よほど繊細に時事問題を議論していますよ。

――批評家も一般大衆も、ドキュメンタリー作品に見られる創造性を見落としているという問題が絶えず存在します。かつてドキュメンタリーと呼ばれたものとは違って、とてつもなく幅広い表現になっているということが、なかなか理解されないという問題です。

今は少しマシかもしれませんね。ドキュメンタリーが持ち得る創造性と力強さというものに、皆気づき始めているのではないでしょうか。商業的な環境で、劇場公開されるドキュメンタリーは増える一方です。デジタルというプラットフォームから一定の収益を確保できる作品も増えています。ネットフリックスは『ザ・スクエア(未)』や『ヴィルンガ』を配信しました。HBOやパーティシパント・メディア、CNN、A&Eネットワーク等のプラットフォームは、我さきにそれぞれ自社のブランドと加入者たちのカラーにあった作品を漁り始めました。そしてPBSが『アクト・オブ・キリング』を放映したのです。すべて、ノンフィクション映像作家たちの層の厚さと、広さ、そして彼らの溢れる野心の現れなのです。ドキュメンタリーは求められているのです。より主流な文脈で好意的な批評を集めています。もちろんテンプレート的な作品はあります。何かの論点を俯瞰して説明するための作品。素晴らしい風景の前で専門家たちが問題を論じる作品。そして登場人物主体の三幕構成の作品もあります。でも中には、映画という形式をひっくり返すような、並外れた作品もあるのです。

――あなたの目で見て、ドキュメンタリーの境界が破れてノンフィクションがフィクションになってしまう線はどこだと思いますか？　例えばリアリティ番組のように、撮影のための仕込みということが許されるのはどんなときですか？

私たちが援助する映像作家にとって、意図を隠さないということは何よりも重要です。例外はあります。例えば、『ヴィルンガ』のように潜入調査をして撮影する場合。そして、近年ノンフィクション映像の表現として独自の発展を遂げた再現映像。『アクト・オブ・キリング』が良い見本です。この作品の監督のコンセプトは、書かれた脚本に従って登場人物にある決まった行動をとってもらうことでした。それでも、その結果として何が起きるかは予測できませんでしたし、撮影の方法は明確に伝えられました（ジョシュア・オッペンハイマー監督が二〇一二年に制作したこの作品では、一九六〇年代中期に活発に活動したインドネシアの死刑執行部隊の元メンバーたちに、その経験を再現してくれるように監督が依頼した）。

この再現という手法を利用して、その映像は本当に起きたことの記録だったのか、それとも何らかの再現だったのか釈然としない印象を生んだ作品もたくさんあります。そこには、とても興味深い力が発生します。そのような作品は観客の心を操る力が強く、むしろフィクションとして機能するように見えます。もともとドキュメンタリーとして分類されていたもので、のちにフィクションに再分類されたものさえありました。これが意味するものを考え続ける価値はありますね。私が知りたいのは、どこまでなら許されるかということです。どのように作品の主題を明確にしていて、対話を継続するために有効かどうか。

面白いことにヨーロッパでは、フィクションとノンフィクションの違いが、さほど強調されないということです。まず何よりそれは映画であり、フィクションもノンフィクションも、お互いの道具や方法を拝借して物語を語るものだという認識です。一方アメリカでは両者の違いは常に議論の的です。これは私たちが、何を信じれば良いのかと常に心配していることの現れかもしれません。嘘をついていないのは誰かという心配です。

先ほども言いましたが、ノンフィクション作品に取り組むアーティストは、真実や正確さに対して責任を負うと私は思います。しかしフィクションも物語の一つの形です。それは実体験を抽出して、観客が理解しやすい物語という形にして提供したものです。私のお気に入りの言葉があるので引用します。「人生は誰かが生きるもの、物語は他の誰かが語るもの」というのですが、つまり物語は実際に起きた事象そのものではなく、起きた事象について語ることなのです。だから、その物語がノンフィクションなら、現実との繋がりを切ってはいけないのです。実際にその作品を成立させるものがこの世になかったら、あるいは、それがほとんど想像の産物だったら、創作かどうかというスペクトラムの上でその作品はドキュメンタリーから離れていきます。現実を描いているというなら、その作品はノンフィクションに近づくのです。

――ジャストフィルムズの活動目的の一つに、確実に「市民に対話を促し、共同体を積極的に巻きこむ」企画を援助するというのがあります。あなたが援助するメディア・メイカーたちに、制作のどの段階でインパクト戦略を始めるように奨励しますか？　早いほど良いとお考えですか？

物語を構築しながら市民や共同体との対話をどのタイミングで始めるかということは、作家次第というのが私たちの方針です。個人的には、物語の構築は未来の観客を構築する過程を鏡のように映すと信じているので、必要なら同時進行で良いと考えています。クラウドファンディングによって、観客は制作の初期から作品を資金面で援助することができます。ＮＧＯ等の出資団体は、観客になるかもしれない人たちに繋がる巨大なネットワークを持っているものです。受け手が登場人物を紹介してくれるかもしれません。知らなかった情報を教えてくれるかもしれません。そして作品の拡散に手を貸してくれるかもしれないのです。制作が何年も続くうちに文脈が瞬時にして変わる可能性があるので、市民や共同体を巻きこむ時期が早ければ、物語そのものも変わるかもしれません。時事問題を扱う作品の制作プロセスは、時間経過にあわせて直線的であるとは限りません。引いては寄せる波のように進むかもしれないし、螺旋のように渦巻くかもしれません。違う土俵で、異なるプラットフォームで、同時に進行しても構わないのです。

――共同体を巻きこんでいくときに、作家が用意しておくべき答えみたいなものはありますか？

「誰に伝えたいのか。この物語によって何が起きてほしいのか。観る人にどのように理解してもらいたくて、その表現方法を選んだのか。この物語に自分が持ちこむ層は何なのか」という問いに対する答えですね。とても良い見本があります。『楽観主義者たちの革命（未）』（ニコル・ニューナムとマレン・グレインジャー・モンセン、二〇一三年）という作品です。最初は、コルカタ近郊にある水道も電気も引かれていない共同体［スラム］に教育と文化を提供しようとするインドにあるNGOの話でした。水道のような最低限の社会資本も存在しないところに、芸術、スポーツ、そして教育を持ちこもうとするアムラン・ガングリーという弁護士の話です。

しかしその予定は制作中、ガングリーや出資団体との対話を進めるうちに変わっていきました。どうなったかというと、この共同体に住む若い人たちが、ガングリーの活動によって力づけられて自分たちの共同体を支え始めていて、それに制作者たちが気づいたのです。一一歳から一三歳までの少年・少女が共同体を代表して活動を始めたのです。水道が機能していない場所や水が汚染されている場所を調べて地図を作り、ゴミの回収が行われなかった日を記録し、予防接種を受けられなかった新生児がいたらそれも記録しました。若者たちは、非公式な共同体の繋がりの中で生きる、という物語の中心的な登場人物になったのです。わかっておいてほしいのは、この共同体に住む人々には尊厳すらなかったのかというと、まったくそんなことはなかったということです。実際はかなり高度に社会的な集団だったのです。確かに水道など様々な公共的サービスが剝奪された地域ですが、全員がこの窮乏に負けずに生活し、誰もが強い家族の絆に支えられていたのです。それは時間をかけて段々わかったことでした。例の若者たちを追いかけるうちに見えてきたことで、制作者たちもそのことを予期していなかったと思います。この作品のお陰で最終的に、若者たちは全国的に、そして世界的に有名になったので、インド政府はこの共同体のために水道を敷設しました。そして若者たちが作ったアプリは、ゲイツ財団とグーグルの支援を受けています。すべては作品の影響です。

そういうわけで、アーティストは、目の前で絶え間なく進化し、急激に変化する物語に対して常に心を開いていなければならないのです。いつも考えてなければならないことは「私はどんな物語を語っているんだろう」です。「この物語の主要な登場人物は誰だろう」ではなく「何を伝えられるんだろう」です。制作中に登場人物は変わりますから。この作品の場合、最後に残ったのは、共同体のリーダーになる若者たちの物語。当初考えていたものとはずいぶん違う物語になったのです。

文芸作家はよく、自分が創造したキャラクターが勝手に動き出して話を作り出すと言いますよね。作者はすべてを創造しているというより、勝手に動き出したキャラクターのためにお膳立てをしているにすぎないような気がすると。映像制作者も似たようなことをするのだと思います。どこかに何か社会的不正義があり、または挑むべき何か、劇的な何かがあることを感じ取って、一連のアイデアを携えてその問題を記録しに行ったけれど、最後には全然違う場所にたどりつくわけです。そんなときにアーティストに何ができるかというと、文芸作家でも映像作家でも、常に最初に心に抱いた意図に忠実にあり続けながら、さらに深く掘り下げ、変化し続ける物語に紐づけておくことです。ただし一貫して辻褄が合うようにしておかないと、折角の物語を見失ってしまいます。

――今のお話を聞いて、サンダンス・インスティテュートのドキュメンタリー編集と物語ラボのことを思い出しました。映像作家がメンターの指導を受けながら、物語の編集と登場人物の開発、そしてドラマチックな構成について学ぶというセミナーです。セミナーがどのように展開するか、お話してくださいますか？

ロバート・レッドフォードがサンダンス・インスティテュートを設立して以来変わらないのは、そこで開講されるすべてのセミナーは、アーティストと作品の関係を中心に設計されているということです。アーティストが充足した環境で生活できることが、最も力強い物語を生み出す鍵だという信念に基づいて、私はサンダンスでセミナーを編成していました。だからセミナーの期間中は、外部のつまらない心配事は一切遮断しました。すべてが至れり尽くせりです。食事、宿舎、共同体、集中できる環境、専門的な見識、仲間意識。力強い物語を生み出すための技術的プロセス、語りのプロセス、人間的なプロセスに対する深い理解。さらには、アートは人間の心の一番深いところから現れ出るものであり、創造は喜びと苦痛を伴う作業だという理由で、祝福の儀式のような心を癒やす催しも取り入れました。私たちが用意したものはすべて、参加したアーティストたちのビジョンと、経験豊かな専門家たちによって構成される共同体が提供する知見とが一体化する過程を支え、加速を促すためにあるのです。通常四〇人ほどで構成される編集と物語ラボでは、参加者は五から六の制作チームに分かれ、助け合いながら一〇日間を過ごします。編集助手フェローシップを開設したときには、編集者と監督だけでなくプロデューサーも招きました。より包括的な内容を提供することが出来ますし、しかもセミナー終了後も仕事という形で続いていく職業的な繋がりを築くための手助けになりました。

アーティストたちによって繋がれた映像素材が何を伝えているのかを本人たちに気づいてもらうことに、多くの時間を割きました。伝えたいと思っていることが、ちゃんとスクリーン上に映し出されているかどうかを理解する手助けをするわけです。私たちは、自分の体験から生まれた主観に基づいて行動するので、自分が伝えたいことと、相手が理解できることが必ずしも一致しないということを忘れがちです。人間の複雑さにはいつも驚かされます。そして、視覚的な物語を観る経験と、観たことで起きる反応は、人間の感覚を総動員した総合的な体験だということに、何度でも驚かされます。視覚や聴覚、視聴環境によっては空間すら含む、私たちを取り巻くすべての物理的現実に働きかけるのですから。

「作品を観た人たちに何が伝わるか、当然わかっている」と言ってはいけないのです。他の人と一緒に作品を観てフィードバックをもらうという作業を何度も何度も繰りかえし、鏡に自分の顔を映して見るように他人の目を通して作品を観てみない限り、本当に何が相手に伝わったかなんてほとんどわからないはずです。それをやると、作品の質は飛躍的に向上します。セミナー参加者に聞いた話から推測すると、このプロセスを経ることで、制作期間が六から八ヵ月短縮されることになります。参加したドキュメンタリー作家たちは、セミナーでやったことを実地でもやってみているということですが、セミナーほど密度の濃いフィードバックループは得られないので、ずっとのんびりしたペースになっているでしょう。

――興味深いですね。今おっしゃったことは、ドキュメンタリー作家が避けてとおれない大問題に関わっていくことでもあります。いかにして作品を完成させるための時間と支援体制を確保していくか、ということです。

まったくです。今アメリカでは、芸術に対する十分な支援が無いことで、多くの機会が失われてしまっています。サンダンスが提供するような研修制度が国中でできたら良いですね。一定期間そこで暮らし、どっぷり集中的に助言を浴びながら制作するという制度を支援する仕組みがないのです。このような体験から新しい共同体を生みだし、可能性を増やし、技術や知識や繋がりを深め、より良い物語をより早く作れるようにするのですから。

――ドキュメンタリー作品の持つ多様さと、ドキュメンタリー制作に駆使される創造性を考慮したとき、誠実さという件についてはどうお考えですか？　そして誠実であるというのはどういうことだとお考えですか？
ドキュメンタリー作品はどれも編集され、操作され、主観的である一方で、世界を変えようとする作品は誠実さと正確さを手放してはならないということに関してです。

私たちが支援するようなノンフィクション作品は、なによりもまずアートの一形態だと信じています。真実とは何かという話は別にして、真実を掘り起こし経験させるのがアートですからね。ドキュメンタリーとは何かという定義は固定されていないので、フィクションかノンフィクションかという論争がいつになっても終わらないわけですが、物語を語るということは、語られている事象を起きたとおりに再現することではありません。それは証拠書類のようなドキュメンテーションであって、ドキュメンタリーではないのです。ノンフィクションが何かと言えば、それは人間という体験を部分的に理解するということです。それは、他の人たちの心にも響いてほしいという願いをこめて世に出されるのです。視点は振り返るものでも未来を向くものでも構いません。ノンフィクションは、美と畏敬を体験したいという衝動かもしれませんし、あるいは、沈黙させられていた情報や体験かもしれません。中には観る者の心をまんまと巧く操るようなものもあります。映画というものは、まるで記憶のように観る者の心を操って、いろいろな真実を合成する術に長けているのです。私たちがジャストフィルムズで支援する作品は、私たちに何かを教え、前進させてくれる作品です。情報や知見の不足を助長させるような物語は、暴力と絶望をもたらすだけですから。

――そのお話を、もう少し詳しく伺えますか？

視覚的な物語の語り手がノンフィクションに惹かれるのは、それがとても力強い形式だからということもあるでしょうね。本物を渇望する気持ち、そして理解したいという気持ちを満たせる感情的かつ知的な体験を与えてくれますから。人はもっと理解したいという性質を持っており、ノンフィクション作品は人間の普遍的な体験を解明するために作られることが多いです。つまり、私たちが望んでやまないもの、例えば最後に勝利する正義や、巨大な障害の克服を、ドラマチックに肯定してくれるのです。ノンフィクションは、自分以外の誰かがどのように生き、どんな価値観を持ち、どう決断したかを教えてくれます。しかも現実の重みを伴って、私たちの心を強くつかみます。二一世紀の世界を体験するということは、理解不能に複雑で、常時接続で、圧倒的で、混沌に満ちていますから、なおのこと説得力を持つのです。

――ノンフィクションという分野で活動を始めて間もないドキュメンタリー作家に、何か助言はありますか?

役に立つ一〇のアドバイスの類は探せばすぐ見つかりますから、基礎的な助言は省きましょう。私自身の、そして多くの人と協働した経験から言えるのは、特にノンフィクションの場合、自分が伝えたいことを常に把握することと、作品を制作しながら支援してくれる人の輪を広げていくことが、不可欠だということです。伝えたいことが何なのか、最後に理解しているかどうかは、あまり重要ではありません。知っていなければならないのは、あなたがなぜそれを伝えたいか、そしてなぜ伝えるプロセスに従事することにしたのかということです。あなたというアーティストは、何を理解したいのか。「どうやったら、この作品を完璧な形にできるだろう」とか「最終的にはどんな形にしよう」といったことをゴールに据えるよりも、自分に動機を与えたのは何で、それをどうやって形にして、制作のプロセスに関わる人たちに伝えれば良いのか悩むべきなんです。映像制作という物語は、本質的に参加型のプロセスで、ドキュメンタリー作家は、物語を作っている制作側の人とも、物語の登場人物とも協働するのですから。現代の現実に関わりながら視覚的な物語を作ることは私の知る限り最も難しい仕事の一つでありますが、深い満足を与えてくれるものでもあります。アーティストとして、そして人として、なぜカメラを持ってそこに行ったのかを理解しながら協働関係を築ければ、長い道のりもずっと楽なものになります。

Chapter 20

Stanley Nelson

スタンリー・ネルソン

スタンリー・ネルソンは、エミー賞を五回、ピーボディ賞を二回、二〇〇二年にはジョンとキャサリン・マッカーサーのマッカーサー基金からフェロー奨学金（〝天才〟賞として知られています）、そして二〇一三年にはオバマ大統領から米国人文科学勲章を授かりました。彼の作品のうち以下の八本はサンダンス映画祭に招待されました。二〇一五年の『ブラックパンサー党（未）』、二〇一四年の『フリーダムの夏（Freedom Summer）』、二〇一一年の『フリーダム・ライダーズ（未）』、二〇〇七年の『ジョーンズタウン（未）』、二〇〇四年の『私たちの家（A Place of Our Own）』、二〇〇三年審査員特別賞を受賞した『エメット・ティルの殺人（The Murder of Emmett Till）』、二〇〇〇年の『マーカス・ガーベイ：私は嵐の中にいる（Marcus Garvey: Look for Me in the Whirlwind）』そして一九九九年に表現の自由賞を受賞した『黒人記者：剣を持たぬ戦士たち（The Black Press: Soldiers Without Swords）』の八本です。

ネルソンは二〇〇〇年に、エミー賞を受賞した脚本家で慈善基金の重役でもある妻のマーシャ・スミスと共にファイアライト・メディアという独立系制作会社を創業しました［マーシャ・スミスは現在ファイアライトの社長］。そして二〇〇八年、二人は会社のミッションを拡張し、新人映像作家のためのメンバーシップ制プログラムであるファイアライト・プロデューサーズ・ラボを始めました。二〇一五年にはプロデューサーズ・ラボは、マッカーサー基金によって「創造的で効果的な組織賞」を与えられた世界でたった九つの非営利組織の一つになりました。この賞と共に与えられた五〇万ドルは、ラボの運営に役立てられています。

ネルソン監督とのインタビューは二〇一五年一月、サンダンス映画祭で『ブラックパンサー党（未）』がプレミア上映されてから程なく行われました。彼は既に『奴隷貿易：新世界の創造（The Slave Trade: Creating a New World）』と『私たちは立ち上がる：黒人大学の物語（Tell Them We Are Rising: The Story of Historically Black College and Universities）』という二本の新作に取りかかっていました。『ブラックパンサー党（未）』で始まったアメリカ再訪三部作が、この二本で完結することになります。

――作品に対するアプローチの方法論として、物語ということを意識されますか？

同じ作品というのは二つとないわけですが、私の場合は必ず物語の始まり、中、終わりを探します。作品を貫く一本の糸は何なのか。それは何についての話なのか。Aで始まりBになってCで終わるというのは見ればわかりますが、そうではなくて、そこにあるすべての部品を見ようとします。

――例えばアメリカの公民権運動のように、視聴者に馴染みのある題材を扱うとき、目新しい情報や新鮮な洞察を見つける方法論はありますか？

理由はいろいろ考えられますが、私が扱った題材は、ほとんどの場合ちゃんと語り尽くされていなかったり、大衆にちゃんと知られていなかったりするものが多いのです。ですから、その題材について話をするだけで新鮮だと受け取られました。自作を俯瞰してみて思ったのですが、私はある物語の舞台裏にいた人たち、つまり無名な人たちに注目する傾向がありますね。その上で可能な限り多角的にその題材について語ろうとします。

『フリーダム・ライダーズ（未）』（一九六一年の五月から一一月にかけて、一台のバスに同乗して人種差別反対と自由を訴えながらアメリカ南部を行脚した白人と黒人たちの物語）を作ったときは、フリーダム・ライダーズと呼ばれた当事者たちに会ってインタビューしました。当時のアラバマ州知事をはじめ、連邦政府側の視点を持った人たちにもインタビューし、バスが立ち寄った場所でどんなことがあったか土地の人たちからも話を聞きました。物語を可能な限り異なる側面から捉えるためです。バスに乗っている人が気に食わないからといって、バスに放火までしてしまうものなのでしょうか。得てして人というのは、その時に最も理に適わない判断をしてしまうものですが、バスを燃やしたり、銅パイプを振りかざして襲いかかろうと思ったりした理由が何かあったはずなのです。

それから、視覚的にいつもとは違った物語にしたいという意図がありました。公民権運動にまつわる映像は見覚えのあるものが多いので、誰も見たことのない写真や映像を見つけて、同じ物語でも新しい見せ方で語ろうと思ったからです。

――学生や新人ドキュメンタリー作家に対して異なった視点の可能性を探ることの重要さを説明するとしたら、あなたならどう伝えますか？

どんなことに対しても、様々な意見があるということを見せるほど、物語は強くなると私は信じています。今日の視点で見れば、反対側の意見の裏にあるものは見透かせますよ。その人がバスに乗った人たちを襲ったことは正当化されず、たんにその行動の誤りが示されるだけです。

今、喋りながら、私が作ったブラック・パンサー党に関するドキュメンタリーのことを思いだしました。当事者の警察官たちに話を聞いたのですが、どの警官も理性的で話す内容はちゃんとしています。このような視点は、作品に役立つものだと思います。ドキュメンタリーを観る視聴者は、「なんだ、加害者側の話はしないのか?」と心のどこかで、無意識でも思っているはずです。反対側の立場の人に話を聞くことで、そのモヤモヤを少し消してやれるわけです。

――ただ漫然と物語を語るより、証拠を提示して議論を構築した方が作品に役立ちますよね。複数の視点を与えることで、それぞれの証拠が持つ意味を、作品が自ら語り出しますから。

その通りですね。私たちは作品をつくるときに、そのようなことも考えているのだと思います。事実を積み重ね、議論を展開し、物語を語るのです。巧みに構築された作品というのは、そうでしかありえないという説得力を持つものですが、なかなか簡単にそうはなりませんよね。だから私は、学生たちに同じ題材を扱った作品を複数観るように勧めます。

――あなたの作品『エメット・ティルの殺人(未)』は一時間のドキュメンタリーでしたが、構成がとても明快でした(一九五五年、シカゴからミズーリ州マニーを訪れたアフリカ系の少年ティルが地元の白人二人組に殺害されるが、全員白人で構成された陪審によって犯人は無罪になり、その後二人はルック誌の記者に真相を打ち明けたという事件)。あなたは、作品の冒頭で事件に関する当時のニュース映画を使いましたよね。そのように作品を始めると決めた経緯を話していただけますか?

あのニュース映画は、事件に関する全体像を与えてくれる最高の素材ですが、私たちは報道映像が持っていないドラマチックさを求めていました。誘拐殺人の詳細を説明するためにニュース映画を中盤に挟んでみましたが、効果的ではなかったので使わないことに決めたのです。その後ちょっとした思いつきで、私が「市民ケーン的瞬間」と呼ぶ方法を試してみることにしました。ケーンが最初に物語の全容を話した上で、その詳細を見せながら物語をなぞっていくというやり方です。そこでニュース映画を導入部で使うことにしたのです。

――この作品の構成を見ると、ニュース映画で始まる導入部はたんに殺人事件という本筋を垣間見せる以上の重要な役割を果たしていますよね。インタビューの断片を使って殺人事件より大きな主題があることを示しつつ、この作品が投げかける「問い」が提示されているからです。この一件がすべてを変え、怒りを爆発させるきっかけになったという物語です。

この作品は、ミシシッピとシカゴ［南部と北部］という二つの文化の衝突に関する物語でもあると、最初から感じていました。もし殺された少年がシカゴから来たのでなければ、少年の母親は棺桶の蓋を開けたままにするよう要求しなかったと思うんです。少年の母親が雑誌や新聞を利用して息子の殺人を報道させられたのは、シカゴに住んでいたからだと思います。そうでなければ、南部でよくある黒人殺害事件の一つとして報道すらされなかったはずです。これは、ミシシッピの文化を理解していないかった少年の物語でもあります。彼は通りすがりの白人の女性に口笛を吹きますが、おそらくふざけていただけです。それがどういう意味を持つかわかっていなかったのです。そしてこれは北部と南部の間に存在した不文律の物語でもあります。南部が何をしても北部は目を瞑るという不文律です。それこそが、このエメット・ティル殺人事件の肝なのです。母親のメイミー・ティルの訴えによって、北部は南部を無視できなくなったのです。

――導入部以降、あなたは物語を進める仕掛けとして二つのシークエンスを使いました。一つ目によって、当時のミシシッピ州の田舎を支配していた差別的な空気を描きだし、二つ目でティル少年を紹介し、さらに彼が住むシカゴという都会と南部の違いを明確に描き出しています。この二つのシークエンスのお陰で観ている私たちは、何も知らないティル少年が南部で出くわすかもしれない危険を察知します。少年を待ち構えている運命を私たちは知っていますが、そのことは忘れて彼の身を案じずにはいられない演出になっていますよね。

作品という旅に同行できるように、巧く視聴者を導いてやるのは重要だと思います。作品中でそんな演出が一番よく表れているのは、シカゴの場面で登場する女性が当時を振りかえって「ロックンロールにあわせて踊ったものです。女の子はプリーツスカートを、男の子はゴム底の靴をはいて」と言うところです。最後の方で、殺人犯の二人がルック誌に真相を打ち明ける場面でこう言います。「彼の服も靴も燃やしちまった。でも、靴はゴム底だったから燃えなかった」。それだけ。それ以上は言わない。視聴者が二つの点を結びつけてくれることを期待しているわけです。受け手に発見してもらいたいからです。そうすることで、少しでも観ている人を物語に引きこめるという狙いです。

——再現映像を使う基準はありますか?

基本的に再現は最低限と言うのが、私の方針です。その方が良いと感じるからですが、もう一つ理由があるとすれば、再現映像はとても扱いが難しいからです。完璧でなければいけないでしょう。「あ、芝居ね」とか「何だ、あのバス。どこで見つけてきたんだ?」とか思われたらお終いですからね。作品の中に無理なく存在していなければ台無しなので、最低限にした方が良いと思うのです。それでも、何も見せるものがないという事態は発生します。『エメット・ティルの殺人(未)』の場合、少年が誘拐された夜の映像も写真も存在しません。『フリーダム・ライダーズ(未)』を作ったときには、視聴者にもバスに同乗している雰囲気を味わってほしかったので、バスのショットや路上を疾走する車輪の画をたくさん使いました。それで臨場感を感じてほしかったのです。

——良い物語の語りというのは、話すべきことと隠すべきことの違いを知っているということですが、主題に対して誠実でありつつ何を見せて何を見せないか選択する秘訣はありますか?

最初に考えるべきことは、その物語の始まりと終わりをきちっと決めることでしょうね。それは撮影前に紙の上で決まることもありますし、編集しながら決まることもあります。最後までなかなか決められないこともあります。

『フリーダム・ライダーズ(未)』では、非暴力の思想に時間を割きたいと思いました。ガンジーに始まって公民権運動に至るまで続く非暴力の系譜ですね。様々な人が、ガンジーとインドの独立運動に影響を受けたとインタビューで答えてくれました。ガンジーは、インド人はマジョリティだが、アフリカ系アメリカ人はマイノリティなので、非暴力・不服従の真価はアメリカで試されるだろうと言いました。どうしたらマイノリティが世界を変えることができるのか、ということです。しかし制作が進むうちに、そのようなトピックがこぼれてしまうんですね。何度もそのような目にあいました。物語を進めなければならないからです。映画を一九四七年のインドから始めるわけにもいきません。一度物語が転がり出すと、振り返って別のことに話を戻しにくくなってしまいます。本なら章を増やすだけなので、もっと簡単にできますけどね。

というわけで、最初に決めるのは「さて、この物語はどこまで踏みこめる物語なのか」ということです。どこで終わるかというのは、作り手が勝手に決めている部分がありますよね。『ブラックパンサー党(未)』は、党が解散する一九八二年で終わってもよかったわけです。長い時間をかけて解散に至りましたから、最後まで党を追うという選択肢もありました。ロバート・ウィリアムズという銃による自衛を訴えた男〔反非暴力思想で党に影響を与えた〕の話で始めるという案もありました。ワッツ暴動について丸々時間を割くという案もありましたが、編集段階で無理だとわかりました。だから、物語がどこで始まってどこで終わるか、最初に決めた方が良いということです。それがないと、物語の語り方が見えなくなるからです。

始まりと終わりが決まった。そうしたら作品中に入ってくる複数のシークセンスについても考えなくてはいけません。色々な切り口を持てるように、なるべくたくさんのシークエンスがほしいわけです。

――どのシークエンスを選ぶかは、切り口があるかどうかで決めるわけですか？

一つ、『フリーダム・ライダーズ（未）』を例に話しましょう。南部の北の端にある街でバスが止まります。そこでバスの乗員たちは襲撃を受けますが、バスに戻って旅を続けます。私と制作チームのみんなで「この一件はどこにも繋がっていかないな」と話し合ったんです。どういうことかというと、彼らは行く先々で襲撃を受け、もっと大事なイベントに繋がる場所が他にあるわけです。たんに襲撃に次ぐ襲撃を見せるだけでは、観ている方が疲れてし

ディフォーマリー公園で、ヒューイ・ニュートン釈放を求めて抗議するブラックパンサー党員たち。Photo: Stephen Shames, used by permission of the filmmakers

まいますからね。

——私はシークエンスは章のようなものだと説明するんです。各シークエンスが物語全体を前に進めるけれど、独立している章のようなものだと。

まさにその通りですね。話を進めないシークエンスは、ただ意味もなくそこにあるだけです。観客は「ただあるだけだ」と気づきます。「良い物語だけど、結論がなかったね」とは言われないかもしれませんが、でも違和感は覚えられてしまう。だから、どのシークエンスにもちゃんと物語を進めてもらわないと困るわけです。

『ブラックパンサー党（未）』では、ロサンゼルス銃撃事件を扱っています（一九六九年一二月八日の早朝、警察がロサンゼルス市内のブラックパンサー党本部を急襲）。他にも警察とブラックパンサー党の銃撃事件はたくさんありましたが、ビデオ素材が豊富に存在したのでロサンゼルス事件を選びました。警察との衝突は五時間に渡ったので、マスコミが取材する時間がたっぷりあったのです。はっきりした理由はわかりませんが、警察はマスコミに至近距離で取材することを許可したのです。これはとても重要な事件でしたが、条件がそろえば他の銃撃事件でもあり得たわけです。

『ジョーンズタウン（未）』は、とても分かりやすい例ですね。ジム・ジョーンズ［人民寺院の教祖］の破天荒な性生活についてはいろいろな逸話があります。誰に聞いても何か教えてくれる。でもジム・ジョーンズの性生活の話を一〇個並べるわけにもいかないので、いくつか厳選して彼の性癖を描き出すのに使いました。選びたいのは、観た人の心に刺さる話です。最も具体的な説明になる物語です。誰にも理由が説明できなくても、心に響く話と響かない話があります。そしてそれは、物語を支える視覚的なものの有無で決まるときもあります。

――ちょっと『ジョーンズタウン（未）』の話をしましょう（カリフォルニアに基盤があった人民寺院はジム・ジョーンズ教祖によって始められた新興宗教で、一九七八年一一月、九〇〇人以上の信者を巻きこむ集団自殺および殺人がガイアナで起きた）。この事件を扱った作品のいくつかは、人民寺院の信者たちをただの狂信的なカルト信者として描きました。しかしあなたの作品は、ガイアナに至るまでの信者たちの転落の道のりに視聴者を同行させることに成功しています。そして、その道のりの中で「何が普通か」という基準はどんどんぶれていきます。信者たちのたどった道を歴史的な視点で描き直して、人として彼らを描くことが、あなたの目標だったのですか？

そうです。私がこのジョーンズタウンの物語に興味を持ったのは、ラジオで人民寺院の元信者が話をしていたのを妻と一緒に聞いたのがきっかけでした。ジョーンズタウンの集団自殺事件の何周年かのときに、ラジオで聞いた信者たちの声は狂信的ではありませんでした。進歩的で素晴らしい活動をする教団に参加し、互いに愛情を持って接しあい、すべては素晴らしかったのに、やがてひどいことになってしまったことを、淡々と語っていました。それを聴きながら、それまでとは違った見方でこの事件について考えるようになりました。誰に聞いても、九〇〇人を超す狂信的な人々の集団自殺の話が帰ってきますよね。でも、そもそも九〇〇人の狂人を集めることなんて、どんなに頑張っても無理です。つまり、この人たちは理性的な部分があったわけです、ある時までは。そこで、この人たちがたどった道のりを、視聴者たちに同行してほしくなったわけです。理性的な人たちがこの得たいの知れないものに参加して、何年も離れようとしなかったのはどうしてか。そこでは一体何が起きていたのか。

――三幕構成で作劇したのは意図的でしたか？

いいえ、意図的ではないと言わざるをえません。三幕が何かは知っているし、もしかしたら頭の片隅にあったかもしれないけれど、意図的に使ったということではありませんでした。

――私自身は、人間の思考の中に三幕構成があらかじめ埋めこまれていると信じています。『ジョーンズタウン（未）』を三幕構成で分析すると、自殺という主題に導かれて幕が変わっていくのがわかります。とても興味深いと思いました。

そうですね、三幕構成が私たちに埋めこまれているというのは同意します。始まり、中、終わりということですよね。どんな物語もこの三つの部品がなければなりません。そういう目で見ているということです。一つの物語を語ろうとしているわけですから。でも、一幕がどこで、二幕がここで、三幕がどこでと考えたわけではないのです。だって、始まりがないわけにはいきませんよ。始まって、真ん中で何かが起きて、何かが変わる。真ん中で何かが起き、それに対して何らかの解決がもたらされる。そうするのは自然だと思います。でも、作業しながら意識しているわけではないのです。

――どのような方法論で作業をしますか？　撮影に先立ってアウトラインやトリートメントを書きますか？

それはプロジェクトの内容によりますし、誰に頼まれたプロジェクトなのかによっても変わります。『アメリカン・エクスペリエンス（American Experience）』（PBSのドキュメンタリー・シリーズで、ネルソン監督の作品をこれまでに七本放映している）からは、トリートメントと台本を要求されます。あれは結構役に立ちましたね。最初は「何でこんなものを書かされるんだ?」と思っていたのですが、台本を書くというのは規律を持つということなのです。最終的にその台本は使わず捨てる羽目になったとしても。まずトリートメントを一本書き、それから台本を書くことが多いですね。そうすることで、誰にどんなインタビューをするかの見当をつけられます。インタビューの本数、何を聞いて何を聞かないか、どこで出来るかという当たりをつけます。地図みたいなものですね。どういうことかというと、夏休みを利用して旅行をするとします。「車でニューヨークからカリフォルニアに行く」と決めたら、地図があった方が良いですよ。うっかりカナダに行ってしまわないように。

——編集の作業はどのように行いますか?

編集室でどのような作業をするか、一つずつ説明しましょう。まず、インタビューを一本にまとめてみます。良い発言を集めて、物語になるように最初から最後まで並べてみるという感じです。私にとって編集作業というのは、ともかく切る作業です。絶対に要らないと確信が持てるものを捨てながらやるので、後で悩まなくて済みます。徹頭徹尾、削り続けます。気に入った発言を台本に従って最初から最後まで並べて、極々粗い形で取りあえず一本にまとめます。難しい選択は後回しです。三人が同じことについて語っていたとしても、どの人を捨てるかはまだ考えません。

ユーモアを感じさせるものは何でもキープします。どんな些細な発言でも構いません。深刻な題材を扱うことが多いからですが、たんに気に入ったからという場合もあります。理由はともかく、誰かが「気に入った」と言ったらとっておきます。さきほども言いましたが、私はともかく後戻りしないように作業を進めたいのです。一度捨てた素材を振り返って「あの素材はどうかな。気に入ってたんだけど」なんてことはやりたくないんです。ともかく気に入ったものは全部並べて、後は削って削って削りまくります。

最近取り入れた方法があるんです。ここ数年はナレーションの無い作品をたくさん撮ったので、その中から出てきた方法論なのですが、インタビュー収録を編集前にすべて行わずに、取りあえず素材をまとめて、粗い形の作品を実際に目で確認できる段階に到達してから残りの四分の一とか三分の一を撮影しに行くのです。作品の肝になるような大事なインタビューを後回しにすることもよくあります。『フリーダム・ライダーズ（未）』の元となった同名書籍の著者であるレイモンド・アーセノールト［アメリカの歴史家］は、当然作品の中心的な位置を占める大事な人物でしたが、インタビューは後回しにしました。そうすれば、編集で気づいた穴を彼に埋めてもらえるからです。なにしろ著者ですから、どんなことでも質問できます。

歴史家のインタビュー収録は可能な限り最後の最後までとっておくようにしますが、それは歴史家のインタビューを最小限に止めたいからです。『フリーダム・ライダーズ（未）』や『ブラックパンサー党（未）』の物語が歴史家によって語られているという印象を与えたくないので、一、二人いれば十分です。『ジョーンズタウン（未）』は一番歴史家の世話にならずに済んだ作品でした。当事者たちが本を書いたので、ある意味彼ら自身が歴史家として機能しましたから。ともかく、歴史家のインタビューは、必要最低限にして、なるべく最後までしないようにするわけです。

——それ以外のインタビューはどうしますか？

大勢の人を電話でインタビューします。共同プロデューサーがいるときは、その人が電話で事前インタビューを行い、発言を書き留め、気に入った発言を選んでおきます。この準備段階で素晴らしい発言が得られたら、本番でも言ってもらえるように必ず一言一句逃さず引用として書き留めておきます。『エメット・ティルの殺人（未）』では、ティル少年の従兄のウィーラー・パーカーが、ティル少年を連れ出した夜を回想して言います。「あれは千の夜より暗い夜、目の前に出した自分の手も見えない真っ暗闇さ」。パーカーは事前インタビューでそう言ったのです。本番でも同じ発言が引き出したかったので、引用しました。

――「こう言ってください」と指導するのではなく、同じ反応を引き出すように質問する、ということですか？

そうです。なるべく同じことを言ってもらえるようにします。最後には、この間こう言いましたよね、と思い出してもらうこともあります。でも、彼ら自身の言葉なので、悪いことをしているという気はありません。「こう言ってください」ではなくて「こういうことを言いましたよね」ですから。

――ナレーションを使わないで済むなら使いたくないですか？

いや、ナレーションは大好きですよ。ナレーションは素晴らしいと思います。でもどちらかというと、ナレーション無しでやりたいですね。観る人の作品との繋がり方が違うからです。ナレーションが無い分だけ難易度が上がるのは確かです。インタビューではどうしてもとれない発言というのがあります。言ってくれなかったり、はっきり言ってくれなかったり、簡潔に言ってくれなかったり。ナレーションがあった方が良い作品というのは絶対にあります。

公民権運動や人民寺院に関する作品を作るうえで幸運だったのは、事件の当事者の多くがまだお元気で、当時の様子を教えてくれたということです。だから、「よし、この作品はナレーション無しでやろう」と言えたわけです。もしハリエット・タブマン［アメリカの奴隷解放運動家で女性解放運動家］が題材だったら、そうも言っていられないと思います。当事者が誰も生き残っていなかったら、当事者から得られる視点はありませんから。

――先ほど「地図」としての台本という話がありましたが、ある構成を念頭に置いて作品を作っている最中に、その構成を完全に変えてしまうような発見をしたようなことはありますか？

ないと思います。作品の内容そのものを変えてしまうような発見ですか？　ないですね。台本を書くまでに、既に大勢の関係者に話を聞いているからだと思います。既に行き先が見えている状態で台本を書きます。歴史的なドキュメンタリーのときは、特にそうです。ただそう言えば、個人的な作品である『私たちの家（未）』を撮ったときには、内容ががらりと変わったことがありました。

――詳しく伺っていいですか？

アフリカ系専用の保養地について作品を撮ろうと思いついたのが作品の始まりでした。全米にそのような保養地はいくつもありますが、その歴史と、黒人たちが今もそのような保養地に行く理由が作品になると思ったのです。そのような保養地は一九二〇年代から四〇年代頃、人種差別が禁止される前に作られたもので、彼らにとっては安全地帯だったわけです。今はどの保養地に行っても問題はないはずです。「どうして南フランスではなくて、オークブラフの保養地に行くんだ？」と思ったのが作品の種だったのですが、制作資金が集められませんでした。その時ちょうど、ＩＴＶＳ［ドキュメンタリーの資金提供と配給を行うアメリカの非営利組織］が制作する実験的な番組の話を聞いたんです。彼らは一二万五〇〇〇ドルでドキュメンタリーを一本作れるか、試してみたかったそうです。自腹で資金を足してはだめという条件でした。たった一二万五〇〇〇ドルでは、保養地を五つも六つも回ることはできないので、急遽マーサズ・ビンヤードの話に変えました［アメリカ北東部に位置する島。マーサズ・ヴィニヤードとも］。『私たちの家（未）』は突然、マーサズ・ビンヤードの話になったのです。小さい頃から家族と訪れた場所だからそこを選びました。皆を私の実家に連れて行って、そこで撮影をすれば良いと閃いたのです。

ところが、制作資金を手にした途端に、母が亡くなりました。そこで『私たちの家（未）』はまた少し舵を切って母についての話になりました。一家をまとめる大黒柱的な母の不在が家族に与える影響です。撮影はしてみましたが、全然、何ひとつうまくいきませんでした。そこで新しい編集者を頼むことに決めました。彼女が「とりあえず撮った素材を全部見せてください」と言うので、見てもらいました。編集者は映像を見終えるとこう言いました「作品になる材料はちゃんとあると思います。でも、これはお母さんの話ではなくてお父さんの話ですね」。私は「そんなはずはない、頭がおかしくなったんですか?」と反応すると、彼女は「そんなことありません。ともかく、素材をまとめるために一週間ください。それを見ながらもう一度話をしましょう」と言いました。彼女がまとめた素材を見て「本当だ、ちゃんと話になっている」と納得しました。ちゃんと筋の通った話になるまでにはずいぶん長い時間がかかりましたが、何とかやりおおせました。

そういうわけで、『私たちの家（未）』は何度も何度も姿を変えました。黒人保養地の話からマーサズ・ビンヤードの話、そしてマーサズ・ビンヤードに住む母方の家族の話、そして父の比重がどんどん増えて、最後には全部ひっくるめて父とマーサズ・ビンヤードと家族の話に落ち着いたのです。

――あなたが作った歴史的ドキュメンタリー作品は、その内容が伝えるものと伝え方の巧みさによって、いつも感動的です。『私たちの家（未）』も感動的ですが、感情に訴える語り口が他の作品とは違います。どこをどう切っても個人的な物語ですよね。いつもとはやり方をがらりと変えてとても私的な作品を作るのは、映像作家としてどんな気分でしたか?

まずはっきり言えるのは、この作品は本当に作るのが大変だったということです。私にとって初めての個人的な作品ですが、これで最後にしたいですね。ドキュメンタリー作家の中には、この大変な分野を好んで掘り下げる人もいます。それが得意だという作家たちです。でも、このような作品を作るプロセスはあまりにも違いすぎるのです。色々な人が手助けしてくれました。アソシエイト・プロデューサーにも編集者にも助けられました。台本を書いてくれた妻のマーシャにも。面白いかどうかの判断が本当に難しかったのです。例えば『エメット・ティルの殺人(未)』であれば、ティル少年が汽車に乗り、南部を訪れて殺され、裁判があり——というように作品を構成する部品がちゃんとあります。『私たちの家(未)』では、作品を支えている主題がすべて見えなくなってしまう瞬間があったと思います。この作品にとって不可欠な要素と無くても良い要素というのは、私が作り慣れている作品のそれと全然違うんです。

——今、脚本家と、アソシエイト・プロデューサーと、編集者の話が出ましたが、どのような感じで共同作業をしますか？　物語を構成するという観点からは、どのような手順を踏みますか？

作品によりますね。一般的にプロデューサーというのは、仕事柄あまり物語の構成に関わることはないですね。わかります？　プロデューサーの仕事というのは、人を集めて連れてくる。フッテージを見つけて持ってくる。作品の物語を私と同じか、あるいは私以上に理解する。時間軸、日付、事柄の起きた順序といったものすべてに関してです。でも、編集室に入るのは編集者と私の二人だけです。編集室の中で起きることはすべてとても繊細だということを私は知っています。編集室に余計な人がいると、作業の力関係が変わってしまい、判断に影響してしまいます。でも、作業に関わる人が持ちこむものは大歓迎です。『ブラックパンサー党(未)』のときには、後に編集助手に昇格したインターンが、チャイ・ライツがテレビの歌番組の『ソウルトレイン』で「Give More Power to the People」を歌っている映像を見つけてきて、私たちに見せてくれたんです。素晴らしかったので、オープニングに使わせてもらいました。誰のアイデアも聞き入れるように努めていますが、最終的に判断を下すのが私の仕事というわけです。

――決裁者というわけですね。

そういうことです。そして他のスタッフの仕事は、却下されても怒らずにアイデアを出し続けることです。そこが映画制作のきついところですよね。「アイデアを一〇個も出したのに一つも使われなかったから、一一個目を出してやる」と言う能力が必要なのです。それが求められるのです。

――あなたの主催するプロデューサーズ・ラボの話を聞かせてください。あ、そうそう、マッカーサー基金の受賞、おめでとうございます！

ありがとうございます。

――あなたの制作会社ファイアライト・メディアは、二〇〇八年にプロデューサーズ・ラボを始めました。ウェブサイトを見ると、「多様な映像作家の発掘・育成を目指す、先駆け的なメンターシップ・プログラム」と説明されています。実際にどういうことが行われるのか、詳細を教えていただけますか？

プロデューサーズ・ラボを始めたきっかけは、色々な人が「作品を作ったので是非見てください」と連絡してきたことです。ならば、会社に来てもらって、自作について語ってもらったらどうだろうと思ったのです。何年か前に作った『沈黙に負けず（未）』という作品の影響もあります。全国のマイノリティの大学教授たちの話でした。白人の教授と違い、マイノリティの教授たちは、相手が誰でもメンターになってくれるという期待を背負わされています。取材した大学教授の一人が教えてくれました。その大学で初めての授業の日に、自分のオフィスで仕事をしていると、アフリカ系の学生が五人来て「オフィスにいらっしゃるのが見えたので来ました。メンターになってください」と彼女に頼んだそうです。マイノリティの映像作家も、似たような期待を背負っているということです。白人の映像作家でもメンターになることはありますが、マイノリティの場合は「私も黒人、あなたも黒人、助け合うのが当然」という気分があると感じますね。

だから、かなりの数の映像作家のメンターになりましたよ。私はとても好評だったバイロン・ハート監督の『ビートとライムの彼方（Beyond Beats and Rhymes）』のプロデューサーを務めましたが、その経験も生かされています。マーシャと私は、作品がちゃんと完成するようにバイロンを援助したわけですが、この「メンターとして新人を援助する」という行為を制度化できないかと考えたのです。私たちだけではありません。サム・ポラードやマルコ・ウィリアムズといった面々が似たようなことを考え、実行していました。どうしたら制度化することができるか、そしてできたとしたら、うまく運営できるだろうか。私たちは二つのことを考えていました。良いアイデアを持ったマイノリティの映像作家は大勢いるので、彼らが作品を完成させて、放映できるように手助けすることができるはずだ。そして、このメンターシップを運営するために、資金を募ることができるはずだ。今のところ、どちらのアイデアも間違っていないようです。

実際にどういうことが行われるかというと、それはいわゆるメンターシップです。個別に映像作家の面倒を見てやり、必要なら他のメンターを探してやります。「君の見せてくれた見本は良くできている。企画書を書くと良いと思うので、ライターを紹介しよう」というようなやり取りをします。新人の場合、大学の同級生に編集を任せていることが多く、優秀ですが一時間の映像を編集する経験が乏しかったりします。ならば、編集者のメンターが必要なので、こちらで費用を持って編集の監修者を雇ったりします。ちょうど今、歴史的ドキュメンタリーを私的な切り口で描くことに決めたばかりという映像作家の面倒をみています。とすると彼女には私的な作品の作り方に精通した人の話を聞くことを勧めます。私的な作品の作り方、私的な領域に入っていくためのコツといったものを教えてもらうと良いでしょうから。

個々の映像作家とどのような関係を築くかというのは、それぞれ違います。そして作品ごとに必要なものは違います。

――プロデューサーズ・ラボは誰でも参加できるものではないですよね。トリートメントと映像見本、制作スタッフの履歴書などを提出して審査がある。

かなり厳格です。うちのラボで採用する企画は、作品として日の目を見る企画だというのが前提です。たとえ制作が困難であってもその作家ならやり通せると、私たちが確信できる企画ということです。

――フィクションとドキュメンタリーの境界がいつにも増して流動的になっていると考えている映像作家が大勢います。そのような意見を聞いたときに、あなたはどう思いますか?

どうでしょうね……。確かにどこかにそんな線があって、ドキュメンタリーはその線にどんどん引き寄せられているような気がしますね。そうなればなるほど、ドキュメンタリーを作ることが大きな賭けとなり、得られるものが大きくなる代わりに失うものも大きくなってしまいます。

――大きな賭けというのは市場的な意味合いですか?

市場的なもの、そして作家としてのキャリアも……。ドキュメンタリー作家としてキャリアを始めてハリウッド映画を撮る人もいるじゃないですか。最近のドキュメンタリー作家の中には、従来型のドキュメンタリー作家には見られなかった野心を持っている人がいると思います。

――でも、一度線を超えてしまったら、それは話を作ってしまうことになりますよね。

そうですね。賭けが大きくなってしまうと、あれも試そう、これも試そうとなって、例の線が揺らぎ始めるわけです。ドキュメンタリーを作る人たちがどんどん創造的になるのは素晴らしいと思います。実際、創造的な作家は増えています。それでもやはり、「これはドキュメンタリーか、それともフィクションだろうか」という基準は必要だと思います。

Chapter 21

Deborah Scranton

デボラ・スクラントン

デボラ・スクラントンが初めて制作した劇場長編ドキュメンタリー映画『戦争中継テープ（未）』は、二〇〇六年トライベッカ映画祭で最優秀ドキュメンタリー賞を獲りました。他にも、同年［イギリスの］ブリットドック映画祭では最優秀外国ドキュメンタリー賞をはじめ、数多くの賞に輝きました。『戦争中継テープ（未）』は二〇〇四年から一年の間イラク戦線に従軍した三人の米国州兵、スティーブ・ピンク軍曹、ザック・バズィ軍曹、そしてマイク・モリアーティ特技兵を追跡した物語です。スクラントンは兵士たちにカメラを持たせ、撮影を任せられるように訓練し、Eメールやインターネット・チャットで前線と連絡を取り合うという手法を導入し、戦場ドキュメンタリーの新しい地平を拓きました。スクラントンと撮影監督のP・H・オブライエンは、出征前、任務中、帰還後半年以上にわたって兵士たちを取材し、さらに銃後の家族や恋人たちも取材しました。

ニューハンプシャー在住のスクラントンは、二〇〇三年に『沈黙が語る物語：戦争の証人（Stories from Silence: Witness to War）』という番組で［インディアナ州の小さな町］ゴウシェン出身の女性一名を含む四七人の退役軍人が語る第二次世界大戦の記憶を取材しました。『戦争中継テープ（未）』の次の作品は、WGBHとITVSの委託制作として作られ、PBSのドキュメンタリー・シリーズ『フロントライン』で放映された六〇分作品『バッド・ブードゥー部隊の戦争（Bad Voodoo's War）』です。

このインタビューは二〇一〇年に行われました。スクラントンの二本目の劇場用長編で大虐殺後のルワンダを描いた『ルワンダ　仕組まれた大虐殺：フランスは知っていた』がトライベッカ映画祭コンペティションに招待され、世界で初めて上映される少し前のことでした。『ルワンダ』はＨＢＯで放映され、アメリカ・プロデューサー組合の最優秀劇場用ドキュメンタリー賞候補になり、二〇一一年のピーボディ賞に輝きました。

――まず、作品がどのように始まったかということを復習しましょうか。二〇〇四年二月にニューハンプシャー州軍の広報担当将校グレッグ・ヒールション少佐から電話があり、イラク出兵にドキュメンタリー作家として従軍取材してみないかと打診を受けたわけですね。そこであなたは革新的な代替案を提案したと。

私はもともとテレビのスポーツ番組をやっていたんです。オリンピックとかツール・ド・フランスといった大規模なスポーツ・イベントや、ちょっと危険なアドベンチャー系のスポーツもやりました。電話をもらった日の夜、深夜に目が覚めたので跳ね起きて、その時スポーツ・イベント中継をやるみたいに仮想従軍取材ってどうだろう？　と閃いたんです。あまり趣味の良いたとえではありませんが、大きなイベントを取材する時にはカメラは一台では足りないという部分が共通しているんです。アメリカン・フットボールの試合を撮るのにカメラが一台しかなかったら、とても限られた映像しか提供できませんから。複数のカメラで取材する基盤を作って戦争という物語を語れないだろうかと思ったのです。私が手慣れたやり方ですからね。

――軍当局は同意したわけですね。

好きな部隊を選んでくれと言われました。そこで一七二ある中隊の中から第三山岳歩兵中隊を選びました。山岳歩兵中隊は「斬りこみ部隊」だと言われたので。第三中隊はバラドにあるアナコンダ基地に配属されることになっていたので、そこならインターネット接続が確保できることも理由の一つでした（キャンプ・アナコンダは、バグダッドの北約六四キロ、スンナ派三角地帯に位置するアメリカ軍基地）。この取材は兵士たちと連絡がうまくとれなければ成功しませんから。二〇〇四年といえば、まだ携帯によるデータ通信が一般的になる前のことです。だからインターネットがつながった基地であるという条件が不可欠でした。

それから私は、出兵を控えて訓練中の兵士たちがいるニュージャージーのフォートディックス基地に出向きました。そして、その場で協力してもいいという兵士を自分で見つけろと言われました。整列している部隊の前に躍り出て、一三〇人の兵士たちに何をしようと考えているか説明しました。司令官が「やりたい奴がいれば志願しろ」と言ってくれました。その後、休憩室を使わせてもらって、さらに何時間かかけて兵士たちに話を聞いてもらいました。軍関係者というのはメディアに対して疑心暗鬼な部分がありますからね。メディア側の人間なら政治的な論点を持ち込むに違いないと。私はあくまで兵士たちの目を通した戦争の姿を求めていたのですが、そのことを彼らに納得してもらわなければならなかったのです。

だって当然ですよね。戦争というのは高度に政治的な性格を帯びるものですが、当事者である兵士たちが顧みられることは滅多にありません。だから私は戦闘の実体験と戦場の現実をカメラに収めたいと思ったのです。そこにいることの恐ろしさ、退屈さ、そして日常のユーモアを。兵士としてイラクに赴くというのはどういうことなのか、兵士の視線で語りたかったのです。現地の兵士の声、これこそが欠けている声だと思いました。政治的な信条が何であれ、兵士たちの声に耳を傾けるのは重要ですから。政治的信条というのは、現実から目を背ける手段になることもあると私は思っています。信条の後ろに隠れれば、現実を遮断できるのです。この作品をやろうと決めた理由の一つは、これが兵士の存在を知っている人たちと、現実を遮断してしまった人たちの架け橋になればと思ったからです。兵士たちはアメリカを背負ってイラクやアフガニスタンに派遣され、特定の政治団体の政策に忠誠を誓うのではなく、合衆国憲法を順守することを誓って活動しているのですから。

――一〇人の兵士が志願し、そのうちの五人が一年の派遣期間を通して取材に協力してくれ、のべ二一人の協力を得たとプレス資料に書いてありますね。志願した一〇人に一台ずつソニーの1CCDミニDVカメラとマイク、レンズ、そして生テープを山ほど持たせたと。物語として成立するように自分たちの日常を記録する方法論を理解してもらうために、兵士たちに何か特別なことをしましたか?

そういう時こそ、インターネットがあると便利なんです。兵士たちがイラクに旅立つ前に、撮影監督で機械の天才でもあるP・H・オブライエンと私は撮影する時の注意事項を説明するためにフォートディックス基地を訪れました。構図の注意点とか、逆光は避けるとか、そういうことです。ダッシュボードや銃座にカメラを据えつけて、安定した撮影を可能にする雲台等、いろいろと考案した撮影機材も持ち込みました。胸にカメラを据えるためのハーネスもです。みんな基本はすぐに飲みこみましたよ。現代社会で生きていれば、誰でもビデオカメラを手に取った経験くらいあるわけですから。一度に仕事を押しつけ過ぎないことが大切でした。とりあえず撮影のイロハを身につけてもらって、段々いろいろ覚えてもらいました。撮影済みのテープは平均二週間ほどでイラクからこちらに届いたので、それほど待たずに済みました。もらった素材を見て、メールを送りあって話し合ったり提案を出したりしました。

大問題だったのは埃です。水中撮影用のケースも使ってみました。砂との絶え間ない戦いが待っていました。カメラが吹き飛ばされることもあったので、常に予備のカメラが使えるように補充が欠かせませんでした。イラクからここニューハンプシャーに定期的に送ってもらい、修理点検が済んだら送り返しました。絶え間なくグルグル出たり入ったりしていましたよ。

——二〇〇七年に、あなたがTEDでこの作品の制作の様子を講演した時、三二〇〇通以上のEメール、チャットメッセージ、そしてショートメールがやり取りされたとおっしゃいましたね(それ以外に数え損なったメールも多数あったそうです)。バグダッドの北西約二七キロにあるアルタジの飛行場で爆破事件があった時、爆破後の一部始終をビデオに収めたともおっしゃっていました。あなたは講演で「事後処理」を記録しておきたかったと言いましたが、そのことについて詳しく教えてください。

わかりました。作品中、VBIED(車両積載式即席爆発装置)が二発爆発した事件が起こります。つまり自動車爆弾のことです。たまたまスティーブ・ピンク軍曹と部下たちが任務で外出しようと準備していた時に、タジ空軍基地のゲートの外に仕掛けられた二発の自動車爆弾が発見されて、彼らが対処に出向いたんですね。
そして、大変な一日が終わってからピンク軍曹が爆弾に使われた自動車の外にあった焼死体の画像を何枚か添付して私にメールしてくれたんです。本当に酷い一日だった、という書き出しで事の顛末を簡潔に説明してくれました。チャットを開くとマイク・モリアーティがチャット中だったので、「マイク、ピンクの部隊が大変な目にあったらしいから、彼にインタビューしに行ってくれないかな」と頼みました。事件発生から二四時間以内の生の反応が欲しかったんです。最終的にはこのような場面にまとまりました。ピンク軍曹本人が撮影した自動車爆弾爆発事後処理の映像が映っています。聞こえる音声は、事故後二四時間以内にマイク・モリアーティがピンク相手に行ったインタビューです。さらにピンク軍曹が帰国後に私自身が撮ったピンクのインタビュー音声と、ピンク本人が日誌を読む音声が組み合わさって流れます。イラクから帰国して数ヵ月後、彼はようやく日誌を読んでもいいという気分になってくれました。このように自動車爆弾爆発の一件を、様々な角度から重層的に捉えることができたのです。

――ＴＥＤでも、制作の様子を伝えるために同じ話をしました。同時にこの場面は、兵士たちのメディア報道に対する失望を理解するための良い見本でもあります。この爆破事件は既存のニュース媒体でも報道されました。ＣＮＮで流しましたね。でもニュースは「その日、米軍兵士たちは危険を顧みずにイラク人たちの救助に丸一日費やした」という肝心な一言を言わないのです。ゲートの外にいたのはイラク人だけで、米軍の兵士はいなかったのですから。あなたは講演で、「真実というものは、地に足がついた物語を並べた時に、そしてそこにいた当事者たちの声に耳を澄ました時に姿を現す」と言いましたね。

はい。個人的にはナレーションで語られる作品は好きではありません。ナレーションを書いてそれを作品につけるというのは、作品を型にはめているのと同じです。素材を選んで編集するのも型にはめるということだというのはわかっています。でもナレーションを書いてそれをナレーターに読ませる時には、どうしてもある視点を持ってしまうでしょう。キャッチーな一言をインタビューから抜き出して、その視点を支えようとするわけでしょう。一方、複数の視点を探して、それを全部見せて観客とその多面的な視点を共有しようとするという方法があるわけです。そしてそっちの方が、現実というものをより正確に反映すると私は思います。

『戦争中継テープ（未）』がどう評価されているかロッテン・トマト［ユーザー評価型の映画データベース］で見てみると、九八％という高評価を受けているんですよ。なかなか得られないすごい反応です。何というか……高揚というのも変な言い方ですが、私たちの目標は兵士たちの声を伝えるということでしたから、その目標を達成したと感じました。

――相反する複数の物語を解説なしで語るということは、あなたというドキュメンタリー作家が観客を信じている証だと思います。説明してあげなくても、作品の持つ意味を自分で考えられるという信頼ですね。

そのとおりだと思います。もっと観客を信じていいと思いますよ。私たちは生まれた時から物語に囲まれていますよね。物語を通して意味を共有し、意味を作り出し、体験を共有して意味を積み上げながら生きているわけです。心に深く響くような誰かの体験を話すということは、その話を聞いた人たちが心の窓を開けて、その体験をした人たちに出会うということだと思います。それは政策なんかではありえないんです。作家主義的な作品も否定はしません。その作家には自分の視点があって、言いたいことがある。それも結構です。でも、もっと多様な声が聞かれた方が良いと思うんです。

インタビューを受けたり講演に出ると、避けられずして私の戦争に対する立場を質問されます。その時には、『戦争中継テープ（未）』のデボラ・スクラントン監督としてはその質問には答えられないとはっきり言うことにしています。夕食の席で会話をしている時は別ですよ。喜んで自分の考えを言います。作品の要が、兵士たちの体験を共有して彼らの声をもっと大勢に伝えるということである以上、公の場で私個人の意見を述べたりしたら、兵士たちと私が一生懸命作り上げてきたものが意味を失ってしまいますから。

――あるインタビューで、あなたは学生の頃に読んだジェームズ・エイジーの『Let Us Now Praise Famous Men［名高い者たちを讃えよ］』に見られるような人の営みに密着したジャーナリズムに感銘を受けたと言っていますね。

あの本の写真が反映しているジャーナリズムの手法は、とても誠実な上に政治的な観点も不在で、真実味に溢れていると思いました。あれは困難な時代［ダストボウルとして知られる一九三〇年代アメリカ南部を断続的に襲った砂嵐］を生きる人々の証言です。国中の人たちが読むべき文章であり、正視すべき写真だったわけです。あの本を読んだ人が全員現実の正体を知り、その本当の意味に気づいたはずです。先ほども言いましたが、「信条は現実から目を逸らすための隠れ蓑になり得る」ということです。そして、あの本は現実を暴いたのです。

――あなたがどのような作戦でこの大規模な撮影を進めたのか興味があります。これは九四分の作品ですが、兵士たちが撮影して送ってきた素材は八〇〇時間にのぼります。あなたと撮影隊が国内で撮った兵士たちの家族の映像が約二〇〇時間分もあったわけですよね。クレジットをよく見ると「ログ係」という人が大勢いますが、何をした人ですか？

ログ係は近所の大学生ですね。何をしたかというと、まず兵士たちはテープを大量に回さないとならないのですが、その中には何も映っていないテープもたくさん混ざっています。でもカメラを回しておかないわけにはいきませんよね。銃撃が起きてから録画スイッチを入れたのでは遅いですから。簡易爆発装置が爆発してからでは遅いんです。何か起きた時には、カメラには回っていてもらわないと困りますよね。兵士たちは「銃撃戦を撮った。これとそのテープに入ってる」という具合に教えてくれますから、どのテープを目を皿にして見れば良いのかはわかっているのです。それでも、何一つとして見逃したくない。だからすべてのテープを隅から隅まで見て、使えそうなものは何でも逃さず記録することにしました。軽い冗談の一言とか、そういうものもです。ログ係たちが記録《ログ》してくれた情報はそう多くはないのですが、一言でも見るべきとされたものがあれば、見ました。ログに「自動車で砂漠を移動中」とだけ書いてあったら、見るべきものはないということです。テープに傷をつけたり、一度撮影された素材に上から録画して欲しくなかったので仕方ありませんね。よく兵士たちに「巻き戻してもう一回録ろうか?」と聞かれましたが、「そのままでいい! そのまま送って」と頼みました。

作品の質は、記録された素材の管理の良し悪しにかかっています。考え方は人それぞれでしょうが、私は作品を巨大なパズルだと考えて取り組みます。手持ちのピースをすべて把握していなければパズルはできません。絵画を描くようなものでもあります。原色だけで描いたりしないでしょう。中間的な階調の色彩も使いたいですよね。どの絵具がどこにあるかちゃんと知っておきたいわけです。私はファイルメーカー・プロというソフトを使って、検索可能なデータベースを作ります。最初は特に重要だとは思えなかった出来事が、後で起きた別の出来事によって急に重大な意味を帯びたりすることがあります。そんな時はちゃんと見つけられないと困りますから、素材の内容をログとして記録しておくことは死活問題なのです。

——参加した大勢の人々がどのような共同作業によって作品を完成に導いていったかにも興味があります。二〇〇四年二月に州軍から打診を受け、三月にはカメラを持った兵士の所属する中隊はイラクに出兵していきましたよね。その時あなたの制作チームは、まだあなたとエグゼクティブプロデューサーのチャック・レイシーだけだったと思いますが。

そう、その時にはすでにチャックには会っていましたね。チャックはベン&ジェリーズの前社長なんです。その時期には彼の金銭的な援助があってカメラやら何やら確保して制作を始めることができたんです。制作が八ヵ月ほど進んだところで、ロバート・メイに出会いました。

——兵士たちはその時点ではまだイラクにいたんですね。

そうです。その頃、ちょっとした予告編を作りました。ドキュメンタリーを作る時は制作費を捻出しなければいけないわけですが、ほとんどの場合、その段階で［出資してくれそうな人に］見せられる素材は何もないわけです。出資をお願いする相手にとって問題になるのは「ちゃんとできるのか？ 完成させられるのか？」ということです。ここで危ない橋を渡りたい人はあまりいません。すでにうまくいっている証拠が見たいわけです。そこで一五分の予告編をつないで、サンダンス・インスティチュート主催のプロデューサー・コンフェレンスに提出しました。サンダンスで何人かのプロデューサーに会うことができました。『フォッグ・オブ・ウォー』をプロデュースしたロバート・メイが予告編を見てくれて興味を示し、追加の制作費を捻出するために動いてくれたのです。

――そのロバート・メイが、あなたにプロデューサー兼編集者のスティーブ・ジェームズとレスリー・シマーを紹介したとどこかで読みました。編集者には何を求めるか話していただけますか？

私が編集者に求めるのは、物語を上手に構成できる力を身に着けていること。物語を見つけて、場面同士が相乗的にどのような形になるか見抜く力ですね。映像制作というのは共同作業です。本質的に共同しないと作れません。作品作りにとことんつきあってくれて、作品の目となり耳となってくれる人を探さなければいけません。ロバートもスティーブも、参加してもらうかどうか決める前に徹底的に調べさせてもらいました。いかなる方向性であっても政治的な偏向を反映してしまうのはご免だと思ったからです。私は協力してくれた兵士たちに、彼らの視線から見た物語にすると約束したんです。彼らが撮った映像はいかなる政治的偏向も反映しないと約束して協力してもらったんですから。

――元々は一〇人の兵士たちを選んで撮影に臨んだわけですが、一年かかった編集の間に、ピンク、バズィ、リアーティの三人に焦点が絞られていきました。理由はありますか？

最終的に、それぞれがとても違った現実を反映した三つの物語を選ぶことになりました。その三人以外の兵士の話も含んだ映像で一度試写をしてみましたが、誰が誰だかわかりにくいという意見が出たんです。これにはちょっと困りましたね。でも観客の言い分もわかりましたし、個人的な趣味として、私は対象に密着していくのが好きなんです。登場人物に引っ張られていく物語ですね。結局、三人に絞ったのが正解だったと思います。『バッド・ブードゥー部隊の戦争（未）』を作った時にはこの経験を活かして、今度は小隊（三〇から三五名構成で中隊より小規模）に的を絞って、その中の一人、トビー・ナン曹長に焦点を合わせました。一個小隊を一二台のカメラで撮ったのです。部隊全員が同じ任務に当たっているという環境の方が、いろいろな人間模様が交錯するだろうと踏んだわけです。より多くのカメラで、一つの事件により深く密着できました。

――編集するにあたって、概要を書き出してみたり紙の上で一度構成を整理してみますか？

色分けされたカードを使いました。兵士ごとに違った色のカードを、壁に貼って並べ替えながらやりました。

――つまり、例えばオープニングのファルージャの銃撃戦にいつ物語が戻ってくるかということも、そのようにして決め込んでいったんですね。

そうです。あの銃撃戦は二〇〇四年の一一月の、二度目のファルージャ封鎖の時でしたから、時間的にそこに戻っていくことになるわけです。実際に出来事が起こった順番によっていつそこに戻るか決まるわけですが、第二幕がかなり長いものになる可能性があったので、正確にはわかりませんでした。加えて、作品のクライマックス、つまり作品のすべてを集約する瞬間も決めないといけませんからね。『戦争中継テープ（未）』の場合は、モリアーティの部隊が女性の市民を轢いて死なせてしまうところです。

――公開前に、兵士たちとその家族に作品を見せましたか？

一度試写をしました。兵士たちはそれぞれ自分が映っている部分についてコメントしてくれました。作品の中の自分の描写が不本意ではないと彼らの口から聞くことがとても大事でした。自分が映っている映像と対峙するのは難しいことです。平気な顔をしていられる人はいないと思います。自分についての物語を他人と共有するのは勇気がいりますからね。『バッド・ブードゥー部隊の戦争（未）』の主役であるトビー・ナンの場合、ある一つの理由だけで出演を承諾してくれました。それは、彼が前回戦地に赴いた時に戦友であるジェイク・ディーマンドが戦死したのに、誰も彼の物語を語ってくれなかったという痛恨の念でした。

――ここで『バッド・ブードゥー部隊の戦争（未）』に話を移しましょうか。PBSのドキュメンタリー・シリーズ『フロントライン』用にあなたが監督した一時間の作品です。この作品も「仮想従軍取材」という手法においては前作と同じですが、ご自身でおっしゃったとおりこちらは一個小隊だけを追いかけましたね。もう一つ違うのは、あなた自身が監督として姿を見せており、ナレーションも担当されているところです。

『バッド・ブードゥー部隊の戦争（未）』をやることになった一番の理由は、あれはちょうど兵力大規模増員の時で、戦争の性質が大きく変わり、そのことが兵士たちにどんな意味を持ったか記録したかったからです。『フロントライン』の制作者たちは、私の取材のプロセスそのものも作品に織り込むことを条件にして頑として譲りませんでした。プロセスを見せることで、より兵士たちに密着し、より緊密な構造を持つ、一歩進んだ「戦争中継テープ2・0」をやりたかったんだと思います。結果的に、そうしなければ得られなかった視点が加えられたので、番組側の言い分も納得です。私の発案ではなかったので、今さらですが無理にでもやらされたことに感謝しています。

――前作と比較して、テクノロジーの進歩による違いはありましたか？

『バッド・ブードゥー部隊の戦争（未）』の時にはiChatを使っていろいろできました。作品を見るとわかりますが、私はそこにいなくてもいろいろ聴くことができたんです。トビーが部隊の仲間たちにインタビューする時も、私は聴いているわけです。まるで同じテントの中にいてインタビューを聴いているようでした。どちらの作品もインターネットについての話ではありませんが、インターネットなしでは不可能だったのも確かです。ネットのお陰で、私は『戦争中継テープ（未）』の兵士たちや『バッド・ブードゥー部隊の戦争（未）』のトビーと戦場の出来事について、その場で対話することができました。どうすれば現在進行形の物語を一番効果的に語ることができるか話し合いながら進むことができたのです。

――湾岸戦争（一九九〇年から一九九一年）の時にようやく初の戦場生中継報道があったんですよ。そう考えると驚くべきことですよね。

そう、あれはCNNでしたね。（二〇〇五年の）ロンドン同時爆破事件の取材は携帯電話で行われ、「ノキア効果」とでもいえるものでした。ネダ・アガ・ソルタンの悲劇的な死（二〇〇九年）が起きたイラクのグリーン政党の一件も携帯のカメラで報道されました。これはつまり、先ほども言及した「ナレーターが情報を押しつける」という形式に変化が起きているということですよね。地に足がついた真実が姿を現し始めたんだと思います。今、まさにそこで繰り広げられているものです。俯瞰的に全体を要約してはいませんが、「ほら、今ここで本当にこんなことが起きている。否定できるものならやってみなさい」という感じです。

――ジャーナリズム的な倫理教育の欠如というものは、憂慮すべきことだと思いますか？　映像や音声を使って、不誠実な操作ができてしまうということについてです。

それはありますね。でも、倫理的に問題のあるジャーナリストは昔からいたでしょう。

――では、善き市民としてのジャーナリズムの規範というものを、どうやったら伝えられると思いますか？

真実だけを見つめようとすることで、でしょうかね。どのような真実を語ろうとしているか、それが誰の真実で、誰の声か。あなたが人々と共有したいと思っているのがどのような物語か見きわめて、ブレないようにすることですね。客観性なんていうものは信用できませんから。誰もがそれぞれ自分の人生に影響されていて、何をするにもそれに引きずられないわけにはいかないのですから。「私は客観的です」なんて言う人がいても、そんな人はまったく信用できません。誰の物語を語るのか確信を持って決めること。それが私の信条です。

『戦争中継テープ（未）』の時、質疑応答の場で、どうして反対側［イラク側］の話をしなかったんだと聞かれることがよくありました。でも反対側の話はできないと、作品の最初にはっきり断っているのです。イラク側の視点で描かれた素晴らしい作品がありますから、それを見ることをお勧めします。九〇分の中ですべての物語を語るのは不可能ですから。どんな話であっても全部は不可能です。

――あなたの作品は、誰のどんな物語がどのように語られているかとてもわかりやすく表現されています。

多面的に構築してあげると、作品は輝くと思いますよ。まさに起こっている出来事を目の当たりにして、その出来事が起きて一日も経たないうちに当事者が何を思い、どう感じたかを追体験できる。そして何ヵ月も過ぎてからその人が起こった出来事をどう消化し、時間の経過によってその体験がどう角が取れて丸くなったかを観察できるんです。他人の視点を通して物事を見る時に、そのようなスタイルでいくのはとても重要だと思いますよ。

——あなたの作品では音声がとても重要な役割を果たしていますね。『戦争中継テープ（未）』は特にそうでした。作品の幕を開ける場面はファルージャでの銃撃戦でしたが、最初のカットが見える前に、男の呼吸が聞こえますよね。音声と音楽が、心臓の鼓動のように作品の中で息づいています。

『戦争中継テープ（未）』は音響的にもいろいろ気を遣いました。兵士たちが携帯したカメラについているマイクは性能が良いとは言えません。銃声が聞こえたらすべてちゃんと聞こえるように整音しました。見ている人がそこにいるように感じてもらいたいので。体感して欲しいんです。でも、そこになかったものは何ひとつ足していません。劇場でこの作品を見る時に、ちゃんとその環境の中にいるように感じられるようにしただけです。例えば、銃座にいる兵士たちが風のことを教えてくれる場面があります。彼らは、そこで吹きつける風を感じているわけです。だから銃座にいる兵士たちの画を見る人にはちゃんといろいろな強さの風の音を聴いて欲しいのです。実際、銃座に登るととても風が強いんですよ。

——軍との関係について話してもらえますか？　特に軍関係の取材許可の範囲について。ほとんどの観客は、当然あなたが何らかの監視下に置かれ、場合によっては情報を制限されたり検閲を受けたものと考えると思います。

（『戦争中継テープ（未）』を撮った時）私はニューハンプシャー州軍から取材の許可をもらいました。自分たちの物語が伝えられるのなら何でもするという気構えでしたから、軍の方は何も隠しませんでしたよ。そう言うとみんなびっくりしますけど、本当のことです。すべては信頼と、築き上げた人間関係の上で可能になるんです。そうでしょう。人間関係を築いて信頼を勝ち取るのが苦手という人は、大した映像作家になれないと思いますよ。来る日も来る日も、誰かの信頼を勝ち取りながら作っていくんですから。カメラを託された兵士たちは何でも撮ってくれましたが、私のことを信頼してくれなければ撮りたくないものもあったはずです。自分を晒すんですから傷つくことを覚悟でなければできません。そして、晒した自分を私が悪用はしない、馬鹿にした使い方はしないと信じてくれなければできないんです。どんな人をどんな風に撮っても、編集で悪い人に見せることはできます。だから信頼を得て人間関係を築くことが、そして約束を守るということがすべてなんです。それから、もしかしたら私がニューヨークとかロサンゼルスのような大都会から気取ってやってきたよそ者じゃないというのも、うまくいった原因の一つかもしれませんね。別に都会は嫌いだと言っているのではないし、これからの人生、ニューヨークに引っ越さないともかぎらないですけど、取材した兵士たちは、いわば同じ地元で育った仲間なわけです。私はここ［ニューハンプシャー州］に住むということの現実をわかっていますから、その文脈を外すようなことはしません。兵士たちの生きている世界を理解していますし、故意に彼らが悪く見えるようになんてしません。でも、兵士たちの方も私が彼らのことを良く見せるために作品を作っているわけではないということは承知しています。彼らはただ自分たちのことを公平に伝えて欲しいだけなんです。誰かに真実を伝えて欲しいだけなんです。

──『戦争中継テープ（未）』は基本的に派兵の時から始まって兵士たちを追っていく物語でしたが、膨大な映像の中からどうやって基本的な物語が立ち現われて、形になっていったのですか？［編集の］スティーブ・ジェームズがこの作品について「最終的にうまくいくだろうと判断された物語なら、一目見ればわかっただろうと思うでしょうが、そう簡単にはいきませんでした」と言ったそうですが。

物語は素材の中から姿を現しましたね。次第に見えてきたという感じです。素材を見ていて、ある出来事が展開している時に何か大きなことが起きたら、それが物語の重要な肝になる瞬間だと確信できます。その瞬間が第一幕なのか、第二幕か第三幕なのかということはその時点ではわからない。ここからパズルを解き始めることになります。そのような瞬間を他のどの瞬間と結びつけて、どのような効果を求めて何と何をぶつけ合わせるかという判断がドキュメンタリーの技なのです。この過程がいつもとても楽しいですね。

――三幕構成を意識しますか？

します。私は場面単位で編集していきます。これが一つの場面になるというのはわかるんです。例えば、部隊の車両が市民を轢いて死なせてしまう時、これは残るという確信があるので場面としてつなげます。タジ空軍基地の外にあった自動車爆弾の場面も、残るとわかっていました。マイク・モリアーティが車両の墓場を見つけて、その場所の雰囲気が尾を引いて忘れられないという話をしてくれました。その場所の映像にモリアーティのコメントを重ねて見た時、これは場面として成立するとすぐわかりました。こうやって段々隙間を埋めていくんです。そうしていると段々登場人物たちの顔が見えてきます。彼らのことを知っていく過程も見えてきます。だからそれぞれの人の持つ多面性がちゃんと作品に現れるように気をつけます。彼らの持つ強さ、弱さ、恐れ、そして希望を観客と共有できるようにしていきます。基本的には偉大な英雄がたどる旅という図式と変わりません。物語の前提を確立して観客に示し、登場人物を紹介し、状況と人間関係を、そして確執を見せていくわけです。登場人物は劇的な困難に立ち向かい、やがて決着の時を迎えます。しかし、それが物語の終わりとはかぎりません。起承転結は必要です。でもその順番どおりでなくてもよいと言ったのは、ゴダールでしたっけ。

『戦争中継テープ（未）』を作るにあたって、私が一番影響を受けた作品があります。あ、二つありますね。一つはマケドニア出身のミルチョ・マンチェフスキが撮った『ビフォア・ザ・レイン』です。ヴェネツィア国際映画祭で金獅子賞に輝いた映画です。この作品の物語は円環構造になっています。だから私もファルージャの銃撃戦で幕を開けて、そこに戻っていくようにしたかったんです。一回目にちゃんと見たつもりになっていても、二度目に見ると違った理解が得られる上に、それがどのような世界の一部なのかということについてより広い文脈から見ることができるものです。二つ目は『ブラックホーク・ダウン』で、リドリー・スコット監督が地上の市街戦と米軍兵士たちという二つの異なる世界を巧みに描き切っています。それぞれが完全に分断されている、あの孤立した感覚が見事です。『イリアス』や『オデュッセイア』にも影響されてますね。歴史上最高の二冊です。内容が何であっても、すべての物語は英雄がたどる旅路だと思います。旅路の果てにどこにたどり着くか知りたくて、私たちは完全無欠ではないヒーローと一緒に旅に出るわけです。

私は劇映画のようにドラマチックにドキュメンタリーを撮ります。私の愛読書はデヴィッド・トロティアーの『The Screenwriter's Bible』［脚本家の聖書］なんです。力強い物語の構造がなかったら映画にはなりません。私にとってドキュメンタリー作品を作るというのは、フリーハンドで菱形を描くようなものなのかもしれません。線を描き始めますよね。線を引き続けていくと「あれ？　形になっているけど、最初に考えていた形と違う」と心配になるわけです。制作のある点に差しかかると大概の人が同じ風に感じるそうです。そうなったら、物語を信じて進むしかないですよね。そうしていくうちに、行き先がはっきり見えてきて、最後にはちゃんと曲がって最初の点に戻ってきて菱形になるんです。無理強いをしても駄目だし、線を勝手に書き足しても駄目です。物語の声を聞き分けながらいくだけです。

物語というのは生き物ですよね。物語の中に見つけたものの声を、耳を澄ませて聴いてやらないといけません。そして常に改良していくんです。その時、せっかく見つけた物語も構成という骨格がなければ宙ぶらりんになってしまうということに、注意を払わなければいけません。だから常に構成を意識して「この場合、きっかけになる出来事は何だろう。何をきっかけにしてやれば良いだろう。例えばこれをきっかけにしたら、それをきっかけにして何が起これば良いのだろう。別のきっかけならどうだろう」と考えるんです。考え続けることによって、例えば編集中に自分が語ろうと決めた物語を語りきる素材が揃っていないことに気づくなんてことは避けられるんです。それが怖いので、私はいつも、撮影中に素材を三分の二ほどつないで見ます。何かが足りないとわかったら、まだ撮りにいけますからね。

——行き当たりばったりではなく、柔軟にということですね。撮影に出かける前には、頭の中に何らかの物語があると……

そうですね、または何か疑問があって、その答えを探しに行きます。でも、誰がその答えを持っているかはわからないのです。『ルワンダ』の場合は「戦争が終わった後には、何が待っているんだろう」という疑問でした。流血と復讐の連鎖の中に閉じ込められてしまった地域は世界中にあります。しかしルワンダは違った道を歩み出した。南アフリカとも違うし、世界中のどことも違います。そしてうまくやっています。それはどういう意味なんだろう。許すというのはどういうことなんだろう。この場合の許しというのは、私がそれまで見聞きした許しの概念とはまったく違ったものでした。ルワンダの場合、自分たちの犠牲の上に暴力の連鎖を止めることを目的とした許しだったんです。とてつもなく大きなものを失ったのに、子どもたちに憎しみを植えつけないという意志の表れですよね。それがどういうことか、知りたいと思いました。

でも、もし私が「『酷い仕打ちをした人たちを許し愛することにしよう』と言った誰かを探そう」なんて考えながらルワンダにいったら駄目ですよね。私は政治的な視点を持って行ったわけではないのです。「ここで一体何が起こっているんだろう」という強い好奇心を胸に、その答えを見つけに行ったんです。私が喜びそうな模範解答を勝手に想像して答えられても、そんなものに興味はありません。本当に何が起きているか知りたいんです。

そこで、戦争が終わった後に何が起こるのか、そして許すというのはどういうことかを探る作品を作ることにしました。そして私を乗せた飛行機がルワンダに着陸しようというまさにその時、フランス政府がルワンダの儀典長を務めていたローズ・カブイエをテロ容疑で逮捕したんです。その三ヵ月前の二〇〇八年八月六日、隣接する東コンゴにおける最悪の戦争を背景に、ルワンダのポール・カガメ大統領がある資料を公表したんです。それは一九九四年にルワンダで起きた大虐殺におけるフランス政府の陰の役割についてでした。ローズ・カブイエは大統領の一番信頼される側近だったんです。突然、私たちを取り巻く世界は一変してしまいました。ルワンダが、祖国で起きた虐殺に積極的に関与したフランスの罪を暴こうと立ち上がったわけです。三ヵ月で一〇〇万人も殺されたんです。私た

『ルワンダ　仕組まれた大虐殺：フランスは知っていた』より、ジャン＝ピエール・サガウトゥ（左）とギャスパー・バヴィリキ（右）。©2010 Sparks Rising LLC.

ちが聞かされたのは作り話で、真実は闇に葬られたんです。

この作品は、一人の大統領が真実を求める探求の旅です。一方で、大虐殺の時に父親を殺した者たちを探す男の個人的な物語でもあります。さらに、彼自身の選択と、彼が子どもたちに伝えたことの物語です。やがて彼の父親を殺した男たちの一人が見つかります。物語が目の前で展開していくんです。ちゃんと場面ごとに物事が起こっていく。さっきドキュメンタリーなのに劇映画のように撮ると言ったのは、そういう意味です。インタビューで喋って教えてもらうのではなくて、それぞれの場面に組み込まれていくのです。

『バッド・ブードゥー部隊の戦争（未）』の場合は、攻撃される恐怖という物語でした。今日こそ死ぬかもしれないという緊張感。この作品をどう終わらせるか決めなければならなかったので、再び戦場に戻る兵士たちを見せながら終わることにしました（派遣期間半期の休みが終わってイラクに戻ります）。彼らが戻っていくところで作品が終わるのがとても大事だったんです。まだ終わっていませんからね。その兵士たちがアメリカに帰還する続編を作っても意味はありません。彼らが帰っても、他の兵士たちが戦場に送り込まれるからです。『バッド・ブードゥー部隊の戦争（未）』を見た人たちの反応は大変なものでした。コメントが多すぎてサーバが二回もダウンしたほどです。素晴らしいコメントがたくさんありましたね。人々の生の反応です。観客の心に深く刺さったという手ごたえは、私にとってとても大切でした。観客の心に刺さったままでいて欲しいですね。まだ終わっていないんですから。

Chapter 22

Kazuhiro Soda

想田和弘

日本生まれの想田和弘は、東京大学文学部宗教学科を卒業し、一九九三年にニューヨークに渡り、スクール・オブ・ビジュアル・アーツ映画学科に通いました。ニューヨークでは振付家で妻の柏木規与子とともに、マルチメディア制作会社ラボラトリーXを設立しました。

想田は、ニューヨーク在住のまま日本放送協会（NHK）の演出家として作品を発表した後、二〇〇七年に長編ドキュメンタリー第一作となる『選挙』を制作して、ピーボディ賞を受賞しました。『選挙』は、政治経験が無いにもかかわらず党の政治的基盤の一つである市の補欠議員候補として自民党公認を受けて立候補した山内和彦の選挙活動を追っていきます（六〇分短縮版がPBS局の番組『POV（未）』で放映されました）。想田は、福島での原子力災害があった二〇一一年に、今度は党の推薦もなく単独で議席を狙うこの候補者を追いかけ、『選挙2』として仕上げました。

二〇〇八年に想田が発表した『精神』は、岡山にある外来精神科クリニック「こらーる岡山」の日常を観察して、高く評価されました。続く二〇一〇年の『Peace』では、岡山県の人々とその介護関係者、そして猫の日常を追いました。

二〇一二年の『演劇1・2』では、想田の関心は舞台演劇に向かい、劇作家の平田オリザと彼の劇団である青年団を観察しました。

想田はこれまで『なぜ僕はドキュメンタリーを撮るのか』、『演劇vs.映画ドキュメンタリーは「虚構」を映せるか』等、五冊の書籍を日本語で出版しています〔この文章が翻訳された二〇二〇年五月時点では単著八冊と共著四冊〕。このインタビューは二〇一五年の二月に行われました。

――あなたはご自分が撮る映画を「シネマ・ヴェリテ」ではなくて「観察映画」と呼んでおられるそうですが、本当ですか？

はい。僕が自分の制作スタイルを「観察的 (observational)」と言うのは、観察こそが優れたドキュメンタリー作品を作る要だと信じているからです。もちろん、そこには伝統的な「ダイレクト・シネマ」との関連が示唆されています。ナレーションが無いドキュメンタリーは観察的だと言う人もいます。僕の撮影スタイルがそのような伝統の延長線上にあることは間違いありません。同時に、僕は観察映画というスタイルを再定義したいと思ったのです。だから「観察映画」と呼ぶことにしました。

――再定義をしたいと言ったとき、具体的にどのような定義を考えましたか？

僕が「観察」と言うときには、そこには二つの意味があります。一つ目は、ドキュメンタリー作家としての僕が目の前にある現実を観察して、自分の観察に基づいた映画を作るということ。事前に考えたアイデアや行動計画に従うのではありません。二つ目は、観客に作品の中で何が起きているか観察してもらうということです。つまり感じ方や考え方を示してあげる代わりに、観客が自分の目と耳で観て聴いて考えるのです。

英語で「観察」というと、「距離を置く」とか「干渉しない」という意味合いを持ちますが、そのような意味で観察と言っているのではありません。むしろ、「よく観る」そして「よく聴く」ということです。日本語の「観察」という言葉は、文字どおり「観る」そして「感じる」という意味なのです。

そこで、僕は観察映画の十戒というものを思いついたんです。僕がドキュメンタリーを撮るときに使う指標です。

1．被写体や題材に関するリサーチは行わない。
2．被写体との撮影内容に関する打ち合わせは、(待ち合わせの時間と場所など以外は)原則行わない。
3．台本は書かない。作品のテーマや落とし所も、撮影前やその最中に設定しない。行き当たりばったりでカメラを回し、予定調和を求めない。
4．機動性を高め臨機応変に状況に即応するため、カメラは原則僕が一人で回し、録音も自分で行う。
5．必要ないかも？と思っても、カメラはなるべく長時間、あらゆる場面で回す。

——これは、テイクの尺的な長さ、つまり長回しという意味ですか？

これが意味するのは、勝手に決めつけてかかるなということです。今撮影しているこれはおそらく使わないからカメラを止めてもいいかな、と感じる瞬間はたくさんあります。でも、止めないんです。何が起きるか予測できないですからね。だから可能な限り長くカメラを回すんです。

6．撮影は、「広く浅く」ではなく、「狭く深く」を心がける。「多角的な取材をしている」という幻想を演出するだけのアリバイ的な取材は慎む。

7. 編集作業でも、予めテーマを設定しない。

——つまり、何らかのテーマを思い描いていたとしても、撮影中にテーマ的なものを見つけたとしても、それは無視してあたかも初めて触れるような目で撮影素材を観るということですか？

そのとおりです。撮影中の僕は、目の前にある現実を観察しています。そして編集段階でも、同じことをします。なぜかというと、テーマを持って編集を始めてしまうと、テーマにあったものだけを選ぼうとしてしまうからです。それはつまり、すべての場面がテーマやある視点を証明する道具になってしまうということです。それではつまらない。僕は素材をよく観て、よく聴いて、素材が語りかけてくるものを観察しようと努めます。だから僕の場合、テーマを発見するのはかなり遅い段階、編集が始まって二、三ヵ月経過してからということが多いですね。その時まで、僕はそれがどんな映画かよくわかっていないのです。それが十戒の七つ目です。

8. ナレーション、説明テロップ、音楽を原則として使わない。それらの装置は、観客による能動的な観察の邪魔をしかねない。また、映像に対する解釈の幅を狭め、一義的で平坦にしてしまう嫌いがある。

9. 観客が十分に映像や音を観察できるよう、カットは長めに編集し、余白を残す。その場に居合わせたかのような臨場感や、時間の流れを大切にする。

10. 制作費は基本的に自社で出す。カネを出したら口も出したくなるのが人情だから、ヒモ付きの投資は一切受けない。作品の内容に干渉を受けない助成金を受けるのはアリ。

以上が、僕がいわゆる「観察映画」を撮るための十の戒律なのです。

――テーマを持たないということについてですが、何について撮影するかを決めるために、せめて何らかの問いを持って臨むのですか？　言い換えると、なぜあなたは『選挙』や『精神』や『演劇』を撮り、他の何かを撮らなかったのですか？

僕が興味を覚えるのは、人または状況そのものです。例えば『選挙』の場合、主人公である候補者（山内和彦）は、私の大学時代の友達です。同級生だったんです。山さんが――僕は彼のことをそう呼ぶのですが――自民党、つまり日本で一番影響力のある政党の公認で補欠選挙に出馬すると聞いたんです。彼はボヘミアン的な変わりもので、伝統的な男ではありませんから、この状況はとても面白いと思ったのです。自民党といえば保守派の政党です。アメリカで言えば共和党ですね。この真逆な組み合わせに興味を覚え、何が起きるか知らずにはいられなくなりました。それが出発点でした。始めたときはおろか、撮影しているときも、どのような映画になるか見当もつきませんでした。

――拝見した作品の中では、『選挙』が他のどの映画よりも物語的でした。一二日間の選挙運動期間に、始まり、中、終わりという構成があります。よく入れたな、という場所でも撮影しましたね。

確かに。でも、どのような物語になるかわかった上で撮っていたわけではありません。すべては偶発的でした。山さんが出馬するということは、友人が川崎に貼ってあった山さんの選挙運動用ポスターの画像をメールで僕に送ってくれたことで知ったので。彼には「山さん、どうしちゃったの？」と聞かれました。僕にはわかりません。

立候補するなんて聞いたこともなかったですし。でも、五日後には僕は日本に飛び、撮影を始めていました。準備は皆無。何をしているのかまったくわからないまま飛びこみました。

――この作品の視覚表現はとても豊かです。通勤客を列車に押しこむ駅員たちの姿とか、市民に投票のお願いをする候補者が勢い余ってKFCのカーネル・サンダースにお辞儀する姿とか。このような表現の豊かさがあるから、この作品は日本の観客だけでなく世界の観客にアピールできる力を持ったのかもしれませんね。

そうですね。そして、それは観察のお陰だと思います。カメラを回すとき、僕は目の前で起きていることをよく観て聴いて、観察したものを実際のショットとして映画的な言語に翻訳しようとします。例を挙げて説明します。山さんが初めて人前で演説する場面ですが、僕自身にとっても人前で演説する山さんを観るのは初めてでした。だからどういう演説になるか見当もつきませんでした。ともかく彼を追いかけて、彼の行動を捉えるうちに、誰も山さんの演説を聞いていないことに気づいたんです！　そこで僕の思考は次の段階に進みます。「僕が気づいたこの事実を、どのように映像的に伝えたら良いだろう?」。そして、この場面の最後のショットは、山さんから遠く離れた場所に移動し、山さんに寄った画からゆっくりとズームアウトすることにしました。

――よかった、あの場面の話が出ましたね。あのショット一つに丸々一つの場面が詰まっていますよね。熱心に演説を続ける候補者に寄った画からカメラがどんどん引いていくと、閑散とした駅前では誰も演説を聞いていない。

そう、そのとおりです。あのようなことは、カメラを回しながら発見するわけです。あの感じが大好きです。テレビのドキュメンタリーを撮っていたときは、そのような自由は許されていませんでしたから。特に公共放送局のNHKでは。NHKでは四〇本くらい撮りました。あの頃は、山のようにリサーチをさせられ、撮影前にナレーションを書いた台本を出せと言われました。

――どのような主題のドキュメンタリーを撮ったのですか？

幅広く、いろいろです。例えば、ニューヨーク市にあるメトロポリタン美術館の舞台裏を見せる二時間の作品。ペルーの伝統的な祭りを取材した二時間の作品。アメリカで行われるインターネットを介した養子縁組手続きの話も撮りました。

――それは要するに、図解つきの講義みたいな感じですか？　画を撮りに行く前に、ナレーション入りの台本を完成させたわけですよね。

はい。一コマも撮っていないうちに、ナレーションを完成させてショットのリストを提出するように言われました。それはテレビ局内では、決して不必要なプロセスというわけではないのです。多くの部門から決裁と承認を受けるという官僚的な階段がありますから。プロデューサーをはじめ、何人もの人の承認を受ける必要があり、承認する人はどのような番組を僕がつくろうとしているのかわからないと承認できませんから。予定調和ですよね。

――どのくらいの期間で完成させたのですか？

一本を丸一年かけて完成させることもありましたが、短いものは一ヵ月です。僕は『ニューヨーカーズ』という、二〇分でニューヨークの人々を紹介するシリーズに演出として参加していたのですが、一ヵ月で一話を完成させました。すごいスピードでしたね。一週目にはリサーチをして台本を書き、二週目には撮影。三週目には編集して四周目には完パケです。五週目には次の制作に入っているという具合です。あれは三年間やりましたが、すごく鍛えられました。しかし、事前に書いた台本に従わなければならないのはストレスでした。台本に書いてない何かを撮って編集していると、プロデューサーに「どうして台本どおりにやらない？ 全然違うものになるじゃないか。これではゴーは出せない」と文句を言われるわけです。文句を言われたり怒られたり、撮り直しを命じられることはしょっちゅうでした。

――その体験が、観察映画の十戒に繋がるわけですね。

まさにそのとおりです。要するに、アンチ・テレビとしての十戒ということなんです！ テレビのときは、予め決めたコンセプトに合うように撮ることが要求されました。撮影中に何かを発見するようなことはとても難しく、もし発見があってそれを撮影したとしても、プロデューサーに文句を言われてしまうのです。でも、それってておかしいですよね。だって、知らなかったことを発見するのがドキュメンタリーじゃないですか。それがドキュメンタリーを作る醍醐味なはずでしょう。最初は喜んでやっていましたが、次第に制約の多さがストレスになりました。だから、自分で作品を撮るようになったときに決めました。リサーチなんかしないでいこう。取材対象と前もって会わずにやろう。自分の頭を可能な限り空っぽにして、カメラの前で起きている物事を観察するように努めよう。そして何か新しいことを学ぶようにしよう。そんな動機に基づいています。

――対象の言動に干渉することはありましたか？ 例えば『選挙』で、友人たちが候補者のアパートに集まって夕飯を食べる場面。政治的な背景がいろいろと明かされて、観客にとっては助かる場面ですが、ああいうことを話すように頼んだのですか。それともたまたま。

頼んではいません、たまたまです。僕は、そこで起こることをすべて受け入れたいので、対象にこうしてとか、こう言ってとお願いすることはありません。でも、対象を積極的に巻きこもうとするジャン・ルーシュのような作家の方法論にも敬意を持っています。要は選択の問題なのです。

——作品中に、質問するあなたの声が聞こえることがありますよね。

そうですね、どうしても知りたいことがあれば、質問します。でも、自分が欲しい答えを求めて質問することはありません。僕が質問するときは、インタビューというよりも、対話という感じですね。カメラを持っていなかったとしても訊くであろう質問だけをします。僕と相手だけの対話が録音されているなら、構わないのです。しかし、狩人のように相手の気持ちに深入りして僕自身が望む答えを聞き出すことはしたくありません。自分の言いたいことを言わせる道具として相手を使う感じになってしまうので。

——あなたの作品を観ていてもう一つ気づいたのは、撮られている対象がカメラに言及したり、カメラの後ろにいるあなたに直接話しかける映像を、切らずに使ったりしていることです。例えば『精神』では、詩人の菅野直彦さんが「カット、カット!」と言いますが、あれは何かの理由があって使うと決めたのですか?

はい、ちゃんと理由があって残すと決めました。実は、僕はフレデリック・ワイズマンにすごく影響を受けているんです。大好きです。『選挙』を作ったときは、ワイズマンみたいにやりたかったのです。だから存在感を消してやろうと、僕の存在を匂わせるものはすべて編集で切りました。でも、それが『精神』のときはとても難しかったのです。僕が透明になろうとしても、皆が撮影している僕にいろいろ質問してくるので、答えないわけにはいかなかったんです。菅野さんに「僕、ここにいませんから」と言っても、聞き入れてくれないんですよ。カメラを意識し続けて、監督気どりで「カット、カット！」と言い続けたわけです！　菅野さんがずっとそんな具合なので、撮影中は「これは使えないな」と思っていました。しかし、いざ『精神』の編集を始めてみると、菅野さんの場面がどの場面より興味深いことに気づくわけです。そこで「自分で決めた方法論に従うことで、一番興味深い場面をカットする羽目になるとしたら、一体何のための方法論なんだろう？」と思いました。良いドキュメンタリーを作るために考案した方法論、何か興味深いことをするために作った方法論なはずなのに。

ならば、観察という行為を定義し直して、方法論自体を微調整しなければと思いました。そこでこのような考えにたどりつくわけです。「僕が観察する被写体は、僕の存在に影響されているのだから、観察者は観察という行為の能動的な参加者である。観察している僕も観察される世界の一部なのだ」。そのように観察を再定義すると、もっと自由に動き回れるようになりました。だから、あの場面は残すことにしました。観察というコンセプトそのものが、『精神』の撮影中に変わったのです。

――こらーる岡山診療所という外来精神科診療所を題材にしようと決めるにあたって、どういう考えをお持ちでしたか？　撮影期間は。それから、患者たちの日常にあれほど密着させてもらうために、何か特別な話をされたんですか？

診療所のことは、妻の母親のつてで知りました。

――お義母さんは作品に登場されますか？

ほんのちょっと出てます。というか、彼女は『Peace』の主役の一人なんですよね。義母は山本昌知先生（こらーる岡山の代表でもある精神科医）の施設で介護人として働いているので、紹介してもらいました。

まず、山本先生に「どのような作品になるかはわかりませんが、そこで起きていることを観察した中から作品が生まれると思います」というような手紙を書いて、撮影許可をお願いしました。山本先生は僕の手紙に返事を出す代わりに、患者の皆さんに僕の申し出を受けるべきかどうかの判断を委ねました。

診療所には、活動者会議というものがあります。作品にも少しだけ登場します。自立支援法について意見交換する場面、覚えてますか？ あれが活動者会議です。山本先生は会議の面々に僕からの手紙を渡し、会議での話し合いを経て、条件つきで撮影してもよいということに決まりました。僕が個々人から了解を取るというのが条件でしたが、理に適っていると思います。

そこで、妻の規与子と僕で毎日カメラを持って診療所に通うことになりました。待合室には診療を待っている人が大勢いるので、僕たちは自己紹介して、基本的にはいつも同じことを言いました。「僕たちは、この診療所を題材にしたドキュメンタリーを作ろうと思っています。撮影させていただいても良いですか？ どのような作品になるかは、まだわかりません」と、待合室にいた全員に同じことを尋ねました。八、九割の反応は「だめです。家族にすら精神科に通っていることを話していないので」とか、「職場の人に知られたくないので」というものでした。病気持ちであるということを世間に知られたくないという人がほとんどでしたね。しかし、一、二割ほどが「いいですよ」と言ってくれました。了解をもらったら、即カメラを回しました。そのようにして、彼らの日常を映していったのです。

――『選挙』は、結果が終わりまでわからないにしても、候補者が当選するか落選するかという展開があるという意味で、物語的です。でも『精神』の場合は、どのように終わるのか推測できる瞬間がまったくありません。観客は、ただそこに居合わせて、観るだけ。これは論文でもないし、問題提起でもありません。ほとんど詩的でさえありますよね。ある日常の光景。構成という観点から、どのように『精神』をまとめようと考えておられましたか？　何を撮ればいいのか、どうやって決めましたか？

おっしゃるとおり、『精神』の構成は『選挙』のそれとはとても違うものになりました。それは、時間の経過が物語を推進する力として働いていないからです。僕としては、語り手というよりは画家という心境でしたね。こらーる岡山という小宇宙の細密画を描くつもりでやりました。しかし、何を撮るかという判断は特に難しくはなかったです。撮影してもいいと言ってくれた人の数が限られていましたから。「どうぞ」と言ったもらった途端にカメラを回して、全部で約七〇時間分の素材を撮りました（完成した作品は一三五分なので、使用された素材の割合は三一：一になる）。

――診療所の撮影には何日かけましたか？

全部あわせると三〇日ほどですね。二〇〇五年と二〇〇七年の二度にわたって撮りました。誰も撮影を了解してくれなくて一度もカメラを回せない日もありました。

――いつカメラを止めるかという判断は、どうやってしましたか？　つまり撮りたいものは撮ったという判断はどうやって？

撮影を止めるタイミングというのは、とても難しい問題でした。撮影していると、作品の核になるような場面に必ず出くわします。例えば『精神』では、ある患者が時々声を荒らげながら電話で喋っている場面です。電話の後、赤信号を無視して夜闇に消えていく。あれを撮りながら、この場面は作品の肝になると直感的に確信しました。はっきりした理由はわかりませんでしたが、僕はその男性に興味を覚えていたんですね。何か特別なものを撮っていることがわかりました。詩人の菅野さんの場面もそうでした。作品の肝になる場面の一つを撮っていることを直感しました。

同じように感じた場面がもう一つあります。自分の赤ちゃんを誤って窒息死させてしまったお母さんを撮影したとき、とても重要な場面を撮っていると直感しました。しかし後になって、その場面を使うべきかどうかで散々悩みました。何度も考えた末に使うことにしました。あのような場面が五つか六つ撮れたら、安心して撮影を止められます。少なくとも今のところ、僕の勘が外れたことはないです。被写体を後で撮り直しに行ったことは一度もありません。

——悩んだのは、そのお母さんのことで、ですよね。

はい。おそらく彼女は、誰にも明かしたことがないことを私に明かしてくれていたので。

——出演した患者たちに、編集段階の素材を観てもらいましたか?

それはやりませんでした。山本先生と数名の介護士から専門家としての意見をいただくために、ラフカットを観てもらったことはあります。僕は医療関係者ではないので。何かを変えてくれという意見は誰からも出ませんでした。

お母さんの場面を撮っているとき、とても特別な瞬間を撮っているわけですから、映像作家としての僕はわくわくしています。しかし、カメラを止めた途端に心配になるわけです。一〇〇%使っても問題ないと言い切る自信はありませんでしたから。でも彼女があのとき「あんなことを喋るべきじゃなかったかもしれませんね。でも、言いたかったのです」と言ってくれたことを覚えています。その数日後には、彼女のアパートにお邪魔して撮影しましたが、使わないでとは言われませんでした。後で面倒が起きないように彼女の場面をカットしてしまったら、それは僕が彼女を沈黙させることになってしまいますから、それはそれで倫理的に問題なのではないかと思いました。そこで、使おうと決断しました。ただし、絶対に煽情的にならないように注意を払いました。

――場面全部を文脈も込みでありのままで見せることで、それは達成されましたね。彼女は話し続けながら、どんどん記憶の奥に潜っていき、次第に明かされる詳細がその顚末の恐ろしさを明らかにしていく、という。

そういうことです。

――あの場面は、編集によるカットが皆無でしたよね。あなたに向かって話し続ける彼女が、ひたすら映っているだけ。

そのとおりです。一番長いショットは六分半くらいあって、その間彼女はずっと喋っています。ともかく彼女に、母親や医者や夫との関係といった背景になる話を全部語ってもらって、センセーショナルな部分だけでなく、全体を捉えることができれば、そうすれば――

――人道的だったと思います。

ですよね。彼女の物語を聞かせてもらうことで、僕は彼女に人間として共感できるようになりました。もし僕が彼女の立場にいたら、同じようにできただろうと感じたんです。もし観客も同じように感じてくれたとしたら、それは倫理的だと言えると思います。

――ドキュメンタリー作家の中には、「私が皆に教えてやる。私の正しさを証明してやる。私が見せてやる」という態度の人もいますが、あなたの場合は、長い場面そのものに語らせるので、観客の反応もいろいろ複雑だと思います。

おっしゃるとおり、複雑ですよね。僕は彼女の複雑な物語を、単純でわかりやすいものにせずに複雑なまま描きたかった。その複雑さを維持できさえすれば、あの場面を使う事には問題はないだろうと思いました。まあ、あの物語なしでは、彼女が何に苦しんでいるかわかりようがないわけです。あの事件が彼女の苦しみの源なので、それを抜いてしまうと、彼女に近づく術がなってしまうんです。あの場面を自己検閲してしまったら、僕が『精神』を撮っている理由がぼやけてしまったと思います。

――それは、どうしてでしょうか？

つまり、あの場面を見せることに怖気づいてカットしてしまうようなら、何のためにこんな作品を撮っているんだ、ということです。確信は持てなかったけれど、使うことにしたわけです。

――作品が公開された後で彼女が困るようなことは起きなかったんですか？

その辺はいろいろありました。この作品には彼女にとって、良い面とあまり良くない面があったと思います。

彼女は作品が完成したときには喜んでくれましたが、住んでいる町での公開が近づくと、次第に不安になっていったそうです。作品が公開されることで何が起きるか見当もつかなかったので、本当に心配したといいます。だから僕も心配になり、岡山での上映は見送ろうかとすら考えました。

上映中止の判断をする前に、僕は岡山に行って彼女と会い、彼女の気持ちを聞きました。作品に好意的だった療養所の患者さんたちが彼女と話をしてくれて、次第に気持ちが落ち着いたようです。山本先生は一〇〇％応援してくださいましたし、彼女の相談にも乗ってくれました。義母にも相談に乗ってもらいました。最終的には、皆で一緒に問題を乗り越えたという感じでしたね。彼女は観客のために手紙を書いてくれました。「これを、観客の皆さんに読んで差し上げてください」と言うことだったので、そのとおりにしました。

――どんな内容でしたか？

彼女自身の大変な経験と、それに関する彼女の思いです。

――結局、彼女は作品を観ましたか？　観たとしたら、問題ありませんでしたか？

観ました。問題はありませんでした。撮影したときに比べると、ずっと症状が軽くなっていますが、それでも不安に駆られる瞬間があるようです。例えば最近、あることがきっかけで精神的に極めて不安定になることがありました。娘さんが二〇歳になったのですが、母親である自分がこの作品に出ていることで、娘に不利にならないだろうか、と心配しているのです。

――それは、まさにこの作品の隠されたテーマであるスティグマということですよね。

そう、スティグマです。自分たちが抱えるスティグマと闘っている人たちに作品に出てもらったお陰で、僕も同じスティグマと対峙ことになったわけです。終わりがないですよね。二〇〇七年に撮影したときには、彼女の娘さんのことは想像すらしなかったのですが、それが今になって出てきた。人生は続いていきますからね。ドキュメンタリー作家は、被写体になってくれた人たちに対して死ぬまで責任を負うと言っても良いのかもしれません。撮影そのものはある期間内で終わりましたが、あの人たちがどのように表現されたかということに対して、僕には一生責任があるのです。ドキュメンタリーを撮るということは、とてつもない責任が伴うわけですね。その責任は常に感じています。フィクションとドキュメンタリーの間に境界なんか無いと言うのが流行っていますが、この責任という一点において両者はまったく違うものです。それがどれだけ大変なことか撮る前に知っていたら、『精神』を撮らなかったかもしれません。とても心に負担がかかりますから。未だに眠れない夜があります。

——つまり、法的には何の問題も無かったとしても、道義的、倫理的には——

そういうことです。僕には倫理的な責任がある。すごく重荷です。しかし、それこそがドキュメンタリーの素晴らしさでもあります。あそこまで深く関わったからこそ、彼女を知ることができたわけですから。一生ものの関係を築けたわけですから。

ドキュメンタリーというのは、鋭利な刃物のようなものだと思います。傷をつけることもできる一方で、とても便利です。使いようで良い事も悪いこともできます。

——『精神』を作りながら、この作品が人々の関心を高めたらいいなとか、精神病ということに対する援助が集められたらいいなと思いましたか？

僕はそういう目的のために『精神』を作ったわけではありません。作品は、あくまで作品でしかありませんから。社会を変える道具として作っているのではない、ということです。

——ご自分の作品はアートと捉え得ると思いますか？

そうですね、アート寄りですね。そういう意味で、人々の考え方や視点に変化を促したり、人間社会についてより良い理解を促したりする役に立つことがあるかもしれませんが、僕は社会を変えるために作ってはいません。そんな目的を持って作ったとしたら、おそらく複雑さが失われたでしょうね。

『精神』のラストシーンに関しては、様々な議論があります。もし僕が、患者だって人間だということを教えるために作品を撮ったのなら、詩の場面（菅野さんが他の患者と詩を読みあう場面）を最後に持ってきたと思います。そうすれば観客が被写体を身近に感じますから。「へえ！　精神的に問題がある人って、すごくユーモアのセンスがあるんだね。詩も読むし、すごいね。そんな人たちに偏見を持ってはダメだよね」という感じで。

——その代わりに、『精神』の締めくくりは一二分ほどの長い場面で、所員たちが診療所を閉めようとしているのに、延々と電話で手当てに関する文句を言い続ける患者の男性ですよね。彼は電話を切ると、スクーターにまたがって、赤信号を無視して走り去ります。すごくたくさんのことが凝縮されている場面ですね。

おっしゃるとおりです。

——あなたが政策に影響を与えたり関心を高めたりするために『精神』を作ったのではないのは承知で伺いますが、そのような効果はありましたか？

関心が高まったということは、ありました。日本国内では約三万の人が観てくれましたし、DVDは売れ続けています。最近撮った作品のどれよりも売れていますよ。まだ消えてなくなりはしないようです。おそらく、似たような問題を抱えた人が多いからではないでしょうか。それから、精神医療関係者の間で「必見」になったということもあります。臨床研究や学習目的で使われるようです。だから、とても大きなインパクトは持ったと思います。こら－る岡山診療所は、全国からを訪れる人を受け入れています。

――ここで、ドキュメンタリーの定義について話を戻させてください。あなたは自作をドキュメンタリーと呼んでいますから、あなたの作品は単なるアートではないわけですよね。つまり、ドキュメンタリーが持つべき誠実さ、そして正確さがあるという示唆だと思うのですが、アート作品を作る者として、ジャーナリズムの境界線はどこで消えると考えていますか？

僕が作る作品はジャーナリズムではないと思っています。別の何か、ですよね。

――ならば、ドキュメンタリーというものを、どう定義しますか？

そうですね、ジャーナリズムは一つしかない「真実」というものを前提にしていて、そこに近づこうとするものです。でも僕は「真実」を扱うのがドキュメンタリーではないと思うんです。そして、ジャーナリストは客観性を維持しようとしますが、僕たちドキュメンタリー作家は自分たちが主観的だと知っています。客観的であろうとすらせず、それは問題でもないのです。

――でも、フィクションではないわけですよね。でっちあげたわけでも、想像されたものでもない。

そのとおりです。僕たちは現実に起きていることにカメラを向けますが、ではカメラを向けている主体は一体誰か？　それは僕であり、僕以外の誰かです。つまり映っているのはその人の主観ということです。僕が記録しているのは、僕の主観または、個人的な経験に基づいているのです。もし僕が『精神』を違った時に撮っていたら、違う人たちと出会い、まったく違った作品を作ることになったでしょう。でも僕は、ある時に診療所を訪れ、ある人々と出会い、診療所を後にした。僕にとってドキュメンタリーというのは、僕自身の私的な経験を映画的言語によって再構築し、それを観客と共有するということです。僕が目撃したものが真実であるかどうかは問題ではありません。あくまで、僕の個人的で主観的な体験にすぎません。新聞とか論文というよりは、日記ですね。

――編集上やらないと決めていることはありますか？　例えば、二つの事柄を並列させたり、交互に見せることで意味を醸成したり、時間軸上で後に起きたことを前に持っていくとか。

特にありません。どちらの手もよく使いますよ。僕自身の体験を映画的に翻訳する必要があるからです。僕の経験を再構成するためには、時間軸を並べ替えなければならないときもあるわけです。友人に、最近した旅行の話をするというのとちょっと似ていますね。旅行はどうだったという話を友人にするときに、「まずアパートを出て、電車に乗って、それから……」というように、すべてを時間の流れに沿って話すとは限らないじゃないですか。それは下手な語り方ですよね。

――どういう考えに基づいてシークエンスを分けるのですか？　もしかしたら、シークエンスというようなことすら考えないとか。

僕の場合、まずすべての素材を観て、何が起きたか書き起こします。誰かが何かを言えば、何でも書き留めておきます。全素材を完全に書き起こしてから、気に入った場面を編集していきます。時間の流れに沿って順番に繋ぐことはあまりないですね。僕が興味を引かれたところから始めます。
そのうち、僕の興味を引いた場面をいくつか繋げたら、一つにまとめてみて、それが最初のカットになります。これは、まだ滅茶苦茶で、作品の体をなしていません。場面として繋げたものをランダムにまとめたというだけです。それから場面を入れ替えてみます。場面ごとに付箋を作り壁に貼ります。それを並べ替えてみるのです。

——どのようなことを考えながら、並べ替えていますか？

例えば、場面Bを先に観ると場面Aがより興味深いものになるので、BはAより先に出そうという感じです。作品に最適の構造を見つけるまで、並べ替えてみます。このプロセスには時間をかけます。しばしばこの過程では発見があります。例えば、場面一と場面二は何の関係もないと思っていたとします。しかし、並べてみてびっくり、実はそこには繋がりがあった。逆もあります。並んでいた二つの場面を離してみると、俄然興味深くなったりもします。
化学の実験みたいなところがありますよね。いろいろと混ぜてみて、組み合わせが正しいと化学反応が起きるんです。僕はナレーションをつけないので、僕に操作できるのは場面の順番だけなのです。非常に意図的に操るわけですが、それがなければ僕の体験を映画言語に翻訳できないので、並び替えは頻繁にやります。

——今度は『Peace』の話をしましょう。作品の中では言及されませんが、定年退職した元校長の柏木寿夫と妻の廣子はあなたの義父母で、その二人の日常を追った作品です。二人は何らかの介護を必要とする人たちの世話をし、寿夫さんはたくさんの野良猫の世話をします。この作品は詩的な部分もあります。例えば介護する人とされる人のような、物語を進めるショットに繋がっていくのではなくて、自然（亀、鳥、植物）や、町の細部のショットにいきますよね。これは、平和というタイトルに関係したものですか？

はい、関係大ありです。このタイトルは、橋本さんが吸っていた煙草のことでもあります（橋本至郎は柏木廣子が生活支援している九一歳の男性。ダニとネズミだらけのアパートに住んでいる）。『Peace』は煙草の銘柄なんですね。とても深い意味を秘めた煙草でもあります。第二次世界大戦後に日本政府が販売した最初の煙草なのです。戦後日本の象徴である煙草を橋本さんは長年吸って、肺ガンを患うに至ったという、とても皮肉で、しかし詩的なものを象徴しています。

――［亀や鳥のような］幕間のショットについてお話を伺えますか？　あなたの他の作品にも似たような表現は使われていますが、この作品では特に目を引きます。

僕が、取材対象相手にいわゆる「主要な」場面を撮っているときは、虫眼鏡で何かを注視している感覚になります。対象そのもの、そして対象が起こすアクションを仔細に見つめ続けるうちに、段々息が詰まってきまして、撮影している対象（猫も含め）に文脈を与えるために、もっと大きな広がりのある世界を観たくなるんです。そこで僕は自然の風景や周辺の環境を撮りに外に出て、取材している主要登場人物と関係がありそうだと感じたものを写してきます。

『Peace』を撮っていたときに、僕の関心は要介護者たちに向いていきま

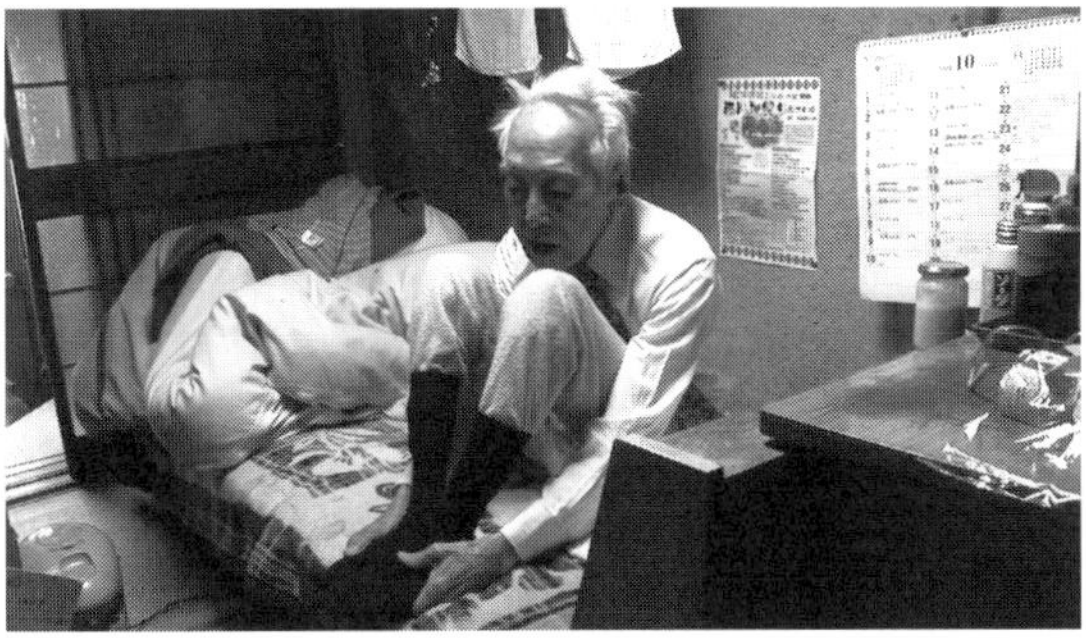

『Peace』より、橋本至郎。Photo courtesy of the filmmaker.

した。この作品を撮るまでは、あんなにたくさん車椅子に乗った人が路上にいることに気づいていませんでした。僕の目は、路上にいる高齢者にも向きました。子どもたちにも。そして猫を撮っていたので、猫以外の動物にも。僕の視線は主要な取材対象に影響されて、その影響が自然や町の風景に現れているのです。

こうした幕間ショットにはいくつかの意味があります。一つは編集のリズムを作るため。もう一つは、人間の脳が一度にあまり大量の情報を処理できないということに関係あります。何か濃密で複雑なものを観た後には、それを消化する時間が必要なのです。そのような重い場面の間に、つなぎとして幕間を挟もうとしたわけです。晩御飯を食べているときの「箸休め」ですね。コース料理でいえばメインではなくて、間で出てくる副菜のようなものです。そして幕間ショットは、主要登場人物に文脈を与える役割ももっています。

――物語を語るという観点から、日米のドキュメンタリーにはどのような違いがあるとお考えですか？

一般論に落としこむのはとても難しいですが、あくまで僕の印象では、アメリカのドキュメンタリーでは、カメラに向かって喋る人がたくさん出てきますよね。ドキュメンタリー制作とはすなわちインタビュー撮影だとでも言わんばかりに。僕が面白いと思うのは、Bロール「インタビュー映像を編集で切るときに使う繋ぎの画」という言葉があるじゃないですか。主要のインタビューの補助的なイメージ画像がBロールですが、僕にとってはBロールこそが主要なんです。そこからして、僕のアプローチはアメリカのドキュメンタリー制作とかなり違うわけです。しかし一方で僕のスタイルは、アメリカで花開いたダイレクト・シネマという伝統の延長線上にもあるのです。

――あなたの作品について話をするときに「物語《ストーリー》」という言葉を使うのは間違いだと思いますか？

いいや、間違いだとは思いません。僕の作品も物語を語っていると思いますよ。伝統的な意味での物語とはちょっと違うかもしれませんが。『精神』だって物語だと思います。僕自身の体験を近所の人や友人に語っているような意味で。「これこれこういう診療所を訪れて、こういう人たちに会って、帰ってきたんだよ」というような意味合いで、物語ですよね。その大きな物語の中には、小さな物語がたくさん入っているのです。例のお母さんが語ってくれた、苦難に満ちた人生の物語があり、菅野さんという語り部もいて。だから、あの作品にはたくさんの物語が詰まっているのです。そして、僕が診療所を訪ねるという物語が全体を束ねています。僕が作るドキュメンタリーはどれもそんな感じですね。『peace』も物語だと思います。『演劇1』と『演劇2』ですら物語だと思いますね。

――次の作品について教えてください。今は何を作っていますか?

今は、日本の岡山というところに住む漁師たちについての作品を作っています。『精神』と『Peace』も同じ岡山で撮りましたが、今度は人里離れた村が舞台です。そこで撮った素材から作品が二本できると考えています。今一本目の編集をしていて、牡蠣工場が題材です。漁師たちが牡蠣を養殖し、工場で身を殻から外して売るのですが、日本のどの街とも同じで、この村でも高齢化が急速に進んでおり、牡蠣を殻から外す仕事をする人が不足しているんです。この産業は伝統的に地元の女性によって支えられてきましたが、皆高齢になり、働き手がいません。僕が撮影に訪れたとき、偶然にも中国からの労働者を招き入れるところでした。それで、突如これはグローバリゼーションの話になったのです。小さな牡蠣工場が、グローバリゼーションの縮図になったわけです［この作品は『牡蠣工場』（二〇一五）、『港町』（二〇一八）として公開された］。

――とても興味深いですね。そして、あなたの十戒の第六番目「狭く深く」に立ち返っていくわけですね。これはとても有益な助言だと思います。ドキュメンタリーを作る学生たちは、何かと話を大きく広げたがって、二〇分しかないのに世界の歴史を語ったり、人類が抱えた偏見を解決したりしようとしますから。

無理ですよね。

——無理です。それより誰か一人を見つけるところから始めた方が。

そうです。誰か一人、または一つの状況を探す。僕だって、このグローバリゼーションの展開は現地に行くまで知りませんでしたから。村の漁師たちのことも、妻と二人でたまたま休暇でその村によく行くから知ったわけです。休暇中には海辺にある一軒家に泊まるので、漁に出ては帰ってくる船をいつも観ることになり、やがて漁師たちとも知り合いになったのです。漁師というものが段々減っていく中で、僕は彼らに興味を抱きました。第一次産業はどれも同じですが、日本の漁業は徐々に衰退の一途をたどっています。どうしてそうなっているのか、僕はそれを知りたいと思ったので、漁師たちに興味を持ったのです。彼らの一人がたまたま牡蠣の養殖をしていたので「工場を撮影してもいいですか」と尋ねました。了解してくれたので、カメラを持って伺い、そこで新しく来る中国人労働者のことを聞いたんです。これは撮らないわけにいかないですよね。新しい労働者たちが到着するまでカメラを回し続けました。

Chapter 23

Orlando von Einsiedel

オーランド・ヴォン・アインシーデル

ロンドンを基盤に活動する映像作家のオーランド・ヴォン・アインシーデルは、元々はプロ・スノーボーダーでした。彼は二〇〇六年にテレビ番組と映画の制作会社グレイン・メディアを共同で設立してから、世界を股にかけて社会派の調査報道型ドキュメンタリー短編を立て続けに制作しました。二〇一〇年にはアフガニスタンで『スケーティスタン：カブールを滑走する子どもたち（Skateistan: To Live and Skate Kabul）』、二〇一一年にはナイジェリアで『アイシャの歌とアミナ・ラジオ（Aisha's Song and Radio Amina）』、そしてシエラレオネで『海賊漁業（Pirate Fishing）』を、文字通り世界を駆け巡って制作しました。

ヴォン・アインシーデルは二〇一一年になると初めての長編ドキュメンタリーでアカデミー賞候補になった『ヴィルンガ』の制作を始めました。レオナルド・ディカプリオやハワード・バフェットがエクゼクティブ・プロデューサーとして参加した『ヴィルンガ』は二〇一四年にトライベッカ映画祭で初上映され、トライベッカを含む世界各国の五〇の映画祭で賞を受けました。

——色々と心に残る『ヴィルンガ』ですが、特に物語の複雑さが印象的でした。制作を開始したときにはこのように複雑な物語になると予想していたのですか？

ドキュメンタリー作家としての私は、調査報道形式の制作に洗礼を受けたものですから、どうしても何らかの社会的不平等の存在する開発途上国に出かけていくことになるわけです。そもそもドキュメンタリー作家たるもの、そのような不平等を記録して、最後には責任者を人前に引きずり出すのが仕事だと思ってましたから。ところが、行く先々で、信じられないようなことを成し遂げている、誰もが触発されるような素晴らしい人たちに出会うわけです。そして、イギリスに居てもそのような人たちの話は全然聞かないということに気づくわけですね。そこでこう考えました。そうか、私が作りたいのは気の滅入るようなドキュメンタリーではなくて……気の滅入るような作品も重要なのはわかっているけれど、もっとポジティブな物語なんだ、と。そしてそう思うきっかけをくれたのは、アフガニスタンにあるスケートボード学校を描いた『スケーティスタン：カブールを滑走する子どもたち（未）』だったんですね。あの作品が、私にポジティブな物語を伝えたいと思わせてくれたんです。

その数年後にシエラレオネで作品を撮っていたとき、ふと手に取った新聞に、ヴィルンガ国立公園の記事があったんです。その公園のことはその時初めて知りました。まるでジュラシック・パークのような別世界です。火山があって、氷河もあって、そしてマウンテン・ゴリラまで居るんです。その記事は、国立公園の自然保護官（レンジャー）たちの活躍と、二〇年に渡る戦争で荒廃した国を立て直すための再開発の希望について書かれていました。国立公園という資源を活用して、雇用を創出し、地域を開発しようという計画です。私はその物語を伝えることに決めました。長期間続いた戦闘の傷跡から生まれ変わろうとする地域を描いたポジティブな物語を。でも、何も知らずに行ったわけではありません。コンゴの東部にあることは知っていましたから、政治的に不安定なことも理解していました。でも、現地に行けば物語が見つかるさ、と気楽に構えていたわけではありません。

――ある一定期間、現地で潜入調査をする予定で行ったのですか?

正直、どうなるかよくわからずに行きました。最初は、まずテレビ局のアルジャジーラに頼まれて行ったのです。ヴィルンガ国立公園を題材にした三〇分の作品を頼まれたので。(『アースライズ(未)』という環境番組の一編『ヴィルンガの物語』)。それを利用して取材費用に充てたのです。予定では一週間の取材旅行でしたが、現地に着いて数日後に、公園の自然保護官たちがこう教えてくれたのです。「あなたはイギリス人ですよね? なら、イギリスの石油企業が違法にこの地域の石油を探し回ってるから、それを調べた方がいいですよ」(ロンドンに本社を置く多国籍エネルギー企業SOCO=シュナイダー・オイル・コーポレーションのこと[現在はファラオ・エナジーと改名])。そこで、取材内容は一気に一八〇度方向転換しました。私は元々、調査報道をやっていたわけですから、その技術を生かしてこの企業について調査するべきだと決めました。そして数週間も経たないうちに、内戦が起きたのです(二〇一二年四月に、コンゴ政府軍と三月二三日運動の反政府武装勢力の間で武力衝突が起きた)。あっという間に、話がどんどん膨らんでいきました。

――どの程度、物語の土台になるものがあれば撮影に入れますか? それとも、ともかくカメラを持って現場に入るのがあなたの調査スタイルですか?

やはり、そこに行くには何を求めているかというアイデアは必要ですね。なぜかというと、撮影の資源が限られていることの方が多いので。大してお金はないので、どれほどの期間滞在できるかという見当は最初からつきます。だから粗くていいので、作品が成立するために必要な、取りあえず考え得る最低限の物語の展開は考えておくべきです。私は大抵、それを考えてから現場に行きます。

――今、展開とおっしゃいましたが、物語は展開するべきだとお考えですか？

私が作品を作るときは、必ず劇映画の構成に当てはめてみますね。つまり、劇映画と同じように三幕構成にあわせて作ることが多いです。三幕構成を無視するドキュメンタリー作品が多いのは知っていますし、物語の型にはまらないのがドキュメンタリーの楽しいところだと言う人が大勢いるのもわかっています。でも私の場合は、そうするとうまくいくのです。大体の場合、起こり得ることを緩く三幕構成に従って考えておきます。現実の形を変えることはできませんから、もちろん柔軟に構えていなければなりません。期待と現実の間には大きな隔たりがあるものですから。それでも、物事がどう展開し得るか一応考えてから行きます。

――そして、行くなり内戦が勃発するわけですね。帰国を考慮しましたか？

体全体で恐怖を感じましたよ。しかし実際に戦闘が始まる頃には、私は撤退するには深入りしすぎていました。何人かの人と深い関係を築いていましたし、国立公園に希望を感じていましたし、石油企業の行状を目にして憤っていましたしね。最早撤退は考えられませんでした。そして自然保護官たちがその場に留まることもわかっていました。彼らに動じる気配は微塵もないわけです。だから、自分というちっぽけな存在がこの状況で貢献できることがあるとしたら、それは留まって記録することだと考えました。妙な話ですが、カメラを持っていることでちょっとした安全が確保できるのです。カメラがあると、周りで何が起きていてもその状況から切り離されます。本当に恐ろしい瞬間が訪れるのは、撮影中ではなくカメラが止まっているときです。カメラを持っていないときに戦闘が始まると恐ろしいですよ。カメラがあれば、少なくとも心理的には守られている気になりますからね。

――お話を聞いていると、現地の人々や自然保護官たちにとても信頼されていたようですね。

そうですね。撮影が始まるとすぐに、土地の人々は私が作る作品を利用して公園を守れることに気づいたんです。撮影そのものがＳＯＣＯの行状を調査する道具であり、出来上がった作品によって、国立公園で何が起きているか知らせて、だから公園が保護されなければいけないと世界中に訴えることができるわけですから。

――その日その日に何の取材をするか決める具体的な方法論はありますか？　それから、単独で撮影されますか？

それは作品ごとに違いますね。『ヴィルンガ』の場合は、一年目はコンゴに独りで暮らしました。お金が無かったからです。イギリスの自宅に何ヵ月も籠って資金を集めるという手もあったかもしれませんが、それでは現地入りした頃には何もかも終わっていたはずです。代替案といえば、安価なカメラを携えて現地で自然保護官と一緒にテントで暮らしながら、ともかく現場を取材することです。私はその手を使って取材することに決めました。日々どんな感じで取材が行われたかというと、少なくとも最初のうちは、ともかくたくさんの物語を追いかけ、できるだけ大勢の人に会いました。ある一日を誰かと過ごしたら、翌日は別の人を取材、という感じです。つまり、個々のキャラクターを追いかけてそれぞれの物語を撮りながら、同時に彼らの周りで起きている石油や内戦といったより大きな物語も捉えようとするわけです。大きな物語の中にある小さな物語と登場人物の私的な物語を一つに融合させたいわけですね。

――ロドリグ・カテンボ、アンドレ・バウマ、エマヌエル・ド・メロード、そしてメラニー・グービーの四人

――が主役になることは、どの段階で理解したのですか？　編集中、それとも撮影中に決めたのですか？

現場で撮影しながら決めました。最初は一〇人ほどの人を追いかけていたのですが、ほどなくロドリグとアンドレとエマヌエルとメラニーの話になることが明白になりました。状況的な理由もありますが、この四人の物語は、コンゴという国が持つ大きな物語と繋がっていたからです。私はいつも、個々人の小さな物語を使って大きな物語を語るようにします。

――具体的に言うと例えば、八〇〇頭しか残っていないマウンテンゴリラの中の貴重な四頭の孤児の世話をしているアンドレの物語がありますよね。彼のことは例の新聞記事で知ったのですか？

そう、記事で知りました。アンドレの物語は国立公園の物語であり、自然保護官たちと野生動物の関わりの物語です。そして彼を通してゴリラたちの物語に入っていくわけです。アンドレほど素晴らしい人を私はほとんど知りませんよ。とてつもなく親切で、驚くほど気高く、そして勇敢です。

そして、ロドリグ（自然保護官の隊長）の物語は、コンゴと戦争の歴史の物語でもあります。子どもの頃は兵士だったロドリグは、コンゴという国の中で一五〇年近く続いている暴力の連鎖の縮図でもあります。彼は、自分の息子を同じ目にあわせないために必死なのです。ロドリグに関心を抱いたのはそういう理由です。彼の物語に大事なものがすべて詰まっているのです。国立公園を保護するということは、野生動物を守るだけでなく、人々の暮らしを守ってもいるのですから。さらにロドリグは、ＳＯＣＯの事業を支持する人たちや下請け業者に［内通者になるように］接触されてもいたので、独自にＳＯＣＯのことを調べていました。だから喜んで潜入調査の機材を身に着けて、私に協力してくれました。とても早い時期に、重要な登場人物になったわけです。

この作品は勇敢なコンゴ人たちの話にしたかったので、最初は外国人の登場人物を出したくないと考えていました。しかしエマヌエルを外すことはできませんでした。彼は国立公園に関する色々な決定事項の半分に関与するような人物だったからです（エマヌエル・ド・メロードは自然保護主義者でベルギー王室の子孫で、二〇〇八年以来ヴィルンガ国立公園の管理責任者を務めている）。ド・メロードはベルギー系なので、コンゴが持つ植民地としての歴史を象徴しています。本当に勇敢で芯の通った人物でもあります。彼が主要な登場人物の一人になるのは間違いありませんでした。

そして最後に、メラニーのことですが（メラニー・グービーはフランス人でフリーランスのジャーナリスト）、彼女のことはまったく想定外でした。彼女と出会ったのは、撮影に入って半年ほど経ってからなので。私が何かを撮影しているときに、メラニーがジャーナリストとしてそこに居あわせたのです。セキュリティの心配から、基本的に私はどんな作品を撮っているか口外しません。その時も、ゴリラのドキュメンタリーを作っているということにしていました。その日の撮影が終わってからメラニーが私にこう言ったのです。「あなたが興味を持ちそうな人に会わせてあげましょうか。石油関係の人たち」これを聞いた途端、私の中で警報が鳴り響きましたよ。エマヌエルに相談して、ここはリスクを冒しても、メラニーに私たちが本当はどんな映画を作っているか教えようと決めました。そして協力を要請すると、メラニーは快諾してくれました。

メラニーのような登場人物がいるということは、ジャーナリストとして彼女が集めた素材を共有できるということでもありますが、物語という観点からはそれ以外の価値ももたらしてくれました。上映後の質疑応答で最初に質問をされるのはいつもメラニーについてです。西洋の観客はまず彼女に親近感を抱くからでしょうね。そして、それはこの作品を撮りながら意識的に決めたことです。［欧米の観客にとって］メラニーは近所のお姉さんみたいな感じですが、他の登場人物は違います。それぞれ素晴らしい人々ですが、子どもの頃から身の回りにいたようなタイプではないので、親しみが湧きにくいのです。

――メラニーのもう一つの大事な役目は、観客に情報を与えてくれることでした。ナレーションが無いので誰が誰でどういう人だという説明あると観客は助かるのですが、それを彼女がやってくれますよね。

そうです。メラニーというキャラクターにその役目を負ってもらえることはわかっていました。他の登場人物はそうはいきません。例えばアンドレにとっても事態は日々変わりますが、彼は彼自身の物語を能動的に追いかけているわけではありません。ロドリグにも、日々（潜入撮影を通じて）何かが起きるのですが、彼の行動が怪しまれないように、私たちは受け身で待つしかなかったのです。しかし便利なことにメラニーはジャーナリストなので、執拗に調査を続けながら物語を前に進めていきます。彼女がジャーナリストとして仕事をするだけで、色々な情報が明らかになっていくわけです。

――メラニーがカラーの地図を印刷する場面がありますよね。あれは観客にとってとても有難いのですが、あなたが印刷してと頼んだのですか？　それとも彼女が勝手にそうしたのですか？

まあ、両方と言っていいと思います。メラニーのアパートには、メモがそこら中に貼ってあるんです。中には細かすぎて何が写っているかわからないようなのもありました。そこで、いくつかのメモを基本的にやり直してもらったんです。撮影できるように、メモより大きなサイズの紙に地図を描き直してもらったり。でもそれは、メラニーが毎晩自室でやっている作業そのものに触発されたからでした。

――隠しカメラの場面がありますが、自然保護官たちは仕事の一環として、あなたに頼まれなくても隠しカメラを使ったと思いますか？

この場合は、自分の判断ではやらなかったと思います。ロドリグや、市民組織、そして漁業関係者たちは、私が行く前からSOCOを監視していましたから、私は、自分が持ちこんだテクノロジーで彼らの活動に貢献できると悟ったんです。画像と音声を記録する機材を使えば、違法かもしれないSOCOの活動の証拠を固める役に立ちますからね。それがなかったら、言葉の応酬にしかなりません。メラニーにも隠しカメラの使い方を教えました。

――作品が公開されて、メラニーがしたことをSOCO側の人が見たことで、彼女は何か面倒に巻きこまれなかったんですか？

安全を考慮して、メラニーとロドリグの二人は作品が公開される前にコンゴを離れてもらいました。セキュリティの問題には心を砕きました。例えば、メラニーとロドリグは、撮影中一度も顔を合わせないように、いわば隔離状態に置きました。二人は個別にそれぞれの仕事をしながら、必要な素材をとってきてくれました。会わずして共同作業をしていたわけで、ジャーナリズムの視点からみるとこれは素晴らしいことでした。それでも安全を考慮して、二人にはコンゴを出てもらったのです。

――ヴィルンガという国立公園は、この作品の登場人物の一人だと言えると思いますが、どうお考えですか。もしそうなら、公園は物語を動かす主要なキャラクターだと思いますか？

公園が物語を動かすキャラクターかどうかは別にして、最初から公園が登場人物の一人であるべきだと思っていました。この作品を観る人にとって、理想的には国立公園という存在そのものから感じられる息吹と生命を、アンドレやエマヌエルと同じように感じることが重要だと思います。それを感じてもらうためには、ただ美しい風景を見せるだけではなくて、公園内に溢れる生命、生物多様性そのものを見せようとしました。川の流れや、地面を這いまわる蟻から天を突いてそびえる雄大な雲にいたるまで、すべてをです。それが伝わるのが重要だと思っていました。

――加えて、空撮のためのスタッフも雇ったのですよね。

その通りです。国立公園が生きているということを視覚的に伝えたかったのは、石油採掘が環境に与える影響について見え透いた説教をしたくなかったからです。作品中に「石油が発見されてしまったら、この国立公園が持つ環境が破壊されてしまう」なんて言う人は一度も出てきませんが、いかにこの公園が生命に溢れているかを感じてもらえれば、もっと深いところでそれが伝わると思うんです。

――ドキュメンタリー制作の中でも特に難しいのは、何を捨てるか決めることだと思います。この作品で言えば、木炭交易や森林破壊、そして密猟などのトピックです。どれも国立公園にとって脅威ですが、深くは扱われません。どういった考えに基づいて取捨選択をしたのですか？

そうですね、無慈悲に、とでも言いましょうか。取捨選択の要は、それが物語を動かすかどうかです。そして

『ヴィルンガ』より、アンドレ・バウマとゴリラ。Photo © Orlando von Einsiedel, used by permission of the filmmakers.

『ヴィルンガ』の場合、物語は石油の話と拡大する内戦の話、そしてその二つが交差する可能性ということになります。つまり、それ以外の要素（密猟や森林破壊）が入る余地は、最初の一〇分以降ほぼ無いということになります。冒頭で密猟のことに触れはしますが、ゴリラの孤児を導入するのが目的で、密猟を主題にするためではありませんでした。密猟にあった象も出てきますが、あれは武装集団の（象牙の売買による）資金源という話の一部にすぎません。それすらも、連中がどうして石油に関心を持つかという説明のためでした。無慈悲と言ったのはそういうことです。どうやって作品を動かす二つの物語を動かし続けるか、それがすべてです。

――三幕構成に従って物語を構築する場合、何によって例えば第一幕から第二幕に移るポイントがここだと知りますか？　何か一本の線をたぐっていく感じですか？

『ヴィルンガ』は、とても古典的な三幕構成になっています。第一幕は作品中で最も緩やかに展開します。伝統的なドキュメンタリー映画らしい構成と言っても過言ではないでしょう。ここで主要な四人、あるいは五人のキャラクターが紹介され、背景が導入され、観客はこの地で繰り返し起きている資源の採取とそれに伴う様々な問題を理解します。そして、一幕ではいわゆる「きっかけになる出来事」があります。ＳＯＣＯという企業の計画が紹介され、それに対する登場人物たちの決断が物語を動かします。第二幕になると、この問題が全面的に展開します。石油に関する興味はさらに大きくなり、石油探査を進めたい人たちは法律を破り、反政府勢力も石油に興味を持ち始め、それぞれの要素が地域をより不安定にしていきます。やがて内戦が勃発して第二幕は終わります。第三幕はここまでの物語の締めくくりと、未来への展望です。

――『ヴィルンガ』について、それ以外にドキュメンタリー制作という観点からよく受ける質問があったら、教えてください。

この作品に影響を与えたもの、という話をしましょう。私は本質的に社会問題に挑んでいる作品に強く惹かれます。もしあなたがある社会問題について何とかしなければと思っていて、その問題について映画を作ろうというなら、その映画は観る者を興奮させるほど面白くなければならないと信じています。その作品が世界で最も重要な問題を扱っていたとしても、例えば内容が退屈で観ているのが難しかったら、観てくれる人の数が限られてしまい、せっかくあなたが訴えたいと思っている社会問題にインパクトを与えられなくなってしまうからです。

私の場合は『ザ・コーヴ』のような作品に影響されています。あの作品は本質的には環境問題を扱っていますが、制作者は、まるで宝石泥棒映画のような語り口で観客の興味を引くという見せ方を選択しました。よくできた泥棒映画的な面白さが見事な集客効果をもたらし、扱っている問題そのものにも大きな注目を集めました。

だから『ヴィルンガ』を作ったときには、いきなりドラマチックで興奮を掻きたてるような始まり方をした方が良いと考えていました。実際に撮影した素材でうまくそうできるかどうかは編集するまでわからないわけですが、より多くの観客に関心を持ってもらえるようにするということに、早い時期から意識的でした。そういった意味でゴリラたちが果たした役割は大きかったですね。ゴリラたちはこの作品に心を与えてくれました。国立公園内のすべての野生動物を象徴する存在であり、私たちの良心を映す鏡でもあるので。そしてゴリラの扱いはとても戦略的なものでした。私はゴリラが大好きですが、この作品のポスターその他にゴリラがたくさん使われているのは偶然ではありません。ゴリラに反応してくれる人がとてもたくさんいるからですよ。

――物語の途中で何度もゴリラのことを振り返って、失われるものが何か観客に思い出させてくれますよね。

そういうことです。それだけではなくて、この国立公園が持つ意味をゴリラは象徴しています。開発によって何がもたらされるかということも含めて。そして、失われるものが何かという考察は、その通りですね。何も悪いことはしていないのにこの騒動に巻きこまれてしまったゴリラたちは、観る者の心に触れますから。

――この作品を形にするために劇映画の編集で活躍しているマサヒロ・ヒラクボ（『アン・ハサウェイ　魔法の国のプリンセス』や『トレインスポッティング』の編集）を雇ったと、記事で読みました。およそ三〇〇時間（完成品は一〇〇分なので、使用した素材の比率は一八〇：一）の素材を撮影したそうですが――

大体そんなものだったと思います。

――編集にはどれくらいの期間がかかりましたか。構成に関しては、どれだけ編集段階で決めましたか？

最初はピーター・リドリーに編集を頼んだんです。でもこの作品は映画三本分くらいのボリュームがあるので、とても難航しました。ＰＢＳ［アメリカの公共放送局］の『フロントライン（未）』的な調査報道やナショナルジオグラフィック的な自然ドキュメンタリー、そしてシネマ・ヴェリテ的な戦争ドキュメンタリー。いろんな人に言われましたよ。「せめて二本に分けたらどうだ？　これを一本にまとめるなんて、絶対に無理だ」。実際、最初から格闘の連続でした。まったく違ったスタイルの映像をうまく溶け合うようにまとめるのには骨が折れました。でも、すべての要素は密接に繋がりあっていますから、何が何でも一本にまとめました。石油の話だけが他の要素と関係なく存在するわけではないので。この国立公園で本当に何が起きているかを伝えるため、そしてどのように様々な要素が繋がりあっているかを見せるため、さらにヴィルンガ国立公園がコンゴという国が繰り返してきた歴史の縮図に他ならないということを伝えるためには、一つの物語として一本の作品にまとめるしかなかったのです。

それが明らかになった段階で、劇映画の編集者に協力してもらった方が良いのではないかと考えるようになりました。何十という話を、主題を、個々の登場人物の物語を、そしてシークエンスを一本の物語に撚り集める術に長けているはずだと思ったのです。締め切りが迫っていたその時に、プロデューサーのジョアンナ・ナタセガラがヒラクボを雇ったらどうかと思いつき、彼に会うことにしました。有名な映画を何本も編集している彼が私たちの小さなドキュメンタリーに興味を示すはずはないと思って行ったのですが、幸運にもやりたいと言ってくれました。彼の助けを借りて、最終的な形の原型が作れたのです。その後この作品は何人かの編集者の手に渡りましたが、作品の形を作ってくれたのはマサです。

——この作品は、ある自然保護官の葬式の場面で幕を開けますが、この場面で映画を始めると決めたのはどの段階でしたか？　理由があったら教えてください。

葬式の場面を使うと決めたのは、最後の最後でした。編集が九割終わるまでは、この場面は使われていませんでした。捻じこむ隙間がありませんでしたし、その保護官が出てくる場面もありませんし。しかし、保護官たちはコンゴ東部を住みよい場所にするために命がけで国立公園を守っているということを、開幕早々観客に印象づけなければいけないということに、突然気づいたのです。そうすれば、保護官たちがパトロールしているのを見ただけで、彼らに降りかかるかもしれない危険が理解できるわけです。保護官たちが生半可の気持ちで仕事をしていないことが、理解されるのです。

——あなたが下した時間の流れに関する判断が興味深いと思いました。二〇分あたりで、エマヌエル・ド・メロードが自然保護官たちに訓示を述べる場面があります。そこからかなり物語が動いた三二分のところで、再び同じ訓示の場面が登場しますが、今度は同じ訓示の続きの部分です。ある出来事を分割してこのように配置していいと思うのはどのようなときですか？　そうすると不正確になったり誤解を招いたりする恐れがあるわけですが。

とても深い質問ですね。これは調査報道に基づいた作品なので、時間経過の操作や出来事の順序といった意味では好き勝手なことはできません。小細工は無し、ジャーナリズムの原則に誠実であるように努めなければなりませんでした。その上で、時間を圧縮しても問題のない場面もありました。一番大きな戦闘の場面について言えば、戦闘そのものはもちろん一五分で終わったわけではなく、何日も続きました。だから、少し簡略にしてあります。そうせざるを得ないですよね。ちゃんと観客に読み取ってもらえるための工夫の一つです。

――それでも、完成した作品が軽んじられないように、事実関係は隙がないように作らなければいけませんでしたよね。

はい。もし少しでも事実と違うことを入れてしまったら、間違いなく真っ先にＳＯＣＯが私たちの信頼性を傷つけに来たことでしょう。だからこそ、ジャーナリズムの視点に支えられた物事の描き方になるように細心の注意を払いました。他の作品では時間経過や構成で遊ぶ余地がありましたが、この作品に限っては、そのような創作的自由は許されませんでした。

――あなたとジョアンナ・ナタセガラ（本作のインパクト・プロデューサーでもある）が、この作品の認知度が草の根レベルで広まっていくようなキャンペーンの作戦を立てたのは、制作のどの段階でしたか？　最初からそのつもりでしたか？［インパクト・プロデューサーとは、インパクト・キャンペーンと呼ばれる、作品の興味を喚起し拡散するための、ある意味マーケティング的な、多様なプラットフォームで展開されるより草の根的な印象づけのためのキャンペーンを立案・実行する役職］

この作品が国立公園の保護に役立つことがわかったとき、もしそうしたければ、しっかりしたキャンペーンを計画する重要性があることも理解しました。私は一介の映像作家にすぎないので、インパクトのあるキャンペーン戦略を立てるなら専門家に相談しなければならないことはわかっていました。そのうちの一人がジョアンナ・ナタセガラです。彼女が立案したインパクト・キャンペーンは、様々な戦略が絡まった複雑なものでしたが、とりわけ力を入れたのは、出来る限り多くの人に見てもらうということでした。ネットフリックスと組みたかったのは、そういう理由からです。経営者や実業家、そして世界中の政治家といった影響力を持った人を戦略的に選んで、作品を観てもらいました。ＳＯＣＯに活動を是正させる圧力を与えられる人脈には、一つ残らず打診しました。

――このキャンペーンを展開したことは、作品そのものに影響しましたか？　編集中に、どうしたらより広く関心を集められるか計るために試写はしましたか？

やりました。積極的にやりましたよ。そして、それが編集後半では少し問題になりました。私たちは、様々な基準に照らして作品を評価しようとしたわけです。興奮を掻き立てる内容になっているか？　一般の観客が関心を持ってくれるか？　ジャーナリズムの観点から十分な強度があるか？　運動という視点から十分なインパクトを持っているか？　これらの基準が、互いに干渉しあうこともありました。邪魔しあうこともありましたよ。最後に出てくる文章がありますよね。政治的な目標がなかったら、この作品には別の終わり方をさせたと思います。たくさんの議題がせめぎあって、あのような形になったのです。

――芸術的、ジャーナリズム的、政治的といった、必ずしも相いれない要請があるときに、あなたが作品で扱った題材に対する熱意とのバランスを、どのように取りますか？

先ほど申し上げたとおり、調査報道的なドキュメンタリーを作る以上、公平さを保つための客観性が必要です。劇的にできるからという理由だけで、気に入った発言の一部を切り取るわけにはいかないでしょう。普通は言わないようなことを言ってくれる人が撮影できたのは幸運としか言いようがないのですが、変なことを言ったからといって手を入れるわけにはいきませんからね。

ある側面においては、この作品に力を与えているのはジャーナリズム的興味です。でも私も所詮は人間ですから、ジャーナリズム的に公平であろうとしながらも、撮影中は国立公園側の人に共感していました。目を覆うような違法な活動が行われているわけですからね。目の前でとんでもない不正が起きているので、私も憤るしかありませんでした。自分の心がどこにあるかは一先ず脇に置いて、ジャーナリストとして襟を正して、ＳＯＣＯを取材するにあたって一方的でなく公正で、信頼に足る取材をしなければならないということです。

――『ヴィルンガ』の制作資金はどこからきたのですか？　やはり最初は企画書を提出しましたか？

やりましたよ。企画書を書いて提出しました。まずアルジャジーラが出してくれたお金があり、その後一万五千ドルほどを手にしました。それで旅費や機材を少々購入できました。続く九ヵ月は、基本的に無一文でした。その間ずっと企画書を書いて送って無駄骨を折りました。私は無名の映像作家にすぎませんし、世界の果てのアフリカの話で、しかもシネマ・ヴェリテ的な行き当たりばったりの撮影をしようというのですから、お金を出そうという人は現れませんでした。サンダンスにも断られました。マッカーサー財団も、シェフィールド・ドキュメンタリー映画祭もだめでした。一五件ほど断られた後で、ワールドビュー［世界の多様性を促進するデジタル作品の制作をサポートする組織］とブリットドック／バーサ基金［イギリスにあるドキュメンタリー制作に出資する団体］が飛びついてくれました。ブリットドックの協力が決まったとたん、制作が一気に加速しました。ジョアンナ・ナタセガラを紹介してもらい、彼女のお陰でさらにスポンサーの選択肢が増えたのです。アーカス財団やイレブンス・アワー・プロジェクトといったいくつもの素晴らしい団体が協力してくれることになりました。

――SOCOの担当者にインタビューをしましたか?

撮影中に調査対象に会いにいってインタビューをもらうというのが、常道ですよね。しかしこの作品の場合、その方法を取るにはコンゴ東部という現場は危険すぎました。信用できるかどうかもわからないSOCOに出向いていって、「やあ、私たちはここであなたの会社が土地の支持者や業者と組んでやっていることを、潜入調査していくんで、よろしく」なんていうのは、あり得ませんでした。

だから別の手段を取りました。撮影も終わりに近づいた頃、すでに他の皆がコンゴを離れた後で、SOCOに一筆書きました。「私たちは御社の活動に関するドキュメンタリーを制作しています。これこれ、こういう疑惑があるという内容になります。お考えをお聞かせください」。相手の反応を作品に使おうという腹でした。返事は長い長い法的文書で、内容は基本的に「この作品を完成させたら告訴する可能性があります」。さらに、この作品の出品を考えていた複数の映画祭に連絡して「上映したら告訴する可能性があります」。次に、この作品の評を書いてくれたジャーナリストたちにも「あなたが書いた評を取り下げないと告訴する可能性があります」（SOCOから送られた書面は、配信版のエンディングに追加された）。

――ネットフリックスが配給を担当することに決まったのは、どの段階ですか？

この作品の初上映は、二〇一四年四月、トライベッカ映画祭でした。私たちの意図は、この国立公園で起きていることをできるだけ多くの人に気づいてもらうために、可能な限り大きな声を上げることでしたから、一番力の強い配給会社を探していました。私たち制作側の皆が、すぐにネットフリックスこそが最適なプラットフォームだと気づきました。ネットフリックスは、その後（二週間後）ネットフリックスがカナダのホットドックで観てくれて、対話が始まりました。ネットフリックスは、五〇を超える国の六〇〇〇万以上の家庭に向けて配信しており、その数は増える一方です。このプラットフォームに一度乗れば、いつでも誰でも、いつまでも観ることが出来るのです。そんなプラットフォームが使えるとなれば、とてつもない力を与えてくれます。ネットフリックスは卓越したマーケティング計画を作る能力を持っていますし、社内の皆が国立公園保護という目的を情熱的に受け入れてくれました。だから、とても良い相棒ができたと思いましたし、事実素晴らしい共同関係が築けました。

――あなたは自国以外のいろいろな国や文化に入って作品を作ってきました。あなたはマンチェスター大学では社会人類学の学士、ロンドン・スクール・オブ・エコノミクスでは開発学［社会学の一分野］の修士を取っていますが、そのような教育が役に立ったと思いますか。

人類学と開発学のお陰で、ドキュメンタリー作家としての私の血となり肉となった考え方が二つあります。一つ目は、自国以外の国や生活に対する興味。私はいつも、世界中の人々がどんな暮らしをしているか、とても興味を持っています。だから人類学を専攻したのです。私は旅行が好きです。どこかに滞在して、そこにいる人たちのことを知り、人間社会の多様性を理解するのが好きなのです。

大学で教わった大事な考え方の二つ目はおそらく一番目より大切なことで、それは自分の基準だけで何もかも断じることはできないということですね。自分が属する社会の基準ですべてを判断できるわけではないということです。それでは視野が狭すぎます。これは人類学と開発学に教わりました。その理解を携えて他国に行ってその国の状況に身を置けば、柔軟な視野が維持できます。現地の人たちにも心をオープンにしたまま接することができます。そうすれば、見るもの聞くもの欧米のやり方に劣ると断じながら過ごさなくて済むのです。劣るのではなく、違うだけですから。開発途上国でぴりぴりせずに働くには、決めつけない心が役に立ちます。

——あなたは短編を何本も撮っているので、そのことに関して一般的な質問をさせてください。扱う題材が短編に向いているか長編向きかという判断は、どうやってしますか？

それは考えたことがなかったですね。どう考えているんだろう。長編は『ヴィルンガ』しか撮っていないので長編のことはよく知りませんが、基本的には色々な要素の絡み合いで決まるんだと思います。観る者を触発してくれるような、興味深い人物。幅の広い主題。その心臓部にある力強い物語。その物語がある一定以上の時間持続するということも大事です。そうでないと、追っている登場人物や状況が変化する様を記録できないので。大きな代償を伴う物語であれば、なお良いと思います。そして、その物語を映画的に語る能力も必要です。

——次はどのような作品になりますか？

ご存知のとおり、いつも一度に何個も企画をお手玉していますが、なかなか成立しません。成立するかどうかはわかりませんが、是非やりたいと思っているドキュメンタリーが何本かあります。劇映画の企画もいくつかありますす。劇映画をやるというのは、つまりより広く届けるということです。適切な題材と社会的問題を見つけられれば、それを届ける観客の層がぐっと広がりますから。でも、私はドキュメンタリーも作り続けますよ。私の心の拠り所はドキュメンタリーです。というわけで、次はこれと言うには時期尚早ですが、やりたい企画はいくつもあります。

Documentary Storytelling 増補改訂版に寄せて

NHKエンタープライズ
エクゼクティブ・プロデューサー
Tokyo Docsアドバイザー
今村研一

いま日本でドキュメンタリーの国際共同製作への関心が高まっている。日本の制作者がドキュメンタリーを企画し、国内のテレビ局などに加え、海外のテレビ局や製作プロダクションなどからも制作資金を確保して、日本や海外で放送、上映していこうという試みだ。

これは二〇一四年に日本語版の本著の初版が発行された時に私が書かせていただいたあとがきの書き出しだ。それから六年が経ち、日本のドキュメンタリーの海外展開を巡る状況はドラスティックに、とは言いがたいが、確実に変化、進化を遂げている。制作者の間に「ドキュメンタリーの国際共同製作を経験してみたい」、「ドキュメンタリーを海外の視聴者、観客に届けたい」という思いが強まり、実績もあがっている。そもそもドキュメンタリーの国際共同製作はそれ自体が目的ではなく、ドキュメンタリーを海外に展開（Distribute）するための方策だ。制作資金を増やすだけではなく、海外の視聴者を知る国際的なプロデューサーや配給会社が制作チームに入ることで、完成した作品がより海外に馴染みやすい内容となることも、国際共同製作の目指すところだ。

〝ドキュメンタリーの国際共同製作〟と聞くと、大げさで特別なものであるような印象を持つ人が多いだろうが、海外では当たり前のように行われている。理由は簡単だ。一つには、これまでドキュメンタリーの制作を支えてきた世界の公共放送局の予算が削減されている事があげられる。「一つのテレビ局だけでは制作資金を確保できない場合は、複数の国のテレビ局やドキュメンタリーの支援ファンドが資金を出し合って、秀逸なドキュメンタリー企画の制作をサポートしていこう」という事だ。海外では大型のドキュメンタリー企画だけでなく、予算が二千万円程度の中規模の企画でも国際共同製作で作られることが珍しくない。二つ目の理由は、作品のクォリティが上がる事だ。国際共同製作は手間も時間もかかるが、一つの国のプロデューサーやディレクターだけが狭い視野で作っているよりも、違う価値観を持った異国のプロの視点が加われば、多くの国の視聴者、観客に受け入れられる質の高い作品となる。

私がTokyo Docsというドキュメンタリーの海外展開や国際共同製作を応援する国際イベントの立ち上げに関わった二〇一一年当時は、日本はこの動きに取り残されていた。本著の初版が発行された二〇一四年でも、まだまだであった。私の出身母体であるＮＨＫでは四〇年前から積極的に国際共同制作に取り組んでいるが、ＮＨＫが制作しているドキュメンタリーの総本数から見るとその数は多いとは言えない。番組製作会社やインディペンデントの監督に目を向けると、ドキュメンタリーの国際共同製作は数えるほどしか成立していなかった。海外の盛況ぶりと比較すると、日本のドキュメンタリー界は〝ガラパゴス〟になっているのではと気になっていた。

こうした現状を変えようと二〇一一年に始まったTokyo Docsがきっかけとなって、番組製作会社やインデペンデントの制作者によるドキュメンタリーの国際共同製作や海外展開の数は増えている。海外のテレビ局プロデューサーやドキュメンタリー関係者、さらには海外の視聴者の日本への関心は高いし、展望は明るいと楽観視している。しかし、実際に日本の制作者が発意したドキュメンタリーを海外のパートナーと制作を進めていくためには、いくつもの壁を乗り越えていかなくてはならない。言語、製作手法、分厚い契約書などだけでなく、大きな壁となるのは〝Documentary Storytelling〟の違い、つまりドキュメンタリーを作っていく上での話法や語り口の違いだ。

そもそもStorytellingという単語の翻訳に困る。取材対象に内在する物語ではなく、あくまで制作者が意図的に語ろうとする話法だ。

欧米の話法が優れているわけではないし、こちらのやり方を相手に一方的に合わせる必要もない。日本にも素晴らしいドキュメンタリーの語り口が存在する。ただその隔たりが大きすぎるため、また私たち日本側に欧米の話法についての知識が十分に無いため、企画の開発段階などで日本と海外の関係者がドキュメンタリーのストーリーの設計について話し合っていると議論がすれ違うことが少なくない。日本古来の〝序破急〟や、漢詩から来た〝起承転結〟という考え方を持つ私たちと、古代ギリシャに起源をもつ〝三幕構成（Three-act structure）〟が身体に染みついている海外の制作者では、同じ土俵に立って組み合うことすらできないのだ。

どんな場面で議論がすれ違うのか、実例をあげたい。

海外ではドキュメンタリーの国際共同製作を支えるシステムができあがっている。若い制作者を教育するトレーニング、企画の開発段階から申請が可能な様々な補助金やファンド、完成した作品を上映する数々のドキュメンタリー祭などだ。そうした支援システムの中で企画をスタートさせるにあたって鍵となるのが、〝ピッチング・セッション〟と呼ばれる提案システムだ。これは多くの国際ドキュメンタリー・イベントで行われているもので、私は〝国際共同製作のための公開提案会議〟と呼んでいる。ピッチング・セッションでは、事前に審査・選定された企画の制作者が、制作資金を持っている世界各国のテレビ局プロデューサーや、制作支援ファンドのプロデューサー（デシジョンメーカーと総称される）に対し、映像を使いながら自らの企画をプレゼンする。どのピッチング・セッションでもプレゼンの時間は七から八分程度。それが終わると制作者が厳しい質問をデシジョンメーカーから浴びせられる時間が待っている。いわば企画者とデシジョンメーカーの真剣なお見合いの場だ。ここですぐにドキュメンタリーの国際共同製作が成立するわけではないが、ピッチング・セッションでの〝出会い〟を起点として、数多くの国際共同製作ドキュメンタリーが動き始めている。

ちなみに初版が発行された二〇一四年はドキュメンタリーのピッチング・セッションが誕生してちょうど三〇年の節目だった。始まったのはカナダのバンフテレビ祭だ。このイベントの代表だったパット・ファーンズ氏がドキュメンタリーの制作者にプレゼン技術を身につけて欲しいと考え、ワークショップとしてスタート。講師としてテレビ局のプロデューサーも参加した。ところがプレゼン内容を聞いたテレビ局プロデューサーが、「面白そうな企画だ。一緒にやらないか?」と制作者に声をかけ実際に制作がスタートしたのだ。それ以来、ピッチング・セッションは、NATPE（アメリカ）やMIPTV（フランス）といったテレビイベントで採用され、やがてIDFA（オランダ）やHot Docs（カナダ）などの国際ドキュメンタリー祭でも本格的に行われるようになった。「いまやPitching Forumは世界五〇以上の都市で行われている。カナダで生まれた発明が世界を征服した!」とファーンズ氏は語っている。

現在（二〇二〇年）、新型コロナウイルスの流行で各地のイベントはオンライン化している。私はこうした国際イベントに参加して有望な企画を探すのが仕事でもあるし楽しみでもあったのだが、残念ながら実際に現地に行くことはできない。しかしオンラインでのピッチング・セッションは盛んに行われている。フォーマットは一緒でプレゼン部分は事前に収録されている事が多い。それを聞いたデシジョンメーカーがオンラインで質疑応答を行い、後日、オンラインでミーティングを行うという基本的な流れは一緒だ。

話が少し横道にそれたが、ピッチング・セッションの肝はもちろんプレゼンだ。提案者は企画内容の独自性や普遍性を企画者の思いを込めながら説明する。デシジョンメーカーとの質疑応答もたいへん重要だ。デシジョンメーカーは「自分の担当する放送枠で採用するためには、聞いておくべき事がある」、「自分のファンドの方針に企画の内容はあっているのかを確認したい」と、前向きに真剣に鋭く突っ込んでくる。私がライフワークとして関わっているTokyo Docsでもピッチング・セッションがメイン・イベントなのだが、デシジョンメーカーたちは「はるばる東京までやってきたのだから、一つでも企画を採用したい」と真剣だ。ちなみに二〇二〇年はTokyo Docsもオンライン開催となるので、ミーティングは画面越しになる。

ところが、対面にしても、画面越しにしても、海外のデシジョンメーカーと日本の制作者との間ですれ違いが起きて、議論がかみ合わないことがあるのだ。デシジョンメーカーが企画の良し悪しを精査する上で重要視しているポイントの一つは、企画の提案者がどういったストーリーを想定し、どのような話法や語り口で描いていこうとしているかだ。私がテレビ番組をディレクターとして制作していた時、先輩やプロデューサーからは、「良い番組を作るには、活きの良い要素を取材、撮影し、それを効果的に構成していくことが大切だ」とアドバイスされた。〝構成第一主義〟とでも言っておこう。提案書を書く段階で〝ストーリーを考えろ〟と言われたことはあまり無い。

〃構成〃と〃ストーリー〃の違いは、「構成は要素の組み合わせなので、要素を入れ替えて容易に流れを変えることができる」という点と、「ストーリーは物語のような流れなので、簡単には要素を入れ替えて別のストーリーを作れない」という点ではないかと私は考えている。

海外のデシジョンメーカーはドキュメンタリー企画の良し悪しを判断するため、「ストーリーの基本的な設定は？　主人公や主題はどのような葛藤や対立を抱えているのか？　それはどのように山場に向かって展開していくのか？　そして最終的に葛藤や対立はどう解決されるのか？」といったこと聞いてくる。企画の提案者に対し、Documentary Storytellingの方法論を明示するように求めてくるのだ。

しかし、こうした問いかけに的確に答える事が難しい。デシジョンメーカーの質問の真意がどこにあるのかが日本の制作者には分からないことが多い。しかし、彼らが言うところのDocumentary Storytellingとは何なのかを知っていれば、状況はだいぶ違ってくるはずだ。

フランスのドキュメンタリーイベントであるSunny Side of the Docの代表を務めたイブ・ジャノー氏（残念なことに二〇一九年に逝去された）は、「ドキュメンタリー企画において欠かせない三つの要素は、主人公や主題に対する「独占的な接触（Exclusive Access）」、「テーマの普遍性」、そして「劇的な構造（Dramatic Arc）だ」と語っている。「誰でも簡単に撮影できるような対象ではいけないし、世界中の人たちの心に響くテーマであることが必要だ」という二点はすぐに理解できる。しかしDramatic Arcとは「ストーリー展開に山場が無くてはいけない」という事だと翻訳はできても、肌感覚ではなかなか理解出来ない。

またピッチング・セッションの質疑応答で、Set-up（設定）、Confrontation（対立）、Resolution（解決）といった事を聞かれることがあるが、こういった用語が何を意味するかを知っていれば、デシジョンメーカーが聞こうとしている意図、内容が分かるはずだ。

デシジョンメーカーたちはドキュメンタリーの〝スタイル〟も気にかける。「その作品はディレクターの主観に基づくのか、客観的に見ていくのか？　カメラは「Fly on the wall（〝壁のハエ〟のように誰にも気にされないように撮ること）」なのか、監督自身がカメラを回し主観的に対象に迫っていくのか？　人物の内面に迫っていくのか、調査報道なのか、情報提供型なのか？」といった事だ。日本のドキュメンタリーは一つの作品の中に複数のスタイルを柔軟に詰め込むことが少なくないが、欧米の作品では一つのスタイルを堅持しながら作っていく事が多い。スタイルについての知識や考え方を知っておくことは、ピッチング・セッションでの質疑応答に的確に対応できる。しかしそういった小手先の技術ではなく、Documentary Storytellingを学ぶ事は実際に海外の視聴者、観客に向けてドキュメンタリーを制作して行く上で、欠かせないことだと確信している。

　本著はこうした知識を体系的にわかりやすく説明している。外国の人と話そうと思えば、まずその国の言語を勉強しなくてはいけない。ドキュメンタリーの世界でも同じだ。違うドキュメンタリー文化で育った人と話すためには、その人が学んだドキュメンタリーの基本、そして欧米で常識となっているDocumentary Storytellingを知ることがドキュメンタリーの国際共同製作の第一歩ではないだろうか。

　国際共同製作のプレーヤー兼応援団として、こうした事を感じている中で出会ったのがこの本だ。Tokyo Docsを始めた当時、欧米のDocumentary Storytellingを学ぶための本を探したのだが、日本では見かけなかった。そこで何冊か海外からドキュメンタリーの教科書的な本を取り寄せたのだが、このDocumentary Storytellingが最も体系的でわかりやすかった。Tokyo Docsのトレーニングセッションの講師として招聘したドイツの名プロデューサーであるハンスロバート・アイゼンハワー氏も講演の中で、「物語を語るためのチェックリスト」（本書三三七ページ）を引用していた。また巻末のエキスパートインタビューにＢＢＣのニック・フレイザー氏など、私の仕事仲間が登場していたことも親近感を抱いた理由の一つだ。「ぜひ、この本を日本で出版して欲しい」と思いFacebookを通じて筆者のシーラ・カーラン・バーナードさんに連絡してみたところ、「翻訳本の出版に向けて、動き出しているみたいよ」と言われた。その時点では出版はまだ決まっていなかったようだったので、関係者の皆さんに「Documentary Storytellingは、とても良い本です。日本には出版を待っているドキュメンタリーの関係者が大勢います。是非出版してください！」とお願いしていたところ、めでたく出版にいたった。私の言葉などはたいした後押しにもならなかったであろうが、これで日本のドキュメンタリーの国際共同製作が一歩前進すると思うと、たいへん嬉しかったのを記憶している。二〇二〇年にTokyo Docsも一〇回目を迎えるが、依然としてDocumentary Storytellingを学ぶ事の重要性は変わらない。本著の増補改訂版を発行いただいた関係者の方々に感謝します。ありがとうございました!!

訳者あとがき

翻訳者
島内哲朗

日本語版『ドキュメンタリー・ストーリーテリング』は元々二〇〇三年に初版が出版された『Documentary Storytelling: Creative Nonfiction on Screen』の、二〇一三年の第三版を基にしていた。お手に取っていただいた本書は、二〇一六年に出版された第四版の全訳である。

第四版出版にあたり、著者は情報の更新に加えて、大幅な訂正を施した。なぜ書き換えるのか。それは、ドキュメンタリーが人の営みという現実とメディアの関係を映す鏡で、その関係は常に変わり続けるからに他ならない。映画というテクノロジーが避けられずして持ってしまう人の行動への本源的な興味に始まり、異国の様子を娯楽のためにフィルムに記録した「travelogue」（紀行映画）というジャンルにその萌芽が見られたこのジャンルは、やがてその科学的または人類学的側面が認識されるようになり、前衛芸術映画やソビエトの実験映画、そして報道・記録映像といった展開を遂げ、ドキュメンタリーというジャンル的名称を獲得してからも、「ドキュメンタリーとは何であるか」という認識は移ろい続けてきた。扱う題材だけでなく、制作機材や手法、メディアと現実との距離感、そして私たちが持つ「現実」というものの認識そのものが変わり続ける以上、ドキュメンタリーも変わらざるを得ない。ナレーションをつけていいのか。制作者が写っていいのか。編集していいのか。演出していいのか。音楽をつけていいのか。自分にカメラを向けていいのか。制作者が影響を及ぼしていいのか。物語になっていていいのか。主観的でいいのか。様々な問いに答えながら、ドキュメンタリー作品は表現の地平を拓いてきた。そしてその有り様は間違いなくこれからも変わり続ける。

第四版で一番多く書き直されたのは最初の四章、ドキュメンタリーの定義、物語の定義とその語り方に関する記述だ。前の版ではかなりのページを費やして解説された「三幕構成で物語を語る」という考え方が少し後退した感がある。ドキュメンタリーとは、写し取られた現実を誠実にアレンジし、きちんとした定見を持って嘘をつかずに語られる物語であっていいのだという考え方が既に定着したという認識の反映だと思われる。三幕構成が少し引っ込んだ代わりに、「ドキュメンタリー制作の倫理」に関する記述が目立つようになった。それは前の版にもあったのだが、恐らく変化を続ける倫理観に目配せしたものであると同時に、私たちがハーヴェイ・ワインスタイン告発以後の世界を生きている以上、そこに注目してしまうのは当然なのかもしれない。権力勾配が不均衡である関係の中で弱い立場の者が我慢して当然であるという認識が急速に是正されつつある世界で、カメラを向ける行為が持ってしまう加虐性に無頓着でいることも、加虐性を当然視するという態度を隠れ蓑にすることも、制作者と被写体の共犯関係という言い訳に逃げることもできない。何がノンフィクションかという認識は揺らぎ、現実の断片を繋ぎ合わせてある真実を垣間見るという営為のハードルが上がる一方で、ドキュメンタリーが人目に触れる機会は近年さらに増えた。二〇一四年に『ドキュメンタリー・ストーリーテリング』日本語版が出たときとは比べ物にならないほど、動画配信サービスというプラットフォームでドキュメンタリーが充実しはじめた。本文中にも言及されるが、動画配信サービスを提供する企業が続々映像製作に乗り出したのも、この六年間に起きた大きな変化の一つだ。制作される作品は、ドラマ・シリーズや単発映画、そしてドキュメンタリーも含まれる。配信サービス企業の色がついたドキュメンタリーが増えるという懸念や配信される作品しか観られないという問題を孕みながら、そして配信バブルがいつまで続くかという不安も感じながら、間違いなく一般的な視聴者がドキュメンタリーに向ける視線は大きく変わったと思われる。そのような地殻変動の中で、ドキュメンタリーのあり得べき姿は一層多彩になっていき、さらに視聴者の期待も多様になっていくと信じたい。

相変わらず「本書を読めば、配信大手に企画プレゼンする準備の役に立つのではないか」とか「海外スタッフとの共同作業に必要な考え方の獲得ができるのではないか」といったことを夢想しながら、著者が書き足した部分を翻訳した。時に社会を厳しく見つめ、時に人という存在を優しく包み、変革を促し、知性をもたらし、新しい視点を、未知の世界を見せてくれるドキュメンタリーという文化が、それを作る皆さんの手で拡がっていく一助になればと願っている。

島内哲朗

二〇二〇年九月二十四日

Films

作品リスト

古典、近作を問わず、ドキュメンタリー作品の多くをDVDで視聴できます。また、アマゾン、Hulu、ネットフリックス、Intellflix等での配信や、PBS、ナショナルジオグラフィック、ナショナル・フィルム・ボード・オブ・カナダ等、元々番組を放映したテレビ局や配給母体が直接配信している場合もあります。違法の配信サイトは使わないように気を付けてください。ウェブ上では、いろいろな作品に関するプレス資料、教育用資料といった公式情報が見つけられます。劇場公開作品ならばほぼ間違いなくそのような資料が存在します。公式でない情報は注意して扱ってください。

例えばIMDb(インターネット・ムービー・データ・ベース)は、ユーザー生成型のサイトです。掲載されている情報は不正確、不完全または最新情報に更新されていない可能性があります。ウィキペディアも同じ理由により、必ずしも信頼できるとはいえません。アメリカのテレビで放映されたドキュメンタリーに関しては、書き起こし台本等有用な資料をウェブ上で見つけることができます。例えば「American Experience(アメリカンエクスペリエンス—PBS局の歴史ドキュメンタリー・シリーズ)」は www.pbs.org/wgbh/amex から、「Nova(ノヴァー科学ドキュメンタリー番組)」は www.pbs.org/wgbh/nova/ から、「Frontline(フロントライン。時事問題のドキュメンタリー・シリーズ)」は www.pbs.org/wgbh/frontline/ からアクセスできます。作品を視聴しながら書き起こした資料を参照して物語の構成を研究できるので、とても役に立ちます。

邦題	原題	監督または制作者
青いビニール（未）	Blue Vinyl	共同監督：Judith Helfand, Daniel B. Gold
あそこならアルミも育つだろう（未）「砂漠のキャデラック」の一編	You Could Grow Aluminum Out There	監督：Jon Else
アメリカ・ハーラン郡（未）	Harlan County, U.S.A.	監督：Barbara Kopple
アメリカ最後のアカオオカミ（未）	America's Last Red Wolves	監督：Holly Stadtler
アメリカ公民権運動　第1回～第6回	Eyes on the Prize：America's Civil Rights Years	プロデューサー：Judith Vecchione, Orlando Bagwell, Callie Crossley, James A. DeVinney,
アメリカ公民権運動　第7回～第14回	Eyes on the Prize：America at the Racial Crossroads	プロデューサー：Shiela Bernard, Carrol Blue, James A. DeVinney, Terry Kay Rockefeller, Madison Davis Lacy, Jr., Louis J. Massaiah, Thomas Ott, Samuel Pollard, Jacqeline Shearer, Paul Stekler, Judith Vecchione,
アメリカの偉大なアーティストたち（未）	American Masters	PBSドキュメンタリー・シリーズ
アメリカン・エクスペリエンス（未）	American Experience	PBSドキュメンタリー・シリーズ
アラスカ高速道路を建設する（未）	Building the Alaska Highway	監督：Tracy Heather Strain
アリーナ（未）	Arena	BBCテレビシリーズ
ある助産婦の物語（未）	A Midwife's Tale	監督：Richard P. Rogers
医師養成期間を生き抜け（未）	Survivor, M.D.	Novaシリーズ枠の番組
イングリッド・ベタンクールの誘拐（未）	The Kidnapping of Ingrid Betancourt	監督：Victoria Bruce, Karin Hayes
硬いボディに手を置いて（未）	Hands on a Hard Body	監督：S.R. Bindler
ウィスコンシン死の旅路（未）	Wisconsin Death Trip	監督：James Marsh
ヴィルンガ	Virunga	監督：Orlando von Einsiedel
ウォルマート：世界最大のスーパー、その闇	Wal-Mart：The High Cost of Low Price	監督：Robert Greenwald
エメット・ティルの殺人（未）	The Murder of Emmett Till	監督：Stanley Nelson Jr.
エンロン 巨大企業はいかにして崩壊したのか？	Enron：The Smartest Guys in the Room	監督：Alex Gibney
大きなお世話（未）	Nobody's Business	監督：Alan Berliner
音のない世界で	Sound and Fury	監督：Josh Aronson
カートとコートニー（未）	Kurt & Courtney	監督：Nick Broomfield
華氏911	Fahrenheit 911	監督：Michael Moore
カジノ・ジャック：史上最悪のロビイスト	Casino Jack and the United States of Money	監督：Alex Gibney
悲しみと哀れみ	The Sorrow and the Pity	監督：Marcel Ophüls
神の前で震えて（未）	Trembling Before G-d	監督：Sandi Simcha DuBowski
カロデン（未）	Culloden	監督：Peter Watkins
簡単な時間の歴史（未）	A Brief History of Time	監督：Errol Morris
キング 罪の王	The King	監督：James Marsh
鎖から解放された記憶（未）	Unchained Memories	共同監督：Ed Bell, Thomas Lennon
苦難の谷・ある中西部劇（未）	Troublesome Creek：A Midwestern	監督：Steven Ascher and Jeanne Jordan
グリズリーマン	Grizzly Man	監督：Werner Herzog
グレイ・ガーデンズ	Grey Gardens	監督：Albert and David Maysles
クレーンの街（未）	City of Cranes	監督：Eva Weber
黒い魚	Blackfish	監督：Manuel V. Oteyza
皇帝ペンギン	March of Penguins	監督：Luc Jacquet
心地よい響き（未）	The Sweetest Sound	監督：Alan Berliner
ゴッサマーコンドル号の飛行（未）	The Flight of the Gossamer Condor	監督：Ben Shedd
コングのキング（未）	The King of Kong	監督：Seth Gordon
コントロール・ルーム（未）	Control Room	監督：Jehane Noujaim
ザ・コーヴ	The Cove	監督：Louie Psihoyos
砂漠のキャデラック（未）	Cadillac Desert	監督：1–3話 Jon Else　4話 Linda Harrar
サン・ソレイユ	Sans Soleil	監督：Chris Marker
自由！　アメリカ独立革命（未）	Liberty! The American Revolution	共同監督：Ellen Hovde, Muffie Meyer

邦題	原題	監督または制作者
自由への架け橋「アメリカ公民権運動」最終話	Bridge to Freedom	監督：Callie Crossley, James A. DeVinney
ジョーンズタウン：人民寺院の生と死（未）	Jonestown：The Life and Death of Peoples Temple	監督：Stanley Nelson
真実の輪（未）	The Ring of Truth	PBS6回シリーズ科学番組
人種：偽りの権力（未）	Race：The Power of an Illusion	監督：Christine Herbes-Sommers
スーパーサイズ・ミー	Super Size Me	監督：Morgan Spurlock
ザ・スクエア（未）	The Square	監督：Jehane Noujaim
スケーティスタン：カブールを滑走する子どもたち（未）	Skateistan: To Live and Skate Kabul	監督：Orlando von Einsiedel and Louis Figgis
スタンダード・オペレーション・プロシージャー	Standard Operating Procedure	監督：Errol Morris
ストーリーヴィル	Storyville	BBCドキュメンタリー・シリーズ
スレブレニツァ：墓所からの叫び（未）	Srebrenica：A Cry from the Grave	監督：Leslie Woodhead
スレブレニツァは終わったのか（未）	Srebrenica：Never Again?	監督：Leslie Woodhead
精神	精神	監督：想田和弘
セールスマン	Salseman	共同監督：Albert and David Maysles
世界をこの手に：アフリカ系アメリカ人によるアート100年史（未）	I'll Make Me a World	脚本：Sheila Curran Bernard
責任感の強い娘の告白（未）	Confessions of a Dutiful Daughter	監督：Deborah Hoffmann
選挙	選挙	監督：想田和弘
戦場でワルツを	Waltz with Bashir	監督：Ari Folman
戦争中継テープ（未）	The War Tapes	監督：Deborah Scranton
想像された目撃者たち：ハリウッドとホロコースト（未）	Imaginary Witness: Hollywood and the Holocaust	監督： Daniel Anker
ダーウィンの悪夢	Darwin's Nightmare	監督：Hubert Sauper
戦う理由（未）	Why We Fight	監督： Eugene Jarecki
ダナンから来た娘（未）	Daughter from Danang	共同監督：Gail Dolgin, Vicente Franco
騙されて（未）	Outfoxed	監督：Robert Greenwald
タンズ・アンタイド	Tongues Untied	監督：Marlon Riggs
チアーズ（未）	Cheers	テレビコメディ
血塗られたライディング（未）	Red Riding	監督：James Marsh
チャレンジ・キッズ：未来に架ける子どもたち	Spellbound	監督：Jeffrey Blitz
沈黙が語る物語：戦争の証人（未）	Stories from Silence：Witness to War	監督：Deborah Scranton
ちゃんとした工場（未）	A Decent Factory	監督：Thomas Balmès
堤防が破れた時（未）	When the Levees Broke	監督：Spike Lee
ベトナム戦争	Vietnam：A Television History	プロデューサー：Judith Vecchione, Elizabeth Deane, Andrew Pearson, Austin Hoyt, Martine Smith, Bruce Palling
ドットコム起業ブーム（未）	Startup.com	共同監督：Jehane Noujaim, Chris Hegedus
ドナー隊の旅（未）	The Donner Party	監督：Ric Burns
トラブルマン：マービン・ゲイの晩年（未）	Troubleman-The Last Years of Marvin Gaye	監督：James Marsh
トリニティの翌日（未）	The Day After Trinity	監督：Jon Else
奴隷制と呼ばれない奴隷制（未）	Slavery by Another Name	監督：Sam Pollard
南北戦争（未）	The Civil War	監督：Ken Burns
ニューヨーク：あるドキュメンタリー（未）	New York：A Documentary Film	監督：Ric Burns
ノヴァ（未）	Nova	PBS科学ドキュメンタリー・シリーズ
残された時間（未）	So Much So Fast	監督：Steven Ascher, Jeanne Jordan
乗り越えてきた（未）「信仰に支えられてこんなに遠くまで」の一編	Getting Over	監督：Noland Walker
バーガーとキング（未）	The Burger and the King	監督：James Marsh
バグダッドのリベラーチェ（未）	The Liberace of Baghdad	監督：Sean McAllister
働く男の死（未）	Workingman's Death	監督：Michael Glawogger
バックコーラスの歌姫たち	20 Feet from Stardom	監督：Morgan Neville

邦題	原題	監督または制作者
バッド・ブードゥー部隊の戦争（未）	Bad Voodoo's War	監督：Deborah Scranton
パティ・ハースト誘拐：メディア王令嬢のゲリラ戦記	Guerrilla : The Taking of Patty Hearst	監督：Robert Stone
バラカの少年たち（未）	The Boys of Baraka	監督：Heidi Ewing, Rachel Grady
人が残したもの（未）	Human Remains	監督：Jay Rosenblatt
ビフォア・ザ・レイン	Before the Rain	監督：Milcho Manchevski
豹の息子（未）	The Leopard Son	監督：Hugo van Lawick
フープ・ドリームス	Hoop Dreams	監督：Steve James
フォッグ・オブ・ウォー マクナマラ元米国防長官の告白	The Fog of War	監督：Errol Morris
不都合な真実	An Inconvenient Truth	監督：Davis Guggenheim
ブラックパンサー党（未）	The Black Panthers	監督：Stanley Nelson
プロジェクト・ニム	Project Nim	監督：James Marsh
フロム・イーブル	Deliver Us from Evil	監督：Amy Berg
フロントライン（未）	Frontline	PBSドキュメンタリー・シリーズ
ベティが語る自分の物語（未）	Betty Tells Her Story	監督： Liane Brandon
ボウリング・フォー・コロンバイン	Bowling for Columbine	監督：Michael Moore
ボート難民たち（未）	Balseros	共同監督：Josep Ma Doménech, Carles Bosch
保護施設の犬（未）	Shelter Dogs	監督：Cynthia Wade
細く青い線（未）	The Thin Blue Line	監督：Errol Morris
マーダーボール	Murderball	監督：Henry Alex Rubin, Dana Adam Shapiro
マイ・アーキテクト ルイス・カーンを探して	My Architect	監督：Nathaniel Kahn
街角で（未）	In the Street	共同撮影：Helen Levitt, Janice Loeb, James Agee
マン・オン・ワイヤー	Man on Wire	監督：James Marsh
ミスアメリカ：ドキュメンタリー（未）	Miss America : A Documentary Film	監督：Lisa Ades
未来を写した子どもたち	Born into Brothels	共同監督：Ross Kauffman, Zana Briski
ミルテイルのオオカミたち（未） 「アメリカ最後のアカオオカミ」の仮題	The Milltail Pack	監督：Holly Stadtler
もっと速く歌え：裏方たちのニーベルングの指環（未）	Sing Faster : The Stagehands' Ring Cycle	監督：Jon Else
「闇」へ	Taxi to the Dark Side	監督：Alex Gibney
ヨセミテ：天国の運命（未）	Yosemite : The Fate of Heaven	監督：Jon Else
夜と霧	Night and Fog	監督：Alain Resnais
ラリーの血族：綿花の遺産（未）	Lalee's Kin : The Legacy of Cotton	監督：David Maysles, Albert Maysles, Deborah Dickson, Susan Froemke
ルワンダ 仕組まれた大虐殺 ～フランスは知っていた～	Earth Made of Glass	監督：Deborah Scranton
ローリング・ストーンズ・イン・ギミー・シェルター	Gimme Shelter	監督：Albert and David Maysles
ロジャー＆ミー	Roger & Me	監督：Michael Moore
ロバート・イーズ	Southern Comfort	監督：Kate Davis
ロマン・ポランスキー：愛されるお尋ね者（未）	Roman Polanski: Wanted and Desired	監督：Marina Zenovich
私たちの家（仮）	A Place of Our Own	監督：Stanley Nelson
私たちは、こうして耐える（未）	The Way We Get By	監督：Aron Gaudet
私の51人の兄弟たち（未）	Me & My 51 Brothers & Sisters	監督：Dumisani Phakathi
私のテロリスト（未）	My Terrorist	監督：Yulie Cohen
ワンダ・ジーンの処刑（未）	The Execution of Wanda Jean	監督：Liz Garbus
1980年（未）「Red Riding」3部作の一編	1980	監督：James Marsh
7年ごとの成長記録	Seven Up!	監督：Paul Almond（Fourteen Up!以降はMichael Aptedが監督）
IRAQ for SALE：戦争成金たち	Iraq for Sale	監督：Robert Greenwald
GONZO：ならず者ジャーナリスト、ハンター・S・トンプソンのすべて	Gonzo : The Life and Work of Dr. Hunter S. Thompson	監督：Alex Gibney
Peace	Peace	監督：想田和弘
WATARIDORI	Winged Migration	監督：Jacques Perrin, Jacques Cluzaud, Michel Debats

Sources and Notes

参考資料

本書に登場するドキュメンタリー作家の発言のほとんどは、著者が本書を執筆する初版からの過程で行った対話から引用されたものです。インタビューの相手は次の通りです。マイケル・アンブローシノ、ポーラ・アプセル、スティーブン・アッシャー、ロナルド・ブルーマー、リアン・ブランドン、ビクトリア・ブルース、リック・バーンズ、ブレット・カルプ、ゲイル・ドルジン、ジョン・エルズ、ボイド・エスタス、ニック・フレイザー、スーザン・フロムキー、アレックス・ギブニー、ジム・ギルモア、カレン・ヘイズ、ジーニー・ジョーダン、スーザン・キム、ジェイムズ・マーシュ、カーラ・メルテス、マフィー・メイヤー、スタンリー・ネルソン、ハンス・オットー・ニコレイセン、リチャード・パネック、サム・ポラード、ケン・ラビン、パー・サーリ、デボラ・スクラントン、スザンヌ・シンプソン、ベネット・シンガー、想田和弘、ホリー・スタッドラー、トレーシー・ヘザー・ストレイン、オーランド・ヴォン・アインシーデル、メラニー・ウァレス、そしてオニーカチ・ワンブー。それ以外の色々な作品に関する情報は、以下に記した文献やソースから引用されています。その中にはドキュメンタリー作家本人が公式ウェブサイトに開示した情報やプレス資料に提供した情報、そしてDVDのコンテンツの一部として提供されたものも含まれています。

本書は手引書としての機能性、そしてドキュメンタリーが持つ人の心に訴えかける力を最大限に引き出すために物語として語る技巧を駆使するに際して必要な倫理観の2つに、特に気を遣いながら第4版までを執筆しました。2009年9月にアメリカン大学にあるメディアとソーシャルインパクト研究所が、著者も監修で参加した『Honest Truth: Documentary Filmmakers on Ethical Challenges in Their Work』[誠実な真実：ドキュメンタリー作家たちによる倫理性との格闘]を出版しました。アメリカン大学のメディアとソーシャルインパクト研究所は、2005年に『The Documentary Filmmakers' Statement of Best Practices』[ドキュメンタリー映像作家による正しいフェアユースに関する宣言]も出版しています。どちらも、他の様々な文献とともに以下のウェブサイトで閲覧可能です。www.cmsimpact.org

Chapter 1　イントロダクション

『苦難の谷・ある中西部劇（Troublesome Creek: A Midwestern）』に関して書かれた最近の記事がシドニー・モーニング・ヘラルドに掲載されています（2015年6月7日付、映画評論家Paul Byrnes）www.

smh.com.au/entertainment/movies/return-to-troublesome-creek-and-a-sydney-film-festival-pick-that-helped-farmers-20150602-gheglt.html　リチャード・ペネックについての詳細は下のリンクから。www.lastwordonnothing.com/about-us/richard-panek/　ドキュメンタリーの脚本クレジットにまつわる議論は、Tom Rostinがニューヨークタイムズ紙に寄稿した記事「You Say True Life, I Say Scripted/The Rise of Writing Credits in Documentary」(2012年8月24日付)をどうぞ。www.nytimes.com/2012/08/26/movies/the-rise-of-writing-credits-in-documentaries.html?_r=0). Information about the WGA documentaryscreenwriting awards can be found at www.wga.org/wga-awards/rulesdocumentary-screenplay.aspx.

Chapter 2　物語の基本

ヒッチコックによる衝撃と驚愕の定義には何通りかのバージョンがあります。The American Film Instituteが1972年8月18日にヒッチコックの功労賞を記念して行ったインタビューもその一つです。the.hitchcock.zone/wiki/Alfred_Hitchcock_at_the_AFI_Seminar_roundtable［2020/7 現在リンク切れ］「物語の基本」、物語の要素については、David HowardとEdward Mabley共著「The Tools of Screenwriting」(New York: St. Martin's Press, 1993)を参照のこと。『音のない世界で: 6年後(Sound and Fury: Six Years Later)』では、人工蝸牛移植を受けたヘザーが描かれます。聴覚障碍者を支援するヘザー(Heather Artinian)の活動はウェブ上で検索できます。『細く青い線(The Thin Blue Line)』のランダール・アダムズは、作品公開の1年後(1989年)に釈放されました。事件の詳細はウェブ上で検索できます。

Chapter 3　物語を見つける

『ダナンから来た娘(Daughter from Danang)』に関する詳しい情報と書き起こし台本は、American Experienceの番組ウェブサイトwww.pbs.org/wgbh/amex/daughter/filmmore/pt.htmlから。公式ウェブサイトはwww.daughterfromdanang.com/から。Gerald Pearyが1998年3月にボストン・フェニックス紙の記事として行ったフレデリック・ワイズマン(Frederick Wiseman)のインタビューは以下のリンクで読めます。www.geraldpeary.com/interviews/wxyz/wiseman.html。ワイズマンのことをもっと知りたい人は本人のウェブサイトwww.zipporah.com/へどうぞ。『音のない世界で(Sound and Fury)』に関する情報は次のリンクへwww.nextwavefilms.com/sf/joshnotes.html

Chapter 4　物語の構成

『ジョーンズタウン:人民寺院の生と死(Jonestown: The Life and Death of Peoples)』の情報は firelightmedia.tv/movies/jonestown-thelife-and-death-of-peoples-temple/ および www.pbs.org/wgbh/americanexperience/fi lms/ とどうぞ。ロバート・マッキーの言葉は『ストーリー(Story)』(New York: HarperCollins, 1977。日本語版はフィルムアート社、2018)を参照しています。ジョージ・M・コーハン(George M. Cohan)の引用はWells Root『Writing the Script』(New York: Holt, Rinehart and Winston, 1987)から。ナラティブ・デザインについてはMadison Smart

Bell『Narrative Design』(New York: W.W. Norton & Co., 1977)を参照。David Mamet『On Directing Film』ページxivとxv(New York: Penguin Books, 1991)参照。『ラリーの血族:綿花の遺産(LaLee's Kin)』はFilms Media Group社のウェブサイトffh.films.com/id/11595から購入可能。Michael Glawoggerのインタビュー(聞き手はGinu Kamani。2005年ヴェネツィア国際映画祭)は、書き起こし原稿をwww.workingmansdeath.at/main_interview_en.htmlで読めます。『クレーンの街(City of Cranes)』はwww.4docs.org.uk/films/view/17/City+of+Cranesで視聴できます。この映像はチャンネル4ウェブサイトの「自分でドキュメンタリーを撮ってみる前に見ておきたい16本の短編」の1本になっています。PBSのシリーズ「POV」のウェブサイトwww.4docs.org.uk/films/view/17/City+of+Cranesからも見ることができます。公式ウェブサイトはwww.cityofcranes.com/です。『ベティが語る自分の物語(Betty Tells Her Story)』に関する情報はwww.newday.com/film/betty-tells-her-storyから。

Chapter 5 画面上での時間を操る

Harlan Jacobson(ハーラン・ジェイコブソン)の記事「Michael & Me」はFilm Comment誌、1989年11/12月号。

Chapter 6 創造的なアプローチ

「The Sweetest Sound(心地よい響き)」に関する情報はwww.alanberliner.com/から。『フォッグ・オブ・ウォー マクナマラ元米国防長官の告白(The Fog of War)』に関する情報はwww.sonyclassics.com/fogofwar/_media/pdf/pressReleaseFOG.pdfから。『果報を待て(Eyes on the Prize: America's Civil Rights Years)』に関する情報は、プロデューサー/監督/脚本として番組に関わった著者本人の経験から。『南北戦争(The Civil War)』に関するケン・バーンズ(Ken Burns)の発言は、Sean B. Dolan編著『Telling the Story: The Media, The public and American History』(Boston: New England Foundation for Humanities, 1994)から引用。Maysles Filmsの情報はwww.mayslesfilms.com をどうぞ。エロール・モリスが、再現映像についてニューヨークタイムズ紙に寄稿した2008年4月3日付の記事が読めます。"Play It Again, Sam (Re-enactments, Part One)" opinionator.blogs.nytimes.com/2008/04/03/play-it-again-sam-reenactments-part-one/『戦場でワルツを(Waltz with Bashir)』のプレス資料はここから読めます。www.sonyclassics.com/waltzwithbashir/pdf/waltzwithbashir_presskit.pdf また、12分の特典映像は「Making Waltz with Bashir」としてDVDに含まれています。

Chapter 7 詳細に分析する

分析的に読むということに関して フランシーン・プロウズ(Francine Prose)著『Reading Like a Writer』(New York: Harper Perennial, 2007)が参考になります。ゴダード大学(Goddard College)のMFAW修士課程に関する情報は www.goddard.edu/academics/master-fi ne-arts-creative-writing-2/programoverview/. ドキュメンタリー作品の興行収入に関する情報はwww.documentaryfilms.net/index.php/documentary-box-office/

Chapter 8　リサーチ

Jason Silvermanによるアラン・バーリナー（Alan Bwerliner）のインタビューはwww.jayrosenblattfilms.com/。www.alanberliner.comも覗いてみてください。ジェイ・ローゼンブラット（Jay Rosenblatt）のプレス資料その他の情報はwww.jayrosenblattfilms.comをどうぞ。「ミスアメリカ：ドキュメンタリー（Miss America: A Documentary Film）」に関する記述は番組制作にたずさわった著者本人の体験より。カリフォルニア大学バークレー校が、ウェブページの評価に関する情報を載せています。www.lib.berkeley.edu/TeachingLib/Guides/Internet/Evaluate.html.

Chapter 10　トリートメントと企画書

実際に起きた出来事の再現ドラマ化についてはLinds Seger著『The Art of Adaptation: Turning Fact And Fiction Into Film』（New York: Henry Holt and Co., 1992）が参考になります。

Chapter 11　撮影

『WATARIDORI（Winged Migration）』に関する情報はwww.sonyclassics.com/wingedmigration/_media/_presskit/presskit.pdfで読めます。「マイ・アーキテクト ルイス・カーンを探して（My Architect）」に関する情報は、ナサニエル・カーンが2002年に行ったTEDトークをご覧ください。www.ted.com/talks/nathaniel_kahn_scenes_from_my_architect?language=en
『ベティが語る自分の物語（Betty Tells Her Story）』に関する情報は配給会社のウェブサイトwww.newday.com/film/betty-tells-her-storyからどうぞ。エロール・モリス（Errol Morris）のInterrotron™に関する情報は本人のウェブサイトwww.errolmorris.comへ。

Chapter 14　物語を語るためのチェックリスト

ボストンにある制作会社Blackside, Inc.のためにこのリストの最初のバージョンを作ってくれたジョン・エルズ（Jon Else）とスティーブ・フェイアー（Steve Fayer）に感謝。

Chapter 15　ニック・フレイザー

D・H・ローレンス「読者が信ずるべきは物語であって語り手ではない」はローレンス『アメリカ古典文学研究』（1923年）より。ドキュメンタリー・シリーズ「ストーリーヴィル」とこの章で言及される作品群についての情報はwww.bbc.co.uk/bbcfour/documentaries/storyvilleを参照［2020/7現在リンク切れ］。

Chapter 16　アレックス・ギブニー

Gibneyの制作会社のウェブサイトはwww.jigsawprods.com。「Gonzo: The Life and Rowk of Dr. Hunter S. Thompson（GONZOならず者ジャーナリスト、ハンター・S・トンプソンのすべて）」の公式サイトはwww.huntersthompsonmovie.com。Alex Leoによるアレックス・ギブニー（Alex Gibney）のインタビュー「The Gonzo World of Alex Gibney」は2008年7月3日付ハフィントンポ

スト www.huffingtonpost.com/alex-leo/the-gonzo-world-of-alex-g_b_110695.htmlで読めます。「Taxi to the Dark Side(「闇」へ)」の公式サイトは https://www.hbo.com/documentaries/catalog [202/7 リンク切れ]。『エンロン 巨大企業はいかにして崩壊したのか？(Enron: The Smartest Guys in the Room)』の情報は www.pbs.org/independentlens/enron/film.html。『「闇」へ(Taxi to the Dark Side)』の背景は、2005年5月20日付ニューヨークタイムズ紙 Tim Golden による記事「In U.S. Report, Brutal Details of 2 Afghan Inmates' Deaths」に詳しく書かれています。記事は www.nytimes.com/2005/05/20/international/asia/20abuse.html からオンラインで読めます。

Chapter 17　スーザン・キム

「想像された目撃者たち：ハリウッドとホロコースト(Imaginary Witness)」は2015年現在 hulu で視聴可能 www.hulu.com/watch/532445[2020/7 視聴不可]。キムのアマゾンのページは www.amazon.com/Susan-Kim/e/B002MA0V78 をどうぞ。1953年に放映されたハンナ・コーナー(Hanna Bloch Kohner)に関する「This Is Your Life」はこちら。www.archive.org/details/this_is_your_life_hanna_bloch_kohner

Chapter 18　ジェームズ・マーシュ

「Man on Wire」の公式ウェブサイトは www.manonwire.com。A・O・スコット(A.O. Scott)がニューヨークタイムズ紙に2008年7月25日付寄稿した映画評「Walking on Air Between the Towers」は movies.nytimes.com/2008/07/25/movies/25wire.html で読めます。BBC の「血塗られたライディング(Red Riding)」三部作についての情報は news.bbc.co.uk/newsbeat/hi/entertainment/newsid_7923000/7923556.stm へ。

Chapter 19　カーラ・メルテス

フォード財団ジャストフィルムのウェブサイトは www.fordfoundation.org/work/our-grants/justfilms/ へどうぞ。
サンダンス・インスティテュートのドキュメンタリーフィルム・プログラムは www.sundance.org/programs/documentary-film をどうぞ。

Chapter 20　スタンリー・ネルソン

ネルソンの会社、ファイアライト・メディア(Firelight Media)は www.firelightmedia.tv/ こちらから。ネルソンの作品『ブラックパンサー党(The Black Panthers)』は theblackpanthers.com/ こちら。『私たちの家(A Place of Our Own)』は www.pbs.org/independentlens/placeofourown/ こちら。『フリーダム・ライダーズ(Freedom Riders)』、『ジョーンズタウン(Jonestown)」、『エメット・ティルの殺人(The Murder of Emmett Till)』は www.pbs.org/wgbh/americanexperience こちら。

Chapter 21　デボラ・スクラントン

TEDは、「技術」「エンターテインメント」「デザイン」の3つの分野からスピーカーを集めて価値のあるアイデアを世に広めることを目的とするアメリカの非営利団体。年に1回カリフォルニア州ロングビーチで開催されています。Deborah Scrantonの講演は2007年3月に行われ、その様子はwww.ted.com/talks/lang/eng/deborah_scranton_on_her_war_tapes.htmlで見ることができます。スクラントンの発言は、2008年4月にPBSで『バッド・ブードゥー部隊の戦争(Bad Voodoo's War)』が放映された直後に行われたオンライン討論から引用しました。その様子はwww.washingtonpost.comに採録されています。映画サイト「ロッテン・トマト(Rotten Tomatoes)」www.rottentomatoes.comは、オンライン映画団体やメディア等特定のソースからレビューを収集し、吸い上げたそれ以外のデータとともに換算して「トマトメーター」と呼ばれる得点システムに従って点を出します。『戦争中継テープ(The War Tapes)』は64本のレビューを基に98%という高得点を出しました。The Sundance Institute's Independent Producers Conference(サンダンス・インスティチュート主催プロデューサー・コンフェレンス)は、2009年に開かれたSundance Creative Producing Summitから派生したコンフェレンスは招待制で年一回開催されます。サンダンス主催のイベントについての詳細は、www.sundance.org/press_subgen.html?articleID=12&colorCode=[プレスリリースのページ]。『バッド・ブードゥー部隊の戦争(Bad Voodoo's War)』は2008年4月1日にドキュメンタリー・シリーズ「フロントライン(Frontline)」で初放映されました。www.pbs.org/wgbh/pages/frontline/badvoodoo/で視聴可能です。ミルチョ・マンチェフスキ(Milcho Mancevski)の公式ウェブサイトはwww.manchevski.com。彼が撮った劇映画『ビフォア・ザ・レイン』は1994年ヴェネツィア国際映画祭をはじめとして多くの映画祭で賞を獲りました。2008年にDVD化された。公式サイトでは脚本も読めます。2001年制作の劇映画『ブラック・ホーク・ダウン』に関する情報は、www.sonypictures.com/homevideo/blackhawkdown/へ。

Chapter 22　想田和弘

本人のウェブサイトはwww.laboratoryx.usへどうぞ。英語と日本語。『選挙』『精神』そして『劇場1・2』をはじめとする作品についてはwww.laboratoryx.us/theatre/HOME.htmlへ。

Chapter 23　オーランド・ヴォン・アインシーデル

アインシーデルのGrain Media(グレイン・メディア)のウェブサイトはwww.grainmedia.co.uk/へどうぞ。『ヴィルンガ』の公式サイトはvirungamovie.comへ。ヴィルンガ国立公園のウェブサイトはhttps://virunga.orgへ、メラニー・グービー(Mélanie Gouby)のウェブサイトはwww.melanie-gouby.comへどうぞ。

シーラ・カーラン・バーナード

メディア制作者・コンサルタント。エミー賞・ピーボディ賞受賞者であり、ゴールデンタイムのテレビ番組、劇場公開作品、テレビ放映の他にインターネット、教育用、公共使用を含めて、合計五〇時間にのぼる作品に関わっている。共著に『Archival Storytelling: A Filmmaker's Guide to Finding, Using, and Licensing Third-Party Visuals and Music』［アーカイブ素材で語る物語：人が制作した映像、画像、そして音楽を見つけて、使って、使用許可をもらう方法］（Focal Press, 2008）。近年の業績は、マクドウェル・コロニーとバージニア・センター・フォー・クリエイティブアーツから特別奨励金を受け、二〇〇五年にはプリンストン大学から優秀なアメリカ研究者としてアンシュッツ・フェローに選ばれた。二〇〇八年には、オルバニー大学とニューヨーク州立大学で教鞭を執る。

著者のウェブサイトはこちら。

www.sheilacurranbernard.com

島内哲朗

映像翻訳者。字幕翻訳を手がけた主なドキュメンタリー作品には『さよならテレビ』『三島由紀夫vs東大全共闘 50年目の真実』『i-新聞記者ドキュメント』『園子温という生きもの』『フジコ・ヘミングの時間』『戦場ぬ止み』『ティーンエイジ・パパラッチ』『ヨコハマメリー』『風の波紋』『アトムの足音が聞こえる』『スケッチ・オブ・ミャーク』『天に栄える村』『笑う１０１歳×２ 笹本恒子 むのたけじ』『Self and Others』『三里塚 第三次強制測量阻止斗争』等がある。翻訳した書籍には、フランク・ローズ『のめりこませる技術 誰が物語を操るのか』、カール・イグレシアス『「感情」から書く脚本術 心を奪って釘づけにする物語の書き方』『脚本を書くための１０１の習慣 創作の神様との付き合い方』（以上、フィルムアート社）等がある。

今村研一

１９８３年ＮＨＫ入局。主にニュース番組や報道系の番組制作に携わる。ＮＨＫ番組の海外販売担当や「ＢＳ世界のドキュメンタリー」のプロデューサーを経て、２０１２年からＮＨＫエンタープライズのエグゼクティブ・プロデューサー。国際共同制作を応援するイベントTokyo Docsのアドバイザーを務める。

ドキュメンタリー・ストーリーテリング

増補改訂版

「クリエイティブ・ノンフィクション」の作り方

Documentary Storytelling:
Creative Nonfiction on Screen

2020年10月30日　初版発行

著者　シーラ・カーラン・バーナード
訳者　島内哲朗
編集　沼倉康介（フィルムアート社）
デザイン　三浦佑介（shubidua）

発行者　上原哲郎

発行所　株式会社フィルムアート社
〒150-0022
東京都渋谷区恵比寿南 1-20-6
第21荒井ビル
TEL 03-5725-2001
FAX 03-5725-2626
http://www.filmart.co.jp/

印刷所・製本所　シナノ印刷株式会社

Printed in Japan
ISBN 978-4-8459-2012-9 C0074